我的工农兵学员档案

University Students In Mao's Era
(1970-1976)
A Case Study On Peking Second Foreign Language Institute

李红云 著

By Li Hongyun

美国华忆出版社
Remembering Publishing. USA

Copyright © 2024 by Remembering Publishing, LLC. USA

ISBN： 978-1-68560-144-7 (Paperback)
　　　　978-1-68560-145-4 (eBook)
Remembering Publishing, LLC
RememPub@gmail.com

University Students In Mao's Era (1970-1976)
——*A Case Study On Peking Second Foreign Language Institute By Li Hongyun*

我的工农兵学员档案

李红云 著

出　版： 美国华忆出版社
版　次： 2024 年 10 月 第一版 第一次印刷
字　数： 354 千字

All rights reserved.
No part of this book may be reproduced in any form or by any electronic or mechanical means, including information storage and retrieval systems, without permission in writing from the publisher. The only exception is by a reviewer, who may quote short excerpts in review.

作品内容受国际知识产权公约保护，版权所有，侵权必究

作者介绍

　　李红云，1951年10月出生。中学就读于北京师大女附中，毕业后进入工厂当工人。1973年被推荐到北京第二外国语学院英语系成为工农兵学员，毕业后回原单位。后考入北京大学法律学系（今北大法学院）先后取得法学硕士、博士学位。毕业后留校任教，直至退休。专业为国际法，研究方向为海洋法、国际人道法。曾获"北京大学优秀教学奖"，论文曾获"北京市哲学社会科学优秀成果奖"。还有论文曾发表于《记忆》等刊物。

目　录

以微末而审大局，出乎内而超乎上
——李红云《我的工农兵学员档案》序　　启　之 ……………Ⅰ

自　序 …………………………………………………………Ⅹ

导　言 …………………………………………………………1
　　一、问题的提出及研究的意义　/　1
　　二、研究现状　/　5
　　三、本书的参考文献　/　8

第一章　工农兵学员制度的形成 ……………………………11
　　第一节　1958年的"教育大革命"：最初的试验　/　12
　　第二节　毛泽东对教育的不满和严厉批评　/　22
　　第三节　1966年年初关于高校招生工作的讨论　/　33
　　第四节　"文革"初起：砸烂旧世界　/　37
　　第五节　工农兵学员制度的诞生　/　52

第二章　我成了工农兵学员 …………………………………67
　　第一节　1973年，我的"高考"　/　67
　　第二节　二外，我们来了　/　79
　　第三节　第一学期：文化补习　/　94

第三章　学习、运动都开始了 ………………………………110
　　第一节　专业学习终于开始了　/　110

第二节 参加"教育革命" / 126

第三节 参加"批林批孔" / 141

第四章 开门办学 152

第一节 1974年春季——学军 / 153

第二节 1974年秋季——学农 / 159

第三节 1975年春季——学军 / 169

第四节 1975年秋季——学工 / 183

第五章 校园里的那些事 193

第一节 有条纪律是：不许谈恋爱 / 193

第二节 没有考试的学习 / 203

第三节 "不让一个阶级兄弟掉队" / 214

第六章 最忆是师恩 222

第一节 我的二外老师们 / 223

第二节 吴敬瑜老师和她的英文自传 / 236

第三节 董乐山先生和笔译课 / 258

第七章 在二外的最后一年 268

第一节 1976年，悼念周总理 / 268

第二节 毕业实习 / 286

第三节 最后一个学期 / 297

第四节 争取入党的那些事 / 311

第八章 我们毕业了 319

第一节 毕业在冬季 / 319

第二节 毕业时，我带走了二外的借书证 / 336

第三节 毕业之后 / 350

第九章　我的反思 360
第一节　工农兵学员制度产生的渊源　/　361
第二节　如何评价工农兵学员制度　/　387

第十章　我的评论 406
第一节　关于工农兵学员　/　406
第二节　应该汲取的教训　/　423

结　语 439

附　件 447
附件一　北京第二外国语学院英语系 73 级工农兵学员
　　　　相关大事记　/　447
附件二　金盏公社北马坊大队第四生产队"超支借支"的
　　　　调查报告　/　458
附件三　《开门办学》文章摘录　/　462

主要参考文献 486

后　记 494

以微末而审大局，出乎内而超乎上
——李红云《我的工农兵学员档案》序

启 之

一、从回忆者到研究者

李红云的这本书，让我想起文革电影《小将》：学生们在工地上干活，只有任小马躲在一边看《升学指导》。红卫兵排长杨波拉着一车砖回到工地，却不见一个人影。原来是孙老师把大家叫回去搞数学竞赛了。杨波在卷子上写了一行字："出偏题，搞袭击，这种竞赛啥目的？"夺门而去。多数同学欣然影从。孙老师公布成绩，任小马名列第一。杨波贴大字报，批判孙老师资产阶级教育思想回潮，搞"智育第一"。工宣队李师傅赞扬杨波是工人阶级的好后代，是革命的小闯将。孙老师在李师傅的教育下，认识到自己的错误，与杨波共同走上了教育革命的第一线。

如果"厉害国"穿上新时代的马甲，换上时尚的说辞，用人们喜闻乐见的方式，灌输与毛的教育思想类似的观念，当代的青少年会不会像杨波的同学那样附和追捧？具体言之，如果学生的任务就是"上、管、改"，如果上学有一半时间学工学农学军；如果重启以阶级出身、政治表现为是否可以上大学的推荐制；如果不用考试就能毕业，交了白卷不会受到批评处分。那么，今天的人们会有多少人赞成？

美国史学家欧立德有言："历史不会循环，但会押韵"。李红云对工农兵学员制度的研究，让我们在重温既往的同时，看到了似曾相识的韵脚。想当年，高教部和北大、清华率先落实教育革命。现如今，宣传部与教育部通力合作，把"思政课程"塞进课堂，用"课程思政"统帅各类课程。在一人专政再度上场，义和团精神重新高扬，两个30年不能彼此否定，"红色基因"得到了遗传学论证的语境中，人们不能不发出这样的设问。

邓小平说，"不能把过去的错误都算成是毛主席一个人的""毛泽东同志犯的有些错误，我也有份。"[1] 那么，错误的根子何在？《历史决议》没有说清楚，也不想说清楚。"彻底否定"远不彻底，也不想彻底。

值得庆幸的是，总有刨根问底的人，他们拒绝犬儒，退而不休，殚精覃思，埋头苦干。远庙堂而弃名利，守孤灯而伴寂寞。累月经年，上下求索；以古稀之年，寻国弊之根；抱多病之躯，解众人之惑。在这个走向残阳的队伍里，李红云脱颖而出。

李红云，北京老三届，就读于北师大女附中，1969年分到南口机车厂当工人。1973年推荐上了北京第二外国语学院，成了工农兵学员。毕业后回厂当了中学英文老师，1984年考入北大，获法学博士。毕业后留校任教，教授国际法，著译多种。出于责任感她跨界做"八五事件"研究。疫情期间，她开始写二外的经历。而学者的职志和社会责任感，使她从微观个体的经验，走向了宏观整体的调研。

"团结一致向前看"是策略，也是糊弄。"历史宜粗不宜细"是掩盖，也是禁令。它让无数"顾大局"者信服，让无数文革的亲历者闭嘴。只有极少数的独立学者，没有被糊弄，没有被吓住，直抒胸臆，勇敢发声。李红云所做之事，就是通过对工农兵学员制度的分析研究，将毛时代的教育思想的起承转合，将教育革命的实践和理论，做了深入全面的梳理，把"决议"不想弄清楚的，弄清楚；把"否定"不想彻底的搞彻底。

二、毛泽东的"实验田"

李红云将工农兵学员制度称为毛泽东教育革命的"实验田"。我

---

[1] 《邓小平答意大利记者奥琳埃娜·法拉奇问（1980年8月21日、23日）》，《邓小平文选（1975-1982）》，第312页，北京，人民出版社，1983年。

不知道这是不是她的首创，但是，我可以肯定地说，这个定位是准确而传神的。澳大利亚学者尼克·奈特称文化大革命是毛"告别乌托邦"的标志，[2]这已经不是隔雾看花，而是颠倒黑白，胡说八道了。共产主义乌托邦是毛和他的同事们终生奋斗的目标，中国则是这一乌托邦的实验场，教育和文艺是这个实验场中的两个重要的"实验田"。实验的种子早在中共建政之时就种下了，经过多年的培育，以政治化、劳动化、工农化为特征的教改之苗在文革前已经扎根。

但是，社会主义阵营的分裂，苏联的变"修"，党内右倾思想的抬头，使毛陷入巨大的危机感之中。他认定，只有推翻建政以来的路线，搞一个彻底的革命，才能摆脱危机。教育和文艺是两个比较容易突破的，又会产生巨大社会影响的环节。从1964年春节到1965年11月，毛就教育发表了三次讲话，将建政以来的教改称之为"旧教学"，并宣布了"新教学"的内容、方法、效果和目的。李红云在此书的第一章中，对"新教学"的内容有详细的说明。

这里，我把李红云的研究概括如下：

第一，缩短学制。理由是"课程多，害死人，使中小学生、大学生天天处于紧张状态。""课程可以砍掉一半。学生成天看书，并不好，可以参加一些生产劳动和必要的社会活动。""课程讲得太多，是烦琐哲学。繁琐哲学是要灭亡的。""读多了，又不能消化，也可能走向反面，成为书呆子，成为教条主义者、修正主义者。"

第二，改变考试方法。理由是"现在的考试，用对付敌人的办法，搞突然袭击，出一些怪题、偏题，整学生。这是一种考八股文的方法，我不赞成，要完全改变。"

第三，以阶级斗争为主课。理由是"应该去农村搞'四清'，去工厂搞'五反'。不搞'四清'就不了解农民，不搞'五反'就不了解工人。阶级斗争都不知道，怎么能算大学毕业？"

第四，学生参加劳动。理由是，"现在学生连马牛羊鸡犬豕都不

---

[2] 尼克·奈特：《再思毛泽东——毛泽东思想的探索》第188页，中国人民大学出版社，2014。

认识，没有受过实际锻炼，怎么不出修正主义？总之，教育制度非改革不行。"

简言之，毛全盘否定中共建政以来的教育改革，并给这一改革开列了一大堆吓人的罪名："摧残人才，摧残青年""出修正主义"。他要在教育领域开辟一个新的"实验田"。

李红云讲述了中共中央的反应——中共中央闻风而动，开会、发文，将毛的讲话精神化为政府指令，下达到基层。工农兵学员制度从此坐了胎。新教学的三化（政治化、劳动化、工农化）站在了起跑线上，只等毛一声令下，即拔腿迅跑。

学制（小学六年，中学六年，大学四年）是现代国家共同遵循的科学规律。毛以一己之经验，听了侄子毛远新的汇报，就否定这一普世性的教育规律。"课程多，害死人""课程可以砍掉一半"含糊笼统、武断片面，简单偏激，情绪爆棚。

考试既是对学生知识水平的测验，也是对教师教学质量的考查，更是对人性的规范和提升——它激发了荣誉心，唤起了耻辱感，使勤者进取，惰者奋发。出"怪题、偏题"，不可能是普遍现象，毛以偏概全，破坏规矩，打击了一大片。再者，即使个别老师出"怪题、偏题"也未必是把学生当"敌人"——它有为难学生的一面，更有激发学生想像力和创造性的一面。"哥德巴赫猜想"是数学界的最大怪题、偏题，江青为陈景润掉泪，为他的住房操心，江青是不是把敌人当成了同志？[3] 把出考试题说成是用"考八股文的方法"，这是类比推理。第一，理工医农等学科的考题，考的是定理，是知识，是计算能力和逻辑思维，用考八股文的方法，既无法出题，也无法答题。第二，在"政治是统帅，是灵魂"的时代，恰恰是文科（政治课、作文）要代革命立言，向政治表态，"是一种考八股文的方法"，而毛和他的同事们正是这种方法的奠基者和强制者。"搞突然袭击"就是老师在期中期末等常规的考试之外，对学生掌握基础知识的随机检查。对于那些"平时不烧香，急了抱佛脚""临阵磨枪，不快也光"的学生，搞一

---

3 杨银禄：《我见到的江青三次流眼泪》，《记忆》第 11 期/2009.1.11。

搞"突然袭击"是很有必要的。"考考考，老师法宝""分分分，学生命根"，工农兵学员制度取消了考试，老师没有了法宝，学生也丢掉了命根。个人没学到本事，国家受了损失。根子在哪儿？作者告诉我们："将高考制度、分数、文化考查这些教育制度中的基本制度与资产阶级、资本主义、社会主义挂钩。"（第五章第二节）

1963 年，毛泽东提出"阶级斗争，一抓就灵"[4] 这是一个伪命题。事实上，阶级斗争，一抓就乱，一乱就衰。一年后，毛要求教育部门把阶级斗争作为一门主课，要求学生到农村工厂参加政治运动。"阶级斗争都不知道，怎么能算大学毕业？"

连老农民都知道，能不能毕业，在于功课是否及格。这功课里没有阶级斗争（参加政治运动）。毛先把阶级斗争塞到大学课程里，然后，用这门课的成绩（知道与否）作为毕业的首要条件。这意味着砍掉大学的大部分课程，将剩下的课程都纳入政治麾下，将教育变成政治的奴仆，将所有学校都变成"华北革命大学"，将师生工具化、愚昧化。

研究马克思主义的权威，波兰学者莱泽克·科拉科夫斯基，以相当客气的口吻，称毛的思想"距离马克思的学说和欧洲包括列宁主义在内的马克思主义传统远得不能再远了。"[5]例证之一，就是对体力劳动的态度。"马克思主义传统把体力劳动当作必要的邪恶，认为通过技术进步，人类将逐步从中解脱出来。而对毛来说，体力劳动本身是高尚的，有不可取代的教育价值。"[6]

李红云对这种"不可取代的教育价值"，用了整整一章的篇幅做了详尽的叙述和深入的分析。她告诉读者："我们经历的 4 次开门办学共占用正常的教学时间为 22 周……每学期都要有约三分之一的时间在校外'开门办学'。实际上所谓的'开门办学'也是'只开门，

4　1963 年 2 月 11 日，毛泽东在中央工作会议上总结湖南、河北等地的社会主义教育运动经验时，提出"阶级斗争，一抓就灵"。他还号召全党"千万不要忘记阶级斗争"。

5　[波兰] 莱泽克·科拉科夫斯基：《马克思主义的主要流派》第三卷，第 475 页，黑龙江大学出版社，2015。

6　同上，第 491 页。

V

不办学'。"她得出了无可辩驳的结论:"频繁的"开门办学"占去了本来就已经压缩的学习时间,学习时间无法得到保障,学习质量无法保证。最主要的结果是严重冲击了正常的教学秩序,本来应该进行的课堂教学大打折扣。"(见本书第四章第四节第三小节"如何看待'开门办学'")

科拉科夫斯基把毛说成是农民,我有些不以为然,我下过乡,有不少农民朋友,农民即便不知道逻辑为何物,也不会把分不出"稻粱菽、麦黍稷"的人跟什么主义挂上勾。马斯克未必能分出"稻粱菽、麦黍稷",这丝毫不影响他把星链卫星送上天。袁隆平分得出"稻粱菽、麦黍稷",照样是"臭老九",关进牛棚里斗私批修。在毛泽东那里,"修正主义"就跟"资本主义"一样,始终是一个内涵含混错乱,外延广大无边的概念。

据华中师大的教授们论证,马列主义的新文风有四个特点,第一个是"言之有物,以理服人";第二个是"看清对象,有的放矢";第三个是"讲逻辑,合文法,准确恰当";第四个是"鲜明生动,通俗易懂"。[7]而毛的文章是这四者的集中而完美的体现。[8] 就1964-65年毛关于教育的讲话而言,上述四个特点,毛只做到了"鲜明生动,通俗易懂"。

三、从文化清理到文化重建

再过两年,就是文革发动六十周年。在这五十八年中,体制内外的学者们查档案、编资料、办网刊、建平台,锲而不舍,积土成山。十年史、地方史、高校史、机关史,不绝如缕,陆续问世;个案研究,专题分析、文献综述、回忆文集,多层多面。尽管被喝茶、被约谈、被监控,文网森森,禁令重重,仍然无法阻挡人们研究文革的热情。

他们的著述给了我知识,修正了我的认知,他们的事迹令我感

---

[7] 刘兴策、刘斌:"毛泽东关于语言问题的论述",载邢福义主编《毛泽东著作语言论析》,第487-491页武汉,湖北教育出版社,1993。

[8] 人们会说,毛这是讲话/谈话,不是文章。可是,中共中央就是以这个不讲逻辑的讲话为金科玉律,传达下去,并写到文件里。

动。但是，我不得不说，在这些著述中，普遍缺乏对文革，对毛时代思想文化的重视，这方面的研究成果，除了赵园的《非常年代》，钱理群的《毛时代与后毛时代》之外，几乎乏善可陈。柯林伍德说，"历史就是思想史"。这话有些简单绝对，但对文革研究而言有重要的意义。王夫之评说天下之罪人，有一时之罪人，有一代之罪人，有万世之罪人。9若不以人评，而以事论，那么文革就是万世之罪。其罪恶，就是贻害数代，阻碍中国成为现代文明之邦的思想文化遗产。

六年前，我曾在《记忆》上发表一千字小文，文中提到："新经济与旧政治结合，造出持久的文化乱象……结束文化乱象，首先要做的是文化清理：突破主流话语的束缚，重新评价'红色文化'。分析其中那些是普世的，那些是一党的，查明'红色基因'在正义性、合理性掩护下的毒副作用。……清理是为了立足，有了立足点才能谈上文化重建。……重建的目的是彻底荡涤文革的遗毒，而不是重振毛体制，复兴'红色文化'。"10

三年前，《记忆》再发短评："1967年，新加坡的李光耀在跟尼克松总统聊天时说起了中国，李光耀有一个很新颖、形象的比喻：'毛泽东是在瓷砖上作画，水一冲，就什么也看不见了。不过中国还会存在下去。'应该说，李光耀很有预见性，他在文革刚开始就看出来，毛式的革命必定是竹篮打水。但是，这话只说对了一半——毛泽东作画的不是瓷砖，而是制度，是'三观'。所谓人亡政息，不对！是人亡政存。毛泽东留给中国的最大遗产，就是这个全世界独一无二的制度。制度与思想互动，制度是基础，是保障。思想是卫士，是长城。两者配套成龙，互助互利。'最新最美的图画'并没有完全消失，它还存留在语言、书本、课堂、媒体之中，只不过移步换形，戴上了新时代的面具，藏在了'人类命运共同体'身后。"11

9　王夫之：《读通鉴论》（四），第2293页，北京，团结出版社，2018。
10　启之：《重新寻找立足点——文化清理与文化重建》，载《记忆》第211期（2018-1-16）。谈文化清理和文化重建的文章，又见《人亡政息，文化仍在》，《记忆》第243期（2018-12-31）。
11　编者按：《"毛泽东是在瓷砖上作画"——再谈文化清理与文化重建》，载《记忆》第292期，2021-3-15

制度与思想的配套成龙,在三年后的今天,更加牢不可破,战狼外交、仇日反美、东升西降、红色基因、思政进课堂,忠诚不绝对就是绝对不忠诚……,这些东西从何而来?为什么会风行党内?为什么能蛊惑精英,被亿万民众所接受?科学技术并不是第一生产力,制度与思想才是。美国学者十年前写到书里的东西,早在1980年代就被"自由化"知识分子道破。但是,制度和思想要一项一项地清理,与世界接轨的文化要一点一点地重建。

赵园在《非常年代》中说,"出于专业人士的职业习惯,我相信这段历史的继续发掘,赖有一项项的专题研究,否则即难免于模糊影响,似是而非。我们已不乏'概括',粗线条的轮廓勾勒。'知识考古学'的探查、发掘,或许训练有素的年轻学人较我所属的一代更有优势。"李红云当过工农兵学员,有第一手经验;且手握亚镍欧铅,研究法学经年,属于训练有素的新一代学人,她写这本书较前辈更有优势。

四、出乎其内,超乎其上

在本书第十章,李红云用了整整一节的篇幅探讨工农兵学员"为什么不写自己"。她谈到了人性:"人性的弱点之一就是在潜意识里害怕否定自己。不愿否定过去的错误产生的后果是,不断强化错误的认知,于是对工农兵学员的任何否定或批评都采取抵触的态度。"这让我想起了大批知青和兵团战士对插队对兵团的态度——即使因为被耽误而沦入底层,他们仍旧高喊"青春无悔"。不管他们无悔什么,其背面,都隐藏着对这场灾难的轻忽和放纵。而这正是毛发动文革,人们留恋文革的思想文化基础。

当一段历史被否定,其中的事件和人物的评价就会被颠倒过来,当年的光荣变成了当下的耻辱。当时被打倒的,现在受到了尊敬与同情。这一颠倒,使其中的个人对既往采取了两种完全不同的态度,当年的得意者/获利者/加害者要么闭口不谈,要么选择性遗忘,当年的受害者则有一肚子话要说。于是,我们看到这样一幅图景:知识分子、老干部、知青的回忆录如山似海,奔涌而出。老红卫兵、西纠东纠海纠、专案组成员、支左军人、工军宣队、工农兵学员则保持沉默。由此一来，历史的镜像就变得模糊不清，事件和人物失去了多层多面多变与多彩，显得单调甚至残缺。

　　就历史研究而言，亲历者既有优势，也有局限。李红云是工农兵学员，她比局外人更熟悉这个群体，她对北京"二外"73级立体性、全方位的描述，有着亲历者切肤的痛痒。但她又是一个特殊的亲历者——后来考上了北京大学的博士，成为中国最高学府的法学教授。这就使她有可能站在这个群体之外，以开阔的胸襟和敏锐的眼光，去深入省察高等教育的异化。她的国际法的学术背景，则使她有可能站在现代文明的高度，去审视中国的宪法实践："1954宪法第94条规定：'中华人民共和国公民有受教育的权利。国家设立并且逐步扩大各种学校和其他文化教育机关，以保证人民享受这种权利。国家特别关怀青年体力和智力的发展。'[12]……宪法规定公民有受教育权，但事实上，很多人被剥夺了受教育权，宪法的一纸空文并不仅仅表现在言论出版领会自由上。更表现在教育上。"

　　李红云，一进入古稀之年的弱女子也，在黑云压城之际，写出这本书，这需要怎样的坚毅、勇气和担当？

2024-10-29，11-10 修订

---

[12] 转引自余立主编：《中国高等教育史》（下册），上海：华东师范大学出版社，1994年4月第一版，第9页。

自　序

李红云

这是一本写"工农兵学员"的书。

"工农兵学员"——一个已经远去的名字，在本书中指的是在1970-1976年进入高校学习的大学生。他们是特殊时代的特殊产物[1]，诞生于从1966年至1977年的那场"史无前例"的"无产阶级文化大革命"（以下简称"文革"）中。在通常的语境中，作为政治符号的"工农兵学员"往往是一个带有"文革"烙印的贬义词。

从年龄上看，工农兵学员基本是中华人民共和国的同龄人，绝大多数人是"50后"。这代人从出生后，就与这个国家共命运，个人的经历与时代变迁紧紧相连。他们从小就接受着革命教育，被教导要听党和毛主席的话，要做无产阶级革命事业的接班人。可以说，他们是1949年中国共产党夺取政权之后，以全新的思想意识刻意培养的一代人。[2]

1966年，"文革"在中国全面爆发，这些刚刚成年或尚未成年的青少年们响应伟大领袖的号召，变身为"革命小将"，以近乎疯狂的热情投入到这场"史无前例"的运动中。他们成立红卫兵组织，高喊着"造反有理""砸烂旧世界"的口号，"停课闹革命"。很快，全国出现了混乱，全国高校推迟招生。这些青少年们的求学之路戛然而止，他们的命运由此改变。他们离开中学去了农村、工厂、部队，成为新一代的工人、农民和士兵。

---

[1] 董美英："教育机会均等视阈下重点高校大学生来源的历史研究——以上海某重点大学为例"，华东师范大学博士论文，2009年3月，第104页。
[2] 米鹤都著：《心路：透视共和国同龄人》，北京：中央文献出版社，2011年8月第1版，前言第1页。

从 1970 年开始，由北京大学和清华大学开始招生试点，从具有实践经验的工人、农民和解放军战士中招收大学生。

1971 年 8 月 13 日，在中共中央批转的《全国教育工作会议纪要》中首次对新招收的大学生使用了"工农兵学员"这一称呼。并指出："工农兵学员是教育革命的生力军。要充分发挥他们上大学，管大学，用毛泽东思想改造大学的作用。"该文件正式宣告了工农兵学员制度的诞生。

《纪要》规定工农兵学员的招生办法为"自愿报名、群众推荐、领导批准、学校复审。"推荐的首要条件为"政治思想好"；对文化程度的要求是："相当于初中以上文化程度"。但由于不进行文化考试，文化程度的要求形同虚设。因此，这一招生制度被称为"推荐制"。由于恢复招生后的大学生来自于工人、贫下中农、解放军战士和干部，他们被称为"工农兵学员"，或称"工农兵大学生"。本书中统称为"工农兵学员"。

从 1970 年到 1976 年，高等院校先后共招收了七届工农兵学员，总计 940694 人[3]。成为工农兵学员的是这代人中的幸运儿，他们当时获得了令人羡慕的上大学的机会，是名副其实的"天之骄子"。

由于"推荐制"不需要文化考试，彻底否定了原来的高考制度和择优录取的原则，政治条件成为录取的首要条件。入学后，在"左"倾错误思想的指导下，工农兵学员并没有得到系统的专业知识的学习与学术训练。大学的考试制度基本废止，他们在大量的政治学习、政治运动、频繁的开门办学、体力劳动中贻误了学习的大好年华。最后的结果是工农兵学员很难成为合格的大学毕业生。

"文革"十年，由于"左"倾的错误，"教育事业遭受了严重的摧残和破坏"。工农兵学员们也未能幸免。

有人认为，工农兵学员是"'文革'中教育革命的产物"[4]，也有

---

[3] 刘慧："中国高等教育的怪胎——工农兵学员探析"，山东大学硕士论文，2010 年 4 月，第 27 页。

[4] 刘慧："中国高等教育的怪胎——工农兵学员探析"，山东大学硕士论文，2010 年 4 月，第 7 页。

人不无讽刺地将工农兵学员称为是"中国高等教育的怪胎"[5]，还有人称这些工农兵学员是"世界教育史上空前绝后的大学生"。[6]笔者认为，工农兵学员制度是"左"倾错误的产物。

笔者恰巧是当年的一个"幸运儿"。于1973年9月从北京铁道部南口机车厂被推荐到北京第二外国语学院（以下简称"二外"）英语系学习，成为一名工农兵学员，1977年2月毕业，笔者在二外度过了三年半宝贵的学习时光。那时正值"文化大革命"的末期，中国正经历着历史上的跌宕起伏。

值得一提的是，1973年入学的工农兵学员是7年中唯一一届经历了文化考查入学的学员。

1977年，随着"四人帮"被粉碎，中国逐渐走上改革开放的道路，高考制度恢复，"推荐制"退出了历史舞台。工农兵学员头上的光环从此暗淡，他们逐渐淡出了人们的视野。不仅如此，随着对"文革"的彻底否定和教育的发展，经过高考进入大学的毕业生不断走上社会，开始在各行各业发挥越来越重要的作用。至此，作为政治符号的工农兵学员的光环也终于消退，他们的人生轨迹仿佛一夜之间发生了改变。甚至没有来得及思考，他们就被贴上了"工农兵学员"的标签，这使他们陷入尴尬的境地。

1980年，时任教育部长的蒋南翔宣布工农兵学员的学历为"大专"。1993年国家教育委员会和人事部联合下发文件，明确规定1970年到1976年选拔入学的高等院校毕业生，国家承认学历为"大学普通班"，简称"大普"。[7]"大普"学历的确定并没有结束他们的尴尬，随着学位制度的施行，随着他们年龄的增长和生活压力的加大，反而使他们中很多人的处境更加艰难。

"工农兵学员"的存在时间虽然只有短短的7年，但给经济发

---

[5] 刘慧："中国高等教育的怪胎——工农兵学员探析"，山东大学硕士论文，2010年4月。

[6] 周全华著：《"文化大革命"中的"教育革命"》，广州：广东教育出版社，1999年7月版，第182页。

[7] 转引自刘慧："中国高等教育的怪胎——工农兵学员探析"，山东大学硕士论文，2010年4月，第11页

展、教育理念以及个人命运所带来的影响却是极其深远的。他们承载着特殊年代的革命浪漫主义的光荣与骄傲，也背负着因历史变迁带来的心理与处境的尴尬。

从轰轰烈烈到冷冷清清，从叱咤风云到平淡琐碎，从豪气冲天到无可奈何，诸多形成强烈反差的形态，在后来的日子里，以未曾预想的方式出现在他们身上。落幕的难堪，朝阳成夕阳，风光变落寞。这就是当时许多工农兵学员处境的真实写照。

时间来到1978年，当中国改革开放的列车全速前进的时候，经济学原理告诉我们，不可能发生一场所有人都获益的改革。有些人必然会感受到撕心裂肺的冲击，这种冲击的残酷在于：当体制出现变轨的时候，他们中的绝大部分人都已经不再年轻，身上背着家庭和自我附加的包袱，丧失了改变自身的条件，只能任由时代的车轮从身前缓缓碾过。

遗憾的是，许多工农兵学员就成了那些受到冲击的人。

但他们中也有一些搭上了改革开放列车的人。他们迅速认清了自己，调整好心态，迎着困难登上了这列高速行驶的列车。他们或考研究生，或出国深造，或通过其他方式努力提高自己。还有一些人在改革初起的大潮中，敏锐地抓住了人才青黄不接的空窗期，毅然投身于商海，或成为个体经营者，或在外企中干得风生水起。他们凭借自己的出色表现，逐渐冲掉了身上"工农兵学员"的色彩。

作为一名曾经的工农兵学员，笔者是这段特殊历史的亲历者和参与者。

对于很多人，尤其是一些年轻人来说，工农兵学员业已成为一个陌生的历史名词。他们当时生活的时代是与现在完全不同的时代，那是一个思想受到禁锢，极"左"口号满天飞，愚昧、封闭、盲目、偏激、狂热的时代；那是一个没有电脑、没有互联网、没有智能手机、没有微信的时代；那是一个物质匮乏，需要各种票证的时代。在那个时代，在那个"史无前例"的时代，"工农兵学员"是如何走进历史的，与他们有关的制度是如何产生的？其产生的渊源是什么？他们在大学里接受了怎样的教育？他们有过怎样的努力与求索？他们在大学如何度过了自己的青春时代？经历了怎样的心路历程？如何评价工农兵学员制度？如何评价工农兵学员？如何评价那时的教育？应该汲取哪些教训？对于这些问题都值得认真思索。

如今，当年青春年少的我们，已经步入人生的暮年。笔者想尝试着把对这些问题的回答告诉后人。

当然，后人也许根本就不想知道这些事，笔者对此并没有什么奢望。我不是为了"唤起民众"，而是为了对得起自己，对得起自己经历的时代。凡是经历过的苦难，犯过的错误，都应该留下记忆，不能白白地消逝。如果后人能够从中得到某种感悟或者吸取教训，这将是一大幸事。

本书选取的是笔者所在的北京第二外国语学院英语系73级工农兵学员作为个案对工农兵学员制度进行历史考察，对该制度的逐渐形成、发展、消亡的过程进行梳理、分析和研究。并尝试对工农兵学员制度产生的渊源做了理论上的探讨，对应该汲取的教训提出了个人的看法。这本书不是单纯的回忆，而是把工农兵学员这一群体放在历史的框架中就他们学习、教育、生活的许多方面进行的学术意义上的研究。所以写作中遵守的是一般通行的学术规范。

本书的参考文献中除一些历史文件、学者著述外，还使用了笔者保存的一些在二外学习期间的原始资料。含：专业课和非专业课教材、学习文件、作业、记录、日记、同学们自己办的刊物，等等。

全书共分为十章。

第一章介绍了工农兵学员制度的形成过程。从1949年建国以来，由于"左"倾思想的指导，教育工作中出现了很多错误。从1958年的"教育大革命"，到"文革"开始前的"教育革命"，最终形成了工农兵学员制度。

第二章介绍了1973年招收工农兵学员的情况，这是工农兵学员招生中唯一一次进行了文化考查的招生，但因"张铁生事件"惨淡收场。笔者通过这次文化考查进入北京第二外国语学院（以下简称"二外"）英语系成为工农兵学员。本章介绍了来到二外后第一个学期进行文化补习的情况。

第三章通过笔者保存的一些原始资料还原了进校后参加"教育革命"和"批林批孔"运动,以及开始学习专业知识的情况。

第四章讲的是"开门办学"。这是当时工农兵学员的一种教学体制。指的是为了保持工农兵学员艰苦朴素的本色,不脱离工农兵,要经常到工厂、农村、部队去"学工、学农、学军"。笔者在校期间分别经历了学工、学农和两次学军。

第五章讲述了大学校园里的那些事情:学习、考试以及校园恋情。这些经历与现在的大学生完全不同。

第六章是对二外老师们的回忆。在那个特殊的时代,知识分子被视为"改造的对象"。但我们仍然幸运地遇上了一批高水平的教师,他们摒弃了对工农兵学员的偏见,无私地把知识传授给了我们。

第七章讲述的是我们在大学最后一段的时光。那是1976年,中国历史上最跌宕起伏的一年。这一年里,周恩来总理逝世、"四五运动"、毛泽东逝世、粉碎"四人帮"。我们在实习期间,经历了唐山大地震。这一年我们度过了在校园里的最后一个学期。毕业离校前,校园里发生的种种让人记忆深刻的事情。

第八章是对同学们毕业去向的概述。当时高校毕业生的工作是由国家分配,分配的原则是"哪来哪去",即上学前有单位的同学回原单位,农村来的同学由国家统一分配。毕业后同学们各奔东西,他们的发展情况笔者做了大致的描述。

第九章是笔者对工农兵学员制度做的反思。包括:工农兵学员制度产生的渊源;对工农兵学员制度的评价。

第十章中笔者对工农兵学员的评价,以及应该汲取的教训。

本书记录了我们这些被称为工农兵学员的大学生们在那个特殊的年代里,在大学里的学习、生活的方方面面。我们一边在"左"倾的错误思潮影响的环境中,接受着"政治化"和"劳动化"的教育;另一方面又开始在逆境中努力学习文化知识,开始学会独立地思考,努力求索着个人和国家的未来。我们一步步从狂热、盲从、迷惘中走出来,一点点接受着现代文明的知识和价值观。

书中对其中所涉问题尝试做了理论上的探讨和分析。

最后的"结语"部分中，笔者对全书开始时提出的问题做了归纳和总结。主要的结论、吸取的教训。

为了让读者更清楚地了解书中谈到的情况及背景，在正文后面笔者做了附录：我们在校期间的"大事记"、同学们自己办的英文刊物、笔者当时写的调查报告。

本书在结尾列出了主要参考文献，不仅标明本书引征的文献资料的出处，也希望为后来的研究者提供一些可能的帮助。

在"文化大革命"过程中，教育是一个特殊的、敏感的、充满矛盾的领域，无论其提出的目标，展开的过程和造成的后果，都无疑是"文革"中最引人注目的主题，高等教育由于其在教育领域中的独特地位，受到的影响尤其深远。[8]而工农兵学员制度是"文革"中高等教育中的主要组成部分，许多问题有待于深入研究。

工农兵学员属于共和国的同龄人，有人将其归为第三代。几乎每次社会大动荡，他们都成了主要载体，或者说是主要的牺牲品，凸显出他们作为共和国历史中的实验班角色。[9]笔者认为，从受教育的经历来看，第三代中扮演了"实验班"中典型角色的是工农兵学员群体。

从实践上来看，为时十年多的"教育革命"，就像一场全国性的大试验，虽取得探索性的成果和大量的经验教训，但是付出了过于沉重的历史代价——教育事业的大破坏大倒退和整整一代人的耽误。而工农兵学员制度更像是一块按照毛泽东理想中的宏伟蓝图设计的"实验田"，按照他的标准培养他所要求的革命接班人。一个无可回避和无可补救的后果是：数以千万计的青少年丧失了继续学习、继续获得科学文化知识、从而也就丧失了发挥自己的才华和创造潜力的机会。这其中其实也包含了工农兵学员。在这个意义上来说，"实验

---

[8] 王智敏："失落的十年——中国高等教育可吸取的基本教训"，湖南师大硕士论文，2008年5月，第2页。

[9] 米鹤都著：《心路：透视共和国同龄人》，北京：中央文献出版社，2011年8月第1版，前言第5页。

田"失败的大局已定。

然而,在谈论工农兵学员的话题时,我们会发现一种奇怪的现象:一方面人们对那段历史的评述众说纷纭、褒贬不一;另一方面,却鲜见工农兵学员自己的回忆。包括我的一些同学,都不大愿意提起当年的事情。原因何在?笔者尝试给出了一些答案。

笔者认为,历史是无声的,但文字是可以留下痕迹的。当事人应该将自己经历过的事情和所思所想写下来,将自己真实的想法留给未来。让后人们少犯错误。

笔者于1977年年初从二外毕业后,回到原来工作的工厂,被工厂安排到子弟中学教英语。后考入北京大学法律系(今北大法学院)先后攻读硕士和博士学位。毕业后留校任教,直到退休。

从进入二外学习后我就再也没有离开过学校,我将自己的经历概括为:读书、教书、写书。几十年在学校里的摸爬滚打,在"学生"和"教师"的角色之间来回切换,使我对教育领域,特别是对高校比较了解,这是我写这本书的有利条件。但我的专业是国际法学,对有关工农兵学员研究所涉及的教育学、历史学、社会学等学科相去甚远。因此,这方面的专业知识本人有所欠缺。本书中的问题在所难免。

笔者深知本书有许多不足。请读者提出宝贵的意见。

从1973年入学到这本书完成的2024年,整整过去了51年。51年,超过了半个世纪,我很高兴终于有机会将这本书呈献给读者。

此时,"那场美好的战争我已经打完了,应该行走的道路我也走完了。应该守护的信仰我成功地守护了。从现在往后,自当有象征公义的王冠留下为我加冕"。[10]

是为序。

---

[10] 引自提摩太后书第四章第七节。来源于网络 https://zhidao.baidu.com/question/522830978138221165.html,访问时间2023年7月18日。

导　言

一、问题的提出及研究的意义

"工农兵学员"在本书中指在 1970-1976 年进入高校学习的大学生。

"工农兵学员制度"指涉及工农兵学员的各种事项的规定。包括：招生条件、学制、教学体制、课程设置、教材教法、培养目标、毕业工作分配等内容。

1966 年 "文化大革命"（以下简称 "文革"）开始后，中国的高等教育进入了一个特殊时期。先是全国高等学校停止招生，四年之后的 1970 年 6 月，经中共中央批准，从北京大学、清华大学开始，各地高等学校陆续开始招生。为了批判旧教育制度中所谓的 "分数挂帅"，新的招生制度废除了大学的入学考试；而且不再从应届高中毕业生中招收学生，实行 "群众推荐、领导批准、学校复审" 的办法。

1971 年 8 月 13 日中共中央批转的，经姚文元修改、张春桥定稿的《全国教育工作纪要》[1] 第一次使用了 "工农兵学员" 这一称呼，并宣布 "工农兵学员是教育革命的生力军。要充分发挥他们上大学，管大学，用毛泽东思想改造大学的作用。"《纪要》确定了选拔工农兵学员的 "十六字办法"，即 "自愿报名，群众推荐，领导批准，学校复审"。这种无须经过考试而招生的办法称为 "推荐制"，由各地方、各系统从有相当于初中以上文化程度的工人、贫下中农和解放军战士中挑选。"政治思想好" 成为招生的首要条件。此外，《纪要》对工农兵学员的学制、待遇、毕业后的工作等均做了规定。

---

[1] 《全国教育工作会议纪要》（1971 年 7 月 27 日），1971 年 8 月 13 日，中共中央曾批转此文。载于杨学为编：《高考文献》（上），北京：高等教育出版社，2003 年 7 月版，第 636-645 页。

于是,"工农兵"和"大学生"这两个本来没有必然联系的词汇联结在了一起,一种新型的大学生诞生了。他们的名字叫"工农兵学员",或称"工农兵大学生"。以示与旧制度招收的大学生的区别。

工农兵学员是"'文革'时期"的产物。"'文革'时期"指的是从"文化大革命"开始发动到"文化大革命"结束这个时间段。国内学者通常认为这一时期是从1966年5月至1976年10月,所以有"十年文革"的说法。

从1970年到1976年,高等院校先后共招收七届工农兵学员,总计940694人[2],他们成为特殊时期中国大学的特殊成员。

1976年粉碎"四人帮"以后,中国历史很快迎来了转折。

1977年10月12日,国务院批转了教育部《关于一九七七年高等学校招生工作的意见》,正式决定从当年起,改变"文化大革命"期间高校招生实行的"推荐制",采取自愿报名、统一考试、择优录取的办法。这意味着从1970年起招收工农兵学员制度的寿终正寝。

1979年3月19日,中共中央决定撤销《全国教育工作会议纪要》这一错误文件[3]。这意味着工农兵学员制度的彻底终结。

工农兵学员制度虽然只存在了短短的7年,但它对教育和社会都产生了重要影响。

关于"无产阶级文化大革命"(以下简称"文革"),在1981年党的十一届六中全会通过的《关于建国以来党的若干历史问题的决议》中已有结论。该决议指出:"1966年5月至1976年10月的'文化大革命',使党、国家和人民遭到建国以来挫折和损失。""'文化大革命'的历史,证明毛泽东同志发动'文化大革命'的主要论点既不符合马克思列宁主义,也不符合中国实际。这类论点对当时我国阶级形势以及党和国家政治状况的估计,是完全错误的。"[4]

2　刘慧:"中国高等教育的怪胎——工农兵学员探析",山东大学硕士论文,2010年4月,第27页。

3　杨学为编:《高考文献》(上),北京:高等教育出版社,2003年7月版,第636页注释1。

4　《中国共产党中央委员会关于建国以来党的若干历史问题的决议》(一九八一年六月二十七日中国共产党第十一届中央委员会第六次全体会议一致通

导 言

"文革"时期的高校是中国高等教育中一个非常特殊的时期，不仅招生制度不同——工农兵学员来自"工农兵"，入学无须经过考试，而是特殊的推荐办法；他们来到学校的主要目的并非学习知识，而是"上大学、管大学、用毛泽东思想改造大学"。其特点还表现在教育思想、培养目标、组织模式、管理制度、课程设置、师生关系等一系列方面，表现出异常鲜明的政治色彩和极"左"的意识形态特征。

如今，"文革"已经结束，作为"文革"中重要内容的"教育革命"也已成为历史，其错误经过拨乱反正已经得以纠正。而"工农兵学员制度"作为"教育革命"的主要内容也已由高考制度取代。作为制度它已不复存在，但相关争议一直没有停止。虽然它存在了只有短短的7年时间，但其产生和存在都包含了许多值得研究的问题。如：工农兵学员制度是如何产生的？其渊源是什么？如何评价工农兵学员制度？教育的本质应该是什么？如何实现教育的公平？高考制度是否合理？从过去的教育中我们应汲取什么教训？今后的教育应该如何发展，等等。

教育领域是"文革"研究中一个重要领域。"文革"前的两次教育革命，特别是"文革"前夕的教育革命与"文革"的发生有着密切的联系；"文革"发端于教育，最后又终了于教育，教育领域既是"文革"的重灾区，又是与"四人帮"斗争的主战场。教育是一个敏感、特殊而又充满矛盾和斗争的领域。因此，对"文革"时期"教育革命"的研究具有较大的学术价值和现实意义。

工农兵学员制度当时被称为是教育革命中的"新生事物"，是教育革命的重要组成部分。对工农兵学员制度的研究有助于对"文革"中"教育革命"的研究，也有助于了解1949年之后中国的高等教育的历史。

工农兵学员制度是由当时的国内外形势和"左"倾的错误所决定的，其产生和形成有一个逐渐发展的过程。该制度虽然最终成型于"文革"时期，但其主要指导思想、基本观点在50年代末期和60年

过)，北京：人民出版社，1981年7月第1版，第24-25页。

代初期便已形成,而且在具体作法上有过不同程度的试验。该制度虽然只存在了短短的7年时间,但其造成的危害和影响不仅涉及教育,还涉及社会、科学技术的发展等诸多方面。

今天回过头来认真研究该制度的产生与形成过程,总结教训,面向未来,有着很重要的意义。对过去的这段历史发展进行研究,不是为了"算总账",而是要"向前看"——为了未来,要从历史的发展中汲取经验和教训,揭示教育的规律,促进教育和科学文化技术的发展。

行文至此,笔者必须亮明身份。笔者曾经是一名工农兵学员,于1973年9月至1977年2月就读于北京第二外国语学院(以下简称"二外")英语系。本书拟通过以北京第二外国语英语系73级工农兵学员作为个案,将我们在二外三年半的学习情况及毕业后的发展情况做一尽可能详细的描述。并尝试将工农兵学员制度放在"文革"历史,尤其是"教育革命"的大背景下进行的学术意义上的分析和研究。主要研究的问题包括:工农兵学员制度形成的过程;工农兵学员制度的渊源;如何评价工农兵学员制度;如何评价工农兵学员;从中应该汲取哪些教训,等等。

笔者通过对上述问题的分析,尝试给出答案。这是本书的意义所在。

另外,本书的意义还在于:从一个亲历者的角度阐述当时的真实情况,让后人们了解这段历史。了解的目的是不再重复同样的错误。

算起来,这段历史并不遥远,但对于现在的年轻人,已有相当的隔膜和距离感。也许,这种距离感会掩盖"最有价值的材料、信息、线索和现场感,使得许多对当代人而言是常识的东西有可能永远变成后人难以索解的历史之谜。"[5]

"文革"已经结束了几十年,其错误早有定论并经过拨乱反正得到纠正,但必须承认,很多问题仍存在争议,甚至直到今天有些错误

---

[5] 王学典:"最真实的历史有可能是当代史",载于王兆成主编:《历史学家茶座》(第八辑),济南:山东大学出版社,2007年版,卷首语。

还在。之所以如此,也是还过去的债,该反思的没彻底反思、该明确的事没有彻底明确、该处理干净的事没有彻底处理干净,都留了尾巴。如何使后人不再回到那个混乱、封闭、愚昧、荒诞的岁月,笔者这代人有责任把这段历史的真相告诉后人。把惨痛的教训留给后人汲取也是本书的意义所在。

需要说明的是,回忆录是亲历者对一系列事件所作的回忆与记录。本书内容中有很多是笔者对本人亲历的回忆和记录,但本书并不是一本回忆录,而是笔者结合自己工农兵学员的亲身经历和感受,对工农兵学员制度进行的学术研究。该制度包括:招生条件、学制、教学体制、课程设置、教材教法、培养目标、毕业工作分配等内容。笔者尝试全面讲述该年级的工农兵学员从入学到毕业这三年半在学校的经历,内容包括学习、劳动、开门办学、师生关系、校园生活、社会活动等等。

在此基础上笔者尝试对工农兵学员制度的由来及形成、该制度产生的渊源进行历史的考察,并对该制度的评价等问题进行理论上的分析和研究。

仔细分析当前高校改革所面临的重大的深层次问题,我们就会发现,它们也是"文革"时期企图要解决的矛盾。例如"高等教育公平问题""高考的改革问题",等等。同时,我们还应当看到,虽然"文革"过去了许多年,但"文革式"思维方式和"大跃进"式的变革还随处可见,高校在发展过程中受意识形态的束缚仍很严重,并且受经济产业大潮的冲击而无法自立。[6]

这些问题和矛盾的解决虽然不是一朝一夕的事情,但读者或许能通过本书找到一些有用的信息或得到一些有益的启迪。

二、研究现状

在本书收集的文献资料的过程中,笔者发现,专门写"工农兵学

---

[6] 高田钦著:《"文革"时期我国高校组织及制度变迁》,南京大学出版社,2015年10月版,第10页。

员"的著作很少。笔者只找到如下 3 种：

1. 李江源著：《我是一个工农兵学员——泛政治化教育中的受教育者》（上）（下），福州：福建人民出版社，2006 年 12 月版
2. 海天、肖炜：《我的大学 1970-1976——工农兵大学生》，北京：中国友谊出版公司，2009 年 5 月版
3. 敬一丹等著：《我 末代工农兵学员》，长江文艺出版社，2017 年 5 月版

其中李江源的书是出版比较早，比较详细地对工农兵学员进行考察和学术研究的一部力作。作者是专门研究教育的一位"60 后"，他研究视角选择的是"泛政治化教育中的"工农兵学员。之所以做这样的选择，正如该书"序二"中谈到的：

"'文化大革命'时期工农兵学员参与政治化教育的深度和广度都堪称史无前例，……我们很少知道工农兵学员在泛政治化教育中的真实生活，以怎样的方式投身于泛政治化教育的进程，以及怎样承受泛政治化的熏陶，更少反省泛政治化教育对工农兵学员的实际影响"。[7]

为了了解工农兵学员的真实情况，作者通过对多位工农兵学员的访谈，记录这些亲历者的口述，了解他们的经历以及他们的真实想法。这种研究方法是社会学研究中常用的类似于"田野调查"的方法。作者通过对获取资料的分析，阐释了自己对泛政治化教育中的工农兵学员问题的看法。

第 2 本海天、肖炜的书实际是凤凰卫视《凤凰大视野》栏目的访谈节目的文字版。其中的受访者中有后来比较著名的人物，如社会学家李银河、作家梁晓声、人大新闻系教授陈力丹等。该书在一开始就指出了一个很奇怪的现象："为什么几乎完全看不见'文革'时期大学生——'工农兵学员'的回忆文字？"

---

[7] 李江源著：《我是一个工农兵学员——泛政治化教育中的受教育者》（上），福州：福建人民出版社，2006 年 12 月版，第 9-10 页。

正是该书中的这一发现鼓励了笔者要把自己的经历写下来。

第3本书的作者是敬一丹——中央电视台著名的节目主持人，这本书是她和她在北京广播学院（今"中国传媒大学"）的工农兵学员同学们共同完成的一本文集。他们是1976年入学的最后一批工农兵学员，因此书名为"末代工农兵学员"。他们在校的学习情况与前几届有所不同，因为他们入学时，"四人帮"已经粉碎，高等教育开始走上正轨。他们是最幸运的一批工农兵学员，但他们赶上了与77年恢复高考后入学的大学生一同在学校的日子，难免会有些矛盾。

该书的封面上的一句话是："个体故事构成的年代青春记忆，留给孩子，趁我们还没有忘记"。简单的几个字把这本书的内容、意义说得清清楚楚。

还有一本关于工农兵学员的书是老九、锋子主编：《难言"太学生"——"工农兵学员"酸甜苦辣实录》，红旗出版社，1994年1月版。这是一本19位作者合写的文集，他们都是曾经的工农兵学员，文章是他们对自己工农兵学员那段经历的简单回忆。

另有两本写工农兵学员的小说。作者是王金昌，书名是《工农兵大学生》，人民文学出版社，2014年8月第1版；该作者还写了一本：《大普学历：那个时代，那样一群人》，长江文艺出版社，2008年5月第1版。两本书都是小说。以上两本书并未列入笔者的参考文献。

另外，笔者通过知网找了几篇硕士、博士的学位论文，这些论文从不同的角度对有关工农兵学员的内容有所涉及。其中一篇山东大学的硕士论文。作者刘慧，论文的题目是："中国高等教育的怪胎——工农兵学员探析"，写于2010年4月。这是一篇年轻学生的毕业论文，从后来人的角度谈论工农兵学员，很多观点，如论文的题目都很有意思。

以上就是笔者收集到的专门研究工农兵学员的著作和学位论文的情况。

除此之外，还有几部著作是研究"文革"中的"教育革命"的，其中都涉及了工农兵学员的问题，这些著作有：

1. 郑谦：《被"革命"的教育——"文化大革命"中的"教育革命"》，北京：中国青年出版社，1999年1月版
2. 周全华著：《"文化大革命"中的"教育革命"》，广州：广东教育出版社，1999年7月版
3. 程晋宽著：《"教育革命"的历史考察：1966-1976》，福州：福建教育出版社，2001年8月版

这三部专著都是对"教育革命"进行研究的学术著作，对"教育革命"的产生过程、内涵、其中的斗争等问题进行了研究。工农兵学员制度作为"教育革命"中的一个组成部分，上述著作将该部分放在一个大的框架内进行的探讨和研究。这样的思路比较开阔，对问题的探讨也比较深入。

关于工农兵学员问题还有几篇学位论文有所提及，也有几篇当事人比较零散的文章，但总的来说，有关工农兵学员制度研究的著作和论文还处于研究成果比较缺乏的状态。

此外，工农兵学员制度的研究也面临着历史当事人的解读。作为特殊历史的亲历者，他们对那段历史有着自己内心的思索与反叛。遗憾的是，笔者尚未找到一本当事人出版的有关专著，论文也很少。

总之，当事人的回忆研究目前仍处于比较缺乏的状况。

三、本书的参考文献

本书使用和参考的文献大体分为这样几个部分：

1."文革"时期的资料

研究历史当然需要当时的历史资料。现在的技术手段使得资料查找不那么困难。笔者参考的"文革"时期的文献主要是公开发表在"两报一刊"（即《人民日报》《解放军报》和《红旗》杂志）、《教育革命通讯》，及一些大学学报上的文章。尽量引用原文。

2.后来公开发表的一些文章，含网络上可以找到的文章。但注明网址和访问时间。

3.著作。与主题有关的、正式出版的著作。

4.二外自己正式出版的纪念文集。

主要是两部：《二外四十年》编辑委员会编：《二外四十年》，北京：中国青年出版社，2004年10月版；曲茹、孙庆章、舒虹主编：《50年50人的二外记忆》，北京：旅游教育出版社，2014年10月版。这两本文集中汇集了二外许多教师和毕业生写的文章。

5.二外教师的著作。

其中有董乐山先生关于翻译的文集《翻译的甘苦》，以及他的随笔《沉默的竖琴》。

还有一本是吴敬瑜（Mary Jingyu Wu）教授的英文自传：*Indelible Red: Memories of life in the Mao Era*，（《抹不去的红色：毛时代的生活记忆》）。该书于2013年在新加坡出版。吴教授是我当年在二外的老师，是我国著名经济学家吴敬琏先生的胞姐。

6.文献汇编

这部分文献主要有：

《中国共产党中央委员会关于建国以来党的若干历史问题的决议》（一九八一年六月二十七日中国共产党第十一届中央委员会第六次全体会议一致通过），北京：人民出版社，1981年7月第1版

中共中央文献研究室：《关于建国以来党的若干历史问题的决议注释本》，北京：人民出版社，1983年6月版

杨学为编：《高考文献》（上），北京：高等教育出版社，2003年7月版

中共中央文献研究室编：《周恩来年谱一九四九——一九七六》（下卷），北京：中央文献出版社，1997年5月版

尽可能留下那个时代的真实客观的现场，供后人了解、研究、评价、思考，尤其是从历史的发展中吸取教训，以利于将来更好的发展。这是笔者写下这些文字的初衷。

既然是"现场"，就要依据客观的、原始的文献和资料，尽可能真实地记录当时的事件。幸运的是，笔者保存了当年的一些原始资料，包括：几乎所有课程的教材（含专业课和非专业课）、作业（有些是老师批改过的）、笔记、记录、调查报告、自己创办的刊物、学习文件，等等。这些资料或许可以帮助读者获得一些"现场感"。

在没有文字记录的情况下,笔者根据自己的记忆,并找当年的老师和同学进行了反复的核实,力争还原那个真实的"现场"。

"主要参考文献"列在全书正文之后,按发表时间顺序排列。

在行文过程中,笔者对文献资料的使用做了必要的注释。注释体例按照笔者熟悉的北京大学法学院的学术规范体例。

第一章 工农兵学员制度的形成

"工农兵学员制度"诞生于 1966 年开始的"文化大革命"（以下简称"文革"）中。66 年"文革"开始，大学停止招生。从 1970 年开始，由北京大学和清华大学开始招生试点。1972 年大部分高校恢复招生。招生办法为"自愿报名、群众推荐、领导批准、学校复审。"推荐的首要条件为"政治思想好"；对文化程度的要求是："相当于初中以上文化程度"。但由于不进行文化考试，文化程度的要求形同虚设。因此，这一招生制度被称为"推荐制"。由于恢复招生后的大学生来自于工人、贫下中农、解放军战士和干部，他们被称为"工农兵学员"。工农兵学员从招生入学、学制、课程设置、教材内容、教学方法、社会实践、毕业分配等都采取了与以往不同的作法。本书中将上述内容综合作为"工农兵学员制度"进行研究。

从 1970 年到 1976 年，全国高校先后共招收了七届工农兵学员，总计 940694 人[1]。由于"推荐制"不需要文化考试，彻底否定了原来的高考制度和择优录取的原则，政治条件成为录取的首要条件。因此有人认为，工农兵学员是"'文革'中教育革命的产物"[2]，也有人不无讽刺地将工农兵学员称为是"中国高等教育的怪胎"[3]，还有人称这些工农兵学员是"世界教育史上空前绝后的大学生"。[4]

---

[1] 刘 慧："中国高等教育的怪胎——工农兵学员探析"，山东大学硕士论文，2010 年 4 月，第 27 页。

[2] 刘 慧："中国高等教育的怪胎——工农兵学员探析"，山东大学硕士论文，2010 年 4 月，第 7 页。

[3] 刘 慧："中国高等教育的怪胎——工农兵学员探析"，山东大学硕士论文，2010 年 4 月。

[4] 周全华著：《"文化大革命"中的"教育革命"》，广州：广东教育出版社，1999 年 7 月版，第 182 页。

工农兵学员制度是由当时的国内外形势和"左"倾的错误所决定的，其产生和形成有一个逐渐发展的过程。该制度虽然最终成型于"文革"时期，但其主要指导思想、基本观点在 50 年代末期和 60 年代初期便已形成，而且在具体作法上有过不同程度的试验。

本章主要对该制度形成的过程进行研究，时间要追溯到 1949 年中华人民共和国成立之后。

关于建国以后的教育工作，在中共中央文献研究室编著的《关于建国以来党的若干历史问题的决议注释本》做了如下阐述：

"建国以来，由于'左'倾错误的影响，教育工作也有许多错误。主要是：轻视教育的错误观点，造成了经济建设和文教建设比例严重失调；在教育事业的发展上，急于求成，不量力而行，形成几次大起大落，造成教育质量严重下降；忽视科学文化和知识分子在社会主义建设中的重要作用；学校不断搞政治运动，冲击了正常的教学秩序和工作秩序，挫伤了广大干部、教师的积极性。尤其是'文化大革命'的十年，教育事业遭受了严重的摧残和破坏。这就使我们没有取得本来应该取得的更大成就。"[5]

本章主要以此为基本观点，通过历史考察的方法，厘清工农兵学员制度的由来及形成的过程，并对其中发生的重大事件和问题进行分析和研究，并提出个人的见解。

第一节　1958 年的"教育大革命"：最初的试验

1949 年中华人民共和国建立之后，在教育上采取了"以俄为师"的立场，全面学习苏联的教育经验。但全盘苏化的教育道路到了 50

---

[5] 中共中央文献研究室：《关于建国以来党的若干历史问题的决议注释本》，北京：人民出版社，1983 年 6 月第 1 版，第 181 页。

年代后期因中苏关系恶化便走到了尽头,学习苏联期间的教育思想和课程体系受到了全盘否定。从"全面学习"到"全盘否定",这样的"大反转"的原因并非建立在科学研究和论证的基础上,而完全是以政治、意识形态为导向。

从 50 年代开始,在东西方对峙的冷战环境中,对于欧美等西方国家当时在教育方面的先进经验,我国采取了全面排斥和全面否定的立场。伴随着对苏联教育理论的全面否定和对欧美西方国家教育的排斥,我国开始步入尝试和探索阶段。但由于当时的国际形势,我国与外部世界的接触很少,因此我国社会发展的道路具有相当大的历史局限性,它限制了中国了解和借鉴发达国家经验的渠道。实际上已没有多少可以借鉴的经验,只能借助于过去自己的经验,特别是老解放区的教育经验。于是,教育方面便走上了"关门闭户"的"教育大革命"道路,而且在整个教育指导方针方面出现了"左"倾的错误。

一、陆定一的文章与《关于教育工作的指示》

1958 年是中国历史上不平凡的一年,这一年开始的"大跃进"标志着苏联直接影响的结束和一条新的中国式社会主义道路的开始。[6]

从 1958 年到 1960 年,随着各行各业的"大跃进",教育界也是如此。各种教育形式都在大发展,掀起了教育界的大跃进。按照中央的说法,实行教育为无产阶级政治服务,教育与生产劳动相结合的方针是一场"大革命"。于是,也就有了"教育大革命"的提法[7]。这一阶段最重要的两个文件,一个是陆定一[8]的文章:"教育必须与生产劳

---

6 [美]R.麦克法考尔 费正清/编:《剑桥中华人民共和国史》(下卷 中国革命内部的革命 1966-1982 年),北京:中国社会科学出版社,1992 年 8 月版,第 365 页。

7 金一铭主编:《中国社会主义教育的轨迹》,上海:华东师范大学出版社,2000 年 6 月第一版,第 214 页。

8 陆定一(1906 年 6 月 9 日—1996 年 5 月 9 日),男,出生于江苏无锡,伟大的共产主义战士,杰出的无产阶级革命家,中国共产党宣传思想阵线的卓越领导人。出版有《陆定一文集》。1925 年加入中国共产党,1926 年毕

动相结合";另一个是中共中央、国务院发布的《关于教育工作的指示》。

陆定一的文章"教育必须与生产劳动相结合"[9]一文,发表在1958年第7期的《红旗》杂志上。并经中共中央政治局扩大会议讨论,写入1958年9月19日由中共中央、国务院发布的《关于教育工作的指示》[10]中。这两个文件一个提供理论根据,一个列出行动措施,成为当时"教育大革命"的指导纲领。

陆定一的文章受到了毛泽东的赞扬。文章结合中国社会主义革命和建设的实际及中国教育发展的情况,系统阐述了"教育为无产阶级政治服务、教育与生产劳动相结合"的教育方针,阐述了党的教育方针及与资产阶级在教育方针、教育思想上的对立斗争,并为打破苏联教育模式的束缚进行了一次理论上的清算。文章在结尾处对未来做出了满怀信心的展望:"我们的教育是为无产阶级专政服务的,因而我们的教育,就必须一反以往几千年的旧传统,采取教育与生产劳动相结合的方针,来消灭脑力劳动和体力劳动之间的差别,这也就是要消灭历史上一切剥削制度的残余,使人类进入共产主义社会。"[11]

《关于教育工作的指示》共六个部分。该指示明确提出:"党的教育工作方针是教育为无产阶级政治服务,教育与生产劳动相结合;为了实现这个方针,教育工作必须由党来领导"。《指示》号召开展文

业于交通大学。1927年起担任共青团中央宣传部长、共青团驻少共国际代表。长征时,在红军第一方面军"红章"纵队政治宣传部工作,后任红军总政治部宣传部长。中华人民共和国成立后,任中共中央宣传部部长、国务院副总理、中央书记处书记、文化部部长、全国政协副主席。是中共第七、八、十一届中央委员,第八届中央政治局候补委员,第十二、十三届中央顾问委员会常务委员;第一届全国人民代表大会常务委员会委员。资料来源于百度百科,网址:https://baike.baidu.com/item/陆定一/2933128?fr=ge_ala,访问时间2024年7月26日。

9 陆定一:"教育必须与生产劳动相结合",载于《红旗》杂志,1958年第7期,第1-12页。
10 "中共中央、国务院关于教育工作的指示",载于《人民日报》,1958年9月20日,第1版。
11 陆定一:"教育必须与生产劳动相结合",载于《红旗》杂志,1958年第7期,第12页。

化革命，批评了教育工作中忽视政治、忽视共产党的领导、忽视生产劳动的错误。号召同资产阶级思想进行坚决的斗争。在贯彻这一方针的实践中，它已与阶级斗争紧密联系在一起了。

《指示》力图以马克思主义教育理论、毛泽东教育思想为指导，总结老解放区的经验和建国以后教育工作的教育教训，创出新路，并能服务于实现共产主义的远大理想。[12]其直接后果是推动了1958年开始的教育大跃进和"教育大革命"。

《指示》中包含了毛泽东在50年代对教育问题的各种思考和意见，其中就包含着对未来共产主义的美好憧憬。该指示公布之后，各地群众热情高涨，于是轰轰烈烈的"教育大革命"开展起来。

二、"教育大革命"的试验之一：教育与生产劳动相结合

在"教育大革命"中对教育改革进行了多种试验，其中有的试验与后来的工农兵学员制度有直接的关联，突出的一点就是：教育与生产劳动相结合。

"教育与生产劳动相结合"是作为党的教育工作方针提出的，其中的内容，涉及学制、学校内部领导体制、教学计划、教学内容、教学方法等诸多方面。"教育大革命"的试验就围绕着这一中心展开。

《指示》的第三部分中明确指出：

"在一切学校中，必须把生产劳动列为正式课程。每个学生必须依照规定参加一定时间的劳动。现在勤工俭学的运动已经普遍开展起来了，事实证明，只要领导得好，参加生产劳动对学生来说，不论在德育、智育或体育方面都有好处，这是培养全面发展的新人的一条正确道路。今后的方向，是学校办工厂和农场，工厂和农业合作社办学校。学校办工厂和农场，可以自己办，也可以协助工厂和农业合作社办。学生可以在学校自办的工厂和农场中劳动，也可以到校外的工

---

[12] 金一鸣主编：《中国社会主义教育的轨迹》，上海：华东师范大学出版社，2000年6月第一版，第193页。

厂和农业合作社去参加劳动。"

从上述规定中可以看到，教育与生产劳动相结合的方针被赋予了新的更广泛的意义："这是培养全面发展的新人的一条正确的道路"。关于学生参加劳动的方式有两种，一种是在学校自己办的工厂或农场中劳动，另一种是到校外参加劳动。不管什么方式，参加劳动是"一切学校""每个学生""必须"的"正式课程"。

要求学生通过参加劳动，将书本知识与实践知识结合，这无疑是正确的，但片面地将教育与生产劳动相结合教条地理解贯彻，甚至将教育等同于生产劳动，就会出现偏差。如果盲目地要求学校办工厂，工厂办学校，甚至要求学校教育完全回到劳动中去，宣传"车间是最好的课堂，田间是最好的课堂"，其结果就会使学校正常的教学秩序受到了冲击。遗憾的是这些情况在"教育大革命"的实践中都成了现实。

据余立主编的《中国高等教育史》中记载：

"1958年学校的各种劳动不断，从9月开始几乎普遍停课，参加大炼钢铁和三秋劳动。1960年上半年很多学校又参加技术革新和技术革命运动，上海高校到1960年5月就有2万师生到90个工厂和70个公社参加'双革'运动[13]。农业部把农业院系的全体师生下放农村锻炼1至2年。国务院抽调2.7万多名高等、中等学校地质、化工、化学专业师生，参加大办钢铁运动，仅北京市就有5000多师生分赴16个省市，参加采矿、选矿及化验分析等工作。"[14]

由于劳动过多，政治和社会活动过多，学校正常的教学秩序受到了严重冲击，极大加重了师生的负担。采取以直接经验为主的所谓"实践知识"代替系统的科学理论知识，以"大跃进"的精神来加快教育进度和发展速度。结果是事与愿违，教育效果很差。

---

[13] "双革"运动指的是1960年全国根据毛主席的指示开展的"技术革新"和"技术革命"，简称"双革"运动。

[14] 余立主编：《中国高等教育史》（下册），上海：华东师范大学出版社，1994年4月第一版，第63页。

不仅如此，在教育方面许多关系的处理上也体现了"左"的倾向。在政治与业务的关系上，片面强调政治，以政治冲击业务，否定业务；在理论与实践的关系上，扩大教育脱离实际的错误，片面强调实践的作用；在基础与专业的关系上，对课程不适当地进行合并；在学生的学与用的关系上，过分强调在干中学，在实践中增长才干，导致学习科学文化知识的时间得不到保证。还发生了打破专业课的理论体系，甚至发动学生编写教材的情况，严重削弱了基础理论知识的教学，导致教学质量下降。[15]

所幸的是，中共中央很快就发现了在"教育大革命"中出现的一些问题。1958年12月中共中央批转教育部党组《关于教育问题的几个建议》，指出了如劳动时间过长，忽视教育质量等问题。

从1959年1月开始，中共中央向教育部党组转达了中央书记处有关教育工作的几项决定。并在1至3月在北京召开了教育工作会议，讨论了贯彻执行党的教育方针的主要经验和存在问题。5月，中共中央印发了有关教育工作的10个文件，提出了许多纠正"左"的错误的意见和措施。例如，在国务院《关于全日制学校的教学、劳动和社会安排的规定》中，限制了包括高等学校学生在内的学生的劳动时间、规定了假期时间、应保证学生每天的学习时间、应该保证的睡眠时间，等等。

但好景不长，1959年的"反右倾"斗争又打断了以上纠正"左"的错误的进程，新的反复出现。

60年代，纠正"左"的错误时，曾在贯彻"党的教育方针"的前提下，对其部分内容做过修改。1964年，毛泽东曾说："教育的方针路线是正确的，但是方法不对。"这里指的方针路线就是1958年《指示》中所确定的方针路线。[16]

但到了1966年的"文革"中的工农兵学员制度中，片面强调教

---

15 余立主编：《中国高等教育史》（下册），上海：华东师范大学出版社，1994年4月第一版，第64页。

16 金一鸣主编：《中国社会主义教育的轨迹》，上海：华东师范大学出版社，2000年6月第一版，第193页。

育与生产劳动相结合的做法再次出现,所谓的"开门办学"就是其中的主要做法之一。

三、试验之二:江西共产主义劳动大学

《指示》中提到,为了培养有社会主义觉悟有文化的劳动者,在这个统一的目标下,办学的形式应该是多样性的,要贯彻全党全民办学。还提出,全国将有三类主要的学校:第一类是全日制的学校,第二类是半工半读的学校,第三类是各种形式的业余学习的学校。

在这种思想指导下,各种半工(农)半读学校和业余学校遍地开花,甚至出现了一些业余"大学",这种学校主要是由工厂和公社为成年工人和农民开办的,并以 15 年内普及高等教育为目标。在"大跃进"的口号指引下,到 1958 年 8 月,高等院校的数量已从 1957 年原有的 227 所增加到 1065 所。大学生的人数从 40 万人增加到 70 万人。另外,到 1958 年秋,已建立了 2.35 万所业余"红专"大学和半工半读大学。[17]

这类学校中最著名的,也是最成功的例子就是"江西共产主义劳动大学"(简称"江西共大")[18]。该校自成立后受到了毛泽东等党和国家领导人的称赞和关怀。

该校在 1958 年成立之初的校名是"共产主义劳动大学";1978 年 2 月,被国务院列为全国重点大学;1980 年 5 月更名为"江西共产主义劳动大学",并更改办学体制为全日制办学。1980 年 11 月又更名为"江西农业大学"。根据"江西农大"官网的信息,该校成立的过程是这样的:

1958 年 3 月,汪东兴从中央下放到江西。1958 年 5 月,在北京

---

[17] 转引自[美]R.麦克法考尔 费正清/编:《剑桥中华人民共和国史》(下卷 中国革命内部的革命 1966-1982 年),北京:中国社会科学出版社,1992 年 8 月版,第 372 页。

[18] 见刘庆言:"五大发祥学校之共产主义大学",载于江西农业大学官网,网址为:https://www.jxau.edu.cn/91/b8/c10461a102840/page.htm,访问时间 2024 年 7 月 5 日。

参加全国农垦工作会议期间，汪东兴向毛泽东汇报了在江西工作的情况，毛泽东指示他回去办些学校，让上不起学的农民上学。6月9日，中共江西省委根据毛泽东关于"半工半读"的教育思想，决定创办"共产主义劳动大学"（简称"共大"）。该校实行省、专、县分级办学。即省办总校，以办大专、本科为主；省属和专属分校办中专，个别办大专；县属分校办初技，个别专业办中专。形成全省高、中、初多层次的农业教育网。1958年8月1日，共大总校和30所分校同时举行开学典礼，当时学生有11000多人。最高峰时，总校1所，全省有分校126所，学生有5万人之多。

"共大"实行多种形式办学，在招生中除招收高、初中毕业生外，还招收有实践经验的工人、农民入学。文化程度偏低者，先进预科班学习，经考试合格进入专业学习。学生毕业后，少数由国家统一分配，绝大多数实行"社来社去""场来场去"，回到农村、基层工作。

1958年6月，"共大"招生简章明确指出：学生毕业后发给文凭，统一分配或自行就业。1959年8月，省委、人委《关于共产主义劳动大学招生工作特点》中指出，为了帮助人民公社教育与培养干部，可保送一名至两名具有培养前途的公社或大队的优秀干部到共大学习，"毕业后，保证回原地工作"，这就是"社来社去"的最早表述。"社来社去"后来在工农兵学员制度中进一步发扬光大。

1966年6月省委批准共大总校党委《关于社来社去问题的请示报告》，决定当年开始招收的中专以上学生（包括总校在内）逐步实行"社来社去"。

从上述介绍中可以看到，"江西共大"的办学中，已经对后来工农兵学员制度中的一些作法做了尝试。如："社来社去"，从"公社或大队优秀干部中保送到共大学习"的做法。这些在后来的工农兵学员制度中都得到了体现。

需要指出的是，"江西共大"之所以成为一所独一无二的"大学"，与毛泽东的赞扬是分不开的。该校的这种重要地位一直坚持到了1979年，后来它的主校改成了一所正规的全日制的农业大学，并于1980年正式更名为"江西农业大学"，其分校则被撤销。这样做的原因是：纳入国民教育系列的新的标准化的高教制度，不承认半工半读方式培养学生的学校是大学。[19] 当然这是后话。

笔者惊讶地发现，1958年"教育大革命"中出现的那些"左"倾的一些做法，如教学中的"政治化"和"劳动化"，江西共大招收有实践经验的工人、农民入学，"社来社去"，等等。这些在后来的工农兵学员制度中再次出现，而且经过了58年的试验之后，这些做法在工农兵学员制度中被执行起来驾轻就熟，发挥到了极致。在这个意义上，1958年的"教育大革命"就是后来工农兵学员制度的最初试验，或者说是对工农兵学员制度进行的初步演练。

四、1958年的高校招生

在"教育大革命"的形势下，1958年的高校招生有以下几点值得注意。

1. 58年并未进行全国统一的大学招生入学考试。

在1958年7月1日教育部《关于高等学校一九五八年招考新生的规定》[20]中指出，"改变高等学校全国统一招生制度，实行学校单独招生或者联合招生。"根据这条规定，58年改变了自1952年进行的全国高考的做法，并未进行全国统一的大学招生考试，而是由高校单独或联合招生。不过教育部还是下发了考试科目的指导大纲。

2. 强化了高等学校招生中的政治要求。

在1958年6月30日，中共中央转发教育部临时党组《关于一九五八年高等学校招生工作的请示报告》[21]中明确提到："在招生工

19　[美] R.麦克法考尔　费正清/编：《剑桥中华人民共和国史》（下卷 中国革命内部的革命 1966-1982年），北京：中国社会科学出版社，1992年8月版，第374页。

20　"教育部关于高等学校一九五八年招考新生的规定"（1958年7月1日），载于杨学为编：《高考文献》（上），北京：高等教育出版社，2003年7月版，第326页。

21　"中共中央转发教育部临时党组《关于一九五八年高等学校招生工作的请示报告》"（1958年6月30日），载于杨学为编：《高考文献》（上），北京：高等教育出版社，2003年7月版，第321-325页。

作中必须政治挂帅,加强党的领导"。"高等学校录取新生,要注意政治质量,贯彻阶级路线"。

3.强化了高等学校招生中的政治审查标准。

在上述请示报告中有一附件:《高等学校录取新生的政治审查标准》,并注明"内部掌握,不公布"。

该审查标准列明了不录取考生的情况,还规定"高等学校各机密专业,对新生的政治条件,应当有更高的要求",并补充了不录取考生的情况。由于该文件是"内部掌握,不公布"的文件,这就使得一些考生在完全不知情的情况下,被剥夺了上大学的资格。

上述有关政治要求和政审标准的规定在 58 年前并没有这样严格。从 1959 年起又恢复了全国统一的高考,直到 1966 年中断。

在中央关于"调整、巩固、充实、提高"的方针指引下,大跃进中的错误得到了纠正,各行各业的工作逐步走上正轨。教育界也是如此。

但令人始料未及的是,1958 年"教育大革命"中的一些"左"倾的做法,到了 1962 年党的八届十中全会以后,尤其是社会主义教育运动开展起来后,伴随着党在阶级斗争问题上"左"的错误的发展,"教育大革命"的宣传和实践再次兴起。并在 1966 年的"文革"开始后,以新的形式出现在工农兵学员制度中。

第二节 毛泽东对教育的不满和严厉批评

一、毛泽东对教育的不满

从现有的资料来看,毛泽东对教育工作、意识形态方面的工作一直十分重视,在 1957-1958 年间,他多次谈及教育问题。从这些谈话中可以看到,他对 49 年之后的教育状况是相当不满。认为只学苏联,背离了老解放区的经验。[22]

毛泽东对教育的不满源自他对国内阶级斗争的形势的判断,以及对知识分子的判断。他在 1957 年 2 月发表的文章"关于正确处理人民内部矛盾的问题"中,表达了这样的观点:

"在我国,……被推翻的地主买办阶级的残余还是存在,资产阶级还是存在,小资产阶级刚刚在改造。阶级斗争并没有结束。无产阶级和资产阶级之间的阶级斗争,各派政治力量之间的阶级斗争,无产阶级和资产阶级在意识形态方面的阶级斗争,还是长时期的,曲折的,有时甚至是很激烈的。"

"我国社会主义和资本主义之间在意识形态方面的谁胜谁负的斗争,还需要一个相当长的时间才能解决。这是因为资产阶级和从旧社会来的知识分子的影响还要在我国长期存在,作为阶级的意识形态,还要在我国长期存在。"[23]

从上述话中可以读出,毛泽东认为阶级斗争依然存在,其原因是资产阶级和从旧社会来的知识分子还存在。而且这种斗争是长期的,反右斗争已经证明了这一点,所以要改造学校,改造知识分子。除此之外,还要培养新的知识分子。

---

[22] 金一鸣主编:《中国社会主义教育的轨迹》,上海:华东师范大学出版社,2000 年 6 月第一版,第 194 页。

[23] "关于正确处理人民内部矛盾的问题"(1957 年 2 月 27 日),载于《毛泽东选集》(第五卷),北京:人民出版社,1977 年 4 月第 1 版,第 389-390 页。

在 1957 年 10 月 9 日，毛泽东在中共第八届中央委员会扩大的第三次全体会议上发表的题为"做革命的促进派"的讲话中提道："无产阶级没有自己的庞大的技术队伍和理论队伍，社会主义是不能建成的。我们要在这十年内（科学规划也是十二年，还有十年），建立无产阶级知识分子的队伍。"[24]

如何形成无产阶级知识分子队伍，毛泽东认为，知识分子的方向是"又红又专"。怎样才能做到又红又专，毛泽东认为除了要避免官僚主义、宗派主义和主观主义外，一定要参加生产劳动。据此，他要求改变教育制度。在《工作方法六十条（草案）》中，他写了三条意见。[25]这三条意见归纳起来就是，学校要同工厂、农业合作社结合，学生要参加生产劳动。

在 58 年开展"教育大革命"后，毛泽东视察过一些学校，要求学校领导支持学生勤工俭学、办工厂、农场。他在视察天津大学时说：学校要抓住三个东西：一是党委领导；二是群众路线；三是把教育和生产劳动相结合起来。[26]由此看来，毛泽东把生产劳动当作是可以做到"又红又专"的一种方式。

1962 年 9 月 24 日至 27 日，中共八届十中全会召开，毛泽东在会上重提"阶级斗争"，确立了"阶级斗争为纲"的基本路线。他在会议公报中特别写上：

"在无产阶级革命和无产阶级专政的整个历史时期，在由资本主义过渡到共产主义的整个历史时期（这个时期需要几十年，甚至更多的时间），存在着无产阶级和资产阶级之间的阶级斗争，存在着社会主义和资本主义两条道路的斗争。被推翻的反动统治阶级不甘心

---

24 "做革命的促进派"（1957 年 10 月 9 日），载于《毛泽东选集》（第五卷），北京：人民出版社，1977 年 4 月第 1 版，第 472 页。

25 《毛泽东、周恩来、刘少奇、邓小平论教育》，北京：人民教育出版社，1994 年版，第 63 页。

26 金一鸣主编：《中国社会主义教育的轨迹》，上海：华东师范大学出版社，2000 年 6 月第一版，第 198 页。

灭亡，他们总是企图复辟。"[27]

会议认为城乡资本主义在猖狂地进攻，意识形态领域的阶级斗争也尖锐激烈。毛泽东将调整时期党内的一些认识上的分歧当作阶级斗争的反映，提出在全国城乡进行社会主义教育运动。从而使阶级斗争无限扩大化和绝对化，使国内的政治风向发生逆转，由刚刚进行不久的、对扭转困难局面极为重要的纠"左"又变成了反右。[28]

此后，中共中央和毛泽东认为教育领域是两大阶级争夺青年的主要阵地，关系到"反修防修"和"培养无产阶级革命事业接班人"的千秋大计。

从 1964 年春节开始，毛泽东进行了一系列有关教育问题的谈话，对当时的教育制度展开了猛烈的批评。毛泽东认为现存教育严重脱离政治、脱离生产劳动、脱离工农群众。实际的教育，是对学生的摧残，教育制度出了问题。学生要参加阶级斗争才能防止修正主义。高考是国家选拔人才的主要方式，关系着接班人的培养，因而也被上升到路线斗争的层面，高考被要求严格贯彻阶级路线。

在毛泽东对教育制度不间断批评的影响下，教育制度逐渐遭到全面的怀疑和否定。

二、1964 年毛泽东的春节谈话

薄一波在《若干重大决策与事件的回顾》中谈道："对于当时的教育制度，毛主席是非常不满意的。"[29]他举出的第一个例子就是 1964 年 2 月 13 日毛泽东的谈话。这一天恰好是中国的春节，所以也称为"春节谈话"。

1964 年春节（2 月 13 日），毛泽东在人民大会堂召开了教育工

---

27 《中国共产党第八届中央委员会第十次全体会议的公报》，《红旗》杂志，1962 年第 19 期，第 4 页。
28 薄一波著：《若干重大决策与事件回顾》（下卷），北京：中共中央党校出版社，1993 年 6 月第 1 版，第 1070 页。
29 薄一波著：《若干重大决策与事件回顾》（下卷），北京：中共中央党校出版社，1993 年 6 月第 1 版，第 1164 页。

作座谈会。在这次座谈会上，毛泽东对教育工作提出了尖锐的批评[30]。他的谈话，几乎涉及教学的各个方面，有教学内容问题，也有教学方法问题。总的精神是教学中的问题很严重，教学要改革，学制要缩短。他说道：

"学制可以缩短。""现在课程多，害死人，使中小学生、大学生天天处于紧张状态。""课程可以砍掉一半。学生成天看书，并不好，可以参加一些生产劳动和必要的社会活动。""现在的考试，用对付敌人的办法，搞突然袭击，出一些怪题、偏题，整学生。这是一种考八股文的方法，我不赞成，要完全改变。"

"旧教学制度摧残人才，摧残青年，我很不赞成。"

讲话的最后，毛泽东说："课程讲得太多，是烦琐哲学。烦琐哲学是要灭亡的。""读多了，又不能消化，也可能走向反面，成为书呆子，成为教条主义者、修正主义者。"

毛泽东在这次谈话中一开始就说到"学制可以缩短"，在提到学生负担重、考试方法、旧教学制度的问题时，措辞相当严厉。总之，这次谈话表达了毛泽东对教育制度的极度不满。

在毛泽东这次谈话后的2月21日，在高教部党组、教育部党组联席会议上，与会人员专门就当年的高考问题初步交换了意见。讨论的问题包括：政审问题、贯彻阶级路线问题、考试科目问题，还有关于改进高考内容和方法的问题，会议情况形成了一份"会议纪要"[31]。

该纪要提道："今年的高考必须强调：把好政治审查，进一步贯彻阶级路线，贯彻两条腿走路的精神，大力改进考试工作。"在如何改进高考内容和考试方法的问题上，"大家一致赞成贯彻毛主席春节谈话的指示精神，改进过去出题等方面的缺点。具体如何改进，尚需要做进一步的研究。"

---

[30] 毛泽东："在春节座谈会上的讲话"（1964年2月13日），载于杨学为编：《高考文献》(上)，北京：高等教育出版社，2003年7月版，第475-476页。

[31] "高教部党组、教育部临时党组联席会议纪要"（1964年2月21日），载于杨学为编：《高考文献》(上)，北京：高等教育出版社，2003年7月版，第476-477页。

从这份纪要中，可以明显看到当时负责教育的政府部门对毛泽东春节讲话的态度——一致赞成并贯彻执行。

薄一波举出的第二个例子是同年的 8 月 20 日，当薄一波向毛泽东汇报计划工作时，毛对薄讲了一番话。这番话涉及毛在 1964 年 7 月 5 日与其侄子毛远新的一次谈话。

三、毛泽东与毛远新、王海容的谈话

1964 年 7 月 5 日，毛泽东与其当时在哈尔滨军事工程学院上学的侄子毛远新进行了一次谈话。同年 11 月，高教部转发了这次谈话纪要。

在这次谈话中，毛泽东指出："阶级斗争是一门主课。你们学院应该去农村搞'四清'，去工厂搞'五反'。不搞'四清'就不了解农民，不搞'五反'就不了解工人。阶级斗争都不知道，怎么能算大学毕业？"[32]关于这次谈话，当时许多大学和中学都向部分学生作了传达，各类学校也增加了政治教育课。

薄一波在其著作中是这样转述毛泽东的话的，他（毛）跟我说："我跟一个军事学校的学生毛远新讲，你们啥事情也不懂，马牛羊、鸡犬豕，稻粱菽、麦黍稷，什么都不懂。你们到农村搞一个冬春。毛远新是我的侄儿，成了大老爷了，不好。"[33]

此外，薄一波还举出的例子包括 1965 年 11 月 15 日，在听取李葆华等同志汇报时毛主席讲道："现在学生连马牛羊鸡犬豕都不认识，没有受过实际锻炼，怎么不出修正主义？总之，教育制度非改革不行。"薄还谈道，毛主席反对关门办学、关门读书。[34]

正是因为毛泽东主张大学生要到实际工作中去锻炼，1964 年 9 月 11 日，中共中央、国务院发出通知，要求高等学校文科组织师生

---

32 《毛泽东论教育革命》，北京：人民出版社，1967 年版，第 21-22 页。
33 薄一波著：《若干重大决策与事件的回顾》（下卷），北京：中共中央党校出版社，1993 年 6 月第 1 版，第 1164 页。
34 薄一波著：《若干重大决策与事件的回顾》（下卷），北京：中共中央党校出版社，1993 年 6 月第 1 版，第 1164-1165 页。

参加社会主义教育运动。据统计，到 1965 年底，全国有 395 所高校，22 万师生参加了社会主义教育运动。[35]

薄一波著作中没有提到的是，1965 年夏天，毛泽东与其在北京外国语学院进修的侄女王海容进行了一次谈话，其中毛谈到遵守学校的规章制度是"没出息的"。鼓励学生违反学校的纪律，造学校的反。[36]这次谈话中，毛泽东不仅表现出对当时教育制度的不满，而且直接鼓动其侄女去"造反"，用实际行动反抗这种旧的教育制度。

毛泽东当时的这些谈话，都给予了青年一代以深刻的影响。这次谈话的内容后来被逐渐透露出来，在北京的一些大中学校里悄悄地流传着，使一些正处于"青春叛逆期"的青少年学生激动不已。当时笔者刚进入中学学习，也从哥哥姐姐那里知道了一些谈话的内容。

四、高教部对高校招生工作的改进

1964 年毛泽东发表了春节谈话后，高教部专门向中央提交了一份《关于改进高校招生工作的请示报告》。报告中说：

"根据主席春节对教育工作的指示精神来检查，1963 年的招生工作，我们认为还存在一些缺点和问题"，"为了进一步贯彻主席提出的'使受教育者在德育、智育、体育几方面都得到发展，成为有社会主义觉悟的有文化的劳动者'的教育方针，培养又红又专，生动活泼，富有独创精神的接班人，高等学校招生，应该进一步贯彻阶级路线和政治与学业兼顾的原则，严肃认真地挑选政治思想好、学业成绩好、身体健康的学生入学。"[37]

为此，高教部的报告中提出了包括政审、考试、健康体检等具体

---

35 《中华人民共和国教育大事记》(1949-1982)，北京：教育科学出版社，1983 年版，第 367 页。

36 卜伟华著：《"砸烂旧世界"——文化大革命的动乱与浩劫（1966-1968）》，香港中文大学当代中国文化研究中心，中文大学出版社，2008 年版，第 143 页。

37 "中共中央批转高教部党组《关于改进高等学校招生工作的请示报告》"（1964 年 5 月 20 日），载于杨学为编：《高考文献》(上)，北京：高等教育出版社，2003 年 7 月版，第 488 页。

工作的改进意见。1964年5月20日，中共中央批转高教部党组的这份报告，并指出："为了培养又红又专的无产阶级革命事业的接班人，高等学校的招收学生，应该进一步贯彻阶级路线和政治与学业兼顾的原则，严肃认真地挑选政治思想好、学业成绩好、身体健康的学生入学。"[38]

值得注意的是，在这份文件中，第一次将高等学校的培养目标描述为"培养又红又专的无产阶级革命事业的接班人"，要贯彻执行毛泽东提出的教育方针："使受教育者在德育、智育、体育几方面都得到发展，成为有社会主义觉悟的有文化的劳动者"。为达到这一目标，1964年在招生工作中"进一步贯彻了阶级路线，在保证政治质量的前提下，兼顾了新生的学业成绩和健康条件。"[39]

这一提法已经明显地把政治放在了招生首要考虑的条件，而学业成绩明显居于次要地位，只是"兼顾"。

此外，高教部党组在报告中还提到，本着"进一步贯彻阶级路线和政治与学业兼顾的原则"，"为了便于学校有更多的机会挑选政治条件好的学生"，采取了一些特殊的录取办法。一种办法是"推荐与考试相结合"的优先录取。享受这种待遇的是：贫下中农、工人、退伍士兵；或出身于贫下中农、工人家庭的学生；或参加过两年以上工农业生产的、政治思想好、劳动表现好的往届高中毕业生和政治思想好的中小学教师。另一种办法针对的是不愿参加劳动的上届或往届高中毕业生要控制录取或不予录取。这样做的目的是"高等学校工农学生的比重会有所增加"。

另外，该报告中还提出了改进政治审查工作，改进的目的是要加强政审工作，"进一步保证新生的政治质量"。

---

[38] "中共中央批转高教部党组《关于改进高等学校招生工作的请示报告》"（1964年5月20日），载于杨学为编：《高考文献》（上），北京：高等教育出版社，2003年7月版，第488页。

[39] "高教部关于一九六四年高等学校招生工作情况的简报"（1964年10月31日），载于杨学为编：《高考文献》（上），北京：高等教育出版社，2003年7月版，第522页。

笔者认为，1964 年 5 月 20 日的这份文件的重要之处在于以下几点：

1. 第一次将高等学校的培养目标描述为"培养又红又专的无产阶级革命事业的接班人；
2. 要进一步贯彻党的教育方针；
3. 在政治与学业的关系上，实际将政治放到了首位；
4. 在招生录取办法上，提出了"推荐与考试相结合"的优先录取办法；
5. 贯彻阶级路线，加强政审工作，保证新生的政治质量。

上述几点也是根据毛泽东的意见，当时在教育改革方面主要采取的措施。这些措施中的重点其实就是两个字——"政治"。从中我们再次发现了工农兵学员制度的影子，可以认为这就是工农兵学员制度最初的形态。

1965 年 1 月 14 日，高教部、教育部发布的《关于对一九六五年报考高等学校的考生进行政治审查的通知》[40]中，再次重申了 1964 年 5 月 20 日文件中的主要内容，并明确指出，"高等学校招收什么人，培养什么人，是关系到革命事业百年大计的根本问题。在这个问题上，阶级斗争是非常尖锐复杂的。我们要培养无产阶级革命事业的接班人，贯彻阶级路线，招收出身好、政治思想好的学生入学"，并列举了阶级斗争在政审工作方面的表现。因此，"必须提高警惕，以阶级斗争的观点进行政治审查工作"。

在 1965 年的高校招生中，实行了更严格的政审，因为政审工作中存在阶级斗争。"我们要培养无产阶级革命事业的接班人，贯彻阶级路线。"

1965 年 6 月 8 日"中共中央批转高等教育部《关于改进一九六五年高等学校招生工作的请示报告》"[41]中，认为"高等学校的招生，

---

40 "高等教育部、教育部关于一九六五年报考高等学校的考生进行政治审查的通知"（1965 年 1 月 14 日），载于杨学为编：《高考文献》（上），北京：高等教育出版社，2003 年 7 月版，第 528-529 页。
41 "中共中央批转高等教育部《关于改进一九六五年高等学校招生工作的请

是关系到培养又红又专的青年建设人才的问题，关系到培养无产阶级革命事业接班人的问题。"

1965年6月9日《高等教育部关于一九六五年高等学校招生工作的通知》[42]和同日下发的《高等教育部关于一九六五年高等学校招考新生的规定》[43]中用几乎相同的文字规定：

"为了贯彻'使受教育者在德育、智育、体育几方面都得到发展，成为有社会主义觉悟的有文化的劳动者'的教育方针，为了培养社会主义革命和社会主义建设所需要的各种人才，使他们成长为无产阶级革命事业的接班人，（1965年的）高等学校招生（工作），必须在党的领导下，（切实按照党的方针政策办事，）严肃认真地挑选政治思想好、学业成绩好、身体健康的新生入学，按质按量完成招生任务。"（括号中为前一文件中有的文字——笔者注）

上述文件表明，到了1965年高考时，高教部在高等学校招生的问题上，已经将高校招收新生的目标看作是"为了贯彻党的教育方针、培养革命和社会主义建设所需要的各种人才"，最终的目的是："使他们成长为无产阶级革命事业的接班人"，并强调招生工作要在党的领导下进行。直到1970年开始招收工农兵学员，上述几条标准从未改变过。这样，教育也就开始尝试担负起"培养革命接班人"的重任。

五、1965年12月毛泽东在杭州会议上的讲话

"文革"史研究专家王年一先生认为，1965年11月到1966年4月，是"文化大革命"的准备阶段，也是"文化大革命"的初步发

示报告》"（1965年6月8日），载于杨学为编：《高考文献》（上），北京：高等教育出版社，2003年7月版，第541-545页。
42 "高等教育部关于一九六五年高等学校招生工作的通知"（1965年6月9日），载于杨学为编：《高考文献》（上），北京：高等教育出版社，2003年7月版，第545页。
43 "高等教育部关于一九六五年高等学校招考新生的规定"（1965年6月9日），载于杨学为编：《高考文献》（上），北京：高等教育出版社，2003年7月版，第552页。

动阶段。[44]下面,来看看在这一阶段,教育界发生了什么事情。

在毛泽东对教育提出了批评之后,尽管教育部门做出了一系列的改变,但在1965年12月21日毛泽东在杭州会议上的讲话仍然对教育工作提出了批评[45],这次批评概况了前几次批评的内容,是对教育制度批评的总结。他说:

"现在这种教育制度,我很怀疑。从小学到大学,一共十六七年,二十多年看不见稻、粱、菽、麦、黍、稷,看不见工人怎么做工,看不见农民怎样种田,看不见商品是怎样交换的,身体也搞坏了,真是害死人。……

大学教育应当改造,上学的时间不要那么多。文科不改造不得了。不改造能出教育家吗?能出文学家吗?能出历史学家吗?现在的哲学家搞不了哲学,文学家写不了小说,历史学家搞不了历史,要搞就是帝王将相。

要改造文科大学,要学生下去搞工业、农业、商业。至于工科、理科,情况不同,他们有实习工厂,有实验室,在实习工厂做工,在实验室做实验,但也要接触社会实际。

高中毕业后,就要先做点实际工作。单下农村还不行,还要下工厂、下商店、下连队。这样搞他几年,然后读两年书就行了。大学如果是五年的话,在下面搞三年。教员也要下去,一面工作,一面教。哲学、文学、历史,不可以在下面教吗?一定要在大洋楼里教吗?"

在毛泽东的这次谈话中,他再次表达了对当时教育的不满,包括他此前谈过的学制问题和培养什么人的问题。与前几次谈话不同的是,他明确提到了"文科"。认为"文科不改造不得了"。另外,他还明确表达了高中毕业后先做点实际工作,再上学的建议。这就是后来招收工农兵学员的条件中"两年实践经验"最早的建议。从谈话中可

---

44 王年一著:《大动乱的年代》,北京:人民出版社,2009年5月第1版,前言第11页。
45 毛泽东:"在杭州会议上的讲话"(1965年12月21日),选自《毛主席论教育革命》,北京:人民出版社,1976年版,载于杨学为编:《高考文献》(上),北京:高等教育出版社,2003年7月版,第556页。

以看到毛泽东对参加社会实践的重视。

至于毛泽东为什么提出要缩短学制，为什么特别强调学生要参加实践，这与他对防止产生修正主义的认识是有关系的。薄一波在其著作中就提道："毛主席还多次讲过：书越读越愚蠢，越是知识分子越容易产生修正主义。"按照这个逻辑，在学校学习的时间越长，越容易产生修正主义，缩短学制可以是防止"和平演变"的措施，"这种说法，从总体上来看，也是不对的。"[46]

在贯彻"教育为无产阶级政治服务"的方针时，毛泽东更加强调教育领域内的阶级斗争，强调对学生进行阶级斗争教育。事实上，在1964年前后，毛泽东就做出了资产阶级知识分子统治着我们学校的估计。[47]

以上内容表明，到1965年年底，毛泽东对教育的不满和批评都已经明确。在他看来，我们的学校是资产阶级知识分子在统治，各项制度都有问题，学制太长，学生参加实践太少，不接触工人农民。为了培养无产阶级革命事业继接班人，这些问题已经到了非解决不可的程度，不解决就要出修正主义。

问题是，如何解决？先看看教育主管部门的考虑。

46　薄一波著：《若干重大决策与事件的回顾》（下卷），北京：中共中央党校出版社，1993年6月第1版，第1155页。

47　程晋宽著：《"教育革命"的历史考察：1966-1976》，福州：福建教育出版社，2001年8月第1版，第137-138页。

第三节　1966年年初关于高校招生工作的讨论

1966年1月，高教部为了贯彻执行毛泽东的指示，对高等学校的招生问题进行了深入的讨论，专门制拟定了一份《关于改进1966年高等学校招生工作的意见（讨论提纲）》[48]。

该提纲一开始就提道："1966年的招生工作，要继续加强党的领导，突出政治，以政治统帅业务；要进一步地贯彻执行中央的方针政策，按照培养德、智、体全面发展的无产阶级革命事业接班人的要求，招收新生。"并提出了1966年招生的改进意见。在招生的方式问题上，实行两种招生方式：一种是全国高校统一招生的方式；另一种是实行厂（场）来厂（场）去、社来社去的招生方式。并详细分析了该方案的优点和问题。值得注意的是，第二种方式就是1958年尝试过的那种方式。

该提纲中还提到，除上述方案外，还有人提到"是否可以不举行招生考试，采取保送入学，或者推荐与考试相结合的方法。"该提纲中认为："在当前中学教育不平衡的情况下，通过考试来选拔学业质量好的学生仍是比较好的办法。"至于推荐与考试相结合，"则是现在实际上实行的办法。"

对于这种"实际上实行的办法"，主要指的是："中学认为政治条件好的学生，只要学业和健康条件符合录取要求，一般都可以录取"；另外还有一个"优先录取"的办法，即：保证"政治思想好的工人、贫下中农子女和学生干部"的升学。之所以这样做是因为"录取新生首先要看政治条件"。

从该提纲中可以看到，到了1966年，高等学校录取新生的条件首先是政治条件。在该条件下，已经有部分学生可以得到优先的待

---

48 "高等教育部学生司关于一九六六年高等学校招生工作的意见（讨论提纲）"（1966年1月），载于杨学为编：《高考文献》（上），北京：高等教育出版社，2003年7月第1版，第568-571页。

遇。这种做法实际已经为后来工农兵学员的推荐制和政治挂帅做好了铺垫。另外,当时已有人提出了不考试招生的建议。虽然该建议措辞上用的不是"取消",但意思实际是相同的。

当然,该提纲只是一个"讨论提纲",并非下达正式决定的文件。1966年4月6日至14日,高教部召开了1966年高校招生工作座谈会[49],参加会议的人员包括部分省市的高教、教育厅(局)长、中央有关部门的负责人和北京地区十余所大、中学校的校院长、党委书记。还有团中央、教育部、卫生部、国防科委等中央部门的代表,可见对这次座谈会的重视程度。与会人员围绕高校招生工作展开了激烈的争论。

在这次座谈会上,关于高校招生主要争论的问题是:1.招生是不是"分数挂帅;2.高考是不是阻碍了中学教改;3.招生要不要考试;4.现行高考制度是不是产生修正主义的病根。以上的争论存在着正反两方面的意见。一般情况下,最后由高教部的领导表态。

值得注意的是,在这次座谈会的诸多资料中,有"一封污蔑今年高等学校招生工作的来信"。[50]资料表明,写这封信的实际时间的1964年。

这是北京市一个化名"群声"的人给文办寄来的信,表达了对高考招生工作中贯彻阶级路线的严重不满。高教部在转载这封信的部分内容时说,信中"恶毒地污蔑高教部是'胡干'","犯了严重的'左'倾路线的错误";要求"国务院能够及时纠正这一错误"。

用今天的观点来看,这封信的观点真是一针见血,切中要害。以下是这封信的摘录:

---

49 "高等学校招生工作座谈会简报"(1966年4月7日-4月16日)等参考资料,载于杨学为编:《高考文献》(上),北京:高等教育出版社,2003年7月第1版,第588-612页。
50 "一封污蔑今年高等学校招生工作的来信"(1966年4月6日),载于杨学为编:《高考文献》(上),北京:高等教育出版社,2003年7月第1版,第587-588页。这封信为1966年高等学校招生工作座谈会参考材料,摘自1964年《文教简讯》第67期。而且文中提到"我们的国家解放15年来",故笔者认为该信应该写于1964年,信中所指"今年"也应指的是1964年。

"今年高教部对家庭成分要求之严,简直成了唯成分论者。几乎是完全不看学习成绩,光凭家庭成分和社会关系来录取!成分好就是觉悟高,成分不好就是觉悟低。""历年来,学生的学习成绩从来没有像今年这样不受重视。……今年对社会关系要求之严,也达到了不可思议的程度。"

"今年的口号是:宁愿埋没几个天才,也不培养几个反革命。这叫什么话?我们的国家解放15年来,在大学生中究竟出了多少反革命?!怎么就算反革命?!这简直是荒谬绝伦!我们是社会主义国家,是不容许埋没天才的,尤其是不容许埋没青年人的天才。"

多少年后的今天,读着这些振聋发聩的文字,笔者不禁对这封信的作者肃然起敬。在当时的情况下,作者是冒了多大的风险,甚至不惜牺牲自己写下了这封信。读这封信,能感受到作者的愤怒、不屈与坚强。不知道作者后来的命运如何。他幸亏留下了这短短的文字,让后人们能够感受到追求真理的力量。在这里笔者向这位作者表示深深的敬意。

这封信表明了普通民众对自1964年在高校招生中"贯彻阶级路线","政治挂帅""严格的政审""推荐与考试相结合"等作法的强烈不满。但作者当时可能没想到的是,后来的招生工作在家庭出身上的要求一年比一年严格,一年比一年"左"倾。直至"文革"开始后招收工农兵学员,这些做法发展到极致。

现在我们知道,当年的这种做法属于"政治歧视",而"受教育权"是一项基本人权。在1948年联合国通过的《世界人权宣言》第26条中明确写着:"人人都有受教育的权利。……高等教育应根据成绩而对一切人平等开放"。在当时的《中华人民共和国宪法》第94条也规定:"中华人民共和国公民有受教育的权利。国家设立并且逐步扩大各种学校和其他文化教育机构,以保证公民享受这种权利。"上述作法侵犯的是公民的"受教育权",但在那个年代,这种公然违宪的做法却堂而皇之地存在。不得不说,这是一个值得深思的问题。那些出身不好的学生背负着沉重的压力,当他们实现社会升迁、个人抱负的唯一途径——升学和就业被堵死之后,他们心中的愤怒、反感,甚至是绝望是可想而知的。

情况的改变是在 1977 年以后的事了。但令人唏嘘的是，有多少因此失去接受高等教育的机会，从此与大学无缘的年轻人，他们的合法权利被无情地践踏，他们的韶华岁月成了"左"倾错误的牺牲品。

第四节 "文革"初起：砸烂旧世界

1966年——无论对于中国政治还是中国教育都是一个转折点。这一年，那场"史无前例的"无产阶级文化大革命爆发了。

1966年6月1日，《人民日报》发表了社论——"横扫一切牛鬼蛇神"，社论中称：一个势如暴风骤雨的无产阶级文化大革命高潮已在我国兴起。当晚，中央人民广播电台播发了北京大学聂元梓等人写的那篇"全国第一张马列主义大字报"。次日，《人民日报》在头版头条位置全文刊登了这篇大字报，并发表评论员文章对此大加赞扬。

在当时新闻传播的手段仅仅是广播和报纸的情况下，中央人民广播电台的广播和《人民日报》的文章，就是党中央毛主席的最高号令。因此，6月2日传递的信息已足以让无数青少年学生极度亢奋。"文革"中编辑印刷的《毛主席的革命路线胜利万岁》一书中，用这样一句话形容当时的形势："全国各地和北京市各单位的革命群众纷纷声援北大的无产阶级革命派。革命的烈火迅速在北京市和全国燃烧起来。"[51]

这场运动首先从教育领域开始，学校成为"文革"的"主战场"。

笔者当时是一名14岁的初中二年级学生，就读于北京师范大学附属女子中学，简称为"师大女附中"[52]。该校在北京，乃至全国都是赫赫有名的重点中学，也是高干子女集中的学校。那天，我清楚地记得从广播中听到《人民日报》社论和聂元梓大字报时，胸中躁动的激情、兴奋，还有些不知所措。

后来成为工农兵学员的这批人，在"文革"开始时，绝大多数人

---

51 佚名：《毛主席的革命路线胜利万岁——党内两条路线斗争大事记（1921年7月-1969年4月）》，北京：1969年7月1日，第365页。
52 北京师范大学附属女子中学，简称"师大女附中"，今"北京师范大学附属实验中学"，是一所历史悠久的著名中学，建校于1917年。该校1949年之后成为首批重点中学，还曾经是教育部直属的全国唯一一所重点中学。自建校以来，从这里走出了无数优秀人才，尤其是女性优秀人才。

都在中学甚至小学里学习。当时，全国的大学生中学生，甚至小学生都投入到了这场轰轰烈烈的运动中，中学生在"文革"初期的风头甚至盖过了大学生。如北京的清华附中，在5月29日率先成立了红卫兵。这一举动后来得到了毛泽东的支持，后来，红卫兵运动开始风靡全国。工农兵学员中很多人就是当年的红卫兵或红小兵。

1966年前"十七年教育"的矛盾冲突有两个基本方面，一是在制度模式、发展路径上，即照搬苏联模式与抵制、突破苏联模式的不同主张；另一方面是政治层面的，即如何处理政治与教育的关系、党与知识分子的关系。在某种程度上，"文化大革命"正是这一矛盾的总爆发，并以粗暴、荒诞的方式突显了这一新中国教育内在的基本矛盾。[53]

在全面发动"文化大革命"的时候，从伟大领袖到年轻的中学生，都对当时的教育制度，尤其是高考制度进行了猛烈的抨击。接下来发生的事情，直接促成了工农兵学员制度的诞生。

一、毛泽东的《五·七指示》

1966年5月7日，毛泽东就林彪报送的一份材料给他写了一封信，这封信就是著名的《五·七指示》。信中指出：

"人民解放军应该是一个大学校。""这个大学校，要学政治，学军事，学文化，又能从事农副业生产，又能办一些中小工厂，生产自己需要的若干产品和与国家等价交换的产品。这个大学校，……又能随时参加批判资产阶级的文化革命斗争。"

"学生也是这样，以学为主，兼学别样，即不但学文，也要学工、学农、学军，也要批判资产阶级。学制要缩短，教育要革命，资产阶级知识分子统治我们学校的现象，再也不能继续下去了。"[54]

---

[53] 杨东平："新中国'十七年教育'的基本特征"，载于《清华大学教育研究》，第24卷第1期，2003年2月，第16页。

[54] 毛泽东："对军委总后勤部'关于进一步搞好部队农副业生产的报告'的批示"，载于杨学为编：《高考文献》（上），北京：高等教育出版社，2003年7月版，第613页。

林彪报送的只是一份夸大部队农副业生产成绩的普通报告，毛泽东看到后，用给林彪写信的方式，描绘了自己心中理想社会的蓝图。他要以此告诉全党和全国人民，在批判和砸烂"旧世界"之后，建设一个什么样的"新世界"。⁵⁵研究"文革"的专家王年一先生称这封信是打开"文化大革命"之锁的两把钥匙中的一把。它代表了毛泽东"立"的主张，即勾勒出了他所向往的、憧憬的社会。⁵⁶

当然，上述对"五·七指示"的评论并不是当时做出的，而是随着时间的推移和认识的深入后来才认识到的。从"文革"的整个进程来看，"五·七"指示的确是一个纲领性的文件，其作用、目标、方向贯穿了"文革"的始终。而且，所有这些目标与教育领域的联系极为密切。或者可以说，教育领域集中地、综合地体现了这些目标的内容和方向。⁵⁷而工农兵学员制度更是浓缩了"五·七"指示中的目标和方向。

具体说到"五·七指示"中毛泽东对教育的指示，他的这番话表明了他对教育界长期以来的不满以及他对知识分子的看法。认为学校长期以来是由资产阶级知识分子所统治的，在未来的"新世界"中，这些都要改变。毛泽东的这张教育蓝图就是后来工农兵学员制度的宏伟蓝图，或者说工农兵学员制度就是毛泽东的"新世界"。

仔细研究一下就会发现，"五·七指示"对工农兵学员制度从产生、形成、发展的每一环节都产生了重要的影响。从工农兵学员的招生、学制、课程设置、开门办学，等等，都可以找到该指示的影响，或大或小、或明或暗。可以说，该指示对教育领域的影响超过了其他任何领域，这也是笔者为什么在研究工农兵学员制度的形成时，一定

55　卜伟华著：《"砸烂旧世界"——文化大革命的动乱与浩劫（1966-1968）》，香港中文大学当代中国文化研究中心，中文大学出版社，2008年版，第106页。

56　另一把被称为"打开'文革'之锁的钥匙"是毛泽东于1966年7月8日致江青的一封信。见王年一著：《大动乱的年代》，北京：人民出版社，2009年5月版，第3-5页。

57　郑谦：《被"革命"的教育——"文化大革命"中的"教育革命"》，北京：中国青年出版社，1999年1月版，第5页。

要讨论"五·七指示"的原因。

需要指出的是，这张蓝图中的有些内容，我们在 1958 年的"教育大革命"中已有所领略。

还要说明的是，1966 年的 5 月 15 日中共中央向全党转发了"五·七指示"。1966 年 8 月 1 日，《人民日报》经毛泽东审定过的社论："全国都应该成为毛泽东思想的大学校——纪念中国人民解放军建军三十九周年"摘要公布了"五·七指示"[58]，并对"五·七指示"加以阐发。[59]

虽然对毛泽东 5 月 7 日信的内容并不知晓，但 6 月 1 日《人民日报》的社论传递的信息和毛泽东的崇高威望，足以迅速点燃了青少年学生胸中燃烧着的革命烈火。

从毛泽东 1964 年以来对教育工作的一系列批评中可以看出，毛泽东已经不能满足于采取教育改革的方式来解决教育问题，他已经有了一套新的教育发展思路和模式，要用"教育革命"的方式来实现对教育的彻底变革。

从五·七指示中可以读出毛泽东是一定要废除以前的高考制度的，他的思路是，砸烂旧世界，建立新世界。十七年教育是资产阶级统治学校，一定要砸烂，这里首当其冲的就是高校的招生制度。如果说 5 月 7 日之前毛泽东考虑的只是砸烂旧世界，新的世界什么样还不清楚的话，但 5 月 7 日信中的蓝图已经清晰。

二、三封北京学生写给党中央、毛主席的信

在毛泽东 1966 年 5 月 7 日给林彪写信时，高教部的领导们还在考虑着如何处理马上就要到来的高等学校招生工作。

6 月 1 日，中共中央批转了高等教育部党委《关于改进一九六六

---

58 在文字上略有改动。
59 社论"全国都应该成为毛泽东思想的大学校——纪念中国人民解放军建军三十九周年"，载于《人民日报》，1966 年 8 月 1 日。另可参见网络文章：曾令忠："五·七指示意义深远"，网址为：https://baijiahao.baidu.com/s?id=1766012155010021427&wfr=spider&for=pc，访问时间 2023 年 9 月 7 日

年高等学校招生工作的请示报告》[60]。在该请示报告中说,"高等学校的招生,是一项严肃的政治任务,必须突出政治,以毛泽东思想作为最高指示,不断进行改革。"在报告的最后一段提道:"现在距离 7 月 1 日的考试时间已经很近了,以上报告如无不当,请中央批转""参照执行"。从该报告中可以了解到事情的紧迫,甚至可以读出当时高教部领导的急切心情。中共中央批转的高教部的请示报告中,明确表示:"中央同意高等教育部党委的报告,现转发给你们,请参照执行"。并提道:"在当前文化大革命的形势下,招生工作必须不断改革。报告中所提的改革招生制度的意见,各地应该积极进行试点,总结经验,改进工作。"

其实,在 1966 年 4 月,高教部就 1966 年高校招生工作已经组织召开了座谈会,这次座谈会的情况已如前述。值得注意的是,高教部并没有采纳座谈会上提出的取消统一高考的意见。所以向中央提交的请示报告中自然也没有取消统一高考的内容,而是提出了对高考进行重大改革的意见,基本回到1958 年的做法。即,高校招生管理权下放,除全国重点院校以外,其他高校可以不参加统一招生。

上述请示报告在 6 月 1 日获得了中央的同意和批准。接下来的事情就是要安排布置有关高校招生的工作了。

但已经被革命烈火点燃的革命小将们考虑的完全是另外的事情。

6 月 2 日,笔者就读的北京师大女附中的三名高三的学生预备党员[61]在校园里贴出了第一张大字报,题目是"校领导把我们引向何处?"大字报指出:"外界革命形势轰轰烈烈,而学校却是死水一潭,学校一心想引导的是让我们进行高考复习。"[62]这张大字报把矛头对

---

60 "中共中央批转高等教育部党委《关于改进一九六六年高等学校招生工作的请示报告》(1966 年 6 月 1 日)",载于杨学为编:《高考文献》(上),北京:高等教育出版社,2003 年 7 月版,第 613-616 页。

61 这三名学生预备党员是刘进、宋彬彬和马德秀。其中宋彬彬和马德秀后来成为工农兵学员。

62 参见冯敬兰、刘进、宋彬彬、于羚、叶维丽:"也谈卞仲耘之死",载于电子刊物《记忆》第 47 期,2010 年 4 月 30 日。

准了学校的领导,但还没有直接抨击高考制度。但另外两所中学的学生却将矛头直接对准了高考制度。

北京女一中学生的信

6月6日,北京市第一女子中学高三(四)班学生为废除旧的升学制度给党中央、毛主席写了一封信,信中称:"我们这一代青年的的确确是中国革命、世界革命继往开来的极其关键的一代。""在这场文化大革命中,砸烂旧的高考制度的责任,首先落在我们肩上。"

对于以前的高考制度升学制度,信中给予了严厉的批判,认为:"现行的升学制度,就是中国封建社会几千年来的旧科举制度的延续,是一种很落后的、很反动的教育制度。现行升学制度是和毛主席给我们制定的教育方针相违抗的。"因此,"我们要和工农兵一起将它彻底砸烂!"她们提出的具体建议包括:"从今年起废除旧的升学制度。高中毕业生直接到工农兵中去,和工农兵相结合。假如今年一定要有一批人去升学,就请党在高中毕业生中直接挑选。……"[63]

北京四中学生的信

6月10日,北京市第四中学发出了"北京市第四中学高三(五)班革命学生给毛主席的一封信",以及"北京市第四中学全体革命师生为废除旧的升学制度给全市师生的倡议书"。信中,他们对女一中同学的信表示非常赞同,并进一步明确提出了几点建议:

一、立即废除高等学校入学考试。
二、高中毕业生先到工农兵中去锻炼,在三大革命运动中得到工农兵的批准,取得他们给予的'思想毕业证书'。
三、大量从工农兵中吸收在阶级斗争中经过考验的坚强的革命者入学深造。

---

[63] "北京市第一女子中学高三(四)班学生为废除旧的升学制度给党中央、毛主席的一封信(1966年6月6日)",原载于《人民日报》,1966年6月18日,转载于杨学为编:《高考文献》(上),北京:高等教育出版社,2003年7月版,第616-619页。

四、加速实行半工半读、半农半读的教育制度，这是社会主义、共产主义的教育方向。

五、从应届毕业生中挑选在文化大革命中立场坚定、表现积极的同学升学。……

我们打碎的决不仅仅是一种考试制度，我们打碎的是几千年来套在人民脖子上的文化枷锁，打碎的是产生精神贵族和高薪阶层的温床，打碎的是产生修正主义的阶石。"[64]

这两封信表达了这样几层意思：现行的教育制度违背了毛主席的指示，必须砸烂；要废除旧的高考入学考试；高中毕业生不能直接升学，要到工农兵中去锻炼；要从工农兵中吸收大学生。这些建议与后来的工农兵学员制度已经相当接近，基本构成了后来的工农兵学员制度的基础。而这两封信也成了推迟66年高校招生工作的导火索。

四中的信中用孩子般的任性和威胁的语气说到，"高考不做彻底的改革，没有党中央、毛主席的命令，我们坚决不进考场。"甚至喊出了那句后来很流行的口号："誓做社会主义的工农兵，决不做资产阶级的大学生！"

显然，在这些年轻、狂热、盲目、不容争辩，已经失去理智，又充满了天真幻想的中学生面前，原定的高校招生工作已经无法正常进行下去了。

仅仅三天之后的6月13日，中共中央、国务院发出了"关于高等学校招生工作推迟半年进行的通知"。[65]

紧接着，在6月18日的《人民日报》同时刊登了如下消息：

1.标题："中共中央和国务院决定 改革高等学校招考办法"。该标题下是以新华社讯的方式全文刊发的中共中央、国务院6月13日

---

[64] "北京市第四中学高三（五）班革命学生给毛主席的一封信，以及北京市第四中学全体革命师生为废除旧的升学制度给全市师生的倡议书（1966年6月10日）"，原载于《人民日报》，1966年6月18日，转载于杨学为编：《高考文献》（上），北京：高等教育出版社，2003年7月版，第619-621页。

[65] "中共中央、国务院关于高等学校招生工作推迟半年进行的通知"，载于杨学为编：《高考文献》（上），北京：高等教育出版社，2003年7月版，第622-623页。

发出的通知,"为了彻底搞好文化革命,彻底改革教育制度,决定改革高等学校招生考试办法,并且决定将一九六六年高等学校招收新生工作推迟半年进行"。

2. 社论"彻底搞好文化革命 彻底改革教育制度",对高校招生推迟半年的决定予以支持,称:这一决定,"对无产阶级文化大革命的发展,是一个极大的支持,对左派学生是一个巨大的鼓舞,对资产阶级右派是一个沉重的打击。"[66]

3. 标题:"北京女一中高三(四)班学生敢想、敢说、敢做、敢闯、敢革命 写信给党中央和毛主席强烈要求废除旧升学制度",以新华社讯的形式刊登了这封信的全文。

4. 标题:"北京四中全体革命师生响应女一中同学的革命倡议 向毛主席表示赞成废除旧的升学制度",以新华社讯的形式刊登了这封信的全文。

这样一来,高校招生推迟半年进行这件事通过在《人民日报》公开发表的方式进行了公布。同时公布的两封中学生的来信表明:废除旧的升学制度是中学生的要求,并对此行为大加赞扬。正如上述《人民日报》社论中所说的:

"今天,本报发表的北京女一中高三(四)班和北京四中高三(五)班学生给党中央和毛主席的两封信,以及没有发表的大量群众来信,提出了废除旧的升学制度的强烈要求。这两封信,充满着对党对人民的无限忠诚,洋溢着高度的革命豪情,表现了毛泽东时代的革命青年敢想、敢说、敢做、敢闯、敢革命的精神。这两封信,反映了广大革命师生的心愿,代表了广大革命师生的呼声。"

依照这一通知,高校招生推迟半年的时间。但令人没有想到的是,这一推迟可不止一个半年。结果是推迟再推迟,最后很多人的高考就此被推迟没了。高校重新恢复招生是 1977 年,这样算起来高校

---

[66] "彻底搞好文化革命 彻底改革教育制度"(1966 年 6 月 18 日《人民日报》社论),载于杨学为编:《高考文献》(上),北京:高等教育出版社,2003 年 7 月版,第 623 页。

招生中断了长达 11 年。

　　这里，笔者还要再谈一下北京四中学生那封信。问题是，北京四中是高干子弟云集的中学，这封信是否有什么背景？具体说就是，这封信是学生自发写的，还是得到了高层的某种信息才写的？

　　关于这个问题，当时参与写信的四中高三（5）班学生孔丹[67]是这样回忆的：

　　"关于四中高三（5）班和女一中高三（1）班给中央写信要求废除高考的事儿，是'文革'初我经历的第一件大事。说起来，这又是高干子弟得风气之先的例子。四中高三（5）班就是我们班，是薄熙永[68]先听到消息，知道了 1966 年的高考可能要停下来了。……有天我们在他（指老师——笔者注）家里给我们补课。参加补课的人有我、薄熙永等几位，印象中好像是几个干部子弟。……补课当中，薄熙永把这个消息讲了出来。他说：'现在中央有这个决心，咱们是不是也要表示一下、呼吁一下呀？咱们争取主动啊。干脆发起废除高考的倡议，中央一定会接纳的。'我也同意了。不过，女一中是怎么回事儿我不清楚。

　　社会上把这说成是四中高三（5）班的罪过，提出废除高考，使中央不得不接受。不是那么回事儿，实际上是中央已有考虑，我们不过得了风气之先，做了这件事情。高干子弟干事情，总弄出这个风气之先来。我们那封信是有背景的，不是自发的，……。"[69]

　　按照以上孔丹的说法，推迟高考的事"实际上是中央已有考虑"，这封信"不是自发的"，完全是有高干子弟事先得到了高层的消息，

---

[67] "孔丹，1947 年生于吉林延边，'文革'前为北京四中 1966 届高中毕业生。他出身于一个红色家庭，父亲孔原为原中共中央调查部部长，母亲许明为国务院副秘书长。"参见"孔丹其人"载于孔丹口述、米鹤都编撰：《难得本色任天然》，北京：生活 读书 新知三联书店，2015 年 4 月第 1 版。

[68] 薄熙永，北京四中 1966 届高中毕业生。共和国元老薄一波的长子，母亲胡明。资料来源于百度百科：https://baike.baidu.com/item/薄熙永/2189099?fr=ge_ala，访问时间 2024 年 6 月 24 日。

[69] 孔丹口述、米鹤都编撰：《难得本色任天然》，北京：生活・读书・新知三联书店，2015 年 4 月第 1 版，第 47 页。

然后他们就弄了个"风气之先",于是写了这封信。从孔丹的说法中可以得出的结论是:中央关于推迟高考的事,是在四中学生写信之前就已经基本确定了。

关于四中学生这封信的背景情况,陆伟国所著的《六十年代的人民大学》一书中,也做了相同的描述。并谈到,"6月11日,信写出来以后,由刘源(刘少奇之子,四中学生——笔者注)交给了刘少奇。刘做了批示后,很快就在1966年6月18日《人民日报》头版加以发表。"这段的文字出现在该书的第五篇第三章第四节[70]。但作者未标明出处。

孔丹对写信的事还谈道,这些高干子弟在"文革"前和"文革"初做的许多事情,"并不是我们自己完全独立的、自觉的、经过深思熟虑的行动,而仅仅是得了风气之先而已。"[71]笔者认为他讲的是可信的,但他没有讲的是,当时,中学生里已经基本形成了一个干部子弟群体。其特点是自认为是天然的"革命接班人",事事处处要表现得比一般人"更"革命。一些高干子弟靠着自己的特殊条件弄个"风气之先",目的还是为了表现出这一点。

这两封信公开发表时,笔者年纪尚小,还没想过高考的事,但当时学校里汹涌澎湃的革命浪潮已经把我这个初中二年级的学生裹挟其中。那时我住校,已经"停课闹革命",于是整天兴奋地在校园里到处乱跑,看大字报、听辩论,觉得这就是在参加革命,心中无比快乐。当时还天真地认为自己终于赶上了一场轰轰烈烈的革命运动,终于有机会大干一场了。至于这些事情对自己意味着什么一点儿也没想过。

当然,那些当年比我年龄稍大,率先喊出要取消高考的高中生们也不会想到,这对他们意味着什么,等待他们的将是怎样的命运。

70　陆伟国著:《六十年代的中国人民大学》(中册),香港:现代文化出版社,2021年12月版,第77-81页。
71　孔丹口述、米鹤都编撰:《难得本色任天然》,北京:生活·读书·新知三联书店,2015年4月第1版,第37页。

中国人民大学七位同学的信

就在北京女一中和北京四中学生的两封信发出后不久,不甘落后的大学生也有了行动。中国人民大学的七位学生于6月22日也发出了一封给党中央和毛主席的信,这封信刊登在7月12日《人民日报》的头版头条上。

与中学生的信不同的是,大学生的信并未针对高考制度,他们在要求坚决彻底迅速地砸烂旧的教育制度的同时,向党中央和毛主席建议实行崭新的文科大学学制。他们的具体建议是:

"文科大学必须以毛主席著作为教材,以阶级斗争为主课。"今后文科大学的学制应"改为一年、二年、三年,而且每年要拿出一定的时间参加工农业生产劳动,学军事和参加社会的阶级斗争。""今后大学应招收在三大革命运动中经过锻炼、政治思想进步、具有一定文化水平的青年,不一定非高中毕业不可,使那些广大工人、贫下中农和复员军人中的优秀分子能够入学。"[72]

信在结尾处,用热情洋溢的语言表达了他们的决心:"最敬爱的领袖毛主席把无限的希望寄托在我们这一代身上,我们怎么能还犹豫地等待呢?既然革命小将们敢于砸烂旧的升学制度,我们就应有勇气冲破旧的学制束缚,采取提前毕业的革命行动!"

从信的内容来看,它与后来的工农兵学员制度几乎只有"一步之遥"了。信中的建议已经涵盖了招生、学制、教材、课程、甚至毕业去向等内容,几乎就是工农兵学员制度的提前版。

《人民日报》在发表这封信时加的"编者按"中,对这封信大加赞扬,称这封信"充满了敢想,敢说,敢做的大无畏的革命精神。"

与前两封中学生的信不同的是,这封信的落款处写明了七位人大学生的姓名,依次是:李豫生、张兴孟、蔡金发、程辛联、吕平、耿胜利、刘平凡。这封信的写作和发表有什么背景吗?多少年后,当

---

[72] "人民大学七位学生写信要求坚决彻底迅速地砸烂旧的教育制度",载于《人民日报》,1966年7月12日。

年在人民大学学习的陆伟国在其所著的《六十年代的人民大学》一书中，详细介绍了这封信的来龙去脉。"七同学的信"在该书的第五篇第三章第四节[73]。

陆在书中写到，信的发起人和组织者是语文系三年级学生刘平凡，即签名者中的最后一位。刘平凡的父亲刘志坚时任解放军总政治部副主任、新成立的军委文革小组副组长、中央文革副组长，父女俩那时对政治活动都比较积极。这封信"是刘平凡把信的稿子拿来学校让几个同学签名"，几位同学签名后，刘再签，所以名字落在了最后一个。至于这封信的真正撰稿人是谁，至今也没有披露，陆老师估计是总政里面的人。

陆在书中还提到，"1966年6月份，在万事百忙之中，刘少奇、陶铸、王任重、刘志坚几位还开了个会，专门研究教育体制改革的问题。……这封信的内容正是和这个会研究的内容有关的，很可能就是换个方式来表达这个会议的内容。"但陆书并未提供出处，所以这一信息有待进一步核实。此事如果真实，表明当时高层对教育体制改革相当的关心，而且已有了共识。

值得注意的是，几天之后的7月24日《中共中央、国务院关于改革高等学校招生工作的通知》[74]发布。该通知指出，"解放以来，高等学校的招生考试办法，虽然不断地有所改进，但是基本上没有跳出资产阶级考试制度的框框"，"必须彻底改革"。并宣布了改革高校招生工作的几项新办法：

1. 高等学校招生，取消考试，采取推荐和选拔相结合的办法。
2. 学生的招收条件是：政治思想好，年龄25岁以下、具有高中毕业或相当于高中毕业文化程度、劳动两年以上的工人、贫下中农、劳动青年，以及退伍军人等；

---

[73] 陆伟国著：《六十年代的中国人民大学》（中册），香港：现代文化出版社，2021年12月版，第77-81页。

[74] "中共中央、国务院关于改革高等学校招生工作的通知"（1966年7月24日），杨学为编：《高考文献》(上)，北京：高等教育出版社，2003年7月版，第626-628页

3.招生中坚持政治第一的原则,对于工人、贫下中农、革命干部、革命军人、革命烈士子女(即"红五类"——笔者注),凡是合乎条件的,优先选拔升入高校。对于出身于剥削阶级家庭的子女入学的问题也做了原则性的规定。

这些内容成为后来工农兵学员招生中的指导原则。

关于当年的高考工作,该通知重申了中央和国务院高校招生工作推迟半年进行的决定。并宣布:"现在决定,本年度高等学校录取新生的时间,从1967年1月1日开始,至1月底结束。"但这一决定并未得到执行[75]。

该通知的最后宣布,"中央1966年6月1日中发[66]283号批转高等教育部党委《关于改进1966年高等学校招生工作的请示报告》,停止执行。"

从6月1日中发[66]283号批转高教部的请示报告到7月24日中央和国务院发布《关于改革高校招生工作的通知》停止执行该请示报告,短短的不到两个月的时间,高校招生制度就发生了翻天覆地的变化。在此过程中,三封北京学生的信不可能起到决定性的作用,充其量就是"助推"的作用,或为后面的决定做个铺垫:第一步,废除旧的高校招生制度;第二步,新的改革方案出台。表面上看,三封信都是学生自发的行动,但从目前的资料来看,可以确定的是北京四中和人民大学七位同学的信都并非学生主动而为。四中的信是学生事先得到了高层的消息,而人民大学同学的信干脆就是有人直接写好了信,让学生签的名。

这件事更像是,剧本已经写好,大戏即将上演,需要有人暖个场

---

[75] 后来的情况大致是这样的,据高田钦的书中写道:到了1967年1月31日,中共中央发表依据《十六条》中第十条关于"教学改革"原则所制定的《关于教育制度的初步意见》,对招生制度的改革意见相对于半年前的《通知》来说,显得更加模糊更不确定。只说"实行推荐制度及选拔制度并用,废除高考招生制度","奖励工、农、兵子弟入学,并增加奖学金","师范学校,工农兵子弟(包括革命干部子弟)优先录取,并选拔政治条件良好的人员入学"等。参见高田钦著:《"文革"时期我国高校组织及制度变迁》,南京:南京大学出版社,2015年10月第1版,第133页。

而已，为的是引出后面的大戏。

但无论如何，旧世界已经被砸烂了。"文革"开始后不久，高考制度首先就被革了命。至此，工农兵学员制度的雏形已经完成——取消招生考试，推荐和选拔相结合。

三、《十六条》的通过

1966 年 8 月 8 日，中国共产党八届十一中全会通过了《关于无产阶级文化大革命的决定》[76]，即《十六条》，从而正式确认了"文化大革命"的"左"倾指导方针。[77]该文件从 16 个方面论述了"文化大革命"的基本主张，体现了毛泽东建立革命化社会的基本思想。

该文件看起来关于教育革命的问题并没有什么新的提法，其实并不然。实际上《十六条》被称为是"无产阶级文化大革命的纲领性文件"[78]，可见其地位的重要。其意义在于它的发表进一步使毛泽东的"五·七指示"等文件合法化。

《十六条》中的第十条是"教学改革"。该条共有四段，前两段谈道：

"改革旧的教育制度，改革旧的教学方针和方法，是这场无产阶级文化大革命的一个极其重要的任务。

在这场文化大革命中，必须彻底改变资产阶级知识分子统治我们学校的现象。"

这两段讲得非常明确，"文革"的一个极其重要的任务就是"改革旧的教育制度。"目的就是"彻底改变资产阶级知识分子统治我们学校的现象"。而且措辞非常强硬——"必须彻底改变"。

第三段基本重复了教育方针的内容。"必须贯彻执行毛泽东同志

---

[76] 《中国共产党中央委员会关于无产阶级文化大革命的决定》（一九六六年八月八日通过），载于《人民日报》，1966 年 8 月 9 日。

[77] 中共中央文献研究室：《关于建国以来党的若干历史问题的决议注释本》，北京：人民出版社，1983 年 6 月第一版，第 393 页。

[78] 社论："无产阶级文化大革命的纲领性文件"，载于《红旗》杂志，1966 年第 10 期。

提出的教育为无产阶级政治服务、教育与生产劳动相结合的方针,使受教育者在德育、智育、体育几方面都得到发展,成为有社会主义觉悟的有文化的劳动者。"

第四段重复了"五·七指示"的内容:"学制要缩短,课程设置要精简。教材要彻底改革,有的首先删繁就简。学生以学为主,兼学别样。也就是不但要学文,也要学工、学农、学军,也要随时参加批判资产阶级的文化革命的斗争。"

"五·七指示"勾画了一个毛泽东所憧憬的理想社会的轮廓。而《十六条》则进一步提出要"破四旧、立四新"[79],将"五·七指示"放入《十六条》中,使其完成了具体化和合法化,从法律上系统地规定了"文化大革命"要实现的社会理想。[80]

这意味着要彻底砸烂旧的教育制度,一个全新的教育制度正在酝酿着诞生,工农兵学员制度就是其中的部分。

---

[79] "破四旧、立四新"是"文革"中再造社会主义文化的重要内容,与重塑社会主义意识形态密不可分。1966年6月1日《人民日报》社论"横扫一切牛鬼蛇神"明确提出了所谓"四旧"就是"旧思想、旧文化、旧风俗、旧习惯",相对应的"四新"即"新思想、新文化、新风俗、新习惯"。

[80] 程晋宽著:《"教育革命"的历史考察》,福州:福建教育出版社,2001年8月版,第153页。

第五节　工农兵学员制度的诞生

一、1968年毛泽东的"七·二一指示"

在大学推迟招生后的1968年7月21日，毛泽东在《人民日报》上刊登的"从上海机床厂看培养工程技术人员的道路"的调查报告中，在"编者按"里加了一段话：

"大学还是要办的，我这里主要说的是理工科大学还要办，但学制要缩短，教育要革命，要无产阶级政治挂帅，走上海机床厂从工人中培养技术人员的道路。要从有实践经验的工人和农民中选拔学生，到学校几年以后，又回到生产实践中去"。[81]

这段话就是著名的"七·二一指示"。这是大学停止招生三年以后，毛泽东对恢复大学招生及改变大学教育制度的一种构想。1968年9月，为了贯彻"七·二一指示"，第一所名为"七·二一"的厂办大学在上海机床厂挂牌成立，规定学制为两年，学员毕业后仍回工厂工作。随后"七·二一大学"[82]的这种学制和教学模式逐步向全国的工矿企业推广。

81　《从上海机床厂看培养工程技术人员的道路》及编者按，载于《人民日报》，1968年7月22日。资料来源，网址为：http://news.sohu.com/20080722/n258286444.shtml?pedjn8，访问时间2020年8月23日

82　"七·二一"大学的办学体制是面对本厂或本系统招生，毕业后仍回原单位或岗位。学习形式有的为半工半读，有的为全脱产但不脱离劳动。办学宗旨"以政治教育为中心，以阶级斗争为主题，以马克思列宁著作和毛泽东著作为主要教材，把工人大学首先办成政治大学。"经常出现用政治冲击业务学习和知识学习的现象，办学目标由原有的"培养技术人员"逐步向培养"马克思主义理论队伍"蜕变。许多学员抱着追求知识和技术的良好愿望入学，由于"政治"的冲击和"思想工作"的挤占，并没有真正学到多少知识和技术。"七·二一"大学远未达到办成职业大学的条件和水平。参见董宝良主编：《中国近现代高等教育史》，武汉：华中科技大学出版社，2007年版，第366页。转引自刘慧："中国高等教育的怪胎"，山东大学硕士学位论文，2010年4月，第25页。

"七·二一"指示公布后，办理工科大学是没有问题的，那么文科大学还要不要办？1968年7月28日，毛泽东在接见首都红代会核心组人员时回答了这个问题："我说大学还要办，讲了理工科，但没有讲文科都不办，但旧的制度、旧的方法不行了。学制要缩短，教育要革命。"[83]

这样，根据毛泽东的"七·二一"指示，大学终于结束了几年停止招生的状态，可以招生了。既然大学可以办了，问题是如何办。"七·二一"指示讲了这样几层意思。一是学制要短；二是教育要革命，要政治挂帅；三是学生要从工人和农民中选拔；四是毕业后他们要回到生产实践中去；五是要走从工人中培养技术人员的道路，最后一条主要是根据上海机床厂的情况讲的。

从教育的类别上讲，"七·二一大学"属于技工教育或成人继续教育的一种形式，"七·二一"这种教育形式对如何搞好技工教育或成人继续教育是有启发的，但客观地讲，高等教育与技工教育或继续教育是有差别的。

"七·二一"指示是在"文革"开始后，整个教育陷于停顿、混乱的状态下发出的，它其实是一个信号，传递的信息是高等教育态势可能要发生转型，预示着一种新的制度可能诞生。

该指示反映了毛泽东对这种新制度中关于改革大学招生制度、

---

[83] 陈桂生：《现代中国的教育魂——毛泽东与现代中国教育》，沈阳：辽宁教育出版社，1993年版，第209页。转引自刘慧："中国高等教育的怪胎"，山东大学硕士学位论文，2010年4月，第26页。
关于这段话中是否涉及中文科大学是否要办的问题，另一种观点是这样的："大学还要办，是不是所有的大学都还要办？毛泽东紧接着的一句话是'我这里主要说的是理工科大学还要办'，这里虽然没有说文科大学还要不要办，但是从话外之音可以判断出他的明确态度。""在'文化大革命'之前，毛泽东谈到知识分子问题时也指出：'大体上可以说，搞工业的知识分子比较好些，因为他们接触实际；搞理科的，也就是搞纯科学的，差一点；最脱离实际的是文科。无论学历史的也好，学哲学的也好，学经济的也好，都太脱离实际，他们最不懂世界上的事情。'（1964年8月29日，毛泽东接见尼泊尔教育代表团时的讲话。）显然，文科大学的地位被降低到'可办可不办'或'不办'的程度。"参见高田钦著：《"文革"时期 我国高校组织及制度变迁》，第36-37页。

培养人才方式和分配制度的一种设想和具体策略，意味着工人、农民将成为大学教育的主要对象。这就可以逐步完成毛泽东提出的关于工农管理学校的指示，彻底让"资产阶级知识分子统治我们学校的现象再也不能继续下去"的构想成为现实。

其实这种制度就是工农兵学员制度。由此可见，工农兵学员推荐制的招生标准和方法，在"七·二一"指示中已经初见端倪。这实际上就是高校招收工农兵学员制度最初的方案。

值得注意的是，毛泽东在该指示中并没有提及招生考试的问题。但"从有实践经验的工人农民中间选拔学生"，暗示了毛泽东对高考招生制度的某种否定。[84]由此带来的问题是，中国大学教育也要非专业化，降低教育标准，以适应工人、农民的水平，为他们提供适当的继续教育。这样一来，高等教育和继续教育的差别就此被混淆。其结果肯定是拉低了高等教育的水平和质量。

遗憾的是，"七·二一"指示的片面性必然会产生错误的影响，甚至被错误的理解和执行，由此产生了一些毛泽东始料未及并且不愿意看到的后果，招收工农兵学员正是这种逻辑发展的必然结果。[85]

二、关于工农兵学员的生源

工农兵学员的来源自然是工人、农民和解放军战士。但因为有年龄限制——20岁左右，实际上这些人几乎都是"文革"开始时在校的中学生，甚至是小学生。他们成为新一代的工人、农民和解放军战士的过程大致是这样的。

1966年夏天，毛泽东一声号令，"文革"开始。带着革命理想主义的激情，怀着对伟大领袖的敬仰以及防止国家改变颜色的崇高使命，广大中学生"停课闹革命"，全身心地投入到这场史无前例的运动中。当中共中央向全国发出停止串联，"复课闹革命"的时候，一

---

[84] 刘慧："中国高等教育的怪胎"，山东大学硕士学位论文，2010年4月，第25-26页。

[85] 刘慧："中国高等教育的怪胎"，山东大学硕士学位论文，2010年4月，第26页。

年的时间已经过去了。

好不容易复课后,一个严峻的问题出现了:1966 和 1967 两届中学生此时已经应该毕业了,但他们的去向成了问题。由于旧的教育制度已经被砸烂,整个体制也就停止了运转。大学停止招生,升学的通道被完全堵塞。由于"文革"造成的混乱,工农业生产大幅度下降,进工矿企业就业的道路也基本走不通。当时全国中学积压的 1966、1967 两届初中、高中毕业生多达 402 万人。[86]但并没有太好的解决他们出路的办法。

到了 1968 年,积压在校的初中、高中毕业生共三届达 1000 余万人。解决他们的毕业出路问题已经是迫在眉睫。

1968 年 4 月,中央转发了黑龙江省革委会关于大专院校毕业分配工作报告的批示,传达了毛泽东的指示:"毕业生分配是个普遍问题,不仅有大学,且有中小学。"文件要求各部门、各地方、各大中小学面向农村、面向边疆、面向厂矿、面向基层,即"四个面向",及时做好毕业生的分配工作。[87]

直到这时,完成了"造反"任务的红卫兵们才明白,到了他们离开学校的时候了。据笔者的记忆,当时最好的出路是参军入伍,其次是进工厂,但能得到这两个机会的都是少数。等待多数人的是"广阔天地大有作为"的农村。

1968 年 12 月 22 日,毛泽东发出了号召:"知识青年到农村去,接受贫下中农的再教育,很有必要"。于是,全国掀起了知识青年上山下乡运动的高潮。从 1968 年夏到是年年底,全国约有 200 余万城镇知识青年走向农村。此后,在很短的时间里,知识青年上山下乡运动席卷全国。据统计,在整个"文革"期间,全国共有 1100 多万知识青年从城市来到农村,实现了人类历史上绝无仅有的一次人口

---

[86] 《中国教育年鉴》(1949-1981),北京:中国大百科全书出版社,1984 年版,第 1001 页。

[87] 程晋宽著:《"教育革命"的历史考察》,福州:福建教育出版社,2001 年 8 月版,第 257 页。

倒流。[88]

到了 1969 年上半年，中学里 66、67、68 届初中、高中毕业生绝大多数都离开了学校。从 1968 年 12 月到 1973 年 6 月全国共有 800 多万城镇知识青年上山下乡。[89]当然，这一数字并未包含那些进了工厂或来到部队的青年。这些人构成了工农兵学员的储备大军。

三、1970 年北大、清华招生试点

"七·二一指示"之后，1970 年 6 月 27 日，中共中央发出了《关于北京大学、清华大学关于招生（试点）的请示报告的批示》[90]。该批示称，中央同意北大、清华的请示报告，供各地参考。

北大、清华请示报告的附件二是一份"北京大学、清华大学招生（试点）具体意见（修改稿）"。这份附件详细规定了有关招生的所有内容，其中包括：培养目标、学制、学习内容、招生时间和名额、学生条件、招生办法和地区、学生待遇、分配原则等 8 个部分。

该报告中提到高校的招生条件是：

"（1）政治思想好。……要贯彻党的阶级路线，既反对忽视成分，又要反对唯成分论，要重在表现；

（2）有实践经验。具有三年以上实践经验、年龄在二十岁左右，有相当于初中以上文化程度的工人、贫下中农、解放军战士和青年干部。还要招收一些有丰富实践经验的工人、贫下中农，他们不受年龄

---

88 程晋宽著：《"教育革命"的历史考察》，福州：福建教育出版社，2001 年 8 月版，第 261 页。
89 程晋宽著：《"教育革命"的历史考察》，福州：福建教育出版社，2001 年 8 月版，第 265 页。另一组关于知青上山下乡的统计数字如下：1967-1968 年有 199.68 万人，1969 年有 267.38 万人，1970 年有 106.4 万人。1971 年和 1972 年因大学、中专、高中开始招生，加之部分工厂企业招工，下乡人数有所减少。1971 年为 74.83 万人，1972 年为 67.39 万人。从 1967 年至 1972 年下乡人数总计为 715.68 万人。参见顾洪章主编：《中国知识青年上山下乡始末》，北京：中国检察出版社，1996 年版，第 113 页。
90 "中共中央关于北京大学、清华大学招生（试点）的请示报告的批示"（1970 年 6 月 27 日），载于杨学为编：《高考文献》（上），北京：高等教育出版社，2003 年 7 月版，第 631-633 页。

和文化程度的限制。……

从农村中招生,应注意招收那些有三年以上劳动锻炼、表现较好,受贫下中农欢迎并为群众所推荐的上山下乡和回乡的知识青年。

(3)身体健康。[91]"

上述意见中提出的选拔学生的条件主要有两个：首要条件是政治思想好。这条中提到的"要贯彻党的阶级路线",实际指的是家庭出身。一般来讲是指要招收出身于"红五类"[92]的青年,而出身于"黑五类"家庭的青年,再加上"走资本主义道路当权派"家庭出身或有亲戚在港台、海外的青年,一般都被排除在外,后来只有极少数幸运儿,作为"可以教育好的子女"被挑选入学；第二个条件是有实践经验,有三年以上的实践经验。在对文化程度的要求上,仅要求相当于初中以上,而且对有丰富经验的工人、贫下中农可以不受文化程度的限制。这样一来,对文化程度的要求实际是形同虚设。

至此,招收工农兵学员的条件已经确定。这标志着工农兵学员制度已基本形成。新的招生制度废除了以前的统一的文化考试标准,停止了从高中毕业直接升大学的传统做法。新的方法采用了"群众推荐、领导批准、学校复审"的"12字办法"。1971年8月中共中央批转的《全国教育工作会议纪要》中增加了"自愿报名"4个字。这样,招收工农兵学员的"16字办法"形成,并一直延续到该制度结束。

这一新的工农兵学员的招生制度,堪称是对近现代教育体制中的招生制度的一次"革命"。

资料表明,1970年7月至年底,部分大学试招收了"文革"后的首届大学生,总共41870人。他们1971年春季入学,称70级工农兵学员。此后招收的工农兵学员也有这种情况,皆以招生年份各级

---

[91] "北京大学、清华大学招生（试点）具体意见（修改稿）(1970年5月27日）",载于杨学为编：《高考文献》（上）,北京：高等教育出版社,2003年7月版,第632-633页。

[92] "文革"中"红五类"指的是出身于工人、贫下中农、革命干部、革命军人和革命烈士的人。

而次年入学。[93] 1971 年，极少数高校开始按以上条件和办法试行招生，招生人数为 42400 人。[94]

四、1971 年《全国教育工作会议纪要》

到了 1971 年，"文革"已经进行了五年。"文革"所反对的和所期望的都已经显现出来，在教育领域旧制度已经砸烂，新制度已经逐渐建立。最重要的是，"左"倾的教育思潮已经逐渐建立并得到了发展。在这种情况下，1971 年 4 月 15 日至 7 月 31 日召开了全国教育工作会议。

这次会议的结果是中共中央批转了经姚文元[95]修改、张春桥[96]定稿的《全国教育工作会议纪要》[97]。该纪要否定了建国十七年来的教

---

93 周全华著：《"文化大革命"中的"教育革命"》，广州：广东教育出版社，1999 年 7 月版，第 181 页。
94 周全华著：《"文化大革命"中的"教育革命"》，广州：广东教育出版社，1999 年 7 月版，第 181 页。
95 姚文元，1932 年生，浙江诸暨人。"文化大革命"期间，任中共中央政治局委员、"中央文化革命小组"成员，与江青、张春桥、王洪文结成"四人帮"反革命集团，积极参与夺取党和国家最高权力的阴谋活动。1977 年 7 月中共十届三中全会通过决议，开除他的党籍，撤销其党内外一切职务。1981 年 1 月被中华人民共和国最高人民法院特别法庭判处有期徒刑二十年，剥夺政治权利五年。见《邓小平文选》（第二卷），北京：人民出版社，1994 年 10 月第 2 版，第 424 页。
96 张春桥，1917 年生，山东巨野人。"文化大革命"期间，任中共中央政治局委员、常务委员、"中央文化革命小组"副组长等职，与江青组织、领导"四人帮"反革命集团，积极参与夺取党和国家最高权力的阴谋活动。1977 年 7 月中共十届三中全会通过决议，开除他的党籍，撤销其党内外一切职务。1981 年 1 月被中华人民共和国最高人民法院特别法庭判处死刑，缓期二年执行，剥夺政治权利终身。1983 年 1 月被最高人民法院刑事审判庭依法减为无期徒刑，原判处剥夺政治权利终身不变。见《邓小平文选》（第二卷），北京：人民出版社，1994 年 10 月第 2 版，第 422 页。
97 《全国教育工作会议纪要》（1971 年 7 月 27 日），载于杨学为编：《高考文献》（上），北京：高等教育出版社，2003 年 7 月版，第 636-645 页。该文件选自《中华人民共和国教育文选（1949-1975）》。1971 年 8 月 13 日，中共中央曾批转此文。1979 年 3 月 19 日，中共中央决定撤销这个错误文件。参见杨学为编：《高考文献》（上），北京：高等教育出版社，2003 年 7 月版，第 636 页注释 1。

育工作，做出了"两个估计"。写在第一节中的一个估计是："解放后十七年……毛主席的无产阶级教育路线基本上没有得到贯彻执行"，"在教育战线上……资产阶级专了无产阶级的政"。另一个估计写在第二节第四条中"原有教师队伍……大多数……世界观基本是资产阶级的"。[98]

1971年8月13日，中共中央批转了该纪要。

在该纪要中首次对新招收的大学生使用了"工农兵学员"这一称呼。该《纪要》中提道："大学开始招生，出现了工农兵学员上大学，管大学，用毛泽东思想改造大学的新局面。"

该纪要提到了对工农兵学员的要求："坚持《五·七指示》的道路。""工农兵学员在学习过程中仍要参加实践，在实践的基础上着重向理论方面学习。""教育同三大革命实践结合，应以厂（社）校挂钩为主，多种形式，开门办学。'文科要把社会作为自己的工厂。'"还提道："工农兵学员是教育革命的生力军。要充分发挥他们上大学，管大学，用毛泽东思想改造大学的作用。遵照毛主席关于'学校一切工作都是为了转变学生的思想'的教导，工农兵学员要认真读马、列的书，读毛主席的书，坚持以阶级斗争为主课，始终把坚定正确的政治方向放在第一位。"这些内容在工农兵学员入学后都成为对他们的基本要求。

该纪要第二部分第五条明确规定了工农兵学员的选拔办法：

"根据初步的经验，大专院校招生的主要对象是具有二至三年以上实践经验的优秀的工农兵。年龄在二十岁左右，身体健康，一般是未婚的。一般应有相当于初中以上文化程度。有丰富实践经验的老工人、贫下中农和革命干部入学，可以根据情况放宽年龄和文化程度的限制。选拔工农兵学员要严格坚持自愿报名，群众推荐，领导批准，学校复审，坚决反对草率从事和'走后门'。"

---

[98] 见周全华著：《"文化大革命"中的"教育革命"》，广州：广东教育出版社，1999年7月，第323页。另可参见余立主编：《中国高等教育史》（下册），上海：华东师范大学出版社，1994年4月，第95页。

此外，对工农兵学员的学制、待遇、毕业后的工作等均做了规定。

文件虽然以"会议纪要"的名称下发，但却是经中共中央批转的正式文件。这在当时的情况下，具有法律意义上的效力，它宣告了工农兵学员制度的正式诞生。此后几年的招生基本都按照该文件执行。

从此以后，这些在1970年以来入学的大学生们有了一个新的名称——工农兵学员。他们成了特殊时期中国大学里一批特殊的大学生。

五、高校恢复招生，"走后门"出现

1972年，全国高校开始全面招生。招生人数增至133553人。[99]

1972年的招生作法仍然是根据北大和清华的试点经验，遵照《全国教育工作会议纪要》的规定，基本采取了"推荐制"的办法。做出的微调是把原来要求招生对象有"三年以上实践经验"，调整为"两年以上"。文化条件没有变化，仍为"具有初中毕业以上的实际文化程度"，招生办法为自愿报名、群众推荐、领导批准、学校复审相结合。入学的工农兵学员的任务是"上大学、管大学、用毛泽东思想改造大学"。

"推荐制"的关键在于不需要文化考试，只需要推荐入学，这就彻底否定了原来的高考制度和择优录取的原则。而且，未经考试的"实际文化程度"就根本无法判断，这样一来对文化程度的要求几乎是形同虚设。其结果是，高校的招生大大降低了高校入学新生的文化要求，造成了教学秩序的混乱和教育质量的严重下降。

另外，由于取消了考试，没有了判断文化程度的客观标准，"群众推荐、领导批准"这样的环节极易被人为操纵。再加上信息不透明，没有监督，"学校审查"的环节基本流于形式。学校不仅很难了解学生真实的文化水平，而且对于所谓内定名单、指名选送等情况，

---

[99] 周全华著：《"文化大革命"中的"教育革命"》，广州：广东教育出版社，1999年7月版，第181页。

招生学校根本无从考查。这就使得推荐单位掌握了很大的权力,于是,"走后门"等不正之风的问题开始出现。

为了杜绝招生中出现的"走后门"现象,中共中央于1972年5月1日发出了"关于杜绝高等学校招生工作中'走后门'现象的通知"[100]。

该通知中称:

"当前值得认真注意的一个问题是,各地招生工作中程度不同地存在着'走后门'的现象,有些地区和单位情况比较严重。据反映,有少数干部利用职权,违反规定,采取私留名额,内定名单,指名选送,授意录取,甚至用请客送礼、弄虚作假等不正当手段,将自己的亲属和老上级的子女送进高等学校。有些招生主管部门和负责招生工作的干部,不按党的原则办事,讲私人交情,私送名额,或强令招生人员违章接收不够条件的人入学。"

该通知指出:"这种'走后门'的不正之风,严重干扰毛主席的教育革命路线,破坏教育革命的成果,败坏党的优良作风,损害党群关系和军民关系,对于这些'走后门'进学校的青年的学习和进步,也是不利的。"

该通知中还公布了几条纠正"走后门"的办法。

在当时的情况下,上大学是许多青年的梦想,但能得到机会的人是凤毛麟角。于是,掌握了一些权力的人就开始利用手中的权力和资源通过"走后门"为子女亲友大开方便之门。可见"推荐制"本身存在的漏洞是"走后门"的根源所在。

"推荐制"表面上是为了实现受教育权上的公平,纠正过去工农子女在高考中处于不利地位的情况,向广大工农兵子弟开门。但这种做法忽略了一个事实,即大学教育与普及教育有着很大的区别,前者是一种通过竞争才能取得的学习机会,竞争需要有客观的学术评价

---

100 "中共中央关于杜绝高等学校招生工作中'走后门'现象的通知"(1972年5月1日),载于杨学为编:《高考文献》(上),北京:高等教育出版社,2003年7月版,第646-647页。

标准。"推荐制"忽略了学术评价标准,片面强调政治标准,其结果必然是把一些优秀的人才排除在大学的校门之外,造成了另一种受教育权上的不公平。

其后果是民族文化素质的下降,并助长了不正之风。

小 结

"工农兵学员制度"产生于1966年开始的"文革"中,存在的时间为1970年到1977年,共7年的时间。该制度的形成并非一朝一夕,有一个从最初的尝试到后来逐渐发展形成的过程。其产生是由当时的国内外形势和党的政治路线所决定的。

本章表明,1958年的"教育大革命"中出现了一些"左"倾的做法,是工农兵学员制度最初的尝试。1962年开始毛泽东在一系列谈话中,表达了对教育制度的不满及严厉的批评,推动了"文革"中对教育的革命。

1949年中华人民共和国建立之后,在教育方面走的是"以俄为师"的路。50年代后期,中苏关系逐渐恶化。教育方面的"全盘苏化"出现大反转,1958年的"大跃进"标志着苏联在教育方面直接影响的结束,而一条新的、中国式的教育道路的开始。

1958年毛泽东提出的"教育为无产阶级政治服务,教育与生产劳动相结合",作为"党的教育工作方针"写进了中共中央、国务院发布的《关于教育工作的指示》。该指示的结果是大跃进中的"教育大革命"。这场大革命中对"教育与生产劳动相结合"、全党全民办学等进行了尝试。其中的一些作法如"半工半读大学""红专"大学、"社来社去"中,已能看到工农兵学员制度的影子。这些做法是工农兵学员制度的最初试验。但由于"左"倾的做法带来了很大的问题,中央做了纠正。

"大跃进"时期的"教育大革命ss是中国试图用革命方式和革命热情改变现代教育的一次全面努力,但是,严格的教育发展规律却无意迁就任何浪漫的想象和过激的行动。……用革命的方式从事教育改革的势头却受到教育发展规律的遏制。[101]最后,这场"教育大革命"中的试验大多以失败告终。

1962年9月党的八届十中全会召开,毛泽东在会上重提"阶级斗争",确立了"阶级斗争为纲"的基本路线。此后,毛泽东认为教育领域是两大阶级争夺青年的主要阵地,关系到"反修防修"和"培养无产阶级革命事业接班人"的千秋大计。

基于这种考虑,毛泽东从1964年春节开始,毛泽东发表了一系列有关教育问题的谈话,表达了对当时教育制度的不满,并进行了严厉的批评。他的批评主要集中在:学制太长;学校教育与实践脱节;学生不参加社会实践和阶级斗争。在毛泽东看来,无产阶级事业的接班人是要通过激烈的阶级斗争实践产生的,教育重视升学率而忽视政治,就会产生修正主义。毛泽东对教育的批评还源自他对知识分子的看法。在1964年前后,毛泽东就做出了资产阶级知识分子统治着我们学校的估计。

高教部和教育部为了贯彻和执行毛泽东对教育工作的指示,从1964年开始,对高校招生等工作做出了一系列的改变。这些改变包括:在招生录取办法上,提出了"推荐与考试相结合"的优先录取办法;在招生工作中贯彻阶级路线,加强政审工作,保证新生的政治质量。

从这些根据毛泽东的意见,在教育改革方面主要采取的措施中,再次发现了工农兵学员制度的影子,这就是工农兵学员制度最初的形态。

从毛泽东1964年以来对教育工作的一系列批评中可以看出,他对教育的批评并非基于教育本身,而是基于政治上的考虑。具体说就是"反修防修"和"培养无产阶级革命事业的接班人",但是资产阶级统治的学校是无法承担这一任务的。毛泽东已经考虑好了一套新的教育发展思路和模式,他已经不能满足于采取教育改革的方式来

---

101 程晋宽著:《"教育革命"的历史考察:1966-1976》,福州:福建教育出版社,2001年8月第1版,第125页。

解决教育问题，而是要用"教育革命"的方式来实现对教育的彻底变革。

1958年"教育大革命"中的挫折不但没有从根本上动摇革命的声誉，反而被作为中国教育发展的新经验而加以传播。"文革"则是这种"革命"观念的进一步深化或极端化。"无产阶级专政下继续革命的理论"虽然最终成型于"文革"时期，但它的主要思想和观点在50年代末期和60年代初期便形成了。[102]

到了1966年4月，在中国正在预示着一场大风暴的到来，而教育界首当其冲。随着这场大风暴到来的就有一个"新生事物"——工农兵学员制度。

"文革"开始后发生的四件大事，直接推动了工农兵学员制度形成的。

第一件是1966年5月7日毛泽东写给林彪的一封信，即"五·七指示"。信中指出："学制要缩短，教育要革命，资产阶级知识分子统治我们学校的现象，再也不能继续下去了。"这番话明确了毛泽东对教育领域的不满以及他对知识分子的看法。认为学校长期以来是由资产阶级知识分子所统治的，现在要建立一个"新世界"。

第二件是三封北京学生给党中央、毛泽东写的信。北京两所中学的高三学生在"文革"开始后不久，分别于6月6日和6月10日就废除高考给毛主席和党中央写的信。这两封信成了推迟1966年高校招生工作的导火索。

在北京四中的信发出两天之后的6月13日，中共中央、国务院发出了"关于高等学校招生工作推迟半年进行的通知"。这标志着原有的高考制度已被打破。

上述三个文件均刊登于1966年6月18日同一天的《人民日报》。

第三封信是6月22日人民大学七位大学生写的，"要求坚决彻底迅速地砸烂旧的教育制度""建议实行崭新的文科大学学制"。此信

---

[102] 程晋宽著：《"教育革命"的历史考察：1966-1976》，福州：福建教育出版社，2001年8月第1版，第125页。

发表于 7 月 12 日《人民日报》。此信的内容基本就是提前版的工农兵学员制度。

紧接着 7 月 24 日发出了《中共中央、国务院关于改革高等学校招生工作的通知》，该文件中宣布，"高等学校招生，取消考试，采取推荐和选拔相结合的办法。"至此，招收工农兵学员的基本原则已经确定——取消考试，推荐和选拔相结合的办法。

第三件是 1966 年 8 月 8 日中国共产党八届十一中全会通过了《关于无产阶级文化大革命的决定》，即《十六条》。该文件从 16 个方面论述了"文化大革命"的基本主张，体现了毛泽东建立革命化社会的基本思想。被称为是"无产阶级文化大革命的纲领性文件"。其意义之一在于它进一步使毛泽东的"五·七指示"等文件合法化。

第四件是在高校停止招生三年后的 1968 年 7 月 21 日，毛泽东在《人民日报》上刊登的"从上海机床厂看培养工程技术人员的道路"的调查报告中，在"编者按"里加了一段话，即所谓的"七·二一指示"。该指示包含了毛泽东对恢复大学招生及改变大学教育制度的构想。所包含的内容实际上就是工农兵学员制度最初的方案。

笔者认为以上四件大事直接构成了工农兵学员制度产生的基础，其中的构想已经形成了该制度的雏形。

需要注意的是，"五·七指示"和"七·二一指示"中寄托了毛泽东的政治抱负和社会理想，并成为《十六条》和无产阶级专政下继续革命理论的核心内容，主宰着"文革"十年的教育实践。

从 1968 年开始，在中学学习的 1966、67、68 三届初高中毕业生已纷纷离开学校，大部分人来到农村，少部分人来到部队和工厂。他们成为新的工人、农民和解放军战士，同时成为选拔工农兵学员的储备大军。

根据"七·二一指示"，北大和清华从 1970 年开始招收工农兵学员的试点工作，采取："群众推荐、领导批准、学校复审"的"推荐制"。至此工农兵学员制度已经形成。

在 1971 年 7 月 27 日的《全国教育工作会议纪要》中，首次对新招收的大学生使用了"工农兵学员"这一称呼。从此以后，这些在

1970 年以来入学的大学生们有了一个新的名称——工农兵学员。该文件明确规定了工农兵学员招收的办法为:"自愿报名、群众推荐、领导批准、学校复审"的"十六字办法",并就工农兵学员的学制、待遇、毕业分配等事项做了规定。这正式宣告了工农兵学员制度的诞生。

"推荐制"不需要进行文化考试,该制度施行后,"走后门"现象出现,以至于中央不得不下发文件以杜绝"走后门"现象。但这种现象的产生的原因正是由于"推荐制"本身的漏洞造成的。工农兵学员制度存在的问题从一开始就决定了它必然失败的命运。

1979 年 3 月 19 日,中共中央决定撤销《全国教育工作会议纪要》这一错误文件[103]。这意味着工农兵学员制度的彻底终结。

---

[103] 杨学为编:《高考文献》(上),北京:高等教育出版社,2003 年 7 月版,第 636 页注释 1。关于《全国教育工作会议纪要》邓小平讲到:"《纪要》引用了毛泽东同志的一些话,有许多是断章取义的。《纪要》里还塞进了不少'四人帮'的东西。对这个《纪要》要进行批判,划清是非界限。"见邓小平:"教育战线的拨乱反正问题"(一九七七年九月十九日),载于《邓小平文选》(第二卷),北京:人民出版社,1994 年 10 月第 2 版,第 67 页。

第二章　我成了工农兵学员

1971年8月13日中共中央批转的《全国教育工作会议纪要》，既是对"文革"五年来"教育革命"的经验总结和概括，又标志着原来意义上的"教育革命"的终结。在该文件中正式宣告形成的工农兵学员制度，从它诞生的那天起，就处在新旧体制的矛盾之中。突出的问题包括：知识分子地位问题、教育质量下降问题、"推荐制"与招生考试的问题，等等。在这些问题中都包含着与极"左"思潮的斗争。

在一个月之后的1971年9月13日，发生了震惊中外的"九·一三"事件。这起事件被定性为"林彪反革命集团阴谋夺取最高权力，策动反革命武装政变的事件。""客观上宣告了'文化大革命'的理论和实践的失败。"[1]同时，它也在客观上提供了一次历史转机，使得有可能纠正"文革"的极左错误，并把中国引上正常的发展轨道。

在这种情况下，周恩来主持中央日常工作。在批判林彪的过程中，周恩来提出了要批判极"左"思潮的意见。体现在教育方面的就是在政策上做出整顿和调整，暗中向"文革"前回归，即恢复"文革"前的一些合理的做法。这次调整就包括了工农兵学员招生制度上唯一的一次调整。

第一节　1973年，我的"高考"

在1970年至1976年实行的高校招收工农兵学员的"推荐制"

---

[1] 《中国共产党中央委员会关于建国以来党的若干历史问题的决议》（一九八一年六月二十七日中国共产党第十一届中央委员会第六次全体会议一致通过），北京：人民出版社，1981年7月第1版，第26页。

中，1973年是较为特殊的一年。之所以特殊，是因为这一年的招生虽然仍然沿用了"推荐制"，但加上了"文化考查"。这是工农兵学员制度实行后唯一的一次调整。

笔者恰恰赶上了这次调整。

一、招生规则的调整

在1971年以前，教育政策调整的工作已经在周恩来的主持下开始了。

1970年6月周恩来指示撤销教育部、成立国务院科学教育组，立即开始办公，把科学教育工作统管起来。这样，"文革"中被砸烂、瘫痪4年之久的教育行政领导机关重新建立了起来。

1970年11月6日至20日，周恩来专门抽出5个夜晚，与北京外国语学院、北京大学外语系师生座谈外语教育问题。

1971年4月15日至7月31日，国务院召开全国教育工作会议，以图整顿"文革"中教育界出现的混乱。这是"文革"中唯一一次讨论教育问题的全国最高级会议。会议延续了100多天，参加会议的有631人。这次会议着重对大学教育革命中的问题进行了讨论，交流了经验。但这次会议受到了张春桥、迟群一伙的控制。他们"封锁了毛泽东关于估计17年教育不要过分的指示，抵制周总理关于红线还是照耀了教育战线的观点"，炮制了这次会议的《全国教育工作会议纪要》。[2]

"九·一三"事件后，周恩来把握住这一历史的转折机会，在批判"林彪反党集团"的同时，大力纠正"极左"思潮造成的危害。

1972年7月30日，在国务院科教组召开的高等学校工作座谈会上，吉林省介绍了该省辽源市的基本做法，即："以路线教育为纲搞好文化考查工作"[3]。该文载于座谈会《情况反映》第23期，文章

---

[2] 程晋宽著：《"教育革命"的历史考察：1966-1976》，福州：福建教育出版社，2001年8月第1版，第324页。

[3] "以路线教育为纲搞好文化考查工作"（1972年7月30日），载于杨学为编：《高考文献》（上），北京：高等教育出版社，2003年7月版，第647-649页。

反映了1972年恢复招生后文化考查的基本办法。

这篇文章在工农兵学员制度中的地位很重要。它明确了1973年文化考查遵循的基本原则和做法，并说明：在要不要进行文化考查问题上存在争议。最后的意见是：在正确路线指导下，进行文化考查，事实证明文化考查是可行的。这实际是决定1973年的高校招生要进行文化考查之前的一次可行性试验。

1972年10月14日，周恩来会见美籍华裔物理学家李政道[4]和夫人，就国内教育和科研方面存在的问题谈话。关于教育问题，周恩来说：学校学生应"以学习为主"，"对学校社会科学理论或自然科学理论有发展前途的青年，中学毕业后，不需要专门劳动两年，可以直接上大学，边学习、边劳动。"[5]这显然是对"推荐制"的一种调整。

1973年4月3日，国务院批转国务院科教组《关于高等学校1973年招生工作的意见》[6]中终于明确提出"认真做好……文化考查……工作"。文件是这样写的：

"各地应遵照毛主席关于'又红又专'的指示，在群众推荐、政审合格的基础上，重视文化程度，进行文化考查，了解推荐对象掌握基础知识的状况和分析、解决问题的能力，保证学生具有相当于初中毕业以上的实际文化程度。同时也要防止'分数挂帅'。考查的内容与方法，各省、市、自治区可根据本地具体情况和各地专业的不同要求进行试验。"

这是自1970年高校招生实行"推荐制"以来，第一次提到了"重

---

4 李政道，1926年11月24日生于上海，祖籍江苏苏州，美籍华裔物理学家。诺贝尔物理学奖获得者（1957年），美国国家科学院院士（1964年），获哥伦比亚大学全校级教授（University Professor）最高职称（1984年），中国科学院外籍院士（1994年）。资料来源于百度百科，网址为：https://baike.baidu.com/link?url=LvefJWEDSpHALTSfE8OsYrVTPoY6U0pLlJMD35jITSFIF6eCvnzi993 访问时间2023年8月17日。

5 中共中央文献研究室编：《周恩来年谱一九四九——一九七六》（下卷），北京：中央文献出版社，1997年5月版，第558页。

6 "国务院批转国务院科教组《关于高等学校1973年招生工作的意见》"（1973年4月3日），载于杨学为编：《高考文献》（上），北京：高等教育出版社，2003年7月版，第651-655页。

视文化程度",而且提出了要"进行文化考查"。在措辞上使用"考查",而非"考试",显然是为了避讳。尽管如此,这是调整教育政策的一个重要文件,初步贯彻了周恩来的一系列指示精神,对推动全国教育界的纠左纠乱,起了巨大的作用。[7]

为落实具体的招生办法,国务院科教组《关于高等学校1973年招生办法中若干问题的通知》中指出,"至于考查内容和方法,全国不做统一规定,由各省、市、自治区掌握。"[8]

据此,各地根据情况开始了"文革"以来唯一的一次高校招生的文化考查。

我恰恰赶上了这次文化考查。

1969年躲过了上山下乡的我,初中毕业被分配到铁道部南口机床车辆机械厂(以下简称"南口工厂")当工人。怀揣大学梦想的我,在工厂里也一直没有放松过学习。1970年大学开始招收"工农兵学员",71年以后,有关大学的消息不断传到我所在的工厂。先是有北大的工农兵学员来到我们车间劳动,72年厂里就开始推荐青年工人上大学。尽管这次推荐上大学并没有公开进行,但已足以让我看到了上大学的希望。

于是,我在工厂开始边劳动,边利用业余时间进行文化学习。尤其是在1972年10月,北京人民广播电台第一次开办了"业余英语广播讲座(英语初级班)",哥哥给我买了一本教材,父母给我买了一台当时市场上最好的半导体收音机——"牡丹8402"。在父母和家人的鼓励下,中学学习俄语、26个英文字母还认不了一半的我,开始跟着广播学起了英语。

俗话说,"机会总是留给有准备的人"。我终于成了那个有准备的人。

那是1973年。

---

[7] 周全华:《"文化大革命"中的"教育革命"》,中共中央党校博士论文,1997年,第119页。

[8] 杨学为编:《高考文献》(上),北京:高等教育出版社,2003年7月版,第653页。

二、群众推荐

在招收工农兵学员的制度中,并不向社会公布招生学校、专业、招生人数等信息,也没有招生简章(至少我没有见过)。而是按照计划向省、市、自治区、单位,按组织系统分配名额和招生的学校及专业。

值得一提的是,1973年国务院颁发了55号文件,允许音乐、体育、美术和外语有专长的知识青年加试,可以不受当地推荐名额的限制。该文件由周恩来签发。[9]这表明,单一的"推荐制"正在悄悄地开始变化。

虽然在1970年《北京大学、清华大学招生(试点)具体意见(修改稿)》中就提出了"废除修正主义的招生考试制度,实现群众推荐、领导批准和学校复审相结合的办法。"但如何推荐并未做出明确规定。直到1973年4月3日,国务院批转国务院科教组《关于高等学校一九七三年招生工作的意见》[10],首次对如何推荐做了详细的规定:

"报名者都要经本单位(生产队、班组、科室)的群众评议推荐。要按德、智、体几方面条件的规定,提出推荐意见,做好评议记录,再经大队或车间召开代表大会讨论,报公社或厂矿研究送县(市)的推荐名单时,应有大队或车间的代表参加,并将研究结果向群众公布。县(市)党委确定报地市党委的预选名单时,要有公社、厂矿的招生组的代表研究。预选名额要略多于招生名额,留有选拔余地。"

记得是在5月左右,厂里传达了国务院关于1973年从工农兵中选拔大学生的文件,随后公布了从青年工人中推荐上大学的名额和条件。除了政治条件外,还有"文化考查"。并公布了考查的具体时间和办法。

---

9 涂胜华:"自强不息 饮水思源",载于《二外四十年》编辑委员会编:《二外四十年》,北京:中国青年出版社,2004年10月版,第541页。
10 "国务院批转国务院科教组《关于高等学校一九七三年招生工作的意见》(1973年4月3日)(即国务院[1973]39号文件),载于杨学为编:《高考文献》(上),北京:高等教育出版社,2003年7月版,第651-655页。

我所在的南口工厂隶属于铁道部，那年铁道部分配给南口工厂上大学的名额是 6 个。由于要和实践相结合，所以招生的学校基本是理工科的，有：北京工业学院、北京钢铁学院、哈尔滨工业大学、长沙铁道医学院，只有一所文科院校就是北京第二外国语学院（以下简称"二外"）英语系。几所学校的招生条件基本一样，只有二外要求年龄限制在 22 岁以下。

当时全厂的青年工人有近千人。如何分配这 6 个名额成了厂领导的难题，经过研究厂里决定采取如下作法：符合条件的青工自愿报名，由全厂 18 个单位（含车间、医院、学校），不论人多人少，每单位推荐一人，共 18 人进行文化考试，再从中选拔 6 人。相当于被推荐的人中每 3 个人竞争一个名额。

我成了这个办法的受益者。因为我所在的车间青工人数较少，文化考试又吓退了好几个人，竞争并不激烈。经过班组群众评议推荐，车间领导召开会议确定，我幸运地被推荐。

推荐之后接下来的事就是填报志愿。厂里规定每人可以填报两个。

对我而言，招生专业基本跟我的工种（建筑车间油漆工）没什么关系，我只能报二外或医学院。征求了尚在"五七干校"劳动的父母的意见后，我决定只报二外一个志愿。父母的考虑是，学医会存在分配到农村的可能，因为当时的口号是"医疗卫生工作的重点要放到农村去"。而学外语不会离开大城市。

至于我为什么要上大学，简单说就是对知识的渴望，相信"知识改变命运"，不甘心在工厂干一辈子。

三、备考

考试的时间大概是在六月份。报名之后有一段备考的时间。

根据厂里的通知，考试分为笔试和口试两种方式。笔试的科目为语文和数学；物理和化学是口试。命题的是工厂的技术人员，其中大多数人是原南口铁路技术学校（中专）的老师。虽然估计考试不会太难（因为只要求初中程度），但我实际只在初中学习过两年，严格说初中并没有毕业，几何和化学我根本没有学过，而且初中学过的功课早已忘得差不多了，所以这次考试对我来说还是有难度的。

对大学的渴望似乎压倒了对考试的畏惧。我迅速找来了初中的全套课本，开始了紧张的自学。一复习我发现差距并不大，这主要归于我毕业的中学——北京师大女附中。我在初二的时候已经学习了高中的数学，看看书就都想起来了。但几何我根本没学过，不过没关系，我完全可以自学。记得有一个星期天，我用一天的时间啃下了一本应该一个学期学完的几何课本。至于物理，我在中学时是班上的物理课代表，看看书好像也能应付。化学有点困难，只好死记硬背。好在背功还可以。考试前的一周，车间领导还很贴心地给了我一周的时间脱产复习。

就这样，经过一段时间的复习，我信心十足地迎来了我的"高考"。

四、考试

我们18个人的考场设在了南口原铁路技术学校（中专）主楼的一间教室里。离我住的宿舍很近。没有发准考证，负责监考的是原技校的老师。

上午考的是数学，包括几何，题目一点都不难，几乎没有碰到什么困难我就完成了。自己感觉良好。

下午考语文。也许是上午太过顺利的缘故，午饭后我竟在宿舍里睡过了。当我急急忙忙赶到考场的时候，考试已经开始好几分钟了。我打开卷子一看，考题是写一篇记叙文，具体题目自己拟定。我飞快地调整情绪，整理思路，决定写自己刚经历不久的一件事，题目叫"暴雨之夜所发生的……"。写的是几天前下大雨，我们车间的水泥仓库进水，青年工人们半夜被紧急召唤冒雨抢修水泥仓库的事。

写作文过程中遇到了点小麻烦。因为久不考试，时间掌握不好，时间过了一半我发现还有好多内容没有写，时间可能不够。于是我还举手问能否延长时间，但得到的是否定的回答。于是我加快速度，终于在规定时间内写完了。从头到尾检查一遍后我满意地交了卷。

第二天口试的科目是物理和化学。方式是自己抽两、三道题，抽到什么答什么。

这两科是我的弱项，记得口试那天下着雨，考试的地方光线不太好，我的头也是昏昏沉沉的。物理我还知道点，化学不怎么会，是在主考老师的提醒下才答出来的。好在我报考的是外语学院，物理化学成绩只作为参考。考不好也无大碍。

接下来的英语口试对我来说可就关系重大了。

我跟着广播学习英语已有 8 个月的时间，竟然一次课都没缺地坚持了下来。到我参加"高考"时，已经能进行一些简单的英语会话，记住了一些词组和单词。

英语口试进行的异常顺利。主考的是二外的两位老师，后来才知道，一位是英语系的郭吉强老师，还有一位女老师是教俄语的涂老师。涂老师见到我后，很随意地问了一句，"你是女附中的？"这句话让我心里稍稍定了下来，因为女附中是北京著名的重点中学，老师显然注意到了这一点。

老师们和蔼可亲的样子让我的紧张情绪一扫而光。听说我跟着广播学英语，他们就让我读了一段广播教材中的内容，然后跟着他们读了几个单词。接着他们又拿了一篇《人民日报》中的文章让我读，读过之后把报纸一收，让我复述文章的内容。最后，那位教俄语的老师还让我说几句俄语。虽然俄语都忘得差不多了，但我还能背诵我学过的一篇课文"苹果树"。

随后，两位老师还向我了解了一些家里的情况，还问我有什么文体方面的特长。我如实回答我会打排球，从初一开始就在什刹海体校训练。

从二位老师的眼中我看到了满意的神情。口试就这样结束了。

这就是我经历的"高考"的过程。

读者也许认为这根本不是真正意义上的考试，也许这就是"考查"与"考试"的不同吧。

直到 50 年以后我在写本书的过程中，无意看到了一份文件，才找到了这次"考查"中许多事情的答案。

这份文件就是上面提到的1972年7月30日，在国务院科教组召开的高等学校工作座谈会上，吉林省介绍的该省辽源市的基本做法，即："以路线教育为纲搞好文化考查工作"[11]。根据该文的介绍，辽源市的基本做法包括：

1、在自愿报名、群众推荐、公社政审合格的基础上，按一比三（即录取1名推荐3名）的比例选定人员。这些人参加5天的路线教育学习班。在5天中进行路线教育，同时进行文化考查和体检。学习班结束后，按德智体条件确定上大学的人员。

我们厂也是按照一比三的比例推荐18个人参加考试的，最后确定了6人录取。

2、如何进行文化考查。考查坚持的原则是：鲜明的政治思想性；理论于实际相结合；从推荐对象的实际出发。我们厂也是这样做的。

3、具体考查范围：语文、数学、理化。全市统一命题，分高中、初中两部分。除主要题目外，还配以副题，以备他们根据自己的实际选答。

实行笔试和口试相结合的考试方法。考试都采用启发式。考查人员怀着深厚的无产阶级感情，帮助推荐对象把真实文化程度反映出来，而不是把他们难倒考住。我们厂的考试科目完全是按照该文件做的，笔试、口试相结合。而且监考的老师们也非常和蔼。

上述文件笔者在这次写作过程中才第一次读到，读过之后才恍然大悟，原来我们厂是按照要求做的。说实话，做了这么多年教师，这些考查办法是我见到过的最宽松的考查。出题人对考生的文化水平给予了最大的理解和宽容。

但这一非常规的操作居然还经历了那么多的磨难。

五、张铁生事件

考试之后不久，虽然成绩没有公布，但我得到的消息是考得都很

---

11 "以路线教育为纲搞好文化考查工作"（1972年7月30日），载于杨学为编：《高考文献》（上），北京：高等教育出版社，2003年7月版，第647-649页。

好,很有希望。正当我满心欢喜地等待录取的时候,一个事件的发生差点让我上大学的理想化为泡影。这就是"张铁生事件"。

张铁生作为辽宁的一名考生,考试时由于答不出物理和化学的试题,在试卷背后写了一封给领导的信。这封信以"一份发人深省的答卷"为题在《辽宁日报》上刊登[12],并在"编者按"中上纲上线,直至否定这次文化考查,认为是"复辟""反攻倒算"。后来这篇文章又被《人民日报》转载,并在另加的"编者按"中说:"这封信提出了教育战线上两条路线、两种思想斗争的一个重要问题,确实发人深省。"[13]随后,该文被全国各地报刊纷纷转载。一时间,张铁生成了敢于交"白卷"的反潮流英雄。

这一事件几乎直接宣布了此次招生中文化考查的无效。因此,有人将1973年高校招生的"文化考查"称为"流产的高考"。[14]

还记得从广播和报纸中得知这件事时那种被冷水浇头的感觉。想想自己为这次考试的辛苦付出很可能会付之东流,情绪低落到了极点。那一段时间是我最难熬的一段日子,好几次我跑到厂里找到负责的干部打听录取的消息,诉说自己上大学的愿望。

好在焦急的等待之后,终于等来了好消息。8月底我拿到了北京第二外国语学院的录取通知书,欣喜若狂。在离开工厂之前,厂长在办公楼会议室专门为我们6个上大学的青工开了个欢送会,说了许多语重心长的话。

后来我才知道,"张铁生事件"对我并未造成影响。我的考试成绩,尤其是英语口试中的优异表现成为录取我的决定因素。稍微有点小麻烦是在性别上,因为二外原计划招收的是男生,但二外的两位老师坚持录取我。他们强调,"这个学生如果不收就太可惜了。"在他们的坚持下,并征求了上级单位的意见后,我才得以录取。

几天之后,我离开了南口工厂。从此和工人身份告别。

1973年9月14日是我人生中有重要意义的一天。

---

12 "一份发人深省的答卷",《辽宁日报》1973年7月19日。
13 "一份发人深省的答卷",《人民日报》1973年8月20日。
14 参见屠筱武:"'文革'期间的流产高考",载于《江淮文史》,2016年第3期。

这一天，我到北京第二外国语学院报到，成为一名"工农兵学员"。

在这一天，我终于在阔别学校四年后，重新走进了校门。从这天起，我的身份发生了转变——从工人转变为知识分子。

让我没有想到的是，从这天起，我再也没有离开过学校。从此开始了我人生中读书、教书、写书的生涯。

正是在1973年，提高教育标准的运动加快了步伐。这一年全国高校招生人数为149,960人，几乎所有大学都进行了文化考查以保证新学员具备初中以上文化。[15]但这一新动向被激进分子视为企图复辟资本主义，是由学术界及其政治靠山推动的复辟旧的教育秩序的"逆流"[16]。刊登在1973年8月22日《教育革命通讯》上的一篇文章对"凭考分选拔学生的错误做法"做了如下评论：

"（凭考分选拔学生的错误做法）其性质是资产阶级向无产阶级的挑战，是对教育革命的反攻倒算，是资产阶级专无产阶级的政。照这样搞法，培养的就不是无产阶级的接班人，即使是一些好青年也会给搞坏。照这样搞法，修正主义有希望，无产阶级没有希望。在这一场尖锐的斗争面前，我们一定要提高警惕，严肃对待，决不能让旧的高考制度在新形势下复活。"[17]

这篇文章将高考制度问题上纲上线，给高考扣上了一大串吓人的大帽子。这就是那时的普遍做法。后来，由于1973年的文化考查被指责为"沿袭旧高考的办法"，以后文化考查只能用调查访问、座谈讨论的方式进行。

此后，直到1977年恢复高考制度，工农兵学员的招生再也没有

---

15 李江源著：《我是一个工农兵学员——泛政治化教育中的受教育者》（上），福州：福建人民出版社，2006年12月版，第329页。

16 [美]R.麦克法考尔 费正清/编：《剑桥中华人民共和国史》（下卷 中国革命内部的革命 1966-1982年），北京：中国社会科学出版社，1992年8月版，第577页。

17 "大学招生制度的根本变革"，载于《教育革命通讯》1973年8月22日。另载于杨学为编：《高考文献》（上），北京：高等教育出版社，2003年7月版，第664-665页。

进行过类似的"文化考查"。

这样，1973年入学的工农兵学员也就成了工农兵学员中唯一一届经历了文化考查的学员。

我所经历的这次文化考查，也就成了我的"高考"。

到二外后跟同学们交流后才发现，73年并非所有的单位都进行了考试。如在山西插队的同学就没有进行笔试，只是由招生的老师做了简单的面试。内蒙建设兵团的同学说，他们没有推荐，谁想考都可以报名，所有报名的人统一进行考试，择优录取。据二外到山西招生的老师讲，给他们交代的任务很明确，就是招北京到山西的插队知青，不招当地的知青。看来各地招生的做法不尽相同。

第二节 二外，我们来了

1973年9月14日，是我一生中具有重要意义的日子。这天，我到北京第二外国语学院报到，正式成为一名"工农兵学员"。在这里我开启了为期三年半的学习与生活。

初到二外，每一个幸运地获得了上大学机会的我们，仿佛都笼罩在耀眼的光环下。那个时候，我们被称为"光荣的工农兵学员"。真的是"时代的宠儿""天之骄子"。

这是因为我们不仅仅是来上大学的，更重要的是，我们还肩负着"管大学、用毛泽东思想改造大学"的重任。这就是所谓的"上、管、改"。这一口号最早是由清华大学试招的工人班学员自发提出的："我们上大学，还要管大学，像工宣队那样改造大学。"据笔者的查阅，所谓"上、管、改"提法在官方文件中的出现是在1971年7月27日的《全国教育工作会议纪要》[18]中。该文件中写道："大学开始招生，出现了工农兵学员上大学、管大学、用毛泽东思想改造大学的新局面。"

这意味着：大学以前是"资产阶级的世袭领地"，而今天，我们——工农兵学员是"教育革命的生力军"，我们就是要夺回这块被资产阶级占领的阵地。

1973年第四期《教育革命通讯》（今《人民教育》）有一个栏目就是："充分发挥工农兵学员'上、管、改'的作用"。

那时候，我真的以为自己肩负着"上、管、改"的使命，大学的未来是我们的。每每想到这些，心里就充满了希望，油然升起一种莫

---

[18] 《全国教育工作会议纪要》，载于杨学为编：《高考文献》（上），北京：高等教育出版社，2003年7月版，第636-647页。另有人认为："上、管、改"的口号在中共中央批转的《北京大学、清华大学关于招生试点的请示报告》中确定下来,简称为"上、管、改"。见刘慧："中国高等教育的怪胎——工农兵学员探析"，山东大学硕士论文，2010年4月，第36页。但笔者并在该文件中并未查到相关内容。

名的自豪感。

当时的心情就像后来的那首《工农兵学员之歌》[19]里唱的：

"迎着灿烂的阳光，肩负党和人民的希望，我们工农兵学员，来自祖国四面八方。带着工人阶级的嘱托，带着贫下中农的期望，带着革命部队的传统，走向教育革命的战场。壮志凌云，红心朝阳，……我们工农兵学员，青春似火，意志如钢。努力攀登科学的高峰，要为无产阶级争光，牢记毛主席的教导，面向三大革命的课堂……。"

至于我们来到二外是从事外国语言专业学习的，专业培养的目标是什么，入学教育中是如何讲的，我没有注意过，也没想过。

其实，当时全国的高校只有一个共同的培养目标，即1970年6月27日中共中央批转"北京大学、清华大学关于招生（试点）的请示报告"中提出的："培养高举毛泽东思想伟大旗帜、无限忠于毛主席、无限忠于毛泽东思想、无限忠于毛主席革命路线的全心全意为社会主义革命和建设服务的有文化科学理论又有实践经验的劳动者"。[20]

当时我也没注意过这个培养目标。该目标中的"劳动者"，实际指的是体力劳动者。

关于培养目标，在1964年10月22日二外成立时，时任国务院副总理兼外交部长的陈毅元帅在二外发表了讲话。他代表党中央、毛主席、周总理对二外的成立表示祝贺，并指出：我们的目的是培养一批政治上很坚强、业务上很高超的外语人才，为社会主义建设事业服务，同时反对帝国主义，在全世界实现共产主义。[21]他的讲话虽然带

---

19 "工农兵学员之歌"载于国务院文化组文艺创作领导小组编：《战地新歌》（第三集），北京：人民文学出版社，1974年5月，第180页。
20 见李贵连等编：《百年法学　北京大学法学院院史（1904-2004）》，北京：北京大学出版社，2004年4月版，第54页。另可参见"北京大学、清华大学招生（试点）具体意见（修改稿）"（1970年5月27日），载于杨学为编：《高考文献》（上），北京：高等教育出版社，2003年7月版，第632页。
21 陈昊苏："祝贺北京第二外国语学院成立40周年"，载于《二外四十年》编辑委员会编：《二外四十年》，北京：中国青年出版社，2004年10月版，第3页。

有鲜明的时代特征,但还是提到培养的是"外语人才",这与"劳动者"还是有区别的。

不过当时我根本没考虑过这些问题。如果仔细想过,也许我就不那么兴奋了。

现在想起来,当年的"壮志凌云"包含了多少盲目与狂热。

一、二外的校园

二外是一所年轻的高校,建于 1964 年 10 月。是由周恩来总理亲自提议,在原新华社外文干部学校基础上建立的。周总理亲自选定二外校址,亲自确定校名。现在二外的英文校名虽然已经修改,但中文校名仍然沿用至今。[22]

如今在二外的校园里,矗立着一座周恩来总理的塑像。塑像底座的背面刻着这样一段文字:"1964 年春,周恩来总理访问亚非,深感外事渐多而人才匮乏,遂提议新建一所外语学院。此既北京第二外国语学院之肇始。"[23]寥寥数语,勾勒出了二外建校的初衷。

二外位于北京的东郊,原址为北京矿业学院的东郊分院。她所在的地方有一个颇为吉祥的名字——"定福庄",但那时二外所处的环境却是名符其实的"荒郊野外",很难与这个好听的名字搭上关系。学校离市中心较远,来学校需出朝阳门到东大桥换乘郊区 42 路公交车,到定福庄下车,进学校北门。北门外是京通公路,窄得只有七米,两边都是沟,长满杂草。因为都是郊区的线路,公交车要每隔半小时一趟。交通极不方便,车上拥挤不堪。

我们入学时学校的南门还没建好,南面是一大片庄稼地,走好长一段路才能到公路上。天一黑走那段路会很害怕,总担心从庄稼地里

22　1973 年至 1976 年,北京第二外国语学院使用的英文校名是:Second Peking Institute of Foreign Languages 或 Peking No.2 Foreign Language Institute。参见当时的教材。而现在二外的英文校名是:Beijing International Studies University。

23　冉茂瑜:"应急办学 一气呵成——二外创建的历史回顾",载于《二外四十年》编辑委员会编:《二外四十年》,北京:中国青年出版社,2004 年 10 月版,第 163 页。

会突然窜出个坏人来。后来南门建好了，门外的公路也修好了，才有了另一条通往学校的路线：乘坐大一路公交车到大北窑，换乘开往通县的郊区公交车，下车进学校南门。

那时我还没去过北大、清华，唯一去过的高校是北京师范大学。在我的印象中，大学有教室、图书馆、操场、宿舍、食堂，这就足够了。二外虽不是名校，校园也不大，但她就是我梦寐以求的地方，她在我心中已足够美丽。

报到那天我是从北门进的学校，进门后看到的是一号楼和二号楼。有同学说报到那天学校有欢迎新同学的横幅，我已经不记得了。

一号楼和二号楼是教学楼，我们年级的教室在一号楼的三层。每个班的教室是固定的，每个人的课桌和座位也是固定的，不用每天背着书包到处找座位上自习。我们班的教室窗户朝南，宽敞而明亮，窗外的梧桐树枝繁叶茂。四层的 404 是个大的阶梯教室，是全年级开会的地方。404 教室旁边的台阶可直通楼顶上宽敞的天台。

图书馆和阅览室在二号楼一层东面，是一个大教室。从教室出来，沿着那条"两边都是梧桐树"的小路走过，东面是男生宿舍楼。再往前走一点就是学校的办公楼，女生宿舍就在办公楼的 4 楼上。办公楼南面是大操场。

校园里有个所谓的"大礼堂"，遗憾的是里面没有椅子。开会、听报告都要每个人扛着教室里自己的椅子过去。校园里偶尔会放映露天电影，也是要集体排队扛着椅子去看。

我们每天活动就在这几个点之间进行，中间不用骑自行车。

二、英语系 73 级概况

二外在 1966 年中断招生后，1972 年恢复招生。当时全校有四个系，分别是：英语系、西欧语系（法语、西班牙语、罗马尼亚语）、东欧语系（德语、俄语、捷克语、阿尔巴尼亚语）、亚非语系（日语、阿拉伯语、朝鲜语、越南语）。其中只有英语系人数最多，而且是全校唯一一个单一语种的系。因为人多势众，被学生们戏称为"大英帝国"。

英语系在 1972 年已开始招收工农兵学员，其中有部分学生是为新华社和国家体委代培的。[24]后来担任过中国足协副主席、亚洲足球联合会副主席的张吉龙就出自英语系 72 级。另外，英语系 72 级还从北京市的应届高中毕业生中招收了几名学生。原因是周恩来总理在 1972 年 10 月 14 日会见美国哥伦比亚大学李政道博士时讲道："中学毕业生可以直接上大学"[25]。这在当时是十分罕见的。

英语系 73 级共有学生 168 人，其中党员有 40 人，约占学生总数的 24%，团员占绝大多数，非党非团（这部分人当时称为"群众"）的是个别的，全年级不超过 10 人，约占总数的 0.5%。

我所在的 7 班一共有 17 人。女生 7 人，男生 10 人。其中党员 4 人，团员 12 人，只有一名同学是"群众"（当时对"非党员非团员"的称呼）。这名同学很快也被发展成为团员。

学生来源

我们年级同学绝大部分来自部队、工厂和农村。其中来自部队的有 19 人（女生 9 人，男生 10 人），他们中来自炮兵 12 人，新疆部队 3 人，兰州部队 2 人，河南部队 2 人。因为在校园中他们穿军装，所以格外显眼。从他们穿的军装中可以辨别出有 3 人是干部，其余的都是战士。因为干部的上衣有四个口袋，战士的只有两个口袋。

来自农村的同学多为 1966-1971 届北京、天津、内蒙古等地中学毕业到农村插队或到东北、内蒙生产建设兵团的知青，其中到山西插队的北京知青就有二十多人。来自工厂的也主要是 1968-1971 届中学毕业到工厂的青年工人。除了来自工农兵以外，还有的同学是从其他单位来的，如：酒店、医院、广播电台、外贸单位等。

在生源方面，北京生源占了多数。其他地方的生源还有上海、天

---

24 1972 年，国家体委从军队系统选调了 20 多人到二外学习。参见张吉龙："情系母校，冀望未来"，载于《二外四十年》编辑委员会编：《二外四十年》，北京：中国青年出版社，2004 年 10 月版，第 491 页。

25 周恩来："中学毕业生可以直接上大学"（1972 年 10 月 14 日），载于杨学为编：《高考文献》（上），北京：高等教育出版社，2003 年 7 月版，第 650 页。

津、河北、内蒙古等地。

学生年龄

入学时，我们年级大部分同学的年龄在 20 岁左右。除个别同学外（有 1949 年出生的），大部分出生于 20 世纪 50 年代初，即"50后"。当时年龄最小的 17 岁（1956 年出生），最大的 24 岁（1949 年出生）。这符合当时招收工农兵学员的条件，即 25 岁以下。

由于学习外语的特殊性，年龄不宜过大，二外要求不得超过 22 岁。所以超过 22 岁的同学是少数。

文化程度

据 1972 年 5 月 8 日国务院教科组转发的《北京市革委会科教组关于高等学校试办补习班的报告》中反映，北京市 11 所高等学校招收的工农兵学员中，相当于小学文化程度的占 20%，初中程度的占 60%，初中以上程度的占 20%。[26]但英语系 73 级的情况与此报告却大相径庭。

据我的了解，我们年级绝大多数同学的文化程度为初中，极个别同学为高中，但没有高中毕业生。保守的估计，我们年级同学中，初中文化程度的所占比例为 95% 以上。没有一个人接受了完整的中学教育。

即使是初中程度或高中程度的，毕业没毕业也很难说。以我自己为例，我是 67 届初中毕业生，在 1966 年"文革"开始时，只读到初中二年级，严格说起来并没有完成初中的全部学业。多数同学与我的情况类似，个别上过高中的同学也只在高中读过一年，完整上完初中的同学也是少数。还有的同学在"文革"开始时还是小学生，后来的中学教育并不正规。

---

[26] 高奇著：《新中国教育历程》，石家庄：河北教育出版社，1996 年，第 220 页。另可参见程晋宽著：《"教育革命"的历史考察：1966-1976》，福州：福建教育出版社，2001 年 8 月，第 429 页。

男女生比例

我们年级男生 98 人，女生 70 人，男生略多于女生。男女生比例为 1.4：1。这与现在外语院校男女生比例悬殊的情况相去甚远。

英语基础

入学后，我们 168 名学生分成了 10 个班，每个班 16-17 人。其中的 10 班称为"快班"，是由英语基础较好的同学组成。他们都曾在北京或外地的外国语学校或外国语学院附中学过英语。大部分同学的英语基础仅停留在中学学的那点英语上，还有的同学从未学过英语——零基础，26 个英文字母认不了几个。

我比"零基础"强不了多少，只是跟着英语广播讲座学了几个月，认全了 26 个字母。

家庭背景

那时能上大学，家庭出身还是很重要的。1978 年以前的中国社会，大体说来，可以称之为"出身"和"成分"的社会。[27] 自 1949 年以后，我国的高等教育在向工农开门的同时，对剥削阶级子弟和历史不清白的家庭子女实行了限制的政策。[28]

在 1973 年的《国务院批转国务院教科组<关于高等学校一九七三年招生工作的意见>》中指出，"全面贯彻执行党的阶级路线，要注意成分，但不唯成分论，重在政治表现。在保证'工农及其子女享受教育的优先权'的前提下，注意适当招收确实表现好的剥削阶级家庭出身的子女和'可以教育好的子女'"。[29] 这一意见在家庭出身问题上

---

[27] 谢泳："'出身'和'成分'对中国社会的影响"，载于林贤治主编：《烙印》，广州：花城出版社，2010 年 4 月，第 302 页。
[28] 董美英："教育机会均等视阈下重点高校大学生来源的历史研究"，华东师范大学 2009 届研究生博士学位论文，2009 年 3 月，第 50 页。
[29] 董美英："教育机会均等视阈下重点高校大学生来源的历史研究"，华东师范大学 2009 届研究生博士学位论文，2009 年 3 月，第 85 页。另可参见杨学为编：《高考文献》（上），北京：高等教育出版社，2003 年 7 月版，第 652 页。

稍稍做了点松动，但仍以"工农及其子女享受教育的优先权"为前提，实际上仍把出身不好的青年屏蔽在了大学之外。

据我的了解，我们班 17 人中出身于干部家庭的有 3 人，知识分子家庭的 2 人，工人家庭的 9 人，贫下中农家庭的 3 人。来自干部和知识分子家庭的同学约占 29%。但各班的情况并不一样，后来全年级调整为 8 个班，我去了另外一个班，这个班共 18 人[30]，来自干部和知识分子家庭的同学有 13 人，比例高达 72%。若把这两个班的人合并计算，来自干部和知识分子家庭的同学约占了 51%。全年级的情况我了解得并不全面，但据我的估计，50%或以上应该是来自干部和知识分子家庭同学所占的比例。其中有不少同学来自高级干部和高级知识分子家庭。

至于谁是"走后门"进来的，这属于个人的秘密，别人是不知道的。[31]

另外，全年级没有来自"剥削阶级家庭"或"历史不清白的家庭"的同学。

组织机构

我们入学时，二外的领导机构是"革命委员会"，设主任和副主

30　这个班的实际人数为 22 人，因有另外 2 人是跟我一起从原来的班调过去的，还有 1 人为 72 级延长学习的，为了不作重复计算，认定为 18 人。

31　鉴于高校招生"推荐制"所带来的"走后门"现象，中共中央于 1972 年 5 月 1 日发布了"中发【1972】19 号文"《中共中央关于杜绝高等学校招生工作中"走后门"现象的通知》。该通知中说："当前值得认真注意的一个问题是，各地招生工作中程度不同地存在着'走后门'现象，有些地区和单位情况比较严重。据反映，有少数干部，利用职权，违反规定，采取私留名额，内定名单，指名选送，授意录取，甚至用请客送礼、弄虚作假等不正当手段，将自己、亲属和老上级的子女送进高等学校。有些招生主管部门和负责招生工作的干部，不按党的原则办事，讲私人交情，私送名额，或强令招生人员违章接收不够条件的人入学。这种'走后门'不正之风，严重干扰毛主席的教育革命路线，破坏教育革命的成果，败坏党的优良作风，损害党群关系和军民关系，对于这些'走后门'进学校的青年的学习和进步，也是不利的。"见杨学为编：《高考文献》（上），北京：高等教育出版社，2003 年 7 月版，第 646-647 页。

任,履行校长和书记的职责。当时工宣队还常驻在校[32],其成员来自北京国棉二厂。英语系有党总支,73级设党支部。年级党支部书记由教师担任,副书记二人,由一名教师和一名学生担任。支委由学生和教师共同担任。刚入学时的党支部书记是一位姓王的女老师,副书记有一位是从部队转业到二外的程老师。

全年级共10个班,每班设党小组长一人,班长一人,副班长一人。这三人组成班里的"领导班子"。

由于团员众多,全年级设团支部5个,每两个班的团员组成一个团支部。团支部由三名委员组成,分别担任书记和支委。每班的团员组成一个团小组,由团支委担任团小组长。这些干部的产生并非选举,而是开学后由党支部直接任命的,依据可能是每个人的档案材料。我们7班和8班组成第4团支部,我担任支部的宣传委员,兼任班里的团小组长,主要工作就是每个月收团费,组织学习。由于大部分同学都没有工资,团费每个月每人缴5分钱。

回到阔别的校园,一切熟悉又陌生。突然从每天工作8小时的工厂来到学校,我忽然有种手足无措的感觉。兴奋了几天之后,跟同学们一样,我开始尝试着适应学校的生活。

三、食、住两样事

食、住两样事是高校里躲不开的话题。

先来说说"住"。

在二外报到后就分配了宿舍。(记得分配宿舍时还闹了一起乌

---

[32] 工宣队进驻高校源于1968年7月27日,首都工农毛泽东思想宣传队(后来称为工人毛泽东思想宣传队,简称"工宣队")在人民解放军战士配合下进驻清华大学。1968年8月25日,中共中央、国务院、中央军委、中央"文革"发出《关于派工人宣传队进驻学校的通知》,向全国推广这一办法。1977年11月6日,中共中央转发教育部党组《关于工宣队问题的请示报告》。中共中央在其批示中指出:"现在从学校撤出工宣队,已不影响无产阶级教育革命的发展"。根据中共中央批示精神,各地进驻大、中、小学的工宣队随即全部撤出学校。参见中央教育科学研究所编:《中华人民共和国教育大事记》(1949-1982),北京:教育科学出版社,1984年版,第501页。

龙，一个女生找不到自己的宿舍，结果发现她被分到了男生宿舍。）那时的宿舍既简朴又简陋，每间宿舍住 6-7 人，除了放在房间四角的双层床外，没有其他的家具。没有桌子，没有椅子，连个小方凳也没有。属于个人的空间只有一张床，好在个人也没很多物品，一张床足矣。两张床之间拴个绳，晾上毛巾和洗的衣服，也觉得挺好。我喜欢睡在上铺，为的是干净。因为室内没有椅子，进房间就会坐在下铺的床上。

二外和其他高校一样，对工农兵学员实行的是半军事化的管理模式。日常作息是半军事化的，每天早上六点半铃声一响就要起床，后来有段时间铃声还改成了部队的起床号。起床后尽管睡眼惺忪也要迅速下楼，全年级排队集合出早操。先是围着操场跑一圈（400 米），然后跟着大喇叭做上一套广播体操，这才回来洗漱，再到食堂吃早饭，八点钟准时到教室上课。

午饭后可以回宿舍休息会儿，下午又接着上课，直到晚上再回宿舍。晚上十点熄灯，铃一响就关灯睡觉。

对这样严格的作息时间，大家都自觉遵守。几乎没有人逃课、逃早操，晚上熄灯也不需要拉电闸。

熄灯后有同学会用半导体收音机听广播。但当时半导体收音机还是比较昂贵的"奢侈品"，并非所有的同学都有，特别是可以收听短波的那种。我有一台不错的收音机，经常戴上耳机听"Radio Peking"（北京广播电台）[33]的对外英语广播。虽然可以听到"Radio Pyongyang"（平壤广播电台），但该广播的英语发音太过生硬，我很少听。

有同学会偷偷地听 BBC（英国广播公司，British Broadcasting

---

33 Radio Peking（北京广播电台），即中国国际广播电台的前身。中国国际广播电台沿革于中央人民广播电台，1950 年 4 月 10 日，中央人民广播电台的对外广播开始使用"北京广播电台"（Radio Peking）呼号。1978 年 4 月 18 日，正式更名为"中国国际广播电台"，并从中央人民广播电台分离出来。参见网络资料：
http://www.360doc.com/content/18/0419/13/26620346_746891728.shtml，访问时间 2021 年 5 月 5 日。

Corporation 的英文简称）或美国之音的英语节目，但听这些台还是要小心，弄不好会被扣上"偷听敌台"的帽子，那可就得不偿失了。熄灯后大家还是忍不住会聊几句，但基本上都很自觉，不会长时间聊天。

当时实行的是每周 6 天工作制，每周六下午一般没课，可以自由活动。北京的同学一般会回家，但按要求每周日晚上 7 点前需返校，7 点还要到 404 教室点名。缺席的要受到批评。

再来说说"食"。

说到二外的食堂，不同年代的二外人应该拥有不一样的记忆和就餐体验。

当时全校学生只有一个食堂，位于校园的东侧，全校学生都在那里吃饭。食堂不提供任何餐具，餐具要自己准备。几乎每人餐具的标配就是两个搪瓷的饭盆和一把铝制的饭勺，因为不锈钢勺当时基本没有。食堂里专门有放置这些餐具的碗架，吃饭时自取，吃完后放回。因餐具的样子都差不多，拿错的概率非常高。

在物资极度匮乏的票证年代，粮食（大米、白面、玉米面）、食用油、鸡蛋、肉都是定量的。一日三餐变换的花样很少，每顿饭食堂向所有就餐的学生（不管男生还是女生）提供相同的饭菜，而且没有其他的选择。主食基本以大米和白面为主，偶尔也会有粗粮，即玉米面。那时每人一天的粮食定量是一斤左右，男生要多一些。如果想多吃，可以额外买饭票加馒头或窝头。

到了饭点，食堂的各个窗口前都会排起长队。

早餐一般是一个馒头（大约二两）、一碗稀粥（一两），大米的或玉米面的"面粥"，外加一点咸菜。偶尔吃一次炸油饼，大家会非常兴奋。

午饭的主食是四两，米饭、馒头或面条，一份菜，基本是蔬菜，看不到油星。在冬季，北京的蔬菜就是"老三样"——白菜、土豆、萝卜。如果在菜里面发现一片肉，哪怕有一块豆腐，都会让你心头一喜。鸡蛋很少见到，只有凭医务室的证明可以到后厨打一份病号饭：一碗看得见鸡蛋花的面条汤。如果有肉包子，那就像是过年了。肉包子每个二两,每人两个,一口咬下去会有带着点油的汁水流出来,顿时久违的肉香留在了唇齿。三口两口吞下去,味蕾和胃都得到了满足。有的女生饭量小,往往吃不下两个大包子,经常是她们一个包子还没吃完,就有男生在旁边等着"捡剩儿"。我就属于两个包子吃不了的女生,所以每到吃包子的时候,身边总有男生盯着我碗里的包子。

晚餐跟早餐差不多,也是三两粮食,有时咸菜换成豆腐乳。

吃饭时,每个班有两张固定的饭桌,四四方方的那种。通常男生围一桌,女生围一桌。没有椅子,大家都是站着吃,吃完饭自己洗碗。那会儿的碗很好洗,因为没有油,不用洗洁精,也没有洗碗布,清水一冲即可。洗完后把自己的餐具往碗架上一放,准备下顿饭再用。当时并不懂什么是"环保",之所以这样做是因为物质匮乏。

以吃饱为第一需要的我们,能填饱肚子的都是美食,不管是馒头窝头还是熬白菜。但让我不能忘怀的还是那能流出油的肉包子。

那时也用不着疾呼节俭,反对浪费,因为粮食是定量的,谁也舍不得把白花花的馒头扔掉。

学校的伙食油水太少,学校周边也没有可以改善伙食的地方,即使想改善也没有经济条件。北京同学会在周末回家补充些营养,回校时带点简单的零食。

那时虽然饭菜简单、清淡,没有油水,蛋白质尤其不足,但大家还是吃得津津有味。

四、生活其他事

当时二外的生活条件很差,像洗澡、打开水这种事情都很不方便。

全校学生仅有一个浴室。浴室开放时间有限,空间狭小,人又多,经常是拥挤不堪。

教学楼里没有饮水机,也没有可以打开水的地方,更没有现在的瓶装水或桶装水。喝的水全靠自己在食堂附近的开水房打,且供开水的时间也有限。我们通常是吃饭的时候带上暖水瓶,吃完饭打壶水带到教室。当然,不是每个人都这样做,于是有打水的,也有不打水专门喝水的。尤其是晚上,我吃完晚饭打壶水带到教室,准备晚上回宿舍洗漱用,经常是被人喝得一滴不剩。

学校西边的小门外有一个小商店,平时可以在那买点简单的日常生活和学习用品,但很少能有水果,零食也少得可怜。

回想起来,那时的生活条件确实艰苦,但在精神上仍然很快乐。

五、工农兵学员的待遇

这里有必要说一下工农兵学员的待遇。

根据1973年4月3日"国务院批转国务院科教组《关于高等学校一九七三年招生工作的意见》"[34]中,对"学生待遇"是这样规定的。

第一种情况,如果入学前就是国家职工的,在校学习期间计算工龄。入学时满5年工龄的国家职工和入一年左右进修班的国家职工,工资由原单位照发。学校不再发伙食费和津贴费。

第二种情况,其他学生(解放军学员除外)的待遇是:

"发伙食费与津贴费(北京地区每人每月平均标准为19.5元)。其中,伙食费(北京地区每人每月15.5元)普遍发给;津贴费用于学生本人在校期间学习和生活上的困难补助,分定期补助和临时补助两种,由学校根据学生家庭经济情况评定,对家庭经济条件较好的同学,可以不发给津贴费。学生家庭生活有困难的,仍由原单位给以适当补助。"[35]

另外,"解放军学员由部队负责供给"。[36] 我们入学后,就执行的该规定。

---

34 此文件即国务院[1973]39号文件。载于杨学为编:《高考文献》(上),北京:高等教育出版社,2003年7月版,第651-655页。
35 见杨学为编:《高考文献》(上),北京:高等教育出版社,2003年7月版,第654页。
36 中国教育年鉴编辑部:《中国教育年鉴》(1949-1981),北京:中国大百科全书出版社,1984年,第101页。

一般同学的伙食费与津贴费共 19.5 元，其中伙食费每人每月 15.5 元，由学校以饭票的形式发放。津贴费 4 元生活困难的同学可申请，是否批准要全班同学讨论。记得一年级的时候我们班一个女生父母早亡，她跟着哥嫂生活，确实很困难，她就申请了津贴费。还有一位同学因要配眼镜申请了临时补助，全班讨论后同意了她们的补助申请。5 年以上工龄的同学由原单位继续发工资；部队来的同学的伙食费转到了学校，跟其他同学一样发饭票，军装由北京军区发，在学校领。

从上述规定来看，工农兵学员在校学习期间是享受人民助学金的。只不过这期间的人民助学金制度是以另一种津贴或者生活补贴的形式出现的。[37]

我当时的工龄是四年半，没有带工资，但根据规定上学时间仍计入工龄。即便没有工资，每个月发的饭票再加上家里稍微补贴一点，基本生活和学习是没有问题的。

这是因为，工农兵学员在校期间，几乎所有的费用是全免的，包括：学费、书本费、住宿费、电费、水费等。学校内设有医务室，学生享受免费医疗待遇。平常有一般的疾病，可以在医务室处理。花 5 分钱挂个号，打针拿药都可以，还有简单的治疗。如有稍微严重点的疾病，可以转到朝阳医院就诊，费用可以报销。

其实，从建国初期到 80 年代初，我国实行的是"免费上大学"加"人民助学金"的资助政策。大学学费由国家全包，学校并以奖学金、助学金的形式补贴大学生的学习和生活开支，并免费提供医疗和住宿。工农兵学员也不例外。可以说，在当时中国人还没有解决温饱的情况下，政府尽了最大努力给进入大学学习的人提供了较好的待遇。

那时发的饭票，其中不仅含有餐费金额，还含了粮票。在粮食供应定量的那个年代，我们的定量要高于普通市民。当时北京市成年女

---

[37] 参见刘华："我国高校助学金制度的产生于变迁研究"，四川师范大学硕士论文，2009 年，第 19 页。

性市民的粮食定量每月是 28 斤，而我们女生每月是 32 斤以上，男生还要高于女生。在很多物品都要票证的年代，我们的布票、购货券都是按照北京市的标准发放。布票用来买衣服，像肥皂这样的生活用品需要用购货券购买。

虽然学校的伙食油水很少，但吃饱是没有问题的，实在饭量大吃不饱的可以自己花钱和粮票到学校食堂买所谓的"机动粮"，用这种饭票可以加个馒头什么的。

那时，每到月底，各班负责生活的副班长就到学校把全班下个月的饭票领回来，发给每个同学。所谓"饭票"，其实是一张薄薄的纸，白色、黄色、绿色或粉红色，每个月的颜色不一样以区分。纸上印了一个个小格子，麻将牌大小，分别印着早、午、晚的字样。每次拿到这些饭票，我要把它们裁成合适的纸条，小心翼翼地放在自制的饭票夹里，吃饭时按早餐、午餐和晚餐，吃一顿饭交一张小格子。之所以要这样做，是因为每餐对应的价值和粮食是不同的。一个月按 30 天、30 斤粮食计算，每天的伙食费不到 5 角 2 分钱。早餐最便宜，午饭和晚饭要多点钱。早餐是 3 两粮食，午餐和晚餐都是 4 两粮食。一个月没有吃完的饭票会由副班长按人头收齐到学校退钱和粮票，再退给同学。收发饭票这项工作即琐碎又要认真，不能出差错，有同学竟然从入学干到毕业。真是令人佩服。

听男生说，有同学在饭盆底部沾点水，打饭时故意把饭盆往打饭窗口里面伸，用饭盆底"粘"已经交了的饭票。运气好可以"粘"到几张，这样可以拿去再打一份饭菜，或退点钱和粮票。由于家庭背景不同，有些家庭生活困难的同学还要靠退的钱维持自己的日常开销。但也有男生用退饭票的钱买烟抽。

很快，刚入学的新鲜感一过，真正的校园生活开始了。每天的活动范围就是教室——食堂——宿舍——操场，四点一线。

入学时的万丈豪情很快就融化在这四点一线中。

第三节　第一学期：文化补习

我们 73 级工农兵学员在二外的学制为三年半。至于这个"三年半"产生的背景当时我并不清楚。

后来查阅了一些资料，才了解了这一学习时间的产生过程。

1970 年 6 月 27 日，中共中央批转《北京大学、清华大学关于招生试点的请示报告》中，除去规定了招生条件、招生办法外，还提到学制则"根据各专业的具体要求，分别为二至三年。另办一年左右的进修班。"[38]因此，工农兵学员的学制一般都采取了三年学制。[39]

由于工农兵学员文化基础差，在校学习时间短，教育质量严重下降的问题很快就显现出来。

为了挽救教育危机，国务院在周恩来总理的主持下，采取了一系列措施，对高校的混乱局面进行初步整顿，包括对工农兵学员进行文化补习，加强文化课教学，等等。[40]

在郑谦所著《被"革命"的教育——"文化大革命"中的"教育革命"》一书和程晋宽所著《"教育革命"的历史考察：1966—1976》[41]一书中，对"文化补习"产生的过程都做了这样的描述：

"1972 年 5 月 8 日，国务院科教组转发了《北京市革委会科教组关于高等学校试办补习班的报告》。这份报告反映，北京市 11 所高校招收的工农兵学员，文化程度参差不齐，初中以上文化程度的只占 20%，初中程度的占 60%，相当于小学程度的占 20%。据此，报告要求学校按照学员的实际文化程度和专业的不同要求，有重点地

38　刘慧："中国高等教育的怪胎——工农兵学员探析"，山东大学硕士论文，2010 年 4 月，第 26 页。

39　参见李贵连等编：《百年法学　北京大学法学院院史（1904-2004）》，北京：北京大学出版社，2004 年 4 月，第 54 页。

40　屠筱武："'文革'期间的流产高考"，载于《江淮文史》，2016 年第 3 期，第 123 页。

41　程晋宽著：《"教育革命"的历史考察：1966-1976》，福州：福建教育出版社，2001 年 8 月版，第 429 页。

为学员补习半年左右的文化基础知识，补习时间不计入学制之内。

科教组在转发这份报告的通知中指出：'各高等学校对于实际文化程度没有达到要求的学员，可根据各类专业的不同要求，有重点地补习必要的文化基础课'。[42] 根据科教组的要求，各地高等学校一般都增加了半年的补习时间。"[43]

这就是工农兵学员的"文化补习"的由来。由此可见，1972年的这份报告明确了三点：一是"文化补习"的时间为半年左右；二是"补习时间"不计入学制；三是增加补习时间是因为工农兵学员的文化程度达不到高校的要求。

其实，二外对72级工农兵学员就采取了提前开学的做法。据72级学员柴野的回忆，"二外第一届工农兵学员入学时间是1972年5月。学校针对我们程度参差不齐的状况，提前半年开学，以让这些在农村劳动了好几年的学生适应学校的生活。"[44]二外的这种做法与上述国务院科教组的要求是否有关联尚不清楚。

我们1973年9月份入学后即被明确告知，我们在学校学习的时间为三年半，第一学期是"文化补习"[45]。所谓"文化补习"，按照前述国务院科教组转发的报告中的说法，应该补的是"文化基础课"，实际是中学的课程。二外根据我们外语专业的特点，补习的课程除了专业课程英语外，还选择了三门课：汉语、世界历史和政治。

当时高校没有实行学分制，我们甚至根本不知道什么是"学分制"。所有课程也没有"必修课""选修课""限选课"之分。所有在

---

[42] 该通知见《中华人民共和国教育大事记（1949-1982）》，北京：教育科学出版社，1983年版，第443页。

[43] 郑谦著：《被"革命"的教育——"文化大革命"中的"教育革命"》，北京：中国青年出版社，1999年1月版，第280页。

[44] 柴野："第一届'工农兵学员'的辉煌、遗憾和思念"，载于《二外四十年》编辑委员会：《二外四十年》，中国青年出版社，2004年10月版，第510页。

[45] 据余祥明在"大学学习三年半 从一字不识到坚实基础"一文中谈到："四川省（含重庆市）的73级的学制多了半年。......省有关部门决定增加半年补课时间。因此我们1973年9月入学，1977年元月毕业离校，跨时三年半。"（该文来自网络公众号《新三届》，发表时间2022年10月30日）由此看来，73级工农兵学员的三年半学制可能是普遍作法。

课表上的课程都要求上。

经过短暂的入学教育（基本是政治学习），我们就正式进入了"文化补习"阶段。从我保存的资料来看，补习的课程是从10月份开始的，几门课程都是全年级同学一起上大课。

回到已经离开几年的学校，一切是既熟悉又陌生。最开始，同学中表现出了一定程度的不适应。记得有一次全年级一起上大课，老师正在黑板上写字，突然有个同学站起身来径直朝讲台前的老师走过去。老师一扭头被吓了一跳，有点惊慌地问："你，你要干什么？"那位同学对老师的问话是一脸的茫然，回答了三个字："上茅房！"他的回答引起了教室里一片哄堂大笑。

说实话，我们在文化程度上仍然是一群中学生，对学习的理解还停留在中学阶段。学习起来中学生味十足，不知道大学的课程应该如何学，上课时不知道如何记笔记，下课后也不知道怎样复习。但抱定了"人民送我上大学，我上大学为人民"的我们，对所有开设的课程按照课表准时到教室，没有人会"逃课"。

以下是三门"文化补习"课程的基本情况。

一、汉语课

根据我所保存的材料来看，汉语课没有教学大纲，使用的教材是"北京第二外国语学院汉语教研室"1973年6月编写的《汉语补习教材》。这本教材是专门为我们文化补习阶段的学习所编写的。

该教材选择的课文如下：

第一类：毛泽东的文章和诗词（8篇）

"反对党八股""《农村调查》的序言""在延安文艺座谈会上的讲话"（节选）

毛主席诗词五首："七律二首《送瘟神》""七律《答友人》""念奴娇《昆仑》""水调歌头《游泳》"

第二类：鲁迅的文章（3篇）

"'友邦惊诧'论""未有天才之前""故乡"

第三类：革命样板戏选段（2篇）

《红灯记》选段"痛说革命家史"、《奇袭白虎团》选段"战斗友谊"

第四类：马列及时政文章（3 篇）

斯大林："悼列宁""仇满'万人坑'""剥削有罪，罪该万死"

第五类：著名作家的文章（5 篇）

叶圣陶："多收了三五斗"、高尔基："海燕"、矛盾："白杨礼赞"、袁鹰："青山翠竹"、叶文艺："海螺渡"

第六类：古汉语（3 篇）

司马光："赤壁之战"、司马迁："陈涉世家"（节选）、施耐庵："林教头风雪山神庙"

汉语课在第二学期、第三学期继续上，所选教材的类别也都差不多。不过，教材上的内容并非都是讲授课文。讲授的课文约占一半左右。

如果将二外的汉语补习教材与同时期的中学语文课本做一比较，可以看到两种教材虽然适用的对象不同，但课文选择的类别上大体相同。

我选择比较的是 1970 年由北京市教育局革命领导小组中小学教材编写组编写的北京市中学试用课本《语文》第三册。[46]这本教材的 22 篇课文分布如下：

第一类：毛泽东的文章和诗词（6 篇）

"炮打司令部"（我的第一张大字报）、"愚公移山""中国人民政治协商会议第一届全体会议开幕词"

毛主席诗词："浣溪沙《和柳亚子先生》""七律《到韶山》""七律《人民解放军占领南京》"

---

[46] 北京市教育局革命领导小组中小学教材编写组编写：北京市中学试用课本《语文》（第三册），1970 年 1 月第二版，1970 年 7 月四川第一次印刷，四川省新华书店发行。"中学第三册"，就是初中二年级上期即秋季开学那一学期的教材。转引自何蜀："'史无前例'年代的'红色教材'"，载于微信公众号《新三届》，2020 年 12 月 16 日。参见网络资料，网址为：http://www.hybsl.cn/beijingcankao/beijingfenxi/2020-12-17/72555.html，访问时间 2021 年 6 月 9 日

第二类：鲁迅的文章（1篇）

"论'痛打落水狗'"

第三类：革命样板戏选段及有关文章（2篇）

"深山问苦"（革命现代京剧样板戏《智取威虎山》第三场）、"数风流人物还看今朝（节选）——赞革命样板戏《智取威虎山》中杨子荣英雄形象的塑造"

第四类：马列及时政文章（11篇）

列宁："欧仁•鲍迪埃"、欧仁•鲍迪埃："国际歌"、陈永贵："读毛主席的书全在于应用""紧跟毛主席 一步一层天"，等等

第五类：语文知识（1篇）

"寓言：愚公移山"

我还查到了一些全国不同省份同时期的中学语文教材，内容大体相同。

二外的汉语教材与这些中学语文教材相比，前五类课文类别基本相同。其课文选择的特点一是选文内容的政治化，如毛泽东的文章和诗词、马列的文章；二是鲁迅的文章；三是革命样板戏选段。总之，课文内容政治化突出。

从汉语教学的角度讲，大多数课文是政论文和实用文体，突出的是政治思想宣传，忽略了语文作为一个学科的独特性。二外的教材与中学课本不同的是选择了一些除鲁迅外的著名作家的文章。但这些教材是否满足了最基本的语文要素，是否达到了"补习"的目的还很难讲。

年轻人的特点就是强烈的求知欲。由于绝大多数同学以前只读到初中，教材中选择的课文以前没有读过，对语文课上老师的讲解同学们感到又新鲜又好奇，对汉语课表现了很大的兴趣。记得讲鲁迅的"故乡"时，文中对"豆腐西施"杨二嫂活灵活现的描写令人印象深刻。恰好我们班一个男生在政治课讨论中讲了他在内蒙建设兵团做豆腐的经历，于是大家送了他一个外号——"老豆腐"。

为了弥补我们汉语基础知识的缺乏，除这本《补习》教材外，老师还发给了我们二外汉语教研室自己编的两本参考书。一本是《现代

汉语语法基础知识》（1973年6月），其内容有：词类、词组、单句、复句；另一本是《汉语学习参考资料》（1972年11月），其中的内容有：汉语拼音方案、普通话异读词三次审查总表初稿、简化字总表检字、常用标点符号用法简表。

这两本参考资料都在扉页上印着毛主席语录："学一点逻辑、语法。语言这东西，不是随便可以学好的，非下苦功不可。"

对于编写参考资料的目的，在《现代汉语语法基础知识》的前言中有这样的一段说明：

"我们企图达到的目的是：

一、只介绍汉语语法的一般规律，尽可能做到简明扼要，易于学习，易于掌握。避免内容臃肿庞杂，造成学生负担过重，而又不得要领。

二、联系实际。所有叙述和例证，力求既联系当前阶级斗争、生产斗争、科学实验三大革命斗争的实际，又照顾我院学生的实际汉语水平。教材中一些错误例句，也尽量从我院上一届工农兵学员习作中选用。

三、贯彻精讲多练的精神，增多练习，使学生有较多操练汉语语法的实践机会。"[47]

读着这短短的文字，我现在可以体会到编写教材时老师们的两难处境和良苦用心。

作为大学教师，一方面，他们对工农兵学员的汉语水平是心知肚明——这是一群只有初中文化程度的大学生；另一方面，职业道德又要求他们把学生教好。可大学老师教中学生不一定能教得好，何况他们面对的是来"上、管、改"的革命小将。于是在"前言"中的措辞谨慎又小心，甚至有点战战兢兢，生怕"冒犯"了这些不寻常的学生，给自己"惹祸上身"。例如，在提到学生汉语水平时，说"照顾到我院学生的实际汉语水平"，在选择错误例句时，还尽量选择了"我院

---

[47] 见北京第二外国语学院汉语教研室编：《现代汉语语法基础知识》，1973年6月，前言

上一届工农兵学员习作"。对于学生的实际水平，老师们到底还是没忍住，这句话似乎在告诫这些盲目狂热的工农兵学员们：这些错误例句都是你们自己写的，你们要清楚自己的水平。

在当时的大环境下，把毛主席语录放在前面，强调"三大革命"，这就排除了教授知识的风险。最后，在这篇"前言"的结尾，还把"丑话"说在了前面："由于我们对毛主席教育革命思想的理解不深，路线斗争觉悟和业务能力较低，加上编写时间又很仓促，因此，教材的缺点、错误在所难免。"

这样就规避了批评意见，避免了被上纲上线。这是那个时代典型的行文特点。

汉语课是全年级的大课，授课的老师中有一位徐老师，我的作文就是他批改的。

汉语课除了上述课文的讲解之外，还有对基本能力的训练——写作文。当然，作文也要紧跟形势。

我们第一学期写的作文并不多，从 10 月开始，一共写了三篇。作文用的是北京制本厂印刷的那种 22 开 22 页的作文本，每页 256 个小方格。中学生用的也是这种作文本。

第一篇作文题目是："树立革命文风——批判林彪腐朽的资产阶级文风"，我写了约 1500 字。老师批改的时间是 1973 年 10 月 20 日。

这实际就是一篇大批判稿，是那个时代非常流行的一种文体。看看当年的《两报一刊》[48]上的文章就可以找到许多可以模仿或者摘抄的文字。

第二篇和第三篇都是记叙文，题目是自己拟定的。一篇写事，一篇写人。我第二篇作文的题目是"暴雨之夜所发生的……"，完成时间是 10 月 30 日。这篇作文其实是把我入学考试时的作文重写了一遍。

第三篇我写的是一位老工人，原型是我原来车间的一位老师傅。作文的题目是"螺丝钉"，是我自己定的。完成时间应该是在 11 月

---

48 《两报一刊》指：《人民日报》、《解放军报》和《红旗》杂志。

底。前两篇作文老师做了认真的批改，写了评语，还打了分。我的成绩分别是 4+ 和 5-。

"文化补习"结束后，汉语课又接着上了一年多，到 75 年春季学期才结束。

二、世界历史课

因为是学外语的缘故，文化补习中将中国历史直接跳过，第一学期开设的是"世界历史"。这门课没有教学大纲，教材是油印的，编写者没有署名。教材的编写可能比较仓促，下册的编写时间是"1973 年 1 月"。

教材的扉页上印着革命领袖的语录。

马克思语录：

"一切发展，不管其内容如何，都可以看做一系列不同的发展阶段，它们以一个否定另一个的方式彼此联系着。"

毛主席语录：

"阶级斗争，一些阶级胜利了，一些阶级消灭了。这就是历史，这就是几千年的文明史。"

"人民，只有人民，才是创造世界历史的动力。"

这门课的笔记我保存至今。从笔记的时间看，每周上两次课，分别为周三和周五。授课从 1973 年 10 月 5 日开始，12 月 21 日结束。

第一节课的授课内容为：

1）什么是历史？

2）为什么要学世界史？

3）学习历史的方法。

4）世界历史分期。

从课程进度上看，用两次课的时间就讲完了"古代史"和"中世纪史"。第三次课开始讲"近代史"。

在讲"近代史"时，老师一开始就讲了"什么是近代史？"及其主要内容。他说，"近代史"是资本主义发生、发展和走向衰亡的历史。主要内容是：资本主义和人民群众反对封建专制制度的斗争；无产阶级和被剥削劳动群众反对资产阶级的斗争；殖民地和半殖民地人民反对殖民主义、帝国主义的斗争。

可见，近代史中的关键词就是"斗争"，还突出了人民创造历史。

在讲每一节时，老师都会讲到"目的"，即教学目的。

如讲"英国资产阶级革命"时，目的是：

1）人民群众在反对封建专制制度中的作用，说明人民群众是历史的主人。

2）说明资产阶级在上升时期，资产阶级的两面性。揭露英国资产阶级保守妥协的特点和镇压掠夺人民的本质。

在讲"北美独立战争和美国的成立"时的目的是：

1）阐明弱国能够打败强国，小国能够打败大国。小国人民只要敢于斗争，敢于拿起武器，掌握自己国家的命运，就一定能够战胜大国的侵略。

2）通过讲述谢斯起义和美国宪法，揭露资产阶级掌握政权后，镇压人民群众和对人民群众实行资产阶级专政的本质。

讲"科学共产主义的诞生"时，目的是：

1）阐明马克思主义的三个来源和三个组成部分。

2）叙述马克思、恩格斯早期的革命活动和他们为创立共产主义而斗争的史实，阐明马、恩之所以能提出他们的理论，除了他们的天才条件之外，主要是他们亲自参加了当时的阶级斗争和科学实验的实践。

3）阐明《共产党宣言》的基本思想和伟大意义。

这些"目的"实际也是每章节讲授之后的思考题。

"现代史"部分讲的基本是国际共产主义运动史。主要内容有：十月革命、民族解放运动、第三国际、苏联社会主义革命和建设的成就、第二次世界大战、各国人民反对法西斯的英勇斗争。最后一节讲的是"中国人民革命胜利的世界历史意义"。

在教学方法上，基本就是老师讲，我们听，偶尔会安排大家预习或者自学。

进二外之前,我在初中还没有系统学过世界史,对世界史的知识基本是自己看过的一些乱七八糟的书,再有就是从政治学习中得到的一些零散的知识。例如:巴黎公社、十月革命等。对课堂上讲的内容基本是懵懵懂懂。记得当时特别奇怪,怎么资产阶级还有"革命"?

世界史的课没有作业,跟其他课程一样,也没有考试。我对世界史的感觉就是"听故事",不枯燥也不乏味。不过所讲内容仍然与政治紧密联系,突出各种"斗争"。

第一学期的世界史课就这样过去了。

三、政治课

在"文革"时期的高校,政治课是非常重要的一门课程。第一学期政治课学的是"辩证唯物论和历史唯物论"。

从教学的角度来看,这门课的教学计划很规范,教材也很完备。教材有二外"政治理论教研室"编的:

《辩证唯物论和历史唯物论讲义》(上册)(1973年9月)、

《马克思、恩格斯、列宁、斯大林、毛主席辩证唯物论和历史唯物论著作选读》(1973年6月)。

在该"著作选读"中一开始就是《辩证唯物论与历史唯物论教学大纲》。

还有一本教材是《马克思、恩格斯、列宁、斯大林、毛主席辩证唯物论历史唯物论著作选读(注释)》(1973年8月)。

在"教学大纲"中,首先提到了这门课的"指导思想":

"遵照毛主席'认真看书学习,弄通马克思主义','思想上政治上的路线正确与否是决定一切的'教导,本课程帮助学员比较系统地学习辩证唯物论与历史唯物论的基本原理,树立无产阶级的世界观,了解思想路线即哲学路线正确与否,是关系到政治路线正确与否的大问题,只有把思想上的路线搞正确才有可能把政治上的路线搞对头,分清什么是辩证唯物论与历史唯物论、什么是唯心论、形而上学,增强识别假马列主义能力,提高执行和捍卫毛主席革命路线的

自觉性。"⁴⁹

该课程采取了教师讲授、自学、讨论结合的方法,分为八个议题进行学习:1)辩证唯物论绪论;2)物质与意识;3)认识与实践;4)唯物辩证法;5)历史唯物论绪论;6)社会基本矛盾;7)阶级、国家与革命;8)人民群众与个人在历史上的作用。

其中讲到"认识与实践"一讲时,老师还组织了同学上讲台的活动,这种方式叫"兵教兵"。在1973年12月21日二外教改组编辑的《教育革命简讯》第26期⁵⁰,刊登了三篇由工农兵学员写的讲稿。它们是:法语73-3班王毅:"永远坚持实践第一的观点";英语73-6班段遂:"我是怎样学会烧锅炉的?";俄语73-1班陈金生:"通过实践提高认识增长才干"。编者在"编者按"中写道:

"这三篇文章观点鲜明,内容丰富,用生动的事例阐明了毛主席关于'实践的观点是辩证唯物论之第一的和基本的观点',批判了林彪一类骗子鼓吹的唯心论的先验论。事实证明,工农兵学员不仅能学好哲学、用好哲学而且还是宣传马克思主义哲学的一支新生力量。现在不是有一些人对工农兵学员看不惯,说他们水平低吗?我们劝这些人好好读读这几篇文章,这对纠正你们的观点是会有帮助的。"

工农兵学员都经历了实践锻炼,结合自己的经历写这类文章并不难。基本的套路就是:实践中遇到了问题,带着问题学习毛主席著作,解决问题,认识到毛主席的思想是"认识世界和改造世界的锐利武器"。如果再加上一段大批判的内容,就更完美了。

说到"大批判","教学大纲"的附件是一份详细的"辩证唯物论与历史唯物论学习时间表"。在该表的最后有两点说明:"1.讲课时间包括原著辅导和解答问题。2.讨论时间包括大批判。"⁵¹将所谓"大

---

49 见北京第二外国语学院政治理论教研室编:《马克思、恩格斯、列宁、斯大林、毛主席辩证唯物论和历史唯物论著作选读》,1973年6月,第1页。
50 北京第二外国语学院教改组编:《教育革命简讯》(第26期),1973年12月21日。这份资料由段遂同学保存并提供,在此向他表示感谢。
51 见北京第二外国语学院政治理论教研室编:《马克思、恩格斯、列宁、斯大林、毛主席辩证唯物论和历史唯物论著作选读》,1973年6月,第6页。

批判"⁵²与课程内容相结合是当时高校文科的特点。

关于文科大学搞"大批判"可以追溯到1969年9月,当时复旦大学办了一个不分系科专业的"五·七文科试点班"。1970年四人帮把持的上海写作组主导了一篇文章"文科大学一定要搞革命大批判",这篇文章发表在《红旗》杂志上。文中称:

"革命大批判既是社会主义文科大学的基本任务,又是当前改造旧文科大学迫切的战斗任务。不仅应该批判社会上的资产阶级,还应该把革命大批判深入到文科各个学科"。⁵³

1971年《红旗》杂志上刊登了另一篇文章:"用革命大批判改造文科大学"。文章中提到,文科班以社会为工厂的经验,"总结起来,就是以革命大批判带动教学。"⁵⁴在这种背景下,大批判作为课程的内容已经是顺理成章的事情。

我们政治课中大批判的对象是刘少奇的反革命修正主义路线。在讲义中多次出现了批判的内容,现摘录如下:

"叛徒、内奸、工贼刘少奇代表帝修反和国内被打倒的剥削阶级的利益,极力宣传唯心论的先验论、唯生产力论、地主资产阶级的人性论和阶级斗争熄灭论,推行反革命修正主义路线,在不同革命时期,从不同的方面干扰、破坏毛主席的无产阶级革命路线。"⁵⁵

"刘少奇一类骗子为了搞修正主义,必然要反对和破坏工农兵

---

52 "大批判"一词百度百科的解释是:"大批判是'文化大革命'中的流行的一种声讨形式。主要通过大字报,大辩论,大鸣大放等形式对自己不赞同的进行批斗。往往上纲上线,无限打击,没有底线。成了颠倒是非,混淆黑白,大规模地,不间断地以势压人,以权整人的一种特定的错误手段。"参见网址:https://baike.baidu.com/item/大批判/960604?fr=aladdin,访问时间2021年6月6日。"文革"不同时期"大批判"的内容也不尽相同,1973-1976年大批判的主要内容是批林批孔。

53 上海革命大批判写作小组:"文科大学一定要搞革命大批判",载于《红旗》,1970年底1期,第46页。

54 "用革命大批判改造文科大学——复旦大学"五·七"文科试点班的调查报告",载于《红旗》,1971年第6期,第70页。

55 北京第二外国语学院政治理论教研室编:《辩证唯物论和理事会唯物论讲义》(上册),1973年9月,第4页。

学习马克思主义。其手法之一，是攻击马克思主义理论本身。……其手法之二，是破坏我们党的马列主义学风，从右的或'左'的方面歪曲和反对党的理论和实践相结合的学习方针。"[56]

"刘少奇一伙为了对抗无产阶级文化大革命，宣扬'真理面前人人平等'，妄图抹杀真理的阶级性，反对无产阶级对资产阶级的批判，保护和维护资产阶级在一些文化领域的统治。"[57]

我们这些只有初中文化程度的工农兵学员，并没有批判的能力，也没有独立思考的能力。所谓的"大批判"基本是抄报纸和杂志上的文章。那时接受的教育就是：老师教的、书上报纸上写的肯定都是对的，没想过质疑，也不会质疑。

政治课实际为学年课程，教学时间为35周。教师讲授的课时为38学时，自学时间为66学时，讨论时间为36学时，总共为140学时。第一学期讲授的是"辩证唯物论"部分。

这门课上讲了一些基本的概念，如：什么是哲学和哲学的基本问题、物质与意识的关系、思维与存在的关系、什么是真理、生产力和生产关系、经济基础和上层建筑，等等。以我们当时的水平，听的是似懂非懂。

除此之外，这门课还节录了一些马恩列斯毛的著作供我们学习。这些著作有：马克思的《致约·魏格迈》和"《政治经济学批判》（序言）"；恩格斯的《论权威》《反杜林论》和《路德维希·费尔巴哈和德国古典哲学的终结》；列宁的《唯物主义和经验批判主义》《马克思主义的三个来源和三个组成部分》《国家与革命》；斯大林的《马克思主义和语言学问题》；毛泽东的《实践论》《矛盾论》《改造我们的学习》等等。可能是考虑到我们的文化程度，这些节录的篇幅都不长，有的只是段落。

这些书中，有的就是1972年毛泽东号召干部们读的马列主义的

---

56 北京第二外国语学院政治理论教研室编：《辩证唯物论和理事会唯物论讲义》（上册），1973年9月，第14-15页。

57 北京第二外国语学院政治理论教研室编：《辩证唯物论和理事会唯物论讲义》（上册），1973年9月，第41页。

六本书：《共产党宣言》《哥达纲领批判》《法兰西内战》《国家与革命》《反杜林论》和《唯物主义和经验批判主义》。学习这六本书的由来是：毛泽东认为一些干部之所以上了林彪、陈伯达这类政治骗子的当，是因为他们没有读过马列的原著。因此毛泽东拉出了具体书目，要求干部读马列著作。[58]我在工厂时，这几本书多少也看了一些。但以初中的文化程度，除了《共产党宣言》，其余几本根本看不懂。

这次在课堂上重新学习，感觉比以前明白了点。另外，在这门课上我已经开始感受到了大学学习与中学学习的不同，因为政治课有很多的自学和讨论。自学是自己看书，讨论时要发言，这就强迫自己思考一些问题。

对学习中那些陌生又晦涩难懂的专业名词、哲学用语，我基本是半知半解。这种情况下对课程内容的学习基本靠死记硬背，可没有考试，就没了学习的自觉性，不记也不背。记得有一次上课，老师提问：什么是"马克思主义的三个来源和三个组成部分"？一连叫了三四个同学都答不上来，最后还是北京四中毕业的张克宁同学给出了答案。

政治课最大的收获是，写大批判稿的时候，可以"引经据典"，貌似学问很高深的样子。不过，这门课的自学和讨论，也许就是我独立思考的开始，因为我开始发现了问题。记得有一次我问老师，为什么我上了大学成了"知识分子"，就要接受工人农民的"再教育"；可我以前也是工人啊，跟我一起进工厂的同学现在抽调去了高校的工宣队，他们现在就可以来教育我。老师只是告诉我，你提的问题很好。此后的学习中，我经常会向老师提出一些问题。

教政治的老师中有一位是张晓水老师，他是著名作家张恨水先生[59]的长子，同学们很喜欢听他的课。他并没有走父亲规划的文学路，

58　参见百度文库 https://wenku.baidu.com/view//f95b2543b5daa58da0116c175f0e 7cd1842518b5.html，访问时间 2021 年 6 月 8 日

59　张恨水（1895-1967），原名张心远，祖籍安徽潜山，岭头乡黄岭村人。他在近半个世纪的写作生涯中，创作了一百多部通俗小说，其中绝大多数是中、长篇章回小说，总字数近 2000 万言，以《春明外史》、《金粉世家》、《啼笑因缘》、《八十一梦》四部长篇小说为代表作。在小说之外，他还写有大量文艺性散文和新闻性散文，再加上 3000 首左右的诗词和一些剧本，全部作品

而是学了经济学。[60]后来知道了他更多的故事，记忆中还模模糊糊保存着他讲课的样子。

一个学期的"文化补习"很快就过去了。如何评价这段"文化补习"，我认为可以有如下几点：

首先，"文化补习"是针对当时的教育危局，尤其是高校的混乱局面进行调整和整顿的一种措施。决策者看到了"推荐制"下工农兵学员文化基础薄弱，教育质量无法保证的现实，希望通过"文化补习"做出一些补救。

其次，按最初的设想，"文化补习"补习的应该是文化基础知识。但是实际补习中，在极"左"思想的影响下，不论什么学科，都片面强调政治性，并将大批判作为课程的内容，甚至代替上课，忽视了不同学科的独特性。再加上考试和考查制度的缺失，使得"文化补习"的效果大打折扣。

再次，尽管"文化补习"的目的并没有达到，但在当时"四人帮"把持教育的情况下，能够这样做已经是相当不易了。

很快，从1973年下半年至1974年初，周恩来的整顿逐渐被江青等人的"反击右倾复辟势力"直至"批林批孔"运动取代。到了1974年批林批孔运动中，这一措施也被当成"修正主义教育路线的复辟"。1975年入学的学员，不再进行集中的文化补习。[61]

最后，我想说的是，73级的工农兵学员是"文化补习"的受益者，因为我们比往届的工农兵学员多获得了一学期的宝贵的学习时间。

一个学期的"文化补习"，其实体现了我们入学后的学习特点：以极"左"的政治性统帅所有的课程，削弱专业知识的学习，大批判

　　在3000万言以上。人称"章回小说大家"、"通俗文学大师"。
60　关于张晓水老师（1928年1月3日-1990年7月14日）与其父亲张恨水的故事，详见宋海东："张恨水与张晓水：父子同梦"，《各界》，2019年第6期，网址为：https://www.sohu.com/a/322934574_407736 访问时间2021年5月30日
61　郑谦著：《被"革命"的教育——"文化大革命"中的"教育革命"》，北京：中国青年出版社，1999年1月版，第280页。

更是贯穿了我们后来三年学习的始终。

在本书写作的过程中,我整理了一下我在汉语课上写过的作文。两年间我共写过的 10 篇作文,其中有 5 篇是大批判文章和政论文。这些作文的题目是:"树立革命文风——批判林彪腐朽的资产阶级文风""作批林批孔的闯将"(1974 年 3 月)、"坚决走与同工农相结合的道路"(1974 年 8 月)、"罪责难逃"(批判野心家林彪)(1974 年 11 月)、"为巩固无产阶级专政而战斗"(1975 年 3 月)。

现在读着这些自己写过的亢奋、激昂又荒诞的文字,有种恍如隔世的感觉。

入学后的第一学期,虽然我们逐渐适应了学校的学习和生活,并企盼着多学习一些专业知识,但形势的发展却使我们的希望一次次化为泡影。

第三章　学习、运动都开始了

1973年的那场"高考",虽然由于"张铁生事件"最后惨淡收场,但当时社会上人们已经逐渐认识到文化知识的重要性,比此前的情况有了些改变。这也表明整顿教育是有效果的。

但整顿与反整顿的路仍然曲曲折折,整顿和维护"左"倾的两种力量仍然在角力中。从1973年我们入学后就参加"教育革命";到1974年是反击"右"倾回潮、"批林批孔"、1975年反击所谓的"右倾翻案风",1976年又赶上了"批邓、反击右倾翻案风"。

总之,在校学习的三年半的时间里,政治运动是一场接着一场,几乎占据了在校的大部分时间。

第一节　专业学习终于开始了

从收到二外的录取通知书那天起,我们就急切地盼望着坐在教室里开始学习英语的那一天。为什么这么想学英语,这与当时的形势的发展有着密切的关系。

虽然仍在"文革"期间,"知识越多越反动"的谬论还在大行其道,高校招生还没有恢复正常,但周恩来总理仍然十分重视外语人才的培养。《周恩来年谱》中记录了1970年周总理对外语教学的明确指示:

"(1970年)11月6日至9日,周恩来就外语教学问题四次接见北京外国语学院负责人,指出:外语教学业务不能丢掉,目前首先要从教师进修抓起，进行短期培训提高；要好好看看过去的英语教材，按照外语教学规律，进行实事求是的研究改进。现在对外的口头和文字上的宣传，同我们在国际上的地位影响，实在相差太远了！'"[1]

"1970年11月20日，周恩来总理召集国务院教科组、外交部、北京外国语学院、北京大学、清华大学等单位有关人员座谈。针对有的院校开办外语师资短训班的情况，指出：你们要研究一下，这种短训班的效果到底如何？'师资培训不好，将来学生也教不好。短训班质量不行，人家会骂你草草了事。'又说：'学外语要天天练'，'挤点时间练，不要去干涉'。要苦练基本功，包括'政治思想、语言本身和各种文化知识'。'现在有的中学英语课本，只有政治词汇，没有生活词汇，实在不适用，应当修改。'强调：外语教学要造就的人才中，'第一是师资'，'第二是培养懂外文的干部、技术人员'，'第三是外事工作人员'。'这三方面的需要都很急迫'，因此，'要认真搞好外语教学'。"[2]

七十年代初，社会上掀起了一股学习外语的热潮。其中的缘由除了周恩来推动全国教育界的纠左纠乱之外，与70年代中国外交上发生的几件大事有着密切的关系。

第一件事是1971年7月，美国总统尼克松派他的安全事务助理基辛格秘密访华。随后1972年2月21日，尼克松访华。几天后，中美两国政府在上海发表联合公报。中美两国20多年敌对关系最终结束。

第二件事是1971年10月，第26届联合国大会通过决议，恢复中华人民共和国在联合国的一切合法权利。同年11月，中国代表团出席了第26届联大。

第三件事是1972年9月，日本首相访华，中日两国签署了《联

---

[1] 中共中央文献研究室编：《周恩来年谱》（一九四九——一九七六）（下卷），北京：中央文献出版社，1997年5月版，第408页。

[2] 中共中央文献研究室编：《周恩来年谱》（一九四九——一九七六）（下卷），北京：中央文献出版社，1997年5月版，第414页。

合声明》，宣布两国实现邦交正常化，建立外交关系。

短短的一年多的时间里，中国外交呈现了大发展的形势，出现了一大批国家同中国建立外交关系的新高潮，特别是打开了同所有西方国家发展关系的大门。[3]中国外交上的这些成就，极大地鼓舞了全国人民，同时也预示着国家对外语人才的需求会急剧增加。

中国政府派出代表团出席联合国大会，毛泽东主席和周恩来总理会见尼克松，日本首相访问中国，在当时没有互联网，连电视都不普及的情况下，这些消息和画面通过报纸、广播，还有电影开演前的加片《新闻简报》，迅速传遍了全国。其中的外交人员和翻译的形象格外引人注目，尤其是领导人身边的那两位年轻的女翻译——王海容[4]和唐闻生[5]，她们以端庄秀丽、又极具聪慧睿智的形象迅速走红。一时间，她们不仅成了家喻户晓的人物，也成了当时像我这样的年轻人的偶像。

"外语热"正是诞生在这个时候。虽然仍在"文革"中，外交上的这几件重大成功为名正言顺地学英文、培养急需的英语人才提供了契机。为了满足民众学习英语的愿望，1972年10月，北京人民广播电台第一次开办了"业余英语广播讲座（英语初级班）"。我成为广

---

[3] 孙勇胜：《中华人民共和国对外关系史纲》，兰州：甘肃人民出版社，1996年10月版，第208页。

[4] 王海容（1938年9月25日-2017年9月9日），女，湖南长沙人，1964年毕业于北京师范学院俄语系，后在北京外国语学院进修英语。1965年11月进入外交部。1971年7月至1972年5月任外交部礼宾司副司长，参与基辛格秘密访华和尼克松访华的接待工作。1972年5月至1974年7月任外交部部长助理，主管礼宾事务。1974年7月至1979年2月任中华人民共和国外交部副部长。1984年4月起任国务院参事室副主任。见百度百科 https://baike.baidu.com/item/王海容/4885706?fr=aladdin，访问时间2021年6月15日。

[5] 唐闻生，女，汉族，1943年3月生于美国纽约，广东恩平人，早年侨居美国，1950年回国，在北师大女附中学习，1959年6月加入中国共产主义青年团，1971年4月加入中国共产党，1965年4月参加工作。北京外国语学院毕业，大学学历，译审。曾任外交部翻译、美大司副司长、铁道部外事局局长、宋庆龄基金会副主席等职。中国首任联合国副秘书长唐明照之女。见百度百科 https://baike.baidu.com/item/唐闻生/4885005?fr=aladdin，访问时间2021年6月15日。

播英语学习大军中的一员。

一年后,我幸运地获得了进入二外学习英语的机会。

第一次走进教学楼,映入眼帘的是一条醒目的中英文标语:"Foreign Language is a Weapon in the Struggle of Life—Karl Marx(外国语是人生斗争的一种武器——卡尔·马克思)"。当时虽然还看不懂英文,但这句话的中文已是烂熟于心,是我当时学习外语的动力来源。

9月14日开学后,经过短暂的入学教育,专业英语的学习终于开始了。

一、"听说领先"

记忆中,入学后的那段日子里同学们每天都是在兴奋、快乐和忙碌中度过的。

班长忙着到系里领各门课程的学习教材,大家急切地捧起带着油墨香的教材,体验着重新做学生的快乐,每个人的脸上都洋溢着幸福的笑容。但令人不解的是,过了好几天,每个班的录音机和每个同学的耳机都发了,可是最主要的英语课的教材却迟迟不见踪影。这时,我们第一次听到了一个词——"听说领先"。

第一节课上,陈文芷老师向我们详细解释了什么是"听说领先"。这是一种学习外语的新尝试,不管学生的英语基础如何,哪怕26个字母都不认识,也要先从听和说开始。简单地说,就像小孩子学说话一样,先跟着老师"学说话"。老师说什么,你就跟着说什么。小孩子学说话不是先认字吧,我们也是一样,不用先认字,要先听和说。所以,先不发教材,大家也不用着急学习写英文和看英文,要把所有的精力放在听和说上。

接着,陈老师告诉我们如何做到"听说领先"。她说,你们见过篮球运动员的训练吗?不管他的球打得多好,每天都要运球,天天练习。学习英语也是一样,要天天从练习开始。

对于这种不看书,不写字,只用耳朵听用嘴巴说的教学方式,我们都觉得很好奇,也很期待。

后来才知道,"听说领先、读写跟上"是二外采取的教学方法。这种教学方法在二外创建时就确定了。老院长张天恩先生在其回忆中讲道:"我们培养的外语外事干部首先要能实际应用外语。唐恺同志管教学,他首先提出'听说领先、读写跟上'和'四会'(会听、会说、会读、会写)并举的教学方法和原则,我们都同意这个原则。"[6]可见,二外在立校之初就响亮地提出了以"听说领先"为教学的主导思想。

　　后来,为了防止忽视读、写的重要性,口号加了四个字:"读写跟上"。这样,一个完整的指导思想就在二外形成:以听说带动读写,以读写促进听说,学生语言能力全面发展就有了依据、保证。[7]

　　幸运的是,我们入学后就成了这种教学方法的实践者。

　　值得一提的是,"听说领先、读写跟上"的教学方法在二外不仅仅应用于英语专业,其他语种也同样应用。担任过商务部部长的高虎城先生是1972年进入二外法语专业学习的,他对法语专业应用对这种教学方法的情况也有所提及。[8]

　　"听说领先"离不开录音机。为了强化听力,系里给每个班发了一台录音机。那种老式的录音机四四方方,又大又笨重,女生一个人搬着都费劲。录音机配的磁带很大,直径约有20厘米。为了方便大家听录音,每个同学都发一个耳机,可以在课余时间听录音。现在这种录音机和磁带都已经难觅踪迹了,只有耳机的变化不太大。教室里经常出现的场景是,课余时间几个同学围着录音机边听边跟着读。

　　对于"说"的训练,按照老师的要求,每两个同学组成一个"speaking pair"(说话对子),课上课下根据老师的要求练习。刚入学时大家的英语水平参差不齐,组合时往往由一个基础好些的同学

6　张天恩口述:"回忆在二外工作的日子",载于《二外四十年》编辑委员会编:《二外四十年》,北京:中国青年出版社,2004年10月版,第75页。

7　参见王文炯:"未来是灿烂的",载于《二外四十年》编辑委员会编:《二外四十年》,北京:中国青年出版社,2004年10月版,第126页。

8　参见唐思思、杨之光:"高虎城:从二外走出的商务部部长",载于曲茹、孙庆章、舒虹主编:《50年50人的二外记忆》,北京:旅游教育出版社,2014年10月版,第71页。

带一个基础差点的同学,为的是大家共同进步,"不让一个阶级兄弟(姐妹)掉队"是当时的口号。

在这期间,不发教材,也不要求写,基本看不到一个英文字母。强化灌输的是英语的发音,目的就是为了强化"听"和"说"的能力,主要解决语音的问题。

戴宗显老师的具体做法是:

"一年级坚持一周的语音阶段,从单音纠起。我们让学生每人备一面小镜子。每天学生对着镜子检查口型和舌头位置,练发音。有的学生练得口干舌燥,双唇都出血了。老师坚持单兵教练,晚上到班上辅导。"9

记得我也准备过一面小镜子,对着镜子练习过发音。后来听老师说,二外一直采用这种教学方法,慢慢形成了二外的特色,教出来的学生口语过硬。

第一节课上,在介绍了"听说领先"后,陈老师给我们放了一段录音,是一段男女声的对话。男声是名叫克雷格(Kenneth Craig)的外教,英国人,据说是英国共产党党员。女声是华裔澳大利亚籍的郭美华(Mavis Guo)老师,她来二外之前在新华社外文干校工作,基本不会汉语。他们说的都是标准的英式英语,所以英式英语奠定了我们的英语基础。这段录音一连放了好几遍,以我当时的英语水平,连猜带蒙可以知道基本内容。接着陈老师和一位助教老师给大家演示了这段对话。

这实际是 Lesson One(第 1 课)。按照教学的要求,每一课都要由五个部分组成。

第一部分是 Text(课文)。

这篇课文表现的情景是一位新生入学,见到另一位同学后二人之间的对话。具体内容是这样的:10

---

9 戴宗显:"亲历二外英语教学",载于《二外四十年》编辑委员会编:《二外四十年》,中国青年出版社,2004 年 10 月版,第 206 页。
10 所引用教材来源于本人保存的当时的教材。见该教材第 2 页。

A: *Good morning.*（早上好——汉语为笔者翻译，下同）

B: *Good morning.*（早上好）

B: *My name is Li Wei.*（我叫李巍）

I'm a new student.（我是新生）

A: *Welcome to our school.*（欢迎来到我们学校）

A: *Is this your bag?*（这是你的包吗）

B: *Yes, it is.*（是的）

A: *Let me help you.*（让我来帮你）

B: *Thank you.*（谢谢）

这就是我们开始学习英语的第 1 课的课文。短短的一段对话，反复听了不知多少遍。直到认识到——这就是我们要学的英语。

听了无数遍之后，进入教学的第二部分："words and expressions"（单词和词组）。老师带着我们一个词一个词地练习对话中出现的单词，如：my、name、is、new、student、this、bag 等等。再学词组，如：Good morning. Welcome to our school. Let me help you. Thank you.

这些练习后，进入第三部分："Patterns"（句型）。如：Is this your bag? Yes, it is. My name is Li Wei.

上述内容都要反复练习。练习除了自己练习之外，还要在 speaking pair 间进行练习。

等这几句话我们都会说了，即进入第四部分："Pronunciation drill"（语音练习）。这是"听说"学习的重点，目的是做到发音正确，强调正确模仿。

老师特别强调几个词的发音。如：it、is、this、yes、let、help、bag、cap、thank。这 9 个单词每 3 个为一组，因为每组单词中的元音发音是相同的。这个过程中，老师会反复纠正每一个同学的发音。经常听到老师说的一句话就是，"Pay attention to your intonation and pronunciation"（注意语音语调）。

第五部分的内容是做上述对话中句型的"Exercises"（练习）。

练习过程中会用不同的词汇替换。如：练习 "Is this your bag?" "Yes, it is." 时，在 speaking pair 中要不断切换问和答的角色，还要用 cap/book/desk/chair 替换原来句子中的"bag"。

这些句型要翻来覆去地练习，练到什么程度呢？老师的要求是：听到问话后要能做到"脱口而出"。所以"脱口而出"就成了我们当时练习口语的"金标准"。

需要指出的是，整个的学习过程中看不到一张写了英文的纸片。更没有教过语法。

等上面的内容大家都能熟练掌握了，老师要求每个 speaking pair 编一个小对话，站到全班同学面前表演。可以带道具，例如"帽子（cap）""书（book）"。这时往往是课堂上最欢乐的时候。由于基础不同，同学们的表现也不尽相同。有略显羞涩不敢张口的，也有神态自若对答如流的，说得好的会赢得大家喝彩，发音奇怪也会引起大家哄堂大笑。

总之，课堂气氛轻松而活跃。就在这种环境中，我们完成了入学第 1 课的学习。说起来简单，实际上只有 9 句话的第 1 课花了整整两周的时间。

对于"听说领先"的教学方法，戴宗显老师这样总结到：

"从 72 级起，'听说领先'达到了极致状态。上课前不发教材，每班发一盘课文录音磁带。学生先听录音，第二天教师根据课文提问。教学路子撇开了以语法为纲而采用句型教学。为了提高教师对句型教学的理解，特地从北外请来刘承沛和夏祖煃两位教授专门介绍句型教学方法。"[11]

这种教学方法的优点是我们从一开始学习英语就张开了口。记得开始学习后不久，外教克雷格（Craig）和郭美华老师来到我们班听课，在课堂上和同学们对话互动。当时我最担心的是我说的英语他们是否能听懂，我拿出自己的钥匙怯生生地试着问了一句："Is this your key?"（这是你的钥匙吗？）郭老师从口袋里掏出自己的钥匙告诉我，"No, this is my key."（不是，这是我的钥匙。）我的英语居然被

---

[11] 戴宗显："亲历二外英语教学"，载于《二外四十年》编辑委员会编：《二外四十年》，北京：中国青年出版社，2004 年 10 月版，第 206 页。

听懂了，这让我兴奋不已。

在这阶段的学习中，同学们表现出了极高的学习热情和刻苦学习的态度。经常是上课练，下课练，走在路上在练，食堂排队打饭也在练。以前总形容话说得多叫"磨破了嘴皮子"，这回我们真的见识了"磨破了嘴皮子"的。我们班的一个男生就因练习得太多，上下嘴唇都磨得渗出了血。

另外，还有一件很有意思的事情。就是教师和学生的称呼。

现在上英语课，哪怕在日常生活中，有英文名字是很普遍的事，上课时老师直呼学生的英文名字就可以了。但在那个时代，中国人有英文名字可能会跟"崇洋媚外"扯上关系，而称"Mr."（先生）、"Miss"（小姐）也会被贴上"资产阶级"的标签。于是，"Comrade"（同志）就成了最佳的选择。

课堂上老师和学生互称"Comrade"，陈老师提问时叫我"Comrade Li"（李同志），我们早上向陈老师问好也称："Good Morning, Comrade Chen"（陈同志，早上好）。这种称呼现在听起来可能觉得有点像是搞笑，但当时却是严肃认真的。陈老师只是特别强调过一点，不能叫她"Teacher Chen"，说这不符合英语的习惯，跟叫"王工人、李工人"一样。

两个月的强化"听说"后，我们终于拿到了第一本专业英语课的教材。教材为油印的，纸张粗糙。没有编写者，没有编写时间，也没有封面。第1页上赫然印着：Long Live Chairman Mao!（毛主席万岁！）[12]

教材到手意味着我们即将进入学习的第二阶段——"读写跟上"。

---

12 这可能是当时比较普遍的作法，据法语专业72级学生高虎城回忆，"当时的教材不太正规，我记得第一节课的内容是'毛主席万岁'，政治性很强。"见唐思思、杨之光撰稿："高虎城：从二外走出的商务部长"，载于曲茹、孙庆章、舒虹主编：《50年50人的二外记忆》，北京：旅游教育出版社，2014年10月，第71页。

二、"读写跟上"

二外在建校初期在全国高校中第一个提出了"听说领先,读写跟上"的外语教学理念。这从根本上说是一种富有创新精神的教学改革,[13]"读写跟上"是对"听说领先"的补充。

二外的老师们为了教好学生,组织了教师到清华大学、北京大学、北外去听课,和那里的教师座谈。他们发现单提"听说领先"不够全面,于是加上了"读写跟上"。[14]

从我保存的作业看,我第一次"写"书面作业是在1973年的11月19日,即开学的两个月之后。

我们使用的练习本是"北京市中学试用本册"中的"英语练习本",22开22页。由于当时还没有施行中国国际拼音方案,中文姓名要采用"威妥玛式拼音法"。是陈老师把每个同学姓名的英文拼写用红色的钢笔写在了我们各自的练习本上,我的名字是Li Hung-yun,与现在的汉语拼音略有不同。

拿到练习本之后,陈老师非常耐心地告诉我们,要在每页纸的左侧"打上margin(边界)",其实就是竖着画一条线。开始学习后我不知不觉养成了一种习惯——模仿老师发音,于是跟着陈老师大声读"margin",惹得陈老师看着我笑了。我无意中又学会了一个单词。(当时就知道了中国古代小说《水浒传》的英文书名就翻译成 *Water Margin*。)

第一次的书面作业是写26个英文字母,大写和小写。接下来的两天,分别写了字母和一些单词。这标志着我们的学习正式进入到"读写跟上"的阶段。

听老师讲,由于工农兵学员的基础参差不齐,而且学习时间短,第一阶段"听说"的时间其实是大大压缩了。我们"听说"阶段是差

---

[13] 见唐思思、祝安娜、汪玉娇采访并整理:"翻译大家王文炯:与二外的那些往事",载于曲茹、孙庆章、舒虹主编:《50年50人的二外记忆》,北京:旅游教育出版社,2014年10月,第14页。

[14] 戴宗显:"亲历二外英语教学",载于《二外四十年》编辑委员会编:《二外四十年》,北京:中国青年出版社,2004年10月版,第206页。

不多两个月，按照正常情况应该比这个长。

我 11 月 23 日的作业是抄写 Lesson Five（第 5 课）的课文。据此可以推断，前 4 课我们花了大约 10 周的时间。

依我看来，这一阶段的学习与第一阶段比起来，只是加上了书面作业，其他没有什么不同。书面作业的内容多是抄写课文，老师要求我们规范地书写。每篇课文仍然是按照五部分进行，只是内容会越来越多，句型越来越复杂。老师在教学方法上与开学初没有什么差别，但同学们学会的词汇、句型越来越多，自己编的对话越来越丰富，课堂上的气氛也就愈发活跃。

在第 5 课之后，老师带着我们做了复习。复习的内容主要是：词组、句型、对话和单词。这些复习仍然强调"说"，并且要求语音语调正确。

从第 6 课到第 10 课仍然与前面几课一样，教学基本按照前述的五个部分进行。

第 10 课学完之后有总复习。总复习的内容全部是对话，共 11 段。每段设定一个场景，如：宿舍、阅览室、老师办公室、教室、图书馆等等，还有"看图说话"。所有这些我们都反复练习，努力做到"脱口而出"。

记得课下的练习有的同学会戴着耳机听录音，边听边模仿，有的是 speaking pair 间的练习。我则喜欢一个人跑到教室楼楼顶的天台上，找个角落，自己一个人念念叨叨。有时也会找个同学练上一段话。陈老师和助教老师有时也会在晚自习时到教室来进行辅导。

需要指出的是，我们拿到的第一本教材并不意味着"听说领先"的结束，而是"读写跟上"的开始。实际上，第一本教材并非该学期教材的全部内容，而是只有我们已经学完的前 5 课。后面 6-10 课的教材仍然是上一课后再发一课的教材，即：仍然坚持先"听说"再"读写"的原则。这表明，在进入"读写"阶段之后，"听说领先、读写跟上"的教学方法得以完整地贯彻执行。

到了期末复习时，我认真地把这些零散的活页教材与前 5 课装订在了一起，让它看起来是一本完整的教材，也比较利于保存。

"听说领先、读写跟上"的教学方法在外语教学界曾经引起过广泛的关注。从一个亲历者的角度,我认为这种教学方法的最大好处是:在初学阶段,学生逐渐养成了开口说英语的习惯;在语音学习阶段,由于听的是外教说的英语,又有老师纠正,基本可以做到发音准确;由于注重语音语调,我们打下了比较好的语音语调基础。后来,在与外国人交流时,他们经常会问我,你的英语是在国外学的吗?

简言之,外语作为一种交流的工具或技能,如果初学者在语音语调和听力方面能经历一段较专业的训练,会为日后熟练运用这门语言打下比较坚实的基础。

二外为我们提供的恰恰是这种专业的训练。

三、我们的教材:"大蓝本"

学生学习总要有教材。关于我们入学后使用的教材,还有一段历史。

这套教材的诞生可以追溯到 1972 年春,当时二外英语系恢复建制。系里成立了教材编写组,开始编写 72 级新生使用的教材。

关于我们使用的教材,戴宗显老师回忆说[15]:李勤老师时任英语系副主任、教学负责人。他于 1972 年参加了教育部[16]赴英的考察团,带回来了亚历山大教授(L. G. Alexander)编的书。接着,亚历山大教授(L. G. Alexander)来到了北京,在北京饭店推介他的几本书:*First Things First*,*Practice and Progress*,*Developing Skills* 和 *Fluency in English*。戴宗显老师参加了这次活动,并与他探讨了语法体系与他的以内容为主的体系如何衔接的问题。

这几本书就是"文革"结束后风靡全国,直到现在仍然很火的《新概念英语》(*New Concept English*)。

戴老师还回忆说,"参加推介会后,李勤同志把我从 72 级教学

---

15 参见 2021 年 10 月 26 日与戴宗显老师微信对话。
16 此处提的"教育部",笔者认为有误。因为在 1970 年 6 月,中共中央同意国务院关于精简合并各部委的报告,撤销教育部,成立国务院科教组。所以此处应该是"国务科教组"或其它机构。

组抽出，组成教材编写组，我任组长。我们参考 Alexander 教材，自编教材，迎接 73 级新生，由郭华老师主笔。我后来找李景湖配插图。这就是 73 级学生刚来二外用的教材。"

这样看来，《新概念英语》（*New Concept English*）成为二外英语教材编写中的重要参考。

新教材编写组几年内人员更迭，除了李勤、戴宗显参与外，曾有多位二外老教师参加。他们是：吴敬瑜、荣蕊华、郭美华、邹德慈、郭华等。在以后的几年中教材组编出了一套英语精读教材，这就是被二外英语教员称为"大蓝本"的二外英语教材。"大蓝本"在七十年代，甚至在八十年代初为二外的英语教学发挥了关键的作用。[17]

我们使用的就是这套被称为"大蓝本"的教材。幸运的是，这套教材被我完整地保存了下来。

我们使用的教材中的有些内容就是模仿《新概念英语》第一册中 First things first 编写的。教学内容由浅入深，很适合初学者。

当时，我们对这些事情毫不知情，不知道有个 *New Concept English*，也不知道我们的教材与该书的关系。

那时，在极"左"思潮的干扰下，教材改革要遵循"三结合"的原则。通常的做法是，由教师、学生、工宣队或军宣队和领导干部的代表组成编写小组。[18]二外的教材编写也遵循了这个原则。我们 73 年进校时，工宣队还在。但工宣队的工人师傅不懂英语，那如何审查呢？戴宗显老师提到，那时上课的英语教案必须先翻成中文，经审查后才能用。[19]他特别提到了这样一件事。

一次，在送审稿中有一句话是："If I were in your position, I would go to see the Revolutionary Peking Opera." 这句话中的"If I were in your position"，中文意为"如果我处在你的情况"，但送审时的翻译是：

---

[17] 戴宗显："亲历二外英语教学"，载于《二外四十年》编辑委员会编：《二外四十年》，中国青年出版社，2004 年 10 月版，第 206 页。

[18] 郑谦著：《被"革命"的教育——"文化大革命"中的"教育革命"》，北京：中国青年出版社，1999 年 1 月版，第 180 页。

[19] 戴宗显："亲历二外英语教学"，载于《二外四十年》编辑委员会编：《二外四十年》，中国青年出版社，2004 年 10 月版，第 205 页。

"如果我处在你的地位，我就会去看革命京剧。"没想到的是，一句不经意的翻译却惹来了麻烦。

"当天下午，宣传（工宣）队召集我们教案组开紧急会议。当大家刚刚坐定，师傅那铿锵有力的批判就开始了。'我们天天批判资产阶级思想，现在竟然还有人宣扬什么地位'。我们是一头雾水，不知他在批谁。批判还在继续，'处在你的地位上才去看样板戏？看样板戏要什么地位？'直到此时，我才明白他是在批判我们要用的几个英语例句。"[20]

这件事完全是由于不懂英语引起的误会，现在听起来就是个笑话。但当时却被上纲上线，险些惹出大麻烦。

我保存的资料中有一份1973年12月25日英语系教师编校组（即教材编写组）讨论会的原始记录。那次会议讨论的内容是"教育革命"，会上有人提道："我院存在的一个主要问题是右倾"；"教材编写请教王师傅，编了以后也该请教王师傅"；"现在也有工农兵学员参加审查教材"，这是"教育革命的新现象"。

参加那次讨论会的有13名教师，我作为工农兵学员参加。从这份记录来看，当时的教材编写的确是要"请教"工宣队的；而且工农兵学员是参加了教材审查工作的。工宣队参与英语教材编写中的问题已如前述，而我们作为学生要"参加审查教材"，确实有些荒唐。当时我们的英语学习刚刚开始，连教材都看不懂，怎么可能提出意见和建议呢？

至于为什么要这样做，下面的这篇文章或许给出了些答案。

1970年7月22日《人民日报》刊登了以清华大学军宣队名义发表的"为创办社会主义理工科大学而奋斗"的文章，文中在谈到清华大学教材改革的指导思想时有这样一段话：

"教材改革是一场严重的政治斗争，它是关系到培养一代新人的重大问题。买办洋奴哲学、爬行主义是理工教材旧体系的要害。"

---

[20] 戴宗显："亲历二外英语教学"，载于《二外四十年》编辑委员会编：《二外四十年》，中国青年出版社，2004年10月版，第205页。

"这样的旧教材，严重毒害了许多知识分子和青年学生，与我国社会主义的政治和经济发生了尖锐的矛盾。教材一定要彻底改革，决不能走修修补补、改良主义的道路。"

　　"教材改革是一场深刻的思想革命。必须狠抓教师立场、感情的转变，使他们把立足点移到无产阶级这方面来，解决'为谁写书'和'怎样写书'的问题。"[21]

　　这篇文章将过去的教材全部否定，认为教材改革必须"突出无产阶级政治"，将其与政治斗争、思想革命、阶级立场相联系。作为知识分子的教师是改造的对象，他们的阶级立场、感情自然与无产阶级的工农兵不同。因此，工农兵理所当然地要参与教材改革。这种抛弃教育常识的做法体现的是当时教育领域的极"左"思潮。其实，学生参与编写教材，这种做法在1958年大跃进时的"教育大革命"中也出现过。

　　郑谦所著的《被"革命"的教育——"文化大革命"中的"教育革命"》一书中还提到，某外语学院在1970年开办的工农兵学员试点班中，该学院编写教材的教师为了突出教材的政治思想性，不敢坚持由浅入深、由生活词汇到政治词汇这一教育基本规律，为了突出"政治思想性"而很少顾及教材的科学性、实践性。结果导致了教学质量普遍严重下降。[22]

　　记得听同学讲过的一个他听到的笑话。不知哪个学校的学生陪外宾在颐和园游览，外宾想去厕所，问了句"Where is the lavatory"？（厕所在哪儿）陪同他的同学不知道"lavatory"（厕所）是什么意思，又不好意思问，于是指着昆明湖说，"It's over there, on the lake"（在那边，在湖上）。外宾惊得目瞪口呆。类似的笑话不知道还有多少。

　　我仔细看了下我们第一学期的教材，其中除了有个别的地方表

---

[21] 清华大学军宣队："为创办社会主义理工科大学而奋斗"，载于《人民日报》，1970年7月22日。转引自郑谦著：《被"革命"的教育——"文化大革命"中的"教育革命"》，北京：中国青年出版社，1999年1月版，第177页。

[22] 见郑谦著：《被"革命"的教育——"文化大革命"中的"教育革命"》，北京：中国青年出版社，1999年1月版，第181页。

现了当时的政治特色外，基本还是正常的生活类语言。

由此看来，在那个特殊的年代，我们在二外能接触到最新的教学方法，使用比较合适的教材，还可以听着外教的录音学习英语，真的是很幸运。

期末，总复习开始。原以为我们的学习会按部就班地进行下去：复习——考试——放寒假。令人没有想到的是，1974 年 1 月 4 日，一场突然到来的下乡动员报告，使我们刚刚开始的学习戛然而止。

第二节 参加"教育革命"

自 1973 年 9 月入学后,政治运动是一场接着一场。我们最开始参加的是"教育革命"。

一、何为"教育革命"

这里的"教育革命"是一个特指的概念,它反映了"文化大革命" 10 年间中国社会主义教育的风雨历程,既与 20 世纪初以来中国社会的政治、经济制度的演变有关,也与中国社会的文化变迁有关。[23]我们入学后参加的不过是这一历程中的一个小小的阶段。

"文革"开始后毛泽东的指示和党中央的文件中都多次提到了"教育革命"。

1966 年 5 月 7 日,毛泽东在《五·七指示》中指出:"学制要缩短,教育要革命,资产阶级知识分子统治我们学校的现象,再也不能继续下去了。"[24]这一指示对教育的目的说得非常明确,也是指导这场"教育革命"的"总指针"。

1966 年 8 月 8 日,党的第八届十一中全会通过了《中国共产党中央委员会关于无产阶级文化大革命的决定》,即"十六条"。其中第十条"教学改革",谈的就是"教育革命"问题。该条提道:"改革旧的教育制度,改革旧的教学方针和方法,是这场无产阶级文化大革命的一个极其重要的任务。在这场文化大革命中,必须彻底改变资产阶级知识分子统治我们学校的现象。"[25]

---

23 程晋宽著:《"教育革命"的历史考察:1966-1976》,福州:福建教育出版社,2001 年 8 月版,第 1 页。
24 毛泽东:"对军委总后勤部'关于进一步搞好部队农副业生产的报告'的批示",载于杨学为编:《高考文献》(上),北京:高等教育出版社,2003 年 7 月版,第 613 页。
25 《中国共产党中央委员会关于无产阶级文化大革命的决定》,载于《人民日报》,1966 年 8 月 9 日。

1968年7月,毛泽东在"七·二一指示"中指出:"大学还是要办的,我这里主要说的是理工科大学还要办,但学制要缩短,教育要革命,要无产阶级政治挂帅,走上海机床厂从工人中培养技术人员的道路。"[26]此后,"七·二一指示"中培养大学生的思路成为"教育要革命"的方向。

1971年《全国教育工作会议纪要》[27]谈到了发动"教育革命"的原因:

"1958年,毛主席号召'教育必须为无产阶级政治服务,必须同生产劳动相结合'。广大革命群众和革命干部在党的总路线的指引下,掀起了一场教育革命,许多革命的社会主义新生事物,冲破了刘少奇修正主义路线的压迫和破坏,蓬蓬勃勃地生长出来。""这场革命刚刚起来就被刘少奇一伙破坏了。他们污蔑这场革命是'乱、糟、偏',疯狂地反攻倒算。"

"历史的经验值得注意。22年的斗争充分说明,在无产阶级专政条件下,教育仍然是无产阶级同资产阶级生死斗争的一条重要战线。"

该会议纪要最后还提道:"教育革命是巩固无产阶级专政的一件大事。大、中、小学学生占我国人口的五分之一左右,用毛泽东思想把他们培养成无产阶级革命事业接班人,是关系到我们党和国家永不变色的百年大计。"从这些内容来看,"教育革命"已经与"巩固无产阶级专政"联系在一起,由此看来"教育革命"已远远超出了教育的范畴。

因此,"教育革命"的内涵可归纳为两句话,即:在教育领域打

---

26 《从上海机床厂看培养工程技术人员的道路》及编者按,载于《人民日报》,1968年7月22日。资料来源于网络,网址:http://news.sohu.com/20080722/n258286444.shtml?pedjn8,访问时间2020年8月23日

27 《全国教育工作会议纪要》(1971年7月27日),载于杨学为编:《高考文献》(上),北京:高等教育出版社,2003年7月版,第636-645页。另外,于1971年8月13日,中共中央批转此文。1979年3月19日,中共中央决定撤销这个错误文件。参见杨学为编:《高考文献》(上),第636页。

破"资产阶级知识分子统治",建立"无产阶级全面专政"。[28]

如果说,"教育革命"是改造中国社会秩序的一次冒险大试验[29],那么可以说,我们这批工农兵学员就是"教育革命"的"试验品"。

在"十六条"发表时,我们这些工农兵学员大多在中学或小学学习,十几岁的年纪。当年,尚未成年的我们狂热地投入了那场轰轰烈烈的"文化大革命"中,高喊着"不破不立"的口号,一心要砸烂旧的教育制度,建立新世界。那时我们还满怀着某种理想主义的激情。但当一切回归现实时,我们忽然发现,这种"革命"的结果是我们中断了学业,去了工厂、农村或部队。再回到校园时,我们虽然不再是那些懵懂的少男少女,而是已经成年的"工农兵学员"。但这时,虽然激情已经退去,但理想仍在胸中,仍然认为新的历史使命担在我们的肩上。

因此,来到二外以后,学校要求我们积极地投入到教育革命中。

二、积极投入"教育革命"

在我保存的一份原始记录中,清楚地记录了我们在入学第一学期参加的有关"教育革命"的活动情况。

"(1973年)11月24日讨论教育革命问题,传达院团委的号召书。"

"调查会:11月24日与72-7班座谈,介绍情况

11月26日 和工宣队师傅座谈,了解工宣队进驻二外院后工作情况

11月28日 和工宣队师傅座谈

11月29日 和李文老师(英语系主任),下午和陈老师、裴老师、齐家正老师(座谈)

12月6日 和李勤老师(英语系教学负责人)(座谈)"

---

28 周全华著:《"文化大革命"中的"教育革命"》,第48页。
29 程晋宽著:《"教育革命"的历史考察:1966-1976》,福州:福建教育出版社,2001年8月版,第1页。

从以上内容来看，在入学两个月后，我们参加了专门的有关"教育革命"的讨论和调查工作。包括：和本系高一年级的同学、工宣队、系领导和教师的座谈。座谈的内容主要是了解情况，了解情况的目的是要实践"上大学、管大学、用毛泽东思想改造大学"的目标。

因我是团支部委员，经常向党支部汇报工作，我的记录中提道：

"1973年12月3日，向党支部汇报：教育革命的主要目标是批林批孔孟，不能离开这个大目标，巩固无产阶级文化大革命的成果。搞教育革命不能停课。王老师[30]：现在要继续认识教育革命的重大意义。李文老师[31]：要号召我们的团员在教育革命中间进行锻炼，发挥我们上管改的作用，抓阶级斗争的大事，摆正政治与业务的关系。"

汇报中，年级辅导员和系主任都提到了"教育革命"，要认识其重大意义，要在革命中锻炼，要发挥工农兵学员上、管、改的作用。简言之，我们要积极投入到"教育革命"中去。

三、参加讨论会、动员报告会、学习会

积极投入"教育革命"的表现形式是参加各种会议。

1973年12月7日，我参加了英语系72级8班有关"教育革命"的讨论会，会上该班的同学做了发言。现将我保存的当时的原始记录摘录如下：

"我院发挥工人阶级领导方面有些问题，不是能够重视发挥工人宣传队的作用，在许多重要问题上不让他们过问，对学校的各项工作都有影响，资产阶级思想回潮。如何对待文化大革命的问题，都和工人阶级领导这个问题分不开的。

工宣队从数量上增加了，但是否能真正发挥工宣队的作用。有人讲，'工宣队本身发挥不了作用'，如不好好认识工宣队的作用，即使数量增加，也会搞不好的。

重要问题是对待工人阶级领导的问题和对无产阶级文化大革命

30　王老师时任二外英语系73级辅导员。
31　李文老师时任二外英语系主任。

的态度问题。9.28 大会的情况。大字报'历史的经验值得注意'指责工宣队同志'压制民主'。

统一认识，统一思想，才能统一行动。要在教育革命上打一场翻身仗。认识我们工农兵学员的历史使命。"[32]

这段话主要是当时发言的工农兵学员对学校工作的批评。它也许能生动地体现当时工农兵学员在学校中的地位——高高在上，颐指气使地对学校的工作指手画脚。表现出来的是——时刻牢记"上、管、改"的使命，完全是当家作主的样子。现在想起来真觉得有些好笑。

在二外，大规模的"教育革命"运动是在1973年的年底，12月21日由党委副书记张书田[33]做了教育革命的动员报告。报告的主要内容是：

"一、目前我院教育革命的形势

形势越来越好。贴了270多份大字报。主要是：1.对待毛主席的'7.21指示'的问题；2.工人阶级领导；3.工农兵学员；4.文化大革命的成果；5.'两个估计'；6.新生事物。

二、这次运动的方向和任务

认真学习党的十大文件，贯彻十大精神。用党的基本路线武装头脑，深入批林批孔、整风、批判修正主义、批判资产阶级世界观。

在党的一元化领导下，在提高路线斗争觉悟的基础上，总结工作，搞好教育战线上的斗批改。

现在的问题，可归纳几点：1.关于要不要巩固和发展无产阶级文化大革命成果的问题；2.对待工人阶级占领教育阵地的问题；3.关于'7.21指示'和两个估计的问题。

三、加强党的一元化领导，放手发动群众，掀起教育革命的新高潮。"[34]

---

32 见本人保存的原始记录。
33 张书田，时任二外党委副书记，二外建立时由重庆邮电学院调入。
34 见本人保存的原始记录。

第三章　学习、运动都开始了

这些内容其实并不是二外领导的原创，他们只是传达了"上面"的讲话精神。说到"上面"的讲话，有必要介绍一下当时的背景。

1973年10月中下旬，国务院科教组[35]召开了理工科院校教育革命座谈会。在会上提出："在如何对待无产阶级文化大革命，工人阶级能不能领导学校，培养什么样的接班人，要不要坚持走'七·二一'指示的道路，要不要充分发挥工农兵学员'上、管、改'的作用，知识分子要不要继续改造世界观等问题上，仍然存在着尖锐的阶级斗争，教育战线的主要危险是修正主义。对此要有一个清醒的认识。"[36]

不难看出，二外的这次动员报告的内容与上述座谈会的内容是吻合的。

在动员报告几天后的12月25日，我参加了英语系教师编校组的学习。学习内容是讨论上周张书田同志的报告，参加此次学习的有13名教师。根据我保存的讨论记录，现将主要发言的内容摘录如下：

"听了张书田的报告，对运动的意义有了进一步的认识。通过报告可看出院里对教育革命的形势方向明确。从工农兵学员揭发出来的问题看，我院存在的一个主要问题是右倾。

自己认为，这场教育革命对自己的世界观改造有很大好处。许多问题要在教育革命中得到解决。过去我们组的一些同志思想上有'怕'字，这是不必要的，应该放弃。工农兵学员应该发挥自己的作用，不要怕。不要怕大字报贴到自己的头上来，有错得到纠正就好了。

---

[35] "国务院科教组"（1970年6月—1975年1月）是"文化大革命"期间，国务院管理教育工作和一度管理科学技术工作的机构。1970年6月，中共中央同意国务院关于精简合并各部委的报告，撤销教育部，成立国务院科教组。1975年1月，四届全国人大一次会议决定成立教育部，国务院科教组撤销。资料来源："百度百科"，https://baike.baidu.com/item/国务院科教组/49758188?fr=aladdin，访问时间2021年7月6日

[36] 秦怀文："再论巩固和发展无产阶级文化大革命的成果"，转引自郑谦著：《被"革命"的教育——"文化大革命"中的"教育革命"》，北京：中国青年出版社，1999年1月版，第301-302页

我们应该共同促领导，为什么不抓大事？对工人阶级领导的问题，也是这样。有些人公开贴大字报反对工宣队，这些问题是不少的。过去对搞运动我自己信心不大。我们应该积极投入到这场运动中去。

我觉得我们系的问题挺多的。在接受工农兵学员再教育的问题上是有问题的。下乡劳动没有人愿意去。

教育革命新现象。1.对工人阶级领导显著加强。教材编写请教王师傅，编了以后也该请教王师傅。2.对工农兵学员的作用也很突出，起了带头作用。现在也有工农兵学员参加审查教材。"[37]

从上述发言中可以大致看出当时教师们的情绪和心态。他们作为"资产阶级知识分子"，在"教育革命"中的地位十分尴尬。一方面，他们必须要积极参加"教育革命"，另一方面，又要冒着革命要"革"到自己头上的风险，讲话、做事需处处小心谨慎。领导他们的是工宣队，编教材也必须请根本不懂英语的工人参加；同时，他们还要接受自己的学生——工农兵学员的再教育。这种荒谬的做法，完全颠倒了教与学的关系。难怪他们对"搞运动信心不大"，"下乡劳动没有人愿意去"[38]。

参加编校组会议后的第二天，即12月26日，我又参加了系党总支副书记介绍教师情况的会议。在这次会议上专门讲到了教师党支部的学习安排：

"二、四、六的下午都是搞教育革命的时间。现在对张书田同志的报告还要进一步的理解。与这个同时，继续学习迟群同志讲话的六个问题，深入揭问题，摆矛盾，右倾思想在我们系、组里的表现，要一揭到底，一批到底。……

充分发挥工农兵学员上管改的作用。派工农兵学员代表参加教师学习。

工农兵学员参加教师学习的主要任务。教师和同学互帮互学，共

---

37 见本人保存的此次会议的原始记录
38 本人保存的此次会议原始记录中的原话。

同战斗。①参加小组的活动；②一起做好教师的思想工作；③要和教师一起揭发问题，一起搞大批判；④通过揭发的问题，同教师一起搞调查研究；⑤与班上互通情况。"[39]

这份记录中明确提到"工农兵学员代表参加教师学习"，并且提出了工农兵学员的任务。我就是作为工农兵学员的代表参加了教师的学习。在 26 日的会议上提到了"继续学习迟群同志讲话的六个问题"，具体这六个问题是什么？在接下来 27 日的学习中有了大致的答案。

我的记录中写道：12 月 27 日是学习迟群[40]同志的讲话。讲话的内容为：

1. 对待无产阶级文化大革命态度问题
2. 对待工人阶级领导的问题
3. 七·二一指示的道路要不要走下去
4. 关于知识分子改造问题
5. 教育革命的新生事物"

1973 年 10 月至 1974 年 1 月间，迟群等人打着"反击右倾复辟势力""反击修正主义回潮"等旗号，在清华大学率先发动了在教育界乃至全国都产生了很大影响的三个月的"返回潮"运动。我们 12 月 27 日学习的迟群讲话就是这段时间他的一次讲话。

我的记录中虽然只记录了讲话的大纲，但对照当时"驻清华大学工人、解放军毛泽东思想宣传队十大文件学习班"发表在 1973 年第

---

39 见本人保存的原始记录。
40 迟群，1932 年生，男，山东省乳山市海阳所镇人。1949 年参加中国人民解放军，后加入中国共产党，任 8341 部队政治部宣传科副科长。1968 年 7 月成为进驻清华大学工人解放军毛泽东思想宣传队的负责人之一，担任清华大学党委副书记、革委会副主任。后担任清华大学党委书记、革委会主任。"文革"后期清华大学实际掌控者，"梁效"写作小组主要负责人之一。1976 年 10 月与"四人帮"一同被捕，被免去职务并开除党籍。1983 年被北京市中级人民法院判有期徒刑 18 年，剥夺政治权利 4 年。出狱后因癌症去世。资料来源：百度百科，网址为：https://baike.baidu.com/item /%E8%BF%9F%E7%BE%A4/139227?fr=aladdin，访问时间 2020 年 08 月 21 日

11 期《教育革命通讯》上,题为"贯彻党的十大精神,把教育阵地的无产阶级革命进行到底"[41]一文,记录与迟群讲话的内容大体相符。

这篇文章中主要谈了四个问题,即:1.工人阶级领导只能加强不能削弱。2.必须努力提高基层党组织的战斗力。3.继续抓紧对知识分子世界观的改造。4.要警惕修正主义教育路线的复辟。

在"对待工人阶级领导"的问题上,文章中谈道:"当前,少数知识分子旧病复发,漠视工人阶级的领导。个别单位出现了削弱以致排斥工人阶级领导的趋势。……我们已经来了,就不走了,'要在学校中长期留下去','永远领导学校',为完成工人阶级的历史使命战斗到底。"[42]

在"对待无产阶级文化大革命态度问题"的问题上,文章中谈道:"在知识分子世界观的改造中,一个重要问题是对无产阶级文化大革命的态度。修正主义教育路线要复辟,也往往是从否定文化大革命开始的,这在知识分子的思想上必然有反映。"[43]

关于"七·二一指示的道路要不要走下去",文章中谈道:"要不要坚持毛主席指示的'七·二一'道路,坚持工农兵上大学?这是当前教育阵地两条路线斗争的一个重大问题。"[44]

关于知识分子改造问题,文章提道:继续抓紧对知识分子世界观的改造。"近来,在少数人中接受再教育、改造世界观的自觉性降低了,轻政治、轻实践的错误倾向有所抬头,'三脱离'的旧病又复发

---

41 驻清华大学工人、解放军毛泽东思想宣传队十大文件学习班:"贯彻党的十大精神,把教育阵地的无产阶级革命进行到底",载于《教育革命通讯》1973年第 11 期,第 3-8 页。

42 驻清华大学工人、解放军毛泽东思想宣传队十大文件学习班:"贯彻党的十大精神,把教育阵地的无产阶级革命进行到底",载于《教育革命通讯》1973年底 11 期,第 4-5 页。

43 驻清华大学工人、解放军毛泽东思想宣传队十大文件学习班:"贯彻党的十大精神,把教育阵地的无产阶级革命进行到底",载于《教育革命通讯》1973年底 11 期,第 6 页。

44 驻清华大学工人、解放军毛泽东思想宣传队十大文件学习班:"贯彻党的十大精神,把教育阵地的无产阶级革命进行到底",载于《教育革命通讯》1973年底 11 期,第 7 页。

了。"文章中提出了知识分子世界观改造的重要问题,就是"对无产阶级文化大革命的态度。"[45]

文章的最后一部分是"要警惕修正主义教育路线的复辟"。"现在要冲破某些人宣传的所谓'正规化''大局已定'的右倾保守思想,要发动群众,揭露矛盾、解决矛盾,总结经验,抓大事,促大干,掀起教育革命的新高潮。"[46]

我不知道现在的人们读到这些话语时感受如何,除了扣大帽子,高喊口号,无端的指责外,几乎没什么讲道理的内容。但当时,这类文章比比皆是,这种文风非常流行。我们要"认真学习"的就是这类文章。

值得注意的是,在1973年至1974年间,由江青等人一手导演的教育领域里的一系列重要事件。实际上完全是根据他们的政治需要设计出来的,其政治意义远远大于教育意义,其政治目的远远大于教育上的目的。这是教育革命发展到1973年以后的一个重要特点。[47]我们恰巧就经历了这一段重要的历史阶段。

这种所谓的"教育革命",实际是打着"教育"和"革命"的旗号,加剧了对教育的破坏。对于我们来说,除了被灌输了一大堆所谓的"革命、阶级、斗争"的思想外,这类学习还占用了大量的正常的教学时间,直接的后果是对学业的影响。

四、下乡"催账"

这次有关"教育革命"的学习还未结束,我们就听了另一个动员报告——下乡。

---

[45] 驻清华大学工人、解放军毛泽东思想宣传队十大文件学习班:"贯彻党的十大精神,把教育阵地的无产阶级革命进行到底",载于《教育革命通讯》1973年底11期,第6页。

[46] 驻清华大学工人、解放军毛泽东思想宣传队十大文件学习班:"贯彻党的十大精神,把教育阵地的无产阶级革命进行到底",载于《教育革命通讯》1973年底11期,第8页。

[47] 郑谦著:《被"革命"的教育——"文化大革命"中的"教育革命"》,北京:中国青年出版社,1999年1月版,第300页。

1974年1月4日院里做了下乡动员报告。那次报告，我觉得来得非常突然，没有一点思想上的准备。因为刚过完元旦，已到期末，眼看就到了放寒假的时间。

动员报告是由院里的领导做的，讲了如下内容[48]：

"下去的任务：

1. 首先的任务是学习。向贫下中农学习，学习他们对党和毛主席深厚的无产阶级感情，学习艰苦朴素的工作作风，苦干大干的革命精神。

2. 宣传。宣传十大精神，元旦社论精神。大唱革命歌曲，宣传社会主义的道德品质，新风尚，宣传毛主席的文艺路线，反对旧小说旧戏的侵蚀。宣传唯物主义，反对封建迷信。总之，就是宣传马列主义、毛泽东思想。

3. 大批判。和贫下中农一起开展革命大批判，要批林批孔，批判封建迷信，批判买卖婚姻，批判资本主义自发势力。要敢于斗争，善于斗争，严格掌握党的政策，区别两类不同性质的矛盾。"

"提高警惕，防止阶级敌人破坏。

依靠各级党的组织

依靠贫下中农

依靠共青团、妇女组织

依靠民兵组织、知识青年

为贫下中农多做好事，搞业余文化教育

搞点社会调查，准备吃大苦、耐大劳"

此外，系团总支书记还提出了一些具体的要求："1。牢记党的基本路线；2。唱好《三大纪律八项注意》。3。准备：笔、墨、纸张、复写纸、标语、大字报纸、稿纸、宣传材料、《红旗》（杂志）、'学习材料汇编'、广播稿、书"。

动员报告的时间是个周五，系里要求大家抓紧时间准备，周日晚到校，周一就要出发，时间非常紧。除了准备要带的宣传品外，还需

48　报告内容为本人保存的1974年1月4日的会议原始记录。

准备个人的行装。不仅仅是换洗的衣服，还有带上自己的被褥等生活用品。

当时我在北京的"家"实际就是一套没有人住的空房子。父母还在"五·七干校"[49]，哥哥姐姐也远在四川和青海，与我在北京相依为命的是我哥哥女友的母亲。她刚从文化部的"五·七干校"回到了北京，三个子女没有一个在身边。所以，我经常在周末去她那看看，她也会给我做些可口的饭菜。得知我要去下乡，她给我准备了一件部队的军棉袄和一些其他物品，还把送我上了公交车。

我们这次下乡的地点是朝阳区，各班分散在不同的公社和大队。我们班在金盏公社北马坊大队[50]，还有的班去的是楼梓庄公社马各庄村、驹子房村。有同学记得出发那天没有汽车送，我们是自己背着行李一步一步走过去的。查了查从二外出来到金盏公社，大概有20多里地。我对此是没有一点印象了。

一月份的北京，正值隆冬季节。到达目的地后，我们住在老乡家里或生产队临时腾出的空房子里。农村没有暖气，寒冷是对我们的第一个考验。

第二个考验是吃。院里并没有派炊事员跟我们下去，而且各班住的也分散，吃饭问题只能自己解决。我们班幸亏有从农村来的同学，会使用农村的柴火锅。还有好几个在农村插过队的，大家迅速备好了

---

[49] "五·七干校"是"文化大革命"期间，以贯彻毛泽东"五·七指示"为名，将党政机关干部、教育科研文艺单位人员下放到农村的非常态机构。1966年5月7日，毛泽东给林彪的信中提出各行各业都应一业为主，兼学别样，从事农副业生产，批判资产阶级。此后，各地纷纷办起五·七干校。中央和地方党政机关、高等院校、科研文艺事业单位的大批干部、教师、专家、文艺工作者被下放到农村五七干校，从事农副业生产和革命大批判。1979年2月，国务院发出《关于停办"五七"干校有关问题的通知》，各地五七干校陆续停办。参见百度百科：https://baike.baidu.com/item/五七干校/1101633?fr=aladdin，访问时间2021年7月6日。

[50] 根据现在的资料，北马坊村位于北京市朝阳区金盏地区办事处境内，北马坊村拥有丰富的物产资料，和悠久的历史文化传统，北马坊村人主要从事农业种植业为主，在北马坊村新农村新社区建设过程中取得了丰厚的成果。资料来源于网络，网址为：http://xqwww.com/cun/jieshao/25059/index.html，访问时间2019/11/14。

柴米油盐，自己开火过起日子来。大家围着灶台，吃着自己做的饭菜，虽然没有餐桌，没有椅子，捧着自己的饭盆，到也吃得津津有味。

到了村里以后才明白，我们此行的主要任务并不是劳动，美其名曰是"学习、宣传和大批判"，其实是"催账"。农民由于收入太低，生活困难，家家户户不得不向公社或大队借了钱，借了钱又还不上。这种情况称为"超支借支"。

有同学记得，一进村就看到了墙上贴了很多大标语，有一条标语是："贫下中农超支借支也是挖社会主义的墙角"。我们下去的任务就是到各个超借支户催帐，说这也是贯彻党的十大路线。在山西农村插过队的崔晓黎同学对此提法提出了异议，并和年级党总支书记发生了争执，当然他的看法并没有得到接受。随后崔晓黎立刻给国务院信访办写了一封长信，提出了自己的看法，有同学帮他誊抄了一份寄了出去。还好，上面也并未追究。当然，此信也没有下文。

到北马坊后的第3天，即1974年1月9日，我们听了北马坊大队党支部书记的情况介绍。根据我的记录，他主要讲了几件事[51]：

"1. 现在正在进行反对超支借支的运动。2. 三个任务：反超支借支、整党、整顿领导班子。此运动已进行了一个多月，取得了一定成绩。关于这两件事，要向群众公布，要拿出方案，张榜公布。"

同一天，公社的书记也介绍了情况。主要内容还是"农副关系存在问题比较多。不是以粮为纲。超支借支的问题原因：生产水平低，包生活，干部队伍不得力。学习（党的）'十大'文件，贯彻（党的）'十大'精神，在今冬明春，进行党的基本路线教育。"

另外，我们还听了金盏公社小店大队介绍经验：大力发动群众归还超借支。

第二天（1月10日），我们参加了四小队的讨论。这次会议有14名农民参加，主要内容就是每个人表态：借集体的钱怎么还。会上，每一位发言的村民都表示尽量还清。

有一个农民讲道："我在东北受两次工伤，补助了200块钱，花

51　报告内容为本人保存的1974年1月9日的会议原始记录。

完了。赶上今年家里添孩子,家里没钱。我身体不好,割了 6 斤草,卖了一头等外猪。我计划明年多积点肥,割点草,一年也挣不了 40 块钱,自己尽最大努力。"还有一个农民讲:"我家八口人,三个孩子念书,三个人劳动,卖猪还"。[52]

我没有在农村插过队,参加这种会也是第一次。这些农民给我的印象就两个字,一个字是"穷",另一个字是"苦"。有的农民因种地维持不了生活,于是到外面搞点副业赚钱,搞不了副业的就做手工活"挑花"。这样的结果是出勤率低,出工不出力。尽管这样也要借钱才能维持生活。

此外,我们还做了一些调查。如:"超支借支"的危害情况、超支的农民家里的情况和原因。

我们的任务是——宣传:写黑板报、广播稿。其内容是:1.要坚持党的基本路线,两个阶级、两条路线斗争在工副业上的问题,必须牢记党的路线,批判资本主义。2.明确发展工副业的基本原则,必须有利于国家建设,有利于巩固和发展集体经济,有利于农业生产,并且不腐蚀社员的思想为原则。

这些空洞的口号显然解决不了农民生活上的问题。

记得我们还为村民们表演了一些文艺节目:跳了个队列舞蹈《三大纪律八项注意》,还唱了首英文歌曲。村民肯定听不懂,于是唱之前先介绍了歌词大意。

在北马坊村待了 10 天之后,我们班由我执笔完成了一篇调查报告:"金盏公社北马坊大队第四生产队'超支借支'的调查报告",署名是"北京第二外国语学院驻金盏公社北马坊大队青年毛泽东思想宣传队",落款时间是 1974 年 1 月 17 日。报告字数 3000 字左右。[53] 这份调查报告的复写件被我完好地保存至今。

这份报告详细介绍了北马坊大队的基本情况,分析了超支借支形成的原因,并提出了解决超支借支问题的建议。至于后来的情况如

---

52 会议内容为本人保存的 1974 年 1 月 10 日的会议原始记录
53 "金盏公社北马坊大队第四生产队'超支借支'的调查报告",原文见本书附件二。

何,农民和大队干部如何评价我们这些学生,我们的报告是否起了作用,一切都没有下文。

对于学习文科的大学生来讲,与专业相关的"田野调查"或社会实践是有必要的,现在也经常进行,不过大都是在寒暑假或实习期间。占用正式教学时间的很少,除非是教学内容的一部分。

像我们这样,在期末复习考试期间,中断正常的教学,到校外进行活动,这对学习无疑是有影响的。

渐渐地我发现,所谓"教育革命""上大学、管大学、用毛泽东思想改造大学"只不过是个空洞的政治口号。我们虽然上了大学,但我们并不是大学的"主人"。实际上也"管"不了大学,更谈不上"改"了。学校的领导权力是在以工宣队为主的革命委员会手中,我们需积极参加学校组织的各项活动。让我们政治学习就要学习,让我们下乡我们就要下乡。学校布置的任务包括体力劳动都要努力完成,学校的规章制度如出早操、周日按时返校都必须遵守。

"上、管、改"只不过是加在我们头上的"光环"。"教育革命"带来的所有负面后果,最后都要落到我们头上。

而我们没有意识到的是,此时的"教育革命"已经完全失去了其仅有的那点教育的内容和意义,而完全成为"四人帮"阴谋政治的道具和摆设。[54]

从金盏公社回到学校应该是1月17日(农历腊月二十五)以后了,已经过了北方所说的"小年"(农历腊月二十三),几天后的23日就是春节。入学后的第一学期就这样匆匆结束了。没有期末复习,也没有考试。

根据我的记录,春节过后没几天——2月1日(农历初十),我们已经回到学校听了英语系主任传达的市委某领导同志的讲话:要立即掀起一个"批林批孔"的高潮。

"教育革命"的运动还没过去,"批林批孔"就来了。

---

[54] 郑谦著:《被"革命"的教育——"文化大革命"中的"教育革命"》,北京:中国青年出版社,1999年1月版,第300页。

第三章 学习、运动都开始了

第三节 参加"批林批孔"

一、"批林批孔"的简单背景

在我保存的二外发的资料中,有不少是"批林批孔"的学习材料。如:

1. 北京第二外国语学院政工组:《毛主席批评孔子的论述》(内部学习 请勿外传),1973年10月

2. 北京第二外国语学院政工组:《学习与批判材料》(内部学习 请勿外传),1973年10月

3.《林彪与孔孟之道》材料之一,1974年2月

4.《关于<林彪与孔孟之道>(材料之一)某些条的历史背景的简单说明》(内部资料 注意保存),1974年2月

5.《孔孟之道》名词解释,1974年2月

6.《马克思、恩格斯、列宁、斯大林、毛主席语录》(供学习中央74年一号文件,批林批孔用),1974年3月

7.《鲁迅批评孔孟之道的言论摘录》的若干注释,1974年3月12日

8. 北大哲学系教授庄福林:《中国历史上的儒法斗争》(根据记录整理,未经本人审阅),1974年6月4日

9.《历史上的儒法斗争的概况》(内部讨论二稿),1974年7月[55]

这些资料都是作为学习文件下发给每一个学生的。为什么要在这短短的不到一年的时间里发这么多的学习材料?这要从那场"批林批孔"运动说起。

1971年的9月13日,时任党中央副主席等要职的林彪乘飞机外逃途中在蒙古国坠机身亡。9月18日,经毛泽东批准,中共中央发出关于林彪叛国出逃的通知。通知说,"中共中央正式通知:林

---

55 本人保存的资料。

彪于 1971 年 9 月 13 日仓皇出逃，狼狈投敌，叛党叛国，自取灭亡。"[56] 这一事件发生时，我还在北京南口机车厂当工人。记得当时全厂在 8341 部队驻厂军宣队的领导下进行了一系列的学习，有时还是脱产的学习。讨论的时候，工人们提得最多的一个问题就是：为什么毛主席身边的人会反对毛主席？正是这次事件引起了包括我在内的许多人的思考。

此后开展了批判林彪的运动。1973 年 7 月，毛泽东在一次谈话中提到，"尊孔反法，国民党也是一样啊！林彪也是啊！"[57] 这样，"批林"和"批孔"被联系起来。江青一伙接过毛泽东提出的这个口号，提出开展所谓的"批林批孔"运动，把矛头指向周恩来。在 1981 年 6 月 27 日党中央十一届六中全会通过的《关于建国以来党的若干历史问题的决议》，对这段历史是这样评价的：

"一九七二年，在批判林彪的过程中，周恩来同志正确地提出要批判极左思潮的意见，这是一九六七年二月前后许多中央领导同志要求纠正'文化大革命'错误这一正确主张的继续。"……

"从党的十大到一九七六年十月。一九七四年初，江青、王洪文等提出开展所谓'批林批孔'运动；同有的地方和单位清查与林彪反革命集团阴谋活动有关的人和事不同，江青等人的矛头是指向周恩来同志的。"[58]

上述学习材料下发正是在这一时间段。

从 1973 年下半年至 1974 年初，周恩来提出的整顿逐渐被江青等人的"反击右倾复辟势力"甚至"批林批孔"运动所取代。教育领域里的"反复辟"被推向高潮的同时，"批林批孔"运动在 1974 年初被推向高潮。其中一个重要的标志就是 1 月 18 日，中共中央以 1974 年第一号文件转发了那份由北京大学、清华大学编写的《林彪与孔孟

56　王年一著：《大动乱的年代》，北京：人民出版社，2009 年 5 月版，第 320 页。
57　王年一著：《大动乱的年代》，北京：人民出版社，2009 年 5 月版，第 339 页。
58　见《关于建国以来党的若干历史问题的决议》，（一九八一年六月二十七日中国共产党第十一届中央委员会第六次全体会议一致通过），北京：人民出版社，1981 年 7 月，第 26-27 页。

之道》(材料之一)。中共中央在转发一号文件的通知中指出,"这个材料对于继续深入批林,批判林彪路线的极右性质,对于继续开展对尊孔反法思想的批判,对于加强思想和政治路线方面的教育,会有很大帮助"。[59]此后,全国展开"批林批孔"运动。

可见《林彪与孔孟之道》(材料之一)在运动中的地位多么重要。在我保存的材料中就有这份材料。

实际上,1973年10月,江青集团在清华大学、北京大学成立大批判组,笔名就是大名鼎鼎的"梁效"(取"两校"的谐音)。梁效当时在舆论界有着非常高的地位。

以上就是"批林批孔"运动的简单背景。

二、学习与批判活动

根据我的记录,二外开展这项运动的时间大体是在1974年2月,具体的活动有:

1974年2月1日,英语系主任李文传达市委XX同志(原文如此——笔者)的讲话:"要立即掀起一个批林批孔的高潮"。具体内容有:

"一、要进一步提高对批林批孔运动的认识。中央对这项工作非常重视。毛主席亲自批(准)了一号文件,并一再教导我们要抓大事。中央开了大会。批林批孔是全国性的、战略性的任务,是关系到全党、全军、全国人民防修反修的大问题,是上层建筑领域里斗争的大问题,是阶级斗争的大事。

二、充分放手发动群众,掀起批林批孔的新高潮。

三、如何搞好学习,批判的问题,抓好三个环节。

1. 提高对批林批孔的认识。批孔是批林的组成部分,是挖了林彪的反革命路线的祖坟,是上层建筑领域里的一场深刻革命。

2. 学与批结合。对林彪的'中庸之道',要逐条地批。孔子是林

---

[59] 中共中央文献研究室编:《周恩来年谱 一九四九——一九七六》(下卷),北京:中央文献出版社,1997年5月第1版,第643页

彪的祖师爷，林彪是孔子的信徒。他们的立场都是一样的。

3．抓住实质专题批。清华把八个问题分成三个方面：1）'克己复礼'，批判林彪'开倒车'的政治路线。2）思想战线批'天才论'。3）组织路线批'结党营私'。

四、联系实际的问题

五、具体安排"[60]

第二天，即 2 月 2 日，我们听了院党委副书记张书田同志作的"批林批孔"动员报告。该动员报告跟前一天市委领导报告的内容差不多，无非就是要"充分认识当前批林批孔的重要意义"；"充分发动群众，掀起批林批孔的新高潮"；"教育革命如何与批林批孔结合"。此外，他谈道："我们院的教育革命运动的方向、路线是正确的，健康的。关于理论联系实际的问题。首先注意林彪篡党夺权、复辟资本主义的实际。"

报告后，我们即开始了各种各样的学习。

其实，自入学后，政治学习就是我们校园生活的主要内容。除了系里安排的学习外，我们团支部还组成了 4 个学习小组，每周三晚六点到 7 点学习一个小时。[61]那时的学习形式基本就是念报纸、读文章，大家轮流念，念完了到时间就结束，讨论并不多。作为团员，还经常安排上党课，系党总支副书记程耀祥老师就给我们上过党课。讲的内容是："共产党员的模范带头作用"。

在中央一号文件下发之后，"批林批孔"的高潮已经到来。

1974 年 2 月 5 日至 8 日，国务院科教组在北京召开教育战线第二次"批林批孔"座谈会。会议传达了中央关于批林批孔的指示精神，请北京大学、清华大学批林批孔小组的同志就有关"批林批孔"材料进行了辅导，以便于培养宣讲员，同时交流了"批林批孔"的经验。[62]迟群在会上宣讲了《林彪与孔孟之道》这份材料，又介绍了工

60　引自笔者保存的原始记录。
61　引自笔者 1973 年 10 月 25 日的记录。
62　"国务院科教组召开教育战线第二次批林批孔座谈会"，载于《教育革命通讯》，1974 年第 3 期，第 32 页。

宣队进驻大学以来所谓占领与反占领的斗争情况及北大哲学系工农兵学员评注《论语》的经验等，强调"要坚定方向，把批林批孔斗争进行到底"。迟群在会上要求各地都去揪"复辟势力的代表"。[63]

关于这次座谈会的报道中说：

"在学习讨论中，代表们兴奋地说，毛主席和党中央关于批林批孔的一系列指示，对我们是极大的教育、鞭策和鼓舞，指引我们更自觉地抓大事，进一步抓好上层建筑包括各个文化领域的阶级斗争。代表们一致认为批林批孔是路线斗争。抓住批林批孔路线斗争这个纲，是当前我国党、政、军、民、学以及其他各界的头等大事。"[64]

可见，"批林批孔"已经上升到"阶级斗争""路线斗争"的高度。当时，这种"高度"很平常，并没有引起我们过多的注意。对于我们来讲，只是按照系和院里的安排学习、批判。当时批判的主要形式就是开批判会，全年级开大会、班级开小会，教师也要开批判会。

在我保存的笔记中有一份1974年3月1日批判会的记录。批判会的主题是："批判劳心者治人，劳力者治于人的反动谬论"。这是全年级的批判会，会场在404教室。批判会由各班派代表发言，发言者上去念一通事先写好的大批判稿，慷慨激昂地喊一堆口号，其实内容都大同小异。狠话说得越多，火药味越浓越好。那次发言的内容有："批判林贼攻击'走五·七道路'的罪行""批判林贼反对知识青年上山下乡""批判林贼语录的流毒"，还有一个同学批判的是"人穷志短，马瘦毛长"。

除了大大小小的批判会之外，有些课程也包含了"批林批孔"的内容。如汉语课就要求写有关的作文。我在1974年3月和4月分别写了两篇批林批孔的作文，一篇题目是"作批林批孔的闯将"，另一篇是记叙文——"幼苗茁壮"，编了个小朋友"批林批孔"的故事。

---

63 中央教育科学研究所编：《中华人民共和国教育大事记》（1949-1982），北京：教育科学出版社，1984年，第461-462页。
64 "国务院科教组召开教育战线第二次批林批孔座谈会"，载于《教育革命通讯》，1974年第3期，第32页。

两篇作文都有老师的评语。

在"作批林批孔的闯将"一文中,我写道:

"当前,在以毛主席为首的党中央的领导下,一场群众性的轰轰烈烈的批林批孔运动正在全国展开。……

批孔是批林的一个重要的组成部分。资产阶级野心家、阴谋家、两面派、叛徒、卖国贼林彪,是一个地地道道的孔老二的信徒。(老师批语:这里还可以深入一步,指出:批孔可以彻底揭露林彪修正主义路线极右实质。)……"

这些文字基本就是抄的,可供抄的主要是报纸上的文章。当时有种说法是:"小报抄大报,大报抄梁效"。可见,梁效的文章传播极广。

我的文章中还有一段话,反映了我们当时的真实想法:

"工农兵是批林批孔的主力军。我们是工农兵的第一代大学生,我们肩负着历史赋予我们的使命。我们是祖国年轻的一代,是无产阶级革命事业的接班人。所以,我们更应该投身到批林批孔这场阶级斗争的大风浪中去,在斗争中锻炼自己、考验自己。"

这种"接班人"教育从我们幼年时就开始了。我们这一代人是中国共产党夺取政权后,以全新的思想意识刻意培养的共产主义接班人,从幼年即被灌输了满脑子与其年龄不相称的阶级斗争理论。上初中后(1964年),我们作为少先队要参加"十一"国庆节的游行。那天,我们挥舞着手中的花环,唱着歌列队走过天安门城楼,接受党和国家领导人的检阅。当时唱的歌曲就是"我们是共产主义接班人"。这种教育灌输给我们的是,要听伟大领袖的话,要听党的话。一句话,"党叫干啥就干啥"。现在领袖和党让我们"批林批孔",我们一定要执行才对。

"听话"的直接结果是缺少了独立思考和独立分析的能力。信息的匮乏和封闭的思维使我们对"批林批孔"运动的性质及其背景几乎一无所知。

实际上这场运动的目标直指周恩来,是"左"倾方针的又一次实践。为了阻止批林批孔运动演化成新的动乱,经毛泽东批准,中共中

第三章 学习、运动都开始了

央在（1974年）4月10日、5月18日接连发出通知，对运动的政策做了具体的规定：强调运动要在党委领导下进行；不要搞扩大化，等等。[65]

到了1974年6月，根据江青在天津提出的研究"儒法斗争"的主张，高校的批林批孔运动也转入搞"批儒评法"和"儒法斗争史"，注释法家著作，用"儒法斗争史"改造文史哲各科教材体系等[66]。在我保存的材料中就有一本印制于1974年7月的《历史上的儒法斗争的概况》（内部讨论二稿），就是这一阶段的资料。

三、自己办刊物

"批林批孔"运动大概持续了一年多的时间。在1974年10月同学们自己创办的英文刊物《开门办学》（*Running School With Doors Open*）[67]中，很多地方都提到了参加这场运动的情况。

以下是笔者选取的该刊中的几段文字。原文为英文，为行文方便，由笔者译成中文。

"我们知道，我们是工农兵学员。我们决心积极参加批林批孔运动，将教育革命进行到底。"[68]

"我们认真学习了国庆社论。该社论指出，毛主席发动和领导的批林批孔运动的目的就是要用马克思主义占领上层建筑，加强无产

---

65 见王海光："'批林批孔'运动"，载于张 化、苏采青主编：《回首"文革"》（第四卷），北京：中共党史出版社，2004年4月第3版，第1331页
66 中央教育科学研究所编：《中华人民共和国教育大事记》（1949-1982），北京：教育科学出版社，1984年，第465页
67 《开门办学》（*Running School With Doors Open*）为1974年10月二外英语系73级学生自己创办的英语刊物，打字，油印。创办者署名为：First Year, English Department（英语系一年级）。实际这时我们已经是入学的第二年，由于我们入学后的第一学期为文化补习，不计入学制。故我们为"一年级"。从目前笔者保存的此刊来看，该刊共办了7期。笔者保存了其中的第3、4、6、7期。第1期时间不详。第3期时间为1974年10月26日，第7期时间为1974年12月28日。每期刊登3-4篇文章，以班为单位供稿。每期3-4页纸。
68 By Class 10, Our Determined（10班："我们决心"），载于《开门办学》第3期，1974年10月26日，第3页

阶级专政，防止资本主义复辟，确保我们的社会主义国家永远不改变颜色。我们要继续深入开展批林批孔运动。"[69]

除了这些口号式的用语外，还有的文章提到了"批林批孔"运动与英语学习的关系："我们现在更好地理解了批林批孔运动就是我们工作的基本部分。将英语学习与之割裂是不正确的。"[70]将政治运动与英语结合，是我们在二外学习期间的一大特色。既参加了政治运动，又学习了英语，可谓一举两得。该刊第6期有一篇文章的题目就是"Combining English Studies With the Present Struggle"（将英语学习与当前的斗争结合起来）。文章介绍了请老师用英语做"批林批孔"讲座的情况。文中写道：

"周五晚上，我们五个班的同学一起开了会，会上刘老师用英语给我们做了讲座。他给我们讲了法家和儒家的斗争。他用简洁的语言让我们学到了一些知识。九班的全体同学对此都非常感兴趣……如何将英语学习与当前的斗争结合起来仍然是个问题。在他的讲话之后，我们看到了2500年前就开始的斗争，从来没有停止过。……九班所有的同学都有同感，我们一定要把批林批孔运动进行到底。"[71]

"他（黄老师）在我们的课堂上扮演了非常积极的角色，特别是在批林批孔的运动中。当第一团支部邀请他用英语给团员做讲座时，他非常乐意地接受了这个任务。他说，'我把它当作政治任务。'"[72]

从这些描述中可以看到当时老师和同学对批林批孔运动投入了极大的热情，也看到了同学们在有限的条件下对学习专业知识的渴

---

69 By Class 5, A Discussion Meeting（5班："一次讨论会"），载于《开门办学》第3期，1974年10月26日，第3页。
70 By Class 5, A Discussion Meeting（5班："一次讨论会"），载于《开门办学》第3期，1974年10月26日，第3页。
71 By Class 9, Combining English Studies With the Present Struggle（9班："将英语学习与当前的斗争结合起来"），载于《开门办学》第6期，1974年12月9日，第3页。
72 By Class 1, Teachers and Students are Comrade-in-Arms in the Same Trench（1班："老师和学生是同一战壕的战友"），载于《开门办学》第6期，1974年12月9日，第1页。

望和努力。

《开门办学》中还有一篇文章是专门批判林彪的军事路线的:"Criticizing Lin Piao's Bourgeoisie Military Line Thoroughly"(彻底批判林彪的资产阶级军事路线)。文章中提道:"批林批孔运动正在全国各地全面展开。批判林彪的资产阶级军事路线是运动中的重要部分。"[73]

到了74年年底时,这场史无前例的全民批孔运动"轰轰烈烈"了一阵子之后,就没有太大的动静了。可能是我们从开门办学的农场返回了学校,我们的刊物《开门办学》在年底后也没有继续办下去。

这场运动对孔子及儒家教育思想进行了彻底和全盘的否定。这不仅标志着"文革"时期斗批改运动对中外一切传统思想文化遗产的极端否定,而且标志着1949年以来在极"左"思想指导下的教育批判走向了全面的异化。[74]

看看我的那些保存完好的学习材料就会发现,虽然纸张已经泛黄,但材料的品相尚好。材料中除写了个我的姓氏之外,没有一个字的批语或注释,几乎没有看过的痕迹。其实,没有阅读这些材料的原因还有一个,就是以我们当时的理论水平和汉语水平,有些材料是看不大懂的。

然而,多年来的"听话"和阶级斗争教育已经使我们习惯了这样的运动,材料看不懂也要装作看得懂。不过,这种政治活动多了,或多或少会有些反感。表现在政治学习上就是消极应付。至于用英语讲"批林批孔",不过是一种掩人耳目的学习英语的方式而已。

四、开始思考

入学后,毕竟看了更多的书,接触了更多的信息。经历了"教育

---

[73] By Class 5: Criticizing Lin Piao's Bourgeoisie Military Line Thoroughly(5班:彻底批判林彪的资产阶级军事路线),载于《开门办学》第4期,1974年11月6日,第3页。

[74] 何光全:"1949-1981年中国教育批判研究",西南大学博士论文,2010年,第59页。

革命"和"批林批孔"运动，我们对很多问题开始思考，开始以怀疑的态度和批判的眼光对待宣传工具发出的声音。思考使我们逐渐开始清醒。

周恩来当时在许多老干部和知识分子心目中是一位忍辱负重，鞠躬尽瘁的"人民的好总理"，在人民群众中有着极高的威望。当时人们已经开始对江青一伙的言行感到反感，认识到他们是要把国家引向灾难的深渊。在当时信息传播手段还靠口口相传的情况下，所谓的"小道消息"是获取官媒外的主要信息来源。要好的同学之间也会传播这样的信息，也会在私底下进行议论。

出于对周总理的热爱，我们对周总理的一举一动格外关注。

1974年1月—5月，媒体（报纸、广播）中几乎天天都有周总理的消息。不是会见外宾，就是主持会议。到了6月份，他的消息突然就没有了，一连好多天都没有。和家人和同学谈到这件事，大家都忧心忡忡。不久，令人揪心的消息传来，周总理病倒了。这个消息如同一片阴云，笼罩在许多人的心头。

从那时开始，很多人对后来被称为"四人帮"的那几个人的认识逐渐清晰起来，对他们代表的极"左"思潮开始有所认识。批林批孔运动的结果并没有达到批周恩来的目的，反而使人民群众对周恩来更加爱戴。

1974年9月30日晚，周恩来抱病出席了在人民大会堂举行的国庆招待会。当他步入大厅时，全场沸腾，掌声雷动，经久不息。这是当时人们热爱周总理真实的感情流露，也是周总理在人们心中地位的真实体现。看到周恩来又出现在公共场合，我们悬了很久的心才稍稍落了下来。

显然，批林批孔运动的形式已承载不了它的内容，迅速走向了它的反面。

到1974年12月时，又开始了另一场学习运动——学习无产阶级专政的理论。这其实是以一种替代批林批孔的新形式来维护"文化大革命"。

有意思的是，发给我们有关"无产阶级专政理论"的两种学习材料全是英文的。

一种是：Study well the Theory of the Dictatorship of the Proletariat（认真学习无产阶级专政的理论），另一种是：Marx, Engels and Lenin on the Dictatorship of the Proletariat（马克思、恩格斯、列宁论无产阶级专政）。

第一份材料分为两个部分，一是 Quotations From Chairman Mao（毛主席语录）；二是 Some Useful Words and Expressions（有用的单词和词组）。里面有："阶级本质"（class nature）、"巩固无产阶级专政"（consolidating the dictatorship of the proletariat）、"防止资本主义复辟"（preventing the capitalist restoration）、"修正主义思潮"（revisionist trends of thought），这些是与无产阶级专政理论有关的词汇。

在第二份材料中选择了马列著作英文文本的片段。有：马克思的《哥达纲领批判》《法兰西内战》、恩格斯的《反杜林论》、列宁的《国家与革命》《共产主义运动中的"左派"幼稚病》等等。

这些资料作为教材，每天上课时要先学习一段。做法是老师先读，然后匆匆忙忙翻译一遍汉语就算学完了。规定动作做完，赶紧进行正常的教学内容。对这种学习的安排，师生仿佛都心照不宣——就是走个过场，敷衍了事。

从教学的效果来看，这其中毛主席语录还好懂点，最起码中文能懂。但马列的著作就太难了，这些从德语或俄语翻译过来的英文十分晦涩难懂，其实即使看中文，也不明白字面意思，更别提那些深奥的理论了。对于老师来讲肯定也很困难，估计他们也没读过英文的马列著作。

这时，虽然"批林批孔"作为未了的形式在以后的报刊、文件中时常可见，但就运动本身而言，到"四届人大"就结束了。[75]

我们也就不用再开与此有关的批判会、写批判稿了。

---

[75] 张化、苏采青主编：《回首"文革"》（第四卷），北京：中共党史出版社，2000年1月版，第1339页。

第四章 开门办学

"开门办学"——一个已经成为历史的词汇,曾经有着特殊的含义。"文革"期间的"开门办学"是"教育革命"的引申和发展,被看作是实现教育与生产劳动相结合的重要途径。

1970年7月22日,以清华大学军宣队名义发表的"为创办社会主义理工科大学而奋斗"一文,曾被认为是教育革命的纲领性文件之一。此文对开门办学等做出了一些"经典性"论述:

"'学校要不要紧密联系社会实际,开门办学,是举什么旗,走什么路,坚持什么方向的原则问题。'而且,开门办学、厂校挂钩、校办工厂、厂带专业的目的,是要'建立教学、科研、生产三结合的新体制。'"

"开门办学,厂校挂钩,把大学办到整个社会上去,使文化的普及与提高有力地推动工农业生产的发展,这就从根本上改变了旧学校与世隔绝、闭目塞听的'三脱离'状况,使学校与社会息息相通,使知识分子更广泛地接触工农兵群众,身临目睹,接受再教育,加速了世界观的改造。"[1]

两个月后,《光明日报》发文对此进行了引申:开门办学就是"走出去"(到工厂、农村参加劳动,拜工人、农民为师),"请进来"(请工人、农民到学校当老师,逐渐发展为工农兵讲师团)。[2]

在1971年的《全国教育工作会议纪要》中将"开门办学"概况为:"教育同三大革命实践结合,应以厂(社)校挂钩为主,多种形

---

1 清华大学军宣队:"为创办社会主义理工科大学而奋斗",载于《人民日报》,1970年7月22日。
2 郑谦著:《被"革命"的教育——"文化大革命"中的"教育革命"》,北京:中国青年出版社,1999年1月版,第133页。

式,开门办学。'文科要把整个社会作为自己的工厂。''农业大学要统统搬到农村去。'医药院校应坚定地把重点面向农村。""使学校与社会互相促进"。[3]

1973年下半年以后,随着江青一伙对周恩来1972年整顿"反击"的逐步升级,开门办学又被赋予"反复辟"和"捍卫教育革命成果"的新意义,全国各地的高等学校不得不加速推行开门办学。1974年间,各级各类学校,特别是文科院校的师生纷纷走出学校"学工、学农、学军"。[4]

"开门办学"不单纯是一句口号,是要付诸实施的。具体到文科,就是"文科要把整个社会作为自己的工厂"。而且"以社会为工厂是文科的一场大革命","以社会为工厂,才能坚持坚定正确的政治方向,才能做到理论和实际的统一","以社会为工厂,才能改造与建设教师队伍"。[5]

"开门办学"的具体形式就是"学工、学农、学军"。

第一节 1974年春季——学军

第一次开门办学

时间:1974年6月14日——7月4日(近3周)

地点:北京市密云县古北口解放军54军

---

[3] 《全国教育工作会议纪要》(1971年7月27日),载于杨学为编:《高考文献》(上),北京:高等教育出版社,2003年7月版,第641页。另载于何东昌主编:《中华人民共和国重要教育文献》(1949-1975),海口:海南出版社,1997年,第1480页。

[4] 李江源著:《我是一个工农兵学员——泛政治化教育中的受教育者》(下),福州:福建人民出版社,2006年12月版,第901页。

[5] 北京大学工人、解放军毛泽东思想宣传队:"文科要把整个社会作为自己的工厂",载于《人民日报》,1971年6月19日

一、到部队学军

我们入学后的第二学期，即 1974 年的上半年，经历了我们入学后的第一次"开门办学"——学军。时间是 1974 年 6 月 14 日——7 月 4 日；地点在北京市密云县古北口解放军第 54 军。

我保存了一张二外 1974 年上半年的校历，上面注明："72 届学员在校上课 15 周，开门办学 6 周，复习考试 2 周，机动 2 周半，暑假 3 周，共 28 周半。73 级学员上课 18 周，拉练 3 周，复习考试 2 周，机动 2 周半，暑假 3 周，共 28 周半。"

校历对 72 级学生的活动使用了"开门办学"一词，对 73 级则使用了"拉练"。百度百科对"拉练"一词的解释是："部队离开营房基地，到野外进行行军、宿营和实弹射击等科目，是一种模拟实战的训练。"[6] 具体到我们，那次"拉练"是离开学校到位于北京郊区密云的古北口 54 军进行政治学习和军事训练。在我保存的记录中称这次活动为"军训"。[7] 从我们在那里的活动看，我认为可以归纳为"开门办学"中的"学军"。

根据我保存的材料，我们这次学军的时间应该是 1974 年 6 月 14 日—7 月 4 日，时间大约是 3 周。与校历上的标明的时间吻合。

当时的"学军"或称"军训"，与现在高校学生的"军训"在物质条件上有很大的不同。

在物质匮乏的那个年代，很多东西都需票证的年代，参加军训是不会发军装、训练服、被服的，所需物品从头到脚统统要自己准备。所以我们到部队时是背着自己花花绿绿的被褥床单，提着自己的脸盆和洗漱等生活用品来的。穿的是自己比较破旧的衣服（其实也没有什么好衣服），以便趴在地上练习瞄准或匍匐前进什么的。因为要准备急行军，所以准备了比较适合走路、跑步的鞋子。那时也没有现在这么多种类的鞋子，除了布鞋就是球鞋。有双球鞋就不错了。

6 　资料来源：https://baike.baidu.com/item/%E6%8B%89%E7%BB%83/2665347?fr=aladdin，访问时间 2020/8/30

7 　见笔者 1974 年 7 月 4 日的作文。

记得学军的部队是在山里，地势不平坦，打水洗漱都要上坡下坡的。我们住在军营里，男女生分开，睡的是几十个人的大通铺。每个班派了一名部队战士来当班长。夜晚不管男生女生都要爬起来轮流站岗。

对于那次"学军"的生活，我在1974年7月4日写的作文是这样描写的：

"晚饭过后，夕阳西下，晚霞染红了半边天，群山环抱中的军营显得格外热闹。东面的山坡上，刀光闪闪，杀声震天，这是同学们在练刺杀。操场的西边，同学们在和战士们的篮球赛正在紧张激烈地进行。食堂前面的水井也格外繁忙，人们来来往往，有的同学在帮战士洗衣服，有的在帮炊事班挑水。欢笑声、喧闹声、喊杀声连成一片。好一个沸腾的军营！"

这篇作文的题目叫"枪"，写的是我们擦枪时一位老首长给我们讲的他和枪的故事。故事肯定有我虚构的地方，上述关于军营的描写肯定也有夸张的地方，但并不妨碍了解我们学军的大致情况。

二、学军学什么？

我们当时在军队的活动主要包括两个方面，一是政治学习，二是军事训练。我的笔记记录了当时的情况。

"1974年6月16日（周日）

第二课学习我军的宗旨、性质和党的领导，进一步认识到党对军队的领导

一、目的和要求

二、学习文章

1. 毛泽东：《论联合政府》中"人民战争"第一节

2. 毛泽东：《为人民服务》

3. 毛泽东：《论联合政府》中"人民军队"

4. 毛泽东：《关于纠正党内错误思想》中关于"非组织观念"一节

5. 毛泽东：《井冈山的斗争》第一节
6. 毛泽东：《井冈山的斗争》第二节

三、思考题

A. 为什么说全心全意为人民服务是我军的宗旨？
1. 全心全意为人民服务是毛主席建军路线的基本出发点
2. 为人民服务是我军本质的集中体现
3. 为人民服务是我军团结战斗的基础

B. 怎么样坚持我军的建军宗旨，保持人民军队的本色？
1. 认真学习无产阶级专政的理论
2. 把革命利益放在第一位，任何情况下都要毫不犹豫地服从党的利益
3. 为人民、革命的利益，一不怕苦、二不怕死
4. 对工作极端的负责任
5. 为人民的利益坚持好的，改正错误
6. 密切联系群众，虚心向人民群众学习

C. 我军为什么必须在党的绝对领导之下，如何进一步增强党的观念，加强党的一元化领导？
1. 党必须领导军队，这是马克思主义的根本原则
2. 党的领导是我军行政的绝对因素
3. 党的领导是我军取得胜利的根本保证
4. 只有加强党对军队的领导，才能保证我们的军队的颜色，永远掌握在无产阶级手中，防止敌人篡权

D. 怎样保证党的一元化领导"[8]

还有一次的学习内容是"学习人民军队的三大任务"。这次我的学习笔记记得非常详细，现摘录如下：

"1974年6月26日（星期三）
学习人民军队的三大任务
目的：进一步理解我军的光荣传统和优良作风

8　引自笔者保存的原始笔记。

一、我军的优良作风

（一）、什么是我军的优良作风

1．党的三大作风也就是我军的优良作风

2．团结、紧张、严肃、活泼的革命作风。紧张：传达党中央毛主席的指示要有高度的责任感，迅速、不拖拉。

严肃：要有高度的原则性，斗争性和组织纪律性。贯彻执行毛主席的革命路线坚定不移，同不正确的思想做斗争，对工作负责。

活泼：是指革命的社会主义精神，对革命充满信心，积极开展文体活动，

3．英勇顽强的战斗作风

4．艰苦朴素的工作作风

5．谦虚谨慎不骄不躁的思想作风

有继续革命的精神，保持清醒的头脑

（二）、作风是为路线服务的

（三）、以路线斗争为纲，加强优良作风建设

二、政治工作三大原则

军民一致、官兵一致、瓦解敌军

1．基本精神：团结自己，战胜敌人

2．政治工作的原则是建设人民军队和进行人民战争的有力保证

3．怎样实行这些原则，实行三大作风，发扬我军优良传统"[9]

这些内容要不是看到了自己的笔记，早已没有了印象。

在军事训练方面，除了队列练习、齐步走、正步走、紧急集合外，还学习了军事知识。其中介绍了手榴弹和半自动步枪的战斗性能、构造、名称和用途、爆炸过程。还拿到了真枪，学了枪的枪械零件的拆装方法。

这次学军印象最深的就是最后的实弹射击了。每人用半自动步枪打三发子弹，用卧姿、跪姿和立姿三种姿势完成。射击时负责报靶的是当过兵的或来自部队的同学。我打完之后，报靶显示我是"优

---

[9] 引自笔者的原始笔记。

秀",很高兴。但接下来一位同学的话让我极其扫兴。他告诉我,"环数都是他们瞎报的"。这种行为令我又惊讶又气愤。

几天后,我们结束学军回到了学校。我写下了那篇作文"枪"。最后一句话是这样写的:"军训生活虽然结束了,但是我更爱枪——革命战士手中的钢枪。"

老师给我的评语是:

"文章反映了部队首长认真落实毛主席的'五·七'指示,十分关心工农兵学员、青年一代的成长,对我们进行深入的阶级斗争和革命传统教育。情节和场面的描写比较生动、真切。中心思想突出,不拖泥带水。"

可见我在前面的描写还是很真实的。这次学军最大的收获就是了解了枪械知识及体验了实弹射击。临走时,解放军的班长还把空子弹壳送给了我们留作纪念。

至于这次军训中是否还进行了专业英语的学习,在我记录中没有发现任何记载。唯一的一个印象是,有一天晚上我站岗回到宿舍,清楚地听到一位同学在说梦话:"*I'm sorry*"。不知道她有什么愧疚,梦中还要向人道歉,而且还是用英语。

第二节 1974年秋季——学农

第二次开门办学
时间：1974年9月下旬至11月初（五周）
地点：北京市通县双桥农场马场

一、双桥农场马场

1974年9月开学后不久，我们迎来了第二次"开门办学"，这次是"学农"，地点在离学校不远的双桥农场的马场。为期整整五周。

双桥农场是名副其实的国营农场，历史悠久，现在隶属于北京首都农业集团有限公司。我们劳动的地方是该农场的马场，在那里的主要劳动是割苜蓿。吃住都在农场，住的地方是个大仓库，自己带行李，睡大通铺。周日可以回家，但需得到年级党支部H书记的批准。我撞着胆子请过假，发现获得批准并不难。但马场所在地方离公交车站较远，下车后要走好长一段偏僻的乡间小路，很是吓人。

对这次学农，参加劳动的场景我只记得蹲在地上割苜蓿。还记得因为我是团支部的宣传委员，经常负责一些宣传工作，如出黑板报、抄大字报、刷标语，此外没有太多的印象。问了问同学们，他们也反映这次学农"平平淡淡"，没发生什么印象深刻的事情。倒是戴宗显老师记得，在双桥农场时，他在全年级大会上讲话，用粉笔打黑板，留下一个印，他说学外语就要用，只要用过就留下了印迹。后来遭到学生的批判，说他是业务挂帅。

虽然关于这次学农的记忆不多，但值得庆幸的是，我保存了两份与这次学农有关的资料。一份是同学们自己办的英文刊物：*Running School With Doors Open*（《开门办学》）[10]；另一份是系里印发给我们

---

10 *Running School With Doors Open*（《开门办学》）为1974年10月二外英语系73级工农兵学员自己创办的英语刊物。该刊为英语打字、油印。创办者署

的《学农参考资料》(*Material for Studying Agriculture*)[11]。两份资料均为英文，英文为打字机打的字，汉字为手写，都是油印。

为什么都是英文资料，这当然与我们所学的英语专业有关。1974年秋季学期距我们进入二外已经过了整整一年的时间，我们已经掌握了一些基本的句型，阅读和写作能力已有了很大提高，词汇量也可以支持简单的表达。

正是在这个时候，同学们自己办的英文刊物——*Running School With Doors Open*（《开门办学》）应运而生。

二、办英文刊物

这份刊物创办的过程和具体时间我问了一些同学，很遗憾大家都不记得了。从我保存的情况看，该刊共办了7期。我保存的是第3、4、6、7期。第3期的时间是1974年10月26日，第7期的时间是1974年12月28日。其中第3期第一篇文章的题目是：Running School With Doors Open is Really Good（"开门办学就是好"）。

该文写到：Our activities of running the schools with the doors open which lasted 5 weeks was over. But it is only the beginning for the tasks of attending, running and transforming school. [12]（"为期五周的开门办学活动结束了，但是，我们'上、管、改'的任务仅仅是个开始。"）

名为：First Year, English Department（英语系一年级）。实际这时我们已经入学的第二年，由于我们入学后的第一学期为文化补习，不计入学制。故我们为"一年级"。从目前笔者保存的此刊来看，该刊共办了7期。笔者保存了其中的第3、4、6、7期。第1期时间不详。第3期时间为1974年10月26日，第7期时间为1974年12月28日。每期刊登3-4篇文章，以班为单位供稿。每期3-4页纸。

10 By Class 10, Our Determined（10班："我们决心"），载于《开门办学》第3期，1974年10月26日，第3页。

11 《学农参考资料》(*Material for Studying Agriculture*)，油印。封面标注的编辑时间为1974年9月，没有编辑者。该资料印制粗糙，字迹不清楚，页码也不清晰。第一部分是装订在一起的，页码是连续的。第二部分基本是活页的，页码按单篇文章标注，但很混乱。有的没有标注页码。

12 By Class 2, Running School With doors Open is Really Good，（2班："开门办学就是好"），载于《开门办学》第3期，1974年10月26日，第1页。

从出刊的时间看,该刊为不定期,间隔约两周左右。由此可以推算出该刊的创刊时间为 9 月底或 10 月初,即我们在双桥农场"开门办学"期间。

至于该刊是有老师参与指导还是完全由同学们自己编辑,并不清楚。有同学认为从该刊的英文水平判断,应该是有老师帮助,但并未得到证实。

《开门办学》中的一些文章记录了我们在马场的活动。[13]

从这些文章看,在马场主要的活动除了劳动外就是参加政治活动,如:政治学习、请农场工人做报告、参观等等。几乎所有文章的署名都不是个人,而是以班级为作者。10 班的同学这样写道:

"不久前,我们在双桥人民公社的马场进行了五周的劳动。我们从农场工人那里学到了许多东西。工人们经常讲他们过去的苦难生活和今天的幸福生活。马场的书记刘同志给我们上了一堂非常好的党课。

他们的谈话教给了我们许多东西。现在我们回到了学校,但是我们一定不会忘记我们从他们那里学到的东西。"[14]

二班的同学说:

"在这五周的时间里,我们与工人们同住同劳动,共同学习马列和毛主席著作,共同批林批孔。这些都极大地改变了我们的思想。"[15]

还有一次,我们参观了农场的养鸭场。参观后,6 班的同学写道:

"当我们来到鸭场时,我们发现这真是个美丽的地方。这里有一排排崭新的房屋,许多鸭子在河里快乐地游泳。但是很快,有人告诉

---

[13] 《开门办学》为英文刊物,所有文章均为英文。本文引用时由笔者译为汉语。为便于读者阅读该刊物的英文原文,笔者将大部分文章放入本书附件三中。

[14] By Class 10, Our Determined,(10 班:"我们的决心"),载于《开门办学》第 3 期,1974 年 10 月 26 日,第 2 页。

[15] By Class 2, Running School With doors Open is Really Good,(2 班:"开门办学就是好"),载于《开门办学》第 3 期,1974 年 10 月 26 日,第 1 页。

我们,过去可不是这样。几年前,这里还是一块有许多石头的废弃的土地,上面长满了杂草,还有蛇。当工人们刚到这儿的时候,他们遇到了许多困难:没有房子住,也没有资金。实际上,除了200只鸭子,他们什么也没有。我们可以想象条件是多么差。……

但是遵照毛主席'一不怕苦,二不怕死'的教导,他们发扬了自力更生的精神,克服了困难。他们说,'依靠我们的双手,我们可以建设我们想建的。'他们挖了池塘,平整了土地,烧掉了杂草。经过他们自己的努力,这个地方大变样了。

当我看到工人们所做的一切时,我想:'工人们的精神多宝贵啊!他们取得了多大的变化啊!'说实话,我非常兴奋。"[16]

关于这次在马场的经历,同学们谈到了自己对"开门办学"的理解:

"我们的伟大领袖毛主席说:'文科要以整个社会为课堂'。为响应这一号召,我们来到双桥人民公社进行了五周的开门办学。这是一个新生事物。这五周对我们大有益处。虽然我们来自工厂、农村和部队,如果我们整年待在学校里,我们就会脱离劳动人民的本性。自从我们到了学校之后,一些同学已经放松了政治学习和思想改造。他们沉溺于英语学习。因为我们不仅是学生,我们还是保卫毛主席革命路线、建立新的教育制度的战士。我们必须把自己投入到三大革命运动中去。向工人、农民和解放军战士学习也是重要的课程。"[17]

"对我个人而言,我过去是个工人。我以前从来没有到过农村。这五周之后,我觉得我们到农村真的很有必要。农场的工人在工作和学习方面都是我们的好榜样。我们必须投身到工人农民中去。他们一定不能忘记我们到这是向他们学习的。我们应该学习他们的好经验和好精神,并且付诸实践。

简言之,在农场的生活是短暂的,但是我们学到了很多。'开门

---

16 By Class 6, Some Reflections,(6班:"一些思考"),载于《开门办学》,第4期,1974年11月6日,第3页。

17 By Class 6, Some Reflections,(6班:"一些思考"),载于《开门办学》,第4期,1974年11月6日,第2-3页。

办学'是教育革命中的新生事物,我们必须好好总结经验。"[18]

从这些文章来看,关于为什么要"开门办学"?当时的理解一是要响应伟大领袖的号召——"以整个社会为课堂";二是认为在学校里待的时间长了,就会放松政治学习和思想改造,一不留神就会成为"资产阶级"。所以要到工农兵中去,要向他们学习。

"开门办学"告诉我们,为了你们不蜕变成资产阶级,就要经常"开门办学"。

记得对于这种逻辑我当时十分不解,有一次还向政治老师提出过我的疑问。我问老师,我原来也是工人,但进了大学就成了知识分子,跟我一起进工厂的青年工人没有上大学的,后来进了"工人宣传队",还进驻了北京大学,他们就是"工人阶级",要改造知识分子。而我上了大学就要接受他们的改造和再教育。难道进了大学就成了资产阶级了吗?大学岂不是成了培养资产阶级的地方。老师只告诉我,你的问题很好。但没有给出答案。

问题虽然没有答案,但谁心里都明白,离开学校离开课堂,总会给学习带来影响。为了尽量减少对英语学习造成的不利影响,将政治学习与业务学习结合起来,强调"又红又专"成了我们在"开门办学"中坚持英语学习的最好理由。

10班的同学写道:

"毛主席教导我们说:'没有文化的军队是愚蠢的军队,愚蠢的军队是战胜不了敌人的。'我们必须努力学习英语,因为外国语是人生斗争的一种武器。我们必须团结在毛泽东的红旗下,努力做到又红又专。"[19]

为了帮助同学们在"开门办学"中不间断英语学习,老师们专门编写了一本英文资料给我们,这就是前面提到的《学农参考资料》。

---

18 By Class 6, Some Reflections,(6班:"一些思考"),载于《开门办学》,第4期,1974年11月6日,第3页。
19 By Class 10, Our Determined,(10班:"我们的决心"),载于《开门办学》第3期,1974年10月26日,第3页。

三、《学农参考资料》（英文）

《学农参考资料》分为两个部分。第一部分为英汉对照的词汇，第二部分是一些与农业有关的英文文章[20]。

第一部分的词汇分为 13 个单元。它们是：

"一.毛主席语录；二.方针、政策；三.革命大批判；四.一般用语；五.土地改革；六.农业合作社；七.人民公社；八.林牧副业；九.八字宪法；十.积肥、抗旱措施；十一.自然灾害、病虫害；十二.农业机械、农具；十三.主要农作物、蔬菜、瓜果"。[21]

如果从内容上划分，这些词汇大致可以分为三类。第一类是与农业农村有关的政治词汇；第二类是与农业经济有关的词汇；第三类是与农业生产有关的词汇。

第一类的政治词汇中，"毛主席语录""方针、政策""革命大批判"占了很大的篇幅。其中，"毛主席语录"的第一条就是那条家喻户晓的口号——"备战 备荒 为人民"（*Be prepared against war, be prepared against natural disasters, and do everything for the people*），这是 20 世纪六七十年代《毛主席语录》中引用最多，叫得最响的一句口号。第二条是："路线是个纲，纲举目张"（*The line is the key link, once it is grasped, everything falls into place.*）

"方针、政策"中基本是当时流行的口号。如：

"独立自主、自力更生、艰苦奋斗、鼓足干劲、力争上游，多快好省地建设社会主义。"（*To build socialism independently and with the initiative in our own hands, through self-reliance and hard struggle and by going all out, aiming high and achieving greater, faster, better and more economical results.*）

还有一些中国特有的政治词汇，如：

---

20 《学农参考资料》（*Material for Studying Agriculture*），1974 年 9 月，第二部分。文章为活页。

21 《学农参考资料》（*Material for Studying Agriculture*），1974 年 9 月，第 1-22 页。

第四章 开门办学

斗争恶霸地主（*to struggle against the local despots*）

划分阶级成分（*to identify class status*）

四类分子（*the landlords, rich peasants, counter-revolutionaries and other bac elements*）

被管制分子（*a man under public surveillance*）

农业八字宪法（*the eight-point character for agriculture*）

有意思的是，有的汉语词汇很难找到对应的英文，如"三自一包（自留地、自由市场、自负盈亏、包产到户）"。于是干脆直接使用了拼音（韦氏），再加了英文的解释翻译。所以"三自一包"就直译为：*the "San Zi Yi Bao" (the extension of plots for private use, the extension of free markets, the increase in the number or small enterprises with sole responsibility for their own profits or loser, and the facing of output quotas on the basis of individual households.*）

"刘少奇是'三自一包'的总根子"直接译为"*Liu Shao-chi is source of the sinister 'San Zi Yi Bao'*"。

这些英文读起来总感觉有些不伦不类。可能就是通常所说的，中国人不懂，外国人也不懂。

第二类是与农业经济有关的词汇，具体就是与土地改革、农业合作化、人民公社有关的词汇。如：

土地改革（*land reforms; agrarian reform*）

农业合作化运动（*movement for agriculture cooperation*）

穷棒子精神（*pauper spirit*）

人民公社化（*to switch over to people's communes*）

缩小工农、城乡、脑力劳动和体力劳动的差别（*To reduce the differences between worker and peasant, between town and country, between mental and manual labour*）

这些词汇现在除了研究外，基本很少见到了。

第三类的词汇是与农业生产有关的，从林牧副业到家禽业都有。如关于养猪的就有：母猪（*sow*）、公猪（*hog; boar*）、小猪（*piglet; pigling*）、食用猪（*porker*）、集体养猪场（*collective pig farm*）、猪圈

（*pigsty*）、养猪员（*pig-herd*）、泔脚/猪食（*pigwash*）、兽医站（*veterinary station*）等。

这些词汇当时还是专门背过的，但长时间不用，很快就忘记了。

《学农参考资料》的第二部分是与农业有关的几篇文章：

"1.Two Societies, Two Different Lives"（两个社会，两种不同的生活）；

2.China's Socialist Agricultures （中国的社会主义农业）

3.Chinese Peasants Learn From Tachai（中国农民学大寨）

4.China Gathers Good Summer Harvest（中国喜获夏粮丰收）

5.The Spirit of Yenan（延安的精神）

6. A Visit to Tungching Commune, by Rewi Alley[22]（路易·艾黎：访问铜井公社）"

这些文章基本都属于对外宣传的文章。内容主要是介绍1949年以后中国在农业方面取得的伟大成就，农民的生活比1949年以前有了很大的变化，这些要归功于党的领导。在社会主义建设时期仍然要发扬"自力更生、艰苦奋斗"的精神（*the spirit of hard struggle and self-reliance*），继续发扬革命传统，坚持农业学大寨（*In agriculture, learn from Tachai*）。

从英语学习的角度讲，这些文章的难易程度比较适合我们当时的阅读水平，基本可以看懂。除了路易·艾黎的文章外，其他文章并没有标明作者。我估计可能选自当时对外发行的英文刊物，但经过了老师的改写，以适合我们当时的英语水平。

对这些文章同学们会抓紧劳动和政治学习的空闲时间认真地学

---

[22] 路易·艾黎（Rewi Alley，1897年12月2日～1987年12月27日），生于新西兰坎特伯雷地区斯普林菲尔德镇，新西兰有名的教育家、作家。路易·艾黎于1927年4月21日前往中国，1938年8月担任行政院咨询"工合"工作的技术顾问。1940年，在陕西宝鸡凤县创建培黎工艺学校。1982年，北京市人民政府授予他"荣誉市民"称号。1985年，甘肃省政府授予其"荣誉公民"称号。1987年12月27日，路易·艾黎在北京逝世，享年90岁。被称为"中国的十大国际友人"之一。参见网络资料：https://baike.baidu.com/item/%E8%B7%AF%E6%98%93%C2%B7%E8%89%BE%E9%BB%8E/1006925?fr=aladdin 访问时间2020年9月28日。

第四章 开门办学

习,还会在条件允许时大声地朗读。

在当时有限的学习条件下,这一"参考资料"还是对我们的专业英语学习有所帮助的。至少不至于将刚刚学到的那点英语完全忘掉。

学农结束之后,我们回到学校开始了新学期的学习。这时,距开学已过去了 5 周的时间。

从 73 年入学到 74 年 9 月,我们入学已有一年的时间。一年中,我们经历了两次"开门办学",一共占用了 8 周的时间。如果算上第一学期到农村两周的宣传活动,总共是 10 周的时间。平均每个学期要有 3 周以上的时间在校外,从事与专业学习几乎没有关系的活动。

《教育革命通讯》在 1974 年第 11 期上发表评论员文章"论开门办学",文章称:自"批林批孔"以来,高等学校文科到工厂、农村、部队和工农兵一起"批林批孔""评法批儒"、研究和宣传"儒法斗争史",并以此为中心选择教学内容,组织教学。[23]

这篇文章讲得很清楚,文科就是要离开学校到工农兵中去,搞政治运动。用"批林批孔"取代专业学习。我们经历的就是这一过程。

至于"开门办学"对专业学习造成的影响和冲击,同学中没有人公开质疑或讨论。事实是,1974 年的"开门办学"并不是最后一次,1975 年进行了更长时间的"开门办学"。

这次学农期间经历的一件难以忘却的事情是 9 月 30 日,周恩来抱病出席了中华人民共和国成立二十五周年的招待会。虽然周总理讲话仍然铿锵有力,但他憔悴消瘦的面容,已经宣布了他患病的消息。周总理在知识分子和老干部中相当高的威望,他久未露面后的这次露面,让大家悬着的一颗心稍稍放了下来。

1974 年年初以来,周恩来总理因劳累过度,病情加重。3 月确诊为癌症复发。[24]当时虽然该信息并没有公开,但通过所谓的"小道消息"很多人已经知道了周总理患病的消息。因为此前几乎每天都有

---

23 转引自:李江源著:《我是一个工农兵学员》(下),福建人民出版社,2006 年 12 月,第 900 页。
24 中共中央文献研究室编:《周恩来年谱(一九四九——一九七六)》(下卷),中央文献出版社,1997 年 5 月,第 655 页。

周总理的信息,或接见外宾,或出席会议。突然有连续几天不出现,大家都会猜测可能出现了什么问题。我和同学们在下面也有议论,并通过一些渠道确认了此信息。大家都为此忧心忡忡。

到了10月4日,更大的事情发生了,毛泽东提议由邓小平任国务院第一副总理。邓小平从"文革"中仅次于刘少奇的第二号走资派,突然又成了第一副总理,这巨大的变化到底预示着什么?

"关心国家大事"的我们,在私底下开始悄悄议论。

第三节 1975年春季——学军

第三次开门办学

时间：1975年5月中旬——6月30日（六周）

地点：山西省祁县解放军1562部队学军二连

时间来到了1975年。这一年在教育界注定又是不安定的一年。

1975年1月5日，根据毛泽东的提议，党中央发出文件，任命邓小平为中央军委副主席兼任解放军总参谋长。1月上旬，邓小平被选为党中央副主席和政治局常委。在同月召开的第四届全国人大会上，决定周恩来继续担任国务院总理，邓小平为国务院第一副总理。

邓小平上任伊始，便雷厉风行、大刀阔斧地展开了著名的1975年全面整顿。[25]对教育的整顿是其中的一项重要内容。

1975年1月17日四届人大一次会议，撤销了迟群等人控制了很大实权的国务院科教组，重新恢复停止工作多年之久的教育部，任命多年从事教育领导工作的周荣鑫[26]为教育部部长。

在对教育的整顿中，就有对"开门办学"的质疑和否定。认为开门办学是"只当劳动力"只是"实践——实践——实践"，不重视理论学习。[27]但这些质疑并未导致对"开门办学"的取消。

正是在这种背景下，75年5月我们开始了入学后的第三次"开门办学"——学军。

学军的地点是山西省祁县的解放军1562部队。现在提起祁县，人们首先想到的是著名的乔家大院和渠家大院，但当时我们仅仅知

25　郑谦著：《被"革命"的教育——"文化大革命"中的"教育革命"》，北京：中国青年出版社，1999年1月版，第353页。

26　周荣鑫（1917-1976）历任浙江大学党委书记、校长、教育部副部长、教育部部长、国务院秘书长等职。

27　彭厚文："邓小平与1975年文化工作的拨乱反正"，《党史博览》2011年第5期，第8页。

道的是，革命烈士刘胡兰的家乡文水县离那里不远。

这次学军，我们年级除了来自炮兵的 12 名同学去了河南郑州的炮兵学校外，还有几个同学因病没有去，绝大多数同学和部分教师都参加了。另外同去的还有英语系 72 级。两个年级编成不同的"连"，由部队的干部担任连长和指导员。每个班派部队的战士担任班长。

一、军营里的生活

这次学军给我留下最深刻的印象竟是生活方面的。

前几次"开门办学"都没有离开过北京，但这次是在山西省的祁县，时间也比较长。在生活必需品供应普遍短缺的那个时候，北京的供应较外地还是好很多，这次在祁县算是体会到了。

跟上次一样，军训不发军装军帽被服，所有物品自己准备。除了换洗的衣服、还要带上个人的被褥床单、洗漱用品、洗脸盆（当时没有塑料的，只能是搪瓷的）。当时牙膏肥皂香皂洗衣粉洗发液等生活用品都短缺，只能从北京都带过来。记得我为了方便，带了一款从未尝试过的洗发膏，结果一个多月里头发就没有洗干净过。为了不增加负担，我只带一个大点的搪瓷口杯，刷牙、喝水，甚至吃饭都用它。就这样，乱七八糟的东西带了有一大堆。

我们从北京永定门火车站乘火车到太原，从太原转火车到临汾再转火车。几经辗转终于到了祁县，可下了火车我们就傻了眼。没有任何交通工具来接我们到军营，需要自己扛着行李提着脸盆一步步走过去。许多同学没有任何准备，自己带的行李根本无法适应长途行走，大家想尽各种办法，肩扛、手提、背着、抱着，一路上狼狈不堪，恨不得连滚带爬好不容易才到了军营。

据说祁县的 1562 部队是专门负责训练高校学生的部队。整个营区占地面积很大，训练场、靶场、生活设施一应俱全，看起来整洁干净，一座座二层的小楼是我们居住的地方。可一进去我才发现，这就是薄薄的预制板搭建的那种"简易楼"，里面的居住条件和设施十分简陋。楼内没有卫生间，只有简易的盥洗室。上厕所要下楼到外面的简易厕所，还是传统的"旱厕"。每个房间都是上下铺，但上铺没有栏杆。看别人都不敢上,我还是大着胆子睡了上铺,可总是提心吊胆,真怕翻个身会一不小心从床上掉下来。

洗澡的设施更是吓人。因为部队里没有女兵,也就没有专门的女浴室,所以只能是男生女生轮流使用一个浴室,时间上错开。浴室没有淋浴,只有一个巨大的池子,里面放满了热水,可以多人跳进去一起洗。这我无论如何接受不了。悄悄地乘人不多的时候用脸盆舀点水在边上飞快地凑合洗洗,否则没有地方去找热水。

再说吃。那个时候对吃饭的要求就是填饱肚子,谈不上营养。按说当时是5、6月份,应该是各种蔬菜生长的旺季,但不知为什么,祁县那个地方蔬菜极缺。别说新鲜的绿叶菜,就是普通的应季蔬菜也没有。每顿饭基本就是小米饭,里面放点切成小丁的土豆。吃的菜就是腌咸菜,基本是辣椒,碗里见不到一滴油,更没有鸡蛋和肉。这样的饭菜没有油水,正在长身体的年轻人根本吃不饱,为填饱肚子大家只能就着腌辣椒拼命地吃小米饭。我以前从来就没吃过腌辣椒,后来发现腌辣椒极其下饭,每顿饭都能吃上好多小米饭。

在粮食、食用油、食糖都需要票证的那个年代,军营里虽然有个"军人用品商店",但里面没有水果和零食,唯一能稍微补充点能量的食物就是周日到县城去买当地的一种炸糕。黄米面做的,放几粒大枣代替糖。炸糕有点油稍微可以满足点对脂肪的渴望。

就在这种生活条件下,我们过了一个半月的学军生活。

军训期间完全按照部队的作息进行严格的军事化管理。简单地说,就是要把每天24小时都管起来。到部队的第一天,军训的指导员就给了我们来了一个"下马威"。

那天刚到部队,大家收拾好自己的行李后,不约而同地凑到了一起。看看没什么其他安排,于是有同学拿出来了个排球,我们找了两座楼之间的一块空场地围成一圈就打了起来。二十岁左右的年轻人充满活力,打起球来更是欢乐无比,喝彩声、笑声不断,谁也没留意从我们身边走过的一位军官,更没注意他阴沉的脸。

我们正打得兴起,突然从楼上传来一阵咆哮:"谁让你们打球了?谁允许你们打球了?""把你们的手表都摘下来,看看这是什么时候！""把手表都摘下来放在地上！"抬头一看，发现是刚才走过的那位军官，铁青着脸站在二楼的窗户前冲着我们愤怒地喊叫。后来知道他是我们的指导员。

没经历过这种场面的同学们愣愣地站在那里，大家面面相觑，不知这手表是该摘还是不该摘。犹豫中，有胆大的同学回过神来，偷偷扭过头，大家互相使了使眼色，拿起球悄悄地溜了。留下楼上怒气未消的指导员。

等离开指导员远了，大家才憋不住哈哈大笑起来，一直笑到肚子都疼了，还有男生模仿着指导员的语气喊道，"把你们的手表都摘下来"。从那天起，我们领教了部队的"严格"。

严格的作息时间和生活制度很快就公布了[28]：

1. 起床、早操。听到号声应立即起床，除单人公差和勤务人员外都应出早操

2. 吃饭。按规定时间准时开饭。饭堂内不许讲话。

3. 操课。除单人出公差或病号外，其他人一律参加，缺课人员应补上。操课前清查人数。提出行动的要求，检验枪炮。

4. 课外活动：文艺、体育活动和处理个人事情。

5. 晚点名。以连为单位列队进行：

　　星期二、四：连点名

　　星期一、三：排点名

　　星期五：班点名

　　星期六：自由活动

6. 就寝时间：9:45 做好准备，保持安静。

总之，一天 24 小时，都被安排得满满的，而且几乎所有的活动都要集体行动，自己可以支配的时间很少。难得的是，每天安排了一小时学习英语的时间。但如有人利用这一小时做了例如写稿件、出黑板报、学"雷锋"之类的事情，一定会得到表扬。此外，还规定了请销假制度："一日之内，到连以上学军办公室（请假）。周日、节假日，

28　本文所引资料为笔者保存的原始笔记，下同。

30%人员可请假"。就因为这条规定,我从未请过假去县城。

内务卫生方面的规定是"内务要整齐,清洁,放东西要有秩序,符合战略要求;室内外物品要经常保持清洁,星期日上午不出操大扫除"。

这条看起来挺一般的规定,差点把我们难死。"内务要整齐"要求把被子叠成四四方方,有棱有角的豆腐块。部队发的被子比较容易叠,我们自己带的被子要叠成豆腐块可就太难了。我们的被子什么样的都有,大小颜色不同顶多是看起来不好看,但有的同学带的被子是丝绵的,被面是绸子的,软乎乎的,怎么也拍不出棱角。我睡在上铺,每天叠被子就要花费很多时间,还担心别从床上掉下来。

此外,还有一件很难做到的事情是"饭堂内不许讲话"。

吃饭时要以班为单位排队来到"饭堂",吃完饭还要排队离开。那个称作"饭堂"的地方,别说椅子了,连张吃饭的桌子都没有。吃饭时要蹲在地上或"席地而坐"。那个时候是大家最想说话聊天的时候,讲点笑话,开句玩笑。总之,吃饭也挡不住我们的嘴。每每这个时候,部队的班长或排长就会一遍又一遍地大声提醒"不要讲话"。可安静了没五分钟,大家又憋不住开始有了窃窃私语,接着就是喊喊喳喳的说话声。后来,班长也懒得管了,于是大家就肆无忌惮起来。在我的印象中,这条规定直到我们离开部队也没好好遵守过。

二、政治思想教育

学军的主要内容分为两部分:政治教育和军事训练。政治学习的内容基本是"毛主席建军思想和建军路线,以及无产阶级专政下继续革命的理论"。军事训练的内容是"队列号令、队列操练、射击训练、投弹练习。"

政治教育的计划有:[29]

1."学习毛主席建军思想和建军路线。以毛主席关于理论问题的指示为纲,提高无产阶级专政下继续革命的觉悟,改造世界观,学

---

29 根据本人保存的原始记录整理。

得能文能武，把革命工作做到底。"

"学习毛主席关于理论问题的第三个问题：'列宁说，小生产是经常地、每日每时地，自发地和大批地产生着资本主义和资产阶级的。工人阶级一部分，党员的一部分，也有这种情况。无产阶级中，机关工作人员中，都有发生资产阶级生活作风的'。联系我们学校资产阶级思想影响和表现，如何抵制资产阶级思想的影响和侵蚀。

2. 学习解放军的宗旨，理解毛主席的建军路线，树立全心全意为人民服务。

3. 学习解放军的光荣传统，三大民主，三大纪律八项注意，三大任务，政治工作三大原则。"

以下是从我的笔记中摘录的一次学习情况。

"1975年6月8日 政治教育，共三课。

一．进一步学习毛主席关于无产阶级革命的理论。（学习内容略——笔者）

二．思考问题：

1. 小生产为什么会产生资产阶级和资本主义？（经常地、每日、每时）

2. 为什么党员的一部分，工人阶级的一部分也会产生资本主义和资产阶级？

3. 在我们的革命队伍中，有哪些资产阶级思想的影响和表现？如何抵制资产阶级，发扬革命传统，加强世界观的改造。

三．学习要求：

1. 要提高学习无产阶级专政条件下继续革命的理论的自觉性，要重视学习

2. 各班要严格掌握

3. 讨论时要密切联系无产阶级斗争、路线斗争和思想实际，贯穿大批判

4. 边学边改边批

5. 政治学习期间不准看业务书籍

6. 贯彻以自学为主，讨论为主的方法，启发人人动脑筋"

政治学习的形式有自学、班级讨论、连队（全年级编为连）讨论为主。每次的学习基本如此。此外还请连长上过党课："把争取入党看作改造世界观的过程"；一连指导员介绍"政治思想工作经验"。

学习中还提出了一个特别要求——"政治学习期间不准看业务书籍"。这条规定告诉我们，政治学习远比业务学习重要。

当时我们已经是大二的学生了，在英语专业学习方面正是求知欲非常强的时候。我们已经掌握了一些词汇、句型，已可以用英语进行简单的对话。简单的英文书写，阅读简单的英语读物都没什么问题了。大家深知学习外语需要不间断，要经常练习，离开课堂一个多月的时间无疑对学习是不利的。虽然有老师跟我们一起参加军训，但并没有上课的安排，只是每天安排一个小时自学英语的时间。有同学抱怨学习时间太少，但军训的领导说，"因为你们是外语院校的，才安排每天一个小时学习，这已经是对你们的照顾了"。

面对这种情况，同学们想尽办法利用各种时间学习。有的同学为了方便携带，也为了"掩人耳目"把《凌格风英语教程》（The Linguaphone Institute: English Course）拆成活页放在口袋里，随时拿出来看上几眼，默默念上一段。也有的同学把英语教材夹在政治学习材料中偷偷看。我是带着心爱的半导体收音机来部队的，照样每天晚上熄灯后躺在床上，戴上耳机听英语广播，当然听收音机的也不是我一个人。这事不知怎么被连长知道了，他在大会上不点名地批评说，"有人熄灯后听收音机，谁批准你们熄了灯还听收音机了？"我心想，反正没点我的名，于是依然我行我素，倒也没被发现过。

三、向英雄学习

向英雄学习是军训中的重要内容。

这次首先安排的活动是参观刘胡兰烈士纪念馆，并聆听刘胡兰烈士的母亲胡文秀的报告。刘胡兰烈士的故乡——文水县云周西村（当时已更名为"刘胡兰村"），与我们军训的祁县距离大约是17公里。

在出发前一天，即1975年6月13日，全连开了个学习心得交

流会。会上,连长对到刘胡兰村参观访问提出了要求:

1. 学习刘胡兰,发扬两不怕的精神(一不怕苦,二不怕死——笔者)
2. 各班党团小组保证班不掉队
3. 不要发生事故
4. 搞好宣传鼓动工作和体力互助
5. 党员要起先锋模范作用
6. 加强纪律性

为什么提要"保证班不掉队",是因为从刘胡兰村回驻地军营要采用急行军的方式,徒步走回来。

刘胡兰的事迹是我们小时候就知道的,毛泽东的题词:"生的伟大,死的光荣"也是家喻户晓。能到这位从小就敬仰的烈士故乡去看一看,心情还是挺激动的。

6月14日一早,我们乘坐部队提供的大卡车来到了刘胡兰村。参观了刘胡兰纪念馆、瞻仰了"毛主席题词塔"、刘胡兰烈士塑像、刘胡兰被捕处、就义处、烈士墓、纪念亭。

那天,刘胡兰的母亲胡文秀在二外的领导张天恩院长和部队首长的陪同下来给我们做报告。跟烈士的母亲近距离接触,让我们激动不已,大家列队鼓掌欢迎。多少年后,我见到了记录这一场景的照片,发现其中我的影像清晰可见。

这次参观印象最深的莫过于回来路上的急行军了。

尽管在出发前早就通知了,还是有很多同学没有做好准备。三十多里的路要走下来没有经过锻炼还真是挺难的。虽然一路上模仿红军长征,有鼓舞士气的宣传队,打快板、喊口号、唱歌。开始还好,但毕竟平时缺乏锻炼,走了没十里路就有人脚上开始打泡,也有人开始跟不上队伍。还好,部队安排了一辆收容车,走不动的可以上车,许多女生都上了车。我在工厂的时候,参加过工厂组织的"拉练",走过半个多月,这点路对我们没什么难度。最后我们班7个女生走下来的只有我和另外一个同学。

从刘胡兰村回来 10 天以后，6 月 24 日，一位活生生的英雄——一等功臣、二级战斗英雄、钢铁战士蔡金同来到军营给我们做报告。

蔡金同，陕西省眉县人，1949 年 9 月参加革命，中国共产党党员，志愿军第 63 军第 187 师第 559 团侦察连战士。1951 年 11 月 30 日，在铁原以西阿谷右里伏击战中，他一人歼敌 14 人。在掩护部队转移中，他身负重伤，肠子流出，仍按腹奋战，以顽强的毅力返回连队。立一等功，获二级英雄称号。[30]

关于这次报告，我的笔记中记载了报告的内容。

报告中，他主要讲了他的家史：出身贫寒，逃荒要饭，然后参军，保家卫国。在抗美援朝的战场上与敌人英勇战斗，最后虽然身负重伤，但完成了战斗任务。1953 年 7 月 12 日的《人民日报》有一篇文章："党与胜利——记志愿军二级战斗英雄蔡金同的一个战斗片段"，专门介绍了他的英雄事迹。

听报告的第二天，我们学习了许多有关军队工作的内容："三大任务"（战斗队、工作队、生产队）、"三大法宝"（党的领导、武装斗争、统一战线）、"三大民主"（政治民主、经济民主、军事民主）、"政治工作三大原则"（1 官兵一致；2 军民一致；3 瓦解敌军）。还有"三大纪律八项注意"。

以前熟悉的只有"三大纪律八项注意"，因为会唱那首同名的歌曲。

四、军事训练

既然是军训，军事训练当然是必不可少，而且贯穿始终。按照计划，军事训练的内容主要是：队列号令、队列操练、射击训练、投弹练习。

---

[30] 资料来源：百度百科，网址为：https://baike.baidu.com/item/%E8%94%A1%E9%87%91%E5%90%8C/6196157?fr=aladdin，访问时间 2019/12/13。关于蔡金同的介绍还有：丁力、徐连珠著：《无畏的战士蔡金同（中国人民志愿军战斗英雄故事）》（中朝人民战斗英雄故事丛书 7），上海广益书局，1952 年。

我和同学们的体会是有关"队列"的训练最没意思，既单调又乏味，而且山西六月份的天气炎热，在太阳底下曝晒的滋味很不好受。

队列操练往往以班为单位，男生一排，女生一排，按身高排队。齐步走、正步走、稍息、立正、向左转、向右转，练起来没完没了。而且因身高不同、步幅差距太大，怎么也走不齐。我们班有一个男生，走路时习惯踮着脚走，永远跟大家步调不一致。他屡次被班长叫出列单独训练，他奇葩的走路姿势给单调的训练带来了一点点欢乐。

最难受的还是"射击训练"。瞄准的要领"左眼闭、右眼睁、缺口对准星"，第一次学军我们就会了。我以前在工厂时当过基干民兵，打过枪，动作已经很熟练了。班长还用一个仪器检查了我的瞄准，说我做得很好。可这次还是要求没完没了地趴在地上练习。地面上没经过任何处理，除了土就是小石子，夏天穿的衣服又单薄，硌得胳膊生疼，衣服上也是一趴一身土，在太阳底下晒着实在是难受。因此，大家都特别不愿意练习瞄准。班长在时没办法，总得装装样子。班长一离开，我们班同学就借口枪不够，躲到树荫下聊天。

除了射击练习外，我们还上了一些军事理论课。根据我的记录，我们学习的内容有：

1. 兵器常识：56式半自动步枪的性能、射程、侵彻力；

2. 简易射击原理；各部机件的名称及用途、发射与后坐力；

3. 外界条件对命中精度的影响问题及修正的方法：弹道、弹道弯曲度、地形、目标大小；

4. 正确瞄准和选定标尺分划。还有"阳光下瞄准：准星和真实部分灌平"，等等。

这些军事知识的学习成果最后都要通过实弹射击得到检验。这是我学军中最期待的一件事。

实弹射击安排在6月29日，我们离开部队前的一两天。每人9发子弹，分别以卧姿、跪姿和立姿三种姿势发射。时间没有限制。

在我保存的资料中有一张小小的靶纸，准确记录了我那次的射击成绩，并标明了每发子弹弹着点的位置。其中一发子弹正中靶心。

上靶场还是挺兴奋的。大概是10人为一组，我忘了自己是第几组了,想起平时的训练,我的心态非常平和,信心满满地走上靶位。前三枪是卧姿,我瞄准后就迅速扣动扳机。第一枪就是10环,第二枪、第三枪都是9环,这让我就更有信心了。换第二种跪姿一上来又是一个10环,两个9环;这让我越打越有信心,第三种站姿竟然打了三个10环。最终的成绩是四个9环,五个10环,总成绩86环。我打完后,还有同学第一种姿势没打完。按规定,必须同组所有人打完才可离开靶位。等了好久其他同学才打完。

后来听同学说,有同学听到枪响就先慌了,越想瞄准就越瞄不准。看来我的"先发制人"战术是正确的选择。

全年级打完后,成绩公布,我以86环荣获全年级第三名。第二名是87环,第一名是88环。

五、"特殊照顾"——每天一小时学英语

一个多月的军训,离开了学校,离开了课堂,是否会对专业学习造成影响?答案是不言而喻的。听部队的同志讲,每天给我们一小时学习英语的时间,这已经属于"特殊照顾"。其他在这里军训的学生没有这个待遇。

为了利用好这每天的一小时,老师们虽然不能上课,但还是编写了一些适合军训的英文学习资料发给我们。从我保存的资料看,这些资料有《开门办学词汇简编》(学军)和一些活页的英文短文。

《开门办学词汇简编》(学军)采用的是汉英对照的形式,一段汉语,一段英语。该资料分为三个部分:"I. Quotations From Chairman Mao(毛主席语录);II. Excerpts From 'Report on the Work of the Government'(《政府工作报告》节选);III. Military Expressions(军事用语)"。[31]

---

[31] 见北京第二外国语学院英语系:《开门办学词汇简编》(学军),1972年4月。该资料为打字、油印、简单装订。笔者认为该资料标明的时间有误,因为资料中收录了1975年1月周恩来总理的《政府工作报告》中的内容,因此编辑的时间应该是在1975年1月—1975年5月之间。另有一种可能是该资料1972年4月有一版,后来又做了修订,发给我们的是修订版。

其中毛主席语录选择的都是与军队、战争有关的内容。如：

"每个共产党员都应懂得这个真理：'枪杆子里面出政权。'《战争和战略问题》

Every Communist must grasp the truth , political power grows out of the barrel of a gun." [32]

"关于世界大战问题，无非是两种可能：一种是战争引起革命，一种是革命制止战争。

With regard to the question of world war, there are but two possibilities: one is that the war will give rise to revolution and the other is that revolution will prevent the war." [33]

这些语录我们都非常熟悉，几乎都可以背诵。

《政府工作报告》节选的是周恩来总理在1975年1月在四届人大一次会议上的报告，节选的主要内容是与国际形势有关的，如：

"当前国际形势的特点，仍然是天下大乱，而且越来越乱。

The present international situation is still characterized by great disorder under heaven, a disorder which is growing greater and greater." [34]

"国家要独立，民族要解放，人民要革命，已成为不可抗拒的历史潮流。

Countries want independence, nations want liberation, and the people want revolution, this has become an irresistible historical current." [35]

这些英语的表述直到现在我都能流利背诵。

在"*Military Expressions*（军事用语）"[36]中不仅有"稍息（*at ease*）、立正（*attention*）、齐步走（*quick step*）、跑步走（*double time, march*）"

---

32 《开门办学词汇简编》（学军），第1页。
33 《开门办学词汇简编》（学军），第9页。
34 《开门办学词汇简编》（学军），第10页。
35 《开门办学词汇简编》（学军），第11页。
36 "Military Expressions"（军事用语）见《开门办学词汇简编》（学军），第13-18页。

这种队列训练中的词汇，也有"枪上肩（right shoulder arms）、装子弹（load）、开火（fire）"这种实弹射击时使用的词汇。还有军队中的各种军阶、军种、兵种的表述。

不过在训练时，这些英语词汇从来都没有实际使用过。因为部队的同志不会说英语。

"活页短文"除了跟"刘胡兰、山西省"有关的内容外，还有12篇小故事。这些故事大都是比较简单的英语，易于阅读和理解，读起来也会朗朗上口。

虽然离开学校，离开课堂，但靠着这些资料，我们的英语学习仍然可以持续，不至于间断。很多同学除了每天一小时的时间，还千方百计抽出时间看几页，读几句，或者空闲时用英语对话。

六、六周的学军结束了

六周的学军生活结束前，以班为单位开了总结会，大家谈了学习的体会。我保存了当时的记录，现摘录几段：

"Z同学：来到部队对学军有了进一步体会。把部队当作学习的大课堂，自己组织纪律性较差，到部队来就要改正，严格要求自己，发扬一不怕苦，二不怕死的精神。多征求大家的意见，把自己所负责的文艺工作抓起来。"

"L同学：来到刘胡兰家乡，心里格外激动。这里生活条件还不差。大家各有长处、短处，要互相学习，为了落实毛主席的'五·七指示'。听说军事训练少，自己比较散漫，应从各方面严格要求自己。学理论小组，积极参加，服从命令。"

"Y同学：来到部队是个学习的好机会，以前没有去过部队。部队的政治、军事、思想都很好。主要学习人民解放军的好思想、好作风。在每项活动中，联系实际，政治挂帅。组织纪律上，应该以一个真正的解放军战士的面貌出现，虚心向解放军战士学习。"

这种学习体会，基本都是大同小异。"官话""套话"早已被我们熟练掌握，需要时便信手拈来。

除了开总结会之外,离开部队前全体参加军训的同学与部队的同志搞了一次文艺汇演,热闹了一番。记得72级同学表演了舞蹈"毛主席是各族人民心中的红太阳",不知他们从哪儿搞到了五颜六色的少数民族服装,把不大的舞台整得色彩斑斓,跟一个多月来军营里单调的颜色形成了强烈反差。

我们年级的十来个女生表演了舞蹈"小树苗",表现的是一群到部队的新兵苦练军事本领,在老兵的带领下像小树苗一样茁壮成长的故事。我也在表演者中,为练习这个舞蹈,我们可以在别人出操的时候单独练习舞蹈基本功。为了准备演出的道具,在部队同志的协助下,我们在军营里砍了些树枝,表演时每人手里拿一枝。为了能让树苗"种"在台上,我们还想办法在树枝下面用铁丝做了个底座。

那是一次非常成功的演出,演出结束,台下报以热烈的掌声。

演出后,我们离开了部队。

那天,我们还是从军营步行到祁县火车站,经临汾到太原。到太原时时间尚早,还允许我们去游览了太原著名的景点晋祠。

从太原回到北京,先回学校放下行李。记得当时部队派了两名教官专门送我们到学校。可到学校后,大家忙着搬行李,回宿舍,留下那两个教官孤零零地站在一边,同学们好像忘记了他们的存在。我回宿舍放好行李,赶快回家,唯一的想法就是好好吃点饭。房门打开,母亲见到我先是一愣,随后惊呼:"这是怎么了?又黑又瘦的"。

回到学校后,学校组织了一场军训成果的汇报演出,我们的舞蹈也在其中。没想到的是,这次演出的效果与在部队大相径庭。最后临近结尾应该是我们的编导兼领舞出场表演难度极大的"倒踢紫金冠",这可是芭蕾舞剧《红色娘子军》中的标志性动作,应该获得满堂彩。也许是因为在部队压抑的太久,也许是觉得在学校可以放肆一下,她一出场居然就有男生在台底下起哄。因为该同学体型属于比较粗壮丰满的那种,突然台下有人大声地喊了一句:"大立柜!大立柜上来了!"接着是一片哄笑。我们在台上几乎乱了阵脚。这一声倒彩让我们演出的好评荡然无存。

我们第三次开门办学也终于随着这次不太成功的演出结束了。

第四节　1975年秋季——学工

第四次开门办学

时间：1975年秋季学期，9-10月（8周）

地点：北京国棉二厂

1975年秋季开学后，我们进行了第四次"开门办学"。这次是在北京国棉二厂学工，时间为两个月，8周。

此时，邓小平主导的全面整顿正如火如荼地进行。他在1975年的一系列讲话，以鲜明、尖锐、深刻的风格，揭露、批判了极"左"思潮和"左"的错误的各种表现及其理论根基，反映了广大干部、群众的强烈愿望和根本利益。[37]

邓小平的讲话通过各种渠道在民众中传播，这就是所谓的"小道消息"。我也听到了一些。1975年的暑假，在和一些同学聚在一起的时候，都会谈这方面的事情，谈论一些"国家大事"。当时，大家对后来称为"四人帮"的那些人的倒行逆施，已经相当反感。那些"小道消息"使我们受到了鼓舞，感到了振奋，仿佛看到了国家的前途和希望。当时对个人的前途没什么考虑，对国家的前途却格外关心。

当我们来到国棉二厂开门办学的时候，还时常关心着国家的前途和命运。

一、学工：与工人"同吃、同住、同劳动"

国棉二厂位于北京市的朝阳区，离二外不远。该厂是1949年解放初期在北京创建的国营棉纺厂中的第二个，1955年投入生产。其余的国棉一厂和三厂离的都不远。三个棉纺厂中间还有一个印染厂。在到国棉二厂后，先组织我们参观了工厂，还有印染厂。

---

[37] 郑谦著：《被"革命"的教育——"文化大革命"中的"教育革命"》，北京：中国青年出版社，1999年1月版，第360页。

我们这次开门办学,主要是下到车间跟工人一起劳动。与前几次的开门办学不同的是,这次在劳动之余安排了专业课的学习。

与以往的开门办学一样的是,我们需住在工厂。

估计工厂一下子很难安排这么多人的住宿,于是不知是学校还是工厂专门为我们在厂区的空地上建起了临时的活动板房,里面放了上下两层的架子床,这就是我们的宿舍。这种房子有点像现在农民工住的那种彩钢板的房屋,但当时没有彩钢板,使用的材料不如现在。9月份刚住的时候,太阳一晒就很热,后来天气转凉才慢慢好了。但北京的秋天风很大,这种房子到处透风。好在还没进入冬季,还不太冷。活动板房的条件十分有限,没有卫生间和盥洗室,只能去附近楼里的工厂宿舍,好在工厂有浴室,洗澡还算方便。吃饭去工厂的食堂,感觉伙食比学校要好。

国棉二厂当时有7个主要车间,完成从棉花到织成布的整个过程。分别是:清花、前纺、细纱、筒捻、准备、织布和整理车间。工人分三班工作,每班8小时,机器日夜不停。

我们按班级分到了不同的车间,我们班在准备车间。准备车间的工作是织造前的准备工作,主要是"络筒",把一卷卷小的细纱络成一个大筒。干这种工作主要是接线头,一个细纱锭转完了,赶紧接上另一个。机器在不停地转,人在不停地走,手在不停地接线头,一刻也不能停。这一工种就是"挡车工",通常一个熟练工人要负责20台机器,最辛苦的就是双腿和双脚。挡车工一天围着机器不停地跑巡回,一个班下来至少要走15-20公里的路程。我们在时,厂里已经有了那种可以滑动的小车,工人坐在上面来回移动,减少了些劳动强度。但并不是所有的工人都这样,大部分还要靠走路。

棉纺厂的工人中女工占百分之七十,因为很多工种只适合女工干。这种工作不需要太大的力气,但手要灵巧,身材不宜过高。刚下到车间时,在这一点上显然对我们的工作分配考虑不周。一开始,不管男生女生,都分配干一样的工作,都去挡车。但从发工作服开始,问题就来了。

工作服是白色的帽子和白围裙,围裙上有几个口袋,分别放线头和割线剪刀等工具。但工厂就没有男工穿围裙的，更没有适合一米七、八男生穿的围裙。所以男生一律没有工作服。没有怎么办，他们只能穿自己的衣服，线头就挂在身上。一个班下来身上的线头都挂满了，连工人师傅都觉得很好笑。

还有的工作，如"装纬"，只适合身高不超过一米六的女生干，因为这样的身高适合操作，太高就需要弯腰。可我们有一米八多的男生也分配干这活儿，他们反映，一个班下来，"腰要折了"。问题发现后，给男生都调换了工作。

纺织厂的工作环境是常年高温高湿，很多车间长年要求温度要在摄氏33-35度之间，相对湿度要求在65%以上才能正常生产。噪音和空气中飞舞的纤维是很大的污染，但当时还没有这个意识。

我们班所在的准备车间工作环境还是不算太差的，就是噪声不太大、飞舞的棉纤维也不太多。但有的车间就不行了，如在织布车间，织布机发出的巨大的轰隆声和空气中弥漫的棉絮气味在高温的催化下，会让人感到不适。从织布车间出来很长时间都感觉耳边还在隆隆作响，面对面说话都听不清楚。

而工人们终年要与噪音和高温相伴。

刚到车间时，有师傅带着我们干，教我们怎么接线头。经过一段时间的学习之后，我们慢慢适应了工作。我后来可以一个人挡10台机器。

"开门办学"要求和工人"同吃、同住、同劳动"。劳动并不难，但最难受的是上夜班。我们要和工人一样从晚上11时30分上班，第二天早上7时30分下班，整整8个小时，中间有30分钟的吃饭时间，会有饭菜送到车间的"四角食堂"。这是唯一一段可以休息的时间。

夜班的时间很难熬。开始时还可以挣扎着坚持，但一天之后人就晕头转向了。两个夜班下来就只想睡觉了。一周的夜班下来人的脸都"绿"了。有同学上班时为了能睡30分钟，宁可不去吃夜宵。

在国棉二厂总共上过多少个夜班已经不记得了，当时全凭着年轻可以抗过去。

二、在工厂学英语

这次"开门办学"与前几次不同的是，专业英语学习的时间增多了，有老师专门上课，也发了很多学习材料。我保存下来的材料有：

1. A Visit to the Peking No.2 Cotton Mill（参观北京国棉二厂）

2. State Cotton Textile Mill No.17(by Jane Uptegrove, A young American visitor to China)（国棉第 17 纺织厂）（作者是一位到中国访问的美国青年）

3. Questions Asked by Foreigners When Visiting Workers' Plats in Cotton Mills Number 2 and 3. Peking（外国人访问北京国棉二厂和三厂工人时提出的问题）

4. At a Cotton Mill（在棉纺厂）

5. Background Material (For Reference)（背景资料（供参考））

6. Supplementary Material（补充资料）

7. A Talk by Hsing Chi-Feng (2nd year, 2nd Term, 1975,9)（Hsing Chi-Feng 的谈话）

8. Oral Practice（口语练习）

9. Nouns, Verbs, Proper Nouns（名词、动词、专有名词）

从内容上看，这些资料都是与纺织厂和工人有关的。主要内容包括：纺织厂的背景和概况；从棉花到织布的整个生产过程；工人的福利待遇；新旧社会对比，社会主义的优越性。当然，一定要批判资本主义，还要宣传毛泽东的《鞍钢宪法》（Constitution of the Anshan Iron and Steel Company）。

有些资料是模拟外国人到工厂参观时和工人的对话，还有的是模拟工人讲自己的经历，讲新旧社会的变化，忆苦思甜。有一篇文章的作者是一位到中国访问的美国青年，写的是他在上海国棉 17 厂参观的情况。

除了这些阅读资料外，还有一些练习资料。例如：口语练习、问答练习、词语替换练习、复述课文，等等。目的是让同学们熟练掌握单词和词组，熟练讲述资料中的内容。

资料中会出现一些日常生活不常用的单词，像纺织方面的专业词汇，如：scutcher（清棉机），ring spinning frame（环锭精纺机），还有好多像"咔叽布"（khaki）、"灯芯绒"（corduroy）、"凡立丁"（velveteen）都在资料后面作了标注。

这些资料还有一个特点就是反映了当时的"政治"背景。如：讲到了批判刘少奇、"批林批孔""七·二一"工人大学，还提到了周总理在四届人大的报告。

大部分资料是老师们为这次"开门办学"专门编写的。

当时为了熟练掌握这些内容，同学们抓紧时间学习，甚至下了夜班睡很短的时间就开始看书。老师的教学热情也很高。

对我们来说，当时最大的问题是没有上课学习的场地。有的班到附近的朝阳公园去上课，有的班在宿舍上课，还有的班就在厂区的空地上上课。记得我们班有一次借到了工厂的学习室，里面还有黑板，那可能是最好的学习场所了。

我记得，因为宿舍里灯光太暗，我还跑到工人宿舍的楼道里看过书。

用当时时髦的说法就是"开门办学"把课堂办到农村和工厂去。在这一点上，我们是地地道道的实践者。

在国棉二厂的后期已是10月底，北京的天气渐渐转凉。在入冬之前，我们回到了学校。这时距开学已过去了两个月的时间。

在离开工厂之前，由车间的师傅们根据我们每个人的表现写了鉴定。其实，鉴定的内容都大同小异，在我的鉴定中师傅写了"掌握技术快"。想起来几年前我当工人的时候，也曾给当时在我们班组劳动的北大的工农兵学员写过鉴定，不禁生出几分感慨，真是"此一时，彼一时"。

三、如何看待"开门办学"

如何看待我们两年中的四次"开门办学"？

其实当时全国的高校都在搞"开门办学"。著名的中国问题研究专家、美国学者麦克法考尔、费正清在其著作中提到了这种现象："在北京大学和清华大学，开展了雄心勃勃的开门办学和半工半读教育实验，使大部分学生在 1974-1976 年期间的一段时间内有几个月离开校园，其他大学也如此。"[38]

我们在二外经历的情况大致如此。按照以上提供的时间计算，我们经历的 4 次开门办学共占用正常的教学时间为 22 周，平均每个学期 5.5 周。这是个什么概念呢？一般情况下，高校每一学期的时间为 18-19 周（含复习考试），如果按 18 周或 19 周计算，每学期都要有约三分之一的时间在校外"开门办学"。实际上所谓的"开门办学"也是"只开门，不办学"。而"开门办学"的 22 周时间，相当于超过一个学期的时间都没有进行专业知识的学习。这样算起来，原本 3 年的学制又少了一个学期。

这种做法的结果是什么？

频繁的"开门办学"占去了本来就已经压缩的学习时间，学习时间无法得到保障，学习质量无法保证。

最主要的结果是严重冲击了正常的教学秩序，本来应该进行的课堂教学大打折扣。

我们的专业英语学习的课程内容成了配合政治运动，结合工厂、农村、军队的环境教学。工厂、农村和军营都无法为学生提供一个安定的、适当的学习环境。

另外，"开门办学"被"四人帮"从极"左"的方面加以解释和发挥，认为"教师中心、课堂中心、书本中心"的教学方法是资产阶级的。他们把阶级斗争变成学校的主课，使体力劳动成为教学的中心，把教育上的问题夸张、歪曲到了荒谬的地步。甚至提出："广泛进行教育革命实践，大力改革旧的教育制度、旧的教学方针和方法，为把学校改造成为无产阶级专政的工具而斗争。"[39]这些都违背了教

---

[38] [美]R·麦克法考尔 费正清/编：《剑桥中华人民共和国史》（下卷 中国革命内部的革命 1966-1982 年），北京：中国社会科学出版社，1992 年 8 月版，第 577 页。

[39] 北京大学教育革命组："为把学校改造成为无产阶级专政的工具而斗争"，《北京大学学报（哲学社会科学版）》，1975 年第 6 期，第 42 页。

育的初衷。

当时我们不知道的是,此时邓小平主导的教育整顿与"四人帮"的斗争已经到了"短兵相接"的程度。

1975年9月26日,邓小平在听取中国科学院负责同志汇报"关于科技工作的几个问题"(汇报提纲)时,提到了教育工作。邓小平说:

"要后继有人,这是对教育部门提出的问题。大学究竟起什么作用?培养什么人?有些大学只是中等技术学校水平,何必办成大学?科学院要把科技大学办好,选数理化好的高中毕业生入学,不照顾干部子弟。这样做要是犯错误,我首先检讨。这不是复辟!一点外语知识、数理化知识也没有,还攀什么高峰?中峰也不行,低峰还有问题。"[40]

"现在相当多的学校学生不读书,这也不符合毛泽东思想。毛泽东同志反对的是教育脱离实际、脱离群众、脱离劳动,并不是不要读书,是要读得更好。……毛泽东同志讲了四个现代化,还讲过阶级斗争、生产斗争、科学实验是三项基本社会实践,现在却把科学实验割裂出来了,而且讲都怕讲,讲了就是罪,这怎么行呢?"[41]

然而,我们回到学校后的11月,一场"批邓、反击右倾翻案风"的运动酝酿开始,邓小平的全面整顿至此中断。[42]

四、运动又起:"批邓、反击右倾翻案风"

这场运动的起因于时任清华大学党委副书记的刘冰[43]等人对"四

---

[40] 邓小平:"科研工作要走在前面",《邓小平文选》(第二卷),北京:人民出版社,1994年10月第二版,第33-34页

[41] 邓小平:"各方面都要整顿",《邓小平文选》(第二卷),北京:人民出版社,1994年10月第二版,第37页。

[42] 郑谦著:《被"革命"的教育——"文化大革命"中的"教育革命"》,北京:中国青年出版社,1999年1月版,第386页。

[43] 刘冰(1921年12月—2017年7月)。河南伊川人。1938年加入中国共产党,同年入延安抗大学习,1956年,刘冰同志到清华大学工作。5月,在清华大学第一次党代会上,当选为清华大学党委副书记。从此直到1966年

人帮"爪牙的倒行逆施不满,联名写信给邓小平副主席转呈毛泽东主席,揭发被"四人帮"安插在清华大学的党委书记迟群等人的严重问题。刘冰在其后来所著的《风雨岁月:1964-1976年的清华》[44]一书中详细记载了写信和送信的过程。

11月18日,清华大学在迟群的主持下召开全校师生员工万人大会,传达毛主席对时任清华党委副书记的刘冰等人来信的批示后对刘冰等人的两封信展开了批判。[45]称他们刮起了一股"右倾翻案风"。

随后,在清华大学开始了对刘冰等四位校领导的批斗。称他们是:"正在走的走资派""投降派""右倾翻案风的急先锋";给他们罗织的罪状是:"否定教育革命,翻教育革命的案,算教育革命的账""否定文化大革命,翻文化大革命的案,算文化大革命的账""反党、反毛主席"。在批斗几位校领导的同时,开始点名批评教育部长周荣鑫。[46]

12月10日,迟群、谢静宜以清华大学党委的名义向中央做了《清华大学关于教育革命大辩论情况的报告》。

12月14日,中央转发了《清华大学关于教育革命大辩论的情况

"文革"爆发,他一直担任校党委第一副书记。"文革"爆发后,刘冰同志被打倒。1970年,才被"结合"进当时的领导班子,任校党委副书记。面对"四人帮"及其爪牙们的倒行逆施,刘冰进行了多次抗争。1975年8月和10月,刘冰同志先后两次与惠宪钧、柳一安、吕方正等联名写信给邓小平副主席转呈毛泽东主席,揭发被"四人帮"安插在清华大学的党委书记迟群等人的严重问题,被指为"诬告信",再次受到错误批判,并由此引发了全国"反击右倾翻案风"运动。直到1978年,清华大学党委请党中央批准,给刘冰同志平反。此后,他远赴西北,担任兰州大学党委书记、校长,甘肃省副省长,中共甘肃省委副书记兼秘书长、常务副书记,甘肃省人大常委会主任。1988年后,任全国人大代表,全国人大常委会教科文卫委员会副主任委员、顾问等。他先后当选为党的十二大、十三大代表。信息来源:"清华校史馆"微信公众号。

44 刘冰所著《风雨岁月:1964-1976年的清华》一书于1998年2月内部出版发行,当年4月第二次印刷。再版(修订本)于2010年5月,由北京:当代中国出版社出版。本文引用的为2010年5月版。

45 刘冰著:《风雨岁月:1964-1976年的清华》(修订本),北京:当代中国出版社,2010年5月,第214页。

46 刘冰著:《风雨岁月:1964-1976年的清华》(修订本),北京:当代中国出版社,2010年5月,第216-217页。

报告》，称 7、8、9 三个月谣言四起，"在教育界，尤其突出"。[47]这里所说的"谣言"，指的就是在民众中流传的邓小平关于"全面整顿"的一些讲话。

此时，清华、北大的大字报已是铺天盖地，公开点名批评清华大学的党委副书记刘冰和教育部长周荣鑫[48]。北京以及一些省、市纷纷组织干部、群众到清华、北大看大字报。

那时，大字报的作用是为了营造一种视觉压迫和暴力的气氛。鉴于当时北大清华在全国的特殊地位，两校的一举一动对高校，乃至全国都有着示范作用。因此，到那里看大字报被赋予了特殊的含义。

我们年级被组织看大字报的地点是北大。

记得那是一个寒冷的晚上，好像是吃过晚饭之后，学校派车直接把我们送进了北大。那是我第一次到北大，不知道进的南门还是西门。现在回忆起来，看大字报的地点是现在北大办公楼西面，环绕着四棵银杏树和华表的那片地方。

当时，这片区域叫"办公区"。围绕着这一区域，用粗大的竹子和苇席搭起了高高的大字报墙。为了让人们在夜晚也能看清大字报上的字，还特意装上了照明设备，明晃晃的电灯把那一片区域照得灯火通明。当时天色已晚，根本没看到北大的校园什么样。既没有看到"一塔湖图"（即"博雅塔和未名湖"），也不知道大字报区里有古老硕大的银杏树和来自圆明园的华表。看到的只是墙上铺天盖地的大

---

[47] 周全华："'文化大革命'中的'教育革命'"，中共中央党校博士论文，1997 年，第 156 页。

[48] 周荣鑫（1917-1976）。山东蓬莱人。曾任国务院秘书长、教育部部长、教育家。1975 年，在江青反革命集团猖獗之时，周荣鑫任教育部部长。他主持教育部，会同各级党委全面贯彻党的教育方针，落实党的知识分子政策，开展基础理论教育和研究，起草了《教育工作汇报提纲》，着手全面整顿被江青反革命集团破坏了的全国教育事业。他的做法，把江青反革命集团深深刺痛。1976 年 4 月 13 日，周荣鑫被迫害至死，终年 59 岁。1977 年，中共中央为周荣鑫平反昭雪，充分肯定其一生功绩。同年 8 月 28 日，在北京召开追悼会，党和国家领导人邓小平、李先念、王震、谷牧等参加了追悼会。见百度百科 https://baike.baidu.com/item/周荣鑫/4476246?fr=aladdin，访问时间 2021 年 10 月 26 日。

字报和乌泱泱的人群。记得那天晚上，正有人蹬着梯子把大字报上原来用"×××"代替的人名覆盖住，贴上"刘冰"和"周荣鑫"的名字。这意味着这两个人的问题性质已经发生了变化。

不久后，1975年12月《红旗》杂志第12期发表了北大、清华大批判组的长篇文章："教育革命的方向不容篡改"。这是报刊公开发表的第一篇"反击"的文章，是动员全国人民"反击右倾翻案风"的信号。

文章中从极"左"的方面对教育革命的各个方面进行了解释和发挥。对"开门办学"，文章认为把课堂办到工厂的车间、农村的地头，实现教育与劳动相结合，是"教育革命"的一项重要内容。对这种办学方法的质疑和否定是"教育领域里的阶级斗争、路线斗争"。把开门办学说成是"不讲学文化""实践——实践——实践"，完全是对《五·七指示》道路的污蔑。[49]

文章中给周荣鑫罗织了"制造和散布政治谣言，反对伟大领袖毛主席，攻击和分裂以毛主席为首的党中央"，"推行反革命修正主义路线"等罪名。在教育部成立所谓"临时领导小组"，剥夺了他的一切职权，对其进行残酷斗争，无情打击。[50]

至此，邓小平的全面整顿中断。我们又被要求投入到"反击右倾翻案风"的运动中。

当时，作为工农兵学员的我们，"听话"或"党叫干啥就干啥"的惯常的思维模式使得我们并不敢公开对"开门办学"提出质疑或不满。但是，从私底下传播的所谓"谣言"中，我们大致了解了在清华发生的事情，开始对邓小平的整顿和所谓的"反击右倾翻案风"进行思考，在关系好的同学中也会议论并交流看法。

这时对邓小平的整顿，我们都抱着支持的态度，对那场"反击右倾翻案风"的运动虽然没有公开抵制，但已表现得不那么积极了。

---

[49] 参见北京大学、清华大学大批判组："教育革命的方向不容篡改"，载于《红旗》杂志，1975年第12期，第3、5页。

[50] 见百度百科 https://baike.baidu.com/item/周荣鑫/4476246?fr=aladdin，访问时间2021年10月26日。

第五章　校园里的那些事

大学是年轻人聚集的地方，年轻人总是充满了活力与激情，充满了希望。每个进过大学学习的人对校园生活都会有许多美好的回忆。

"文革"时期的大学校园虽然也是年轻人聚集，但与现在的校园还是有着一些不同。

第一节　有条纪律是：不许谈恋爱

一、这条纪律的由来

在 2021 年北京大学为 2020 年毕业的同学补办因新冠疫情未举行的毕业典礼上，有同学当场求婚。当然，求婚成功。老师和同学，甚至学校的领导都向他们送上掌声和祝福。在网上搜了搜，发现这种事情在很多高校的毕业典礼上都曾有过，其实很普遍。

这种现在很普通的事，在我们当年是想都不敢想的。

二外校园里没有什么美景，最美的景色也就算那条小路两旁的梧桐树了。那些梧桐树枝干挺拔，根深叶茂。尤其是到了秋季，会展现一把"梧桐一叶落，天下皆知秋"的美景。据说梧桐树雌雄异株，梧是雄树；桐是雌树。梧桐同长同老，同生同死。在古代常以梧桐来暗示男女之间海枯石烂的忠贞爱情。

因此，要说最浪漫的树，当属梧桐。

在这浪漫的梧桐树下，在那风华正茂的年龄，原本应该演绎出许多浪漫的故事，但一条纪律让所有的浪漫都不存在。这条纪律就是

——不许谈恋爱。

这条纪律是入学后即宣布的。对于现在的年轻学生来说，这条纪律看起来既荒诞又不近人情。但当时的"明令禁止"并不是二外的首创，而是教育部的规定，该规定一直延续到改革开放以后的七十年代末。

这条纪律的来源可以追溯到上世纪三十年代的延安时期。当工农红军的主力转移到陕北后，时任中国人民抗日军政大学政治部主任莫文骅请示毛泽东，要求抗大学员必须遵守"学习期间不能谈恋爱，不能结婚"的纪律[1]。这条纪律在战争环境下提出，而抗大又是按军队编制组织起来的军官学生，自然不难理解。这条纪律意味着革命者不能为恋爱和婚姻影响革命事业。"革命"与"恋爱"相比，前者是关系民族命运的大事，后者则是屈居服从地位的个人小事。[2]

这样，"明令禁止"的规定就此延续了下来。

当时大学对工农兵学员实行的半军事化的管理，二外也不例外。在"革命利益高于天"，"个人利益要服从组织"的那个年代，这样的纪律并没有人敢公开提出质疑。

可是，一条纪律怎挡得住青春年华，青春的校园怎少的了恋情欢歌呢。纪律归纪律，一些地下恋情还是悄悄地发展，大多数同学也选择了"睁一只眼，闭一只眼"。但是否能"平安无事"就要看运气了。

有一次，我们年级一对正在热恋的情侣同学趁着夜色在校园里有些亲昵的动作。很不幸，他们被一群在校园里玩捉迷藏的孩子们发现了。这群半大的孩子立刻变身抗日小英雄，他们像见到日本鬼子一样，抓起石子、土块就向二人扔过去，吓得二人抱头鼠窜。"小英雄们"哪肯放过抓"鬼子"的好机会，在后面穷追不舍，边追边高喊着"抓流氓啊！抓流氓啊！"直到有同学发现，拦住了那几个"小英雄"，二人才得以脱身。

---

1 莫文骅：《莫文骅将军自述》，沈阳：辽宁人民出版社，1997年版，第172-173页。
2 李秉奎著：《狂澜与潜流——中国青年的性恋与婚姻（1966-1976）》，北京：社会科学文献出版社，2015年7月版，第62页。

第五章　校园里的那些事

这事幸亏没有人报告。如果让我们年级的党支部书记老 H 知道了，后果肯定不堪设想。

老 H 是我们英语系 73 级的专职党支部书记，他是在"文革"期间北京政法学院（今中国政法大学）解散后辗转调到二外的。H 是 1949 年后中国政府派到苏联的首批留学生，就读于莫斯科大学法律学系。在苏联期间他娶了一位苏联姑娘为妻，由于中苏关系的恶化，这段婚姻最后以悲剧告终。此后，老 H 没有再婚。不知是否与他的这段经历有关，H 对同学中的恋情采取了非常严厉的态度。接下来发生的两件事让老 H 有了依据这条纪律处理学生的机会。

二、她把收到的情书交给了组织

Q 同学，男生，北京人，党员，军队干部子弟。那个年代，由于父亲就在部队工作，他没有像大多数同龄人一样去农村插队，而是得到了令人羡慕的参军的机会，并在部队入了党，复员后到北京市的卫生系统工作。Q 入学后最初在二班当班长，后来调整到我们班任班长。印象中，Q 个子不高，戴一副黑框眼镜，总是穿绿色的军装上衣，因为他是在空军当兵，所以总穿空军的蓝裤子。Q 性格开朗幽默，会写诗填词，还有一副男高音的好嗓子，经常在年级的联欢会上高歌一曲。

M 同学，女生，也是北京人，来自北京的某工厂，18 岁就入了党。她入学后与 Q 同在二班，M 任党小组组长。班长和党小组长，二人组成班上的"领导班子"。因此，他们在工作上是搭档。这种学习和工作上的关系，互有好感是很正常的事情。

我与他们二人原本都不熟悉，后来 Q 调到我们班任班长，于是逐渐熟悉起来。由于 M 经常来我们班找 Q 玩，我也就认识了 M。

大二那年放寒假前，Q 找到我说，"过了春节，你带 M 来我家玩吧。我跟她说好了。"并告诉了我时间。当时，同学之间的交往并没有适合的社交场所，没有咖啡厅，餐厅也很少。再加上手头拮据，同学交往基本是去家里。我家离 Q 家不远，跟 M 也比较熟了，于是就爽快地答应了。

到了约好的那天,足足等了一天,M 也没有来找我。第二天 Q 匆匆来到我家,询问情况。我告诉他是因为 M 爽约了。看得出 Q 很沮丧,但他还是找到了一些 M 没来的理由安慰自己。

紧接着新的学期开始了。开学后的一天晚上,Q 找到我,手里拿着一个巴掌大的小本子。他告诉我,里面是他写给 M 的诗,请我把这个小本子转交 M。我知道这就是 Q 给 M 的情书。以诗文示爱,在中国古代就是男女表达爱情的一种方式。见我犹豫,Q 说,"其实也没写什么,你看看吧!"我翻了翻,无非就是向 M 表白爱意的一些情诗,有挺夸张地赞美:"面若桃花、香腮……"。在 Q 的坚持下,我找到 M,把那个寄托了 Q 一片深情的小本子交到了她的手里。

没想到,过一会儿,M 就急赤白脸地来找我,先是愤怒地把 Q 大骂一顿,然后她告诉了我她的决定:把这个小本子交给"组织"处理。我一听就急了,连忙劝道,"如果你不接受,交给我退给他就是了,不要交啊!""你这样做对 Q 会造成什么后果?你不会不知道吧。"然而,我的话 M 一句也不听进去,反过来指责我多管闲事。眼看劝说无果,我只能眼睁睁地看着 M 拿着那个小本子去找老 H 了。

我能做的,就是心急火燎地跑去把这个"噩耗"告诉了 Q。

我不知道那个夜晚 Q 是怎样熬过的。对他抗击打能力的考验第二天才正式开始。

先是老 H 在全年级大会上不点名地讲了这件事,措辞严厉并带着讽刺、讥笑和挖苦。同时,H 点名表扬了 M 同学,表扬她"遵守纪律、觉悟高、相信组织",等等。接下来 H 提到,"有个同学知道这件事,不仅没有向组织报告,反而……"。我坐在下面,面无表情地听着,知道他是在说我。会后,H 把我叫去进行了一次严厉的谈话。我硬着头皮听着他反反复复说着一句话:"你为什么不向组织报告?"

几天后,Q 被要求在党小组会上做了检查。

这件事,虽然没有公开点 Q 的名字,但全年级都知道老 H 说的是谁。示爱的表白被拒本来就是打击,但更大的打击是"交给组织"。这种当众羞辱对 Q 的伤害是极其残酷的。

那段时间里，同学中也有一些冷言冷语。压力之下的 Q 整日里灰头土脸，情绪低落到了极点。幸亏有几个好友陪伴他度过了那段难熬的日子。

这件事之后，Q 明显失去了"组织"的信任。勉强做完了一个学期的班长之后，新学期班级重组，Q 被免职，直到毕业再也没有担任过任何干部。我也明白，这件事后，我也不再是"组织"信任的人。班级调整后，我在团内的职务也都没了。

而 M 却因此获得了"组织"，特别是老 H 的信任。毕业分配时，根据"哪来哪去"的原则，原本应该回工厂的 M 留校任教。

毕业后，大家各奔东西。

再后来，听说 Q 和 M 各自组建了家庭。Q 后来去了美国，我再也没见过他们。

不知道他们后来如何看待当年的这段往事。不知道 Q 是否还对 M 心存怨恨，也不知道 M 是否对自己的所作所为有过反思，她是否对 Q 说过一声"I am sorry"（对不起）。她是否明白了：可以不爱，但，请勿伤害。

令人唏嘘的是，Q 在 2010 年 9 月病逝于美国旧金山，终年 59 岁。他去世后，我看到了他生前填的一首词："《高阳台》——浮生半日"。词中写道："看飘零，柳絮槐花，敢忆从前？"读到这句，眼前浮现的竟是他当年失魂落魄的样子。

Q 其实还算是幸运，起码档案里没有装着那种能跟上他一辈子的处分。但另一个故事的当事人们可就没那么幸运了。

三、毕业前，她被学校开除了

这个故事发生在一个女生和三个男生之间，四个当事人都是我们年级的同学。

W 是一位女生，来自河北省某市，是从工厂选送来上学的。她中等身材，相貌平平。但她的英语基础好，说得很好听，发音标准，语调纯正。虽然我跟她不在一个班，但全年级就一百多人，经常一起上大课、开大会，都混了个脸熟，所以见面也会打个招呼。对她的印象还是不错的,只知道她身体不好,军训或劳动她经常会缺席。

正当大家即将毕业的时候,突然传来一个令人震惊的消息:W睡了我们年级三位男生,系里正讨论如何处理。三位男生中二人为党员,另一位是团员,W也是团员。这种事情传得很快,起初只是风言风语,很快消息得到了证实。据说事情的败露是学过刑侦的老H发现了一些蛛丝马迹,找W谈话,W一害怕就自己全招了。

毕业前的一天,全年级的党员和团员分别召开了会议,会上公布了W和其他三位男生的行为,并表决处理决定。用今天的语言表达,他们就是谈恋爱,或以谈恋爱为名睡了。那时的革命意识已经疲软,压抑的原始本能在特殊的环境里爆发了。在那个封闭又保守的年代,谈个恋爱都是大逆不道,有这种事情的就都是"流氓",是"生活作风问题",后果十分严重,足以毁掉一个人。有同学后来告诉我,在党员大会上对两位男生开除党籍进行表决时,有同学未举手同意。有同学提出,生活问题就是批评教育,治病救人。这么年轻他们以后怎么办?但H根本不管。

我参加的是团员大会,会上要求大家对W和那名男生的处理意见进行讨论并举手表决。对W大家几乎没有什么不同意见,一致同意开除团籍。但对那位男生的处理有争议。记得有一位同学极力为他辩解,认为他是受到了诱惑,不应处分。但最后的表决结果仍然是绝大多数人同意开除其团籍。

很快,W和三名男生的处理结果就出来了。对W的处分最为严厉,开除团籍、开除学籍。这是当时学校里最严厉的处分,意味着不仅她这三年半的学算是白上了,还意味着这个处分会伴随其一生。

其他两名男生党员给的是党内处分,团员是团内处分。这些处分的所有材料都会进入个人档案。因为档案是随着人走的,这就意味着不管你走到哪,这个污点都会跟着你,可能是一辈子。对于一个年轻人,这一污点可能会影响其一生。

记忆中并没有宣布适用于这些处分的依据是什么,而且入学后也没有宣布过什么"违纪处分办法"。

所以,当时处分的依据是什么并不清楚。处理中是否做到了依据准确？处理的程序是否正当？是否做到了事实清楚，证据充分？他们是否行使了申诉的权利。这些因没有材料而不能给出明确的结论。但有一点是可以肯定的，就是这几位同学的隐私权并没有受到尊重和保护。这件本来属于个人隐私的事情，被公布于大庭广众之下，并进行了无情的消费。这对当事人来说是十分残酷的。

处理决定宣布后，我最后一次见到 W 是在她的宿舍。

W 蒙着被子躺在床上，脸冲着墙。几个女生围在她的床边，对着她大声训斥、指责。语言中充满了讽刺、挖苦、嘲笑，甚至还有谩骂，但没有一丝同情，没有一句安慰。W 始终躺在床上，没有说一句话，也没有发出一点声响。我忽然觉得她有些可怜。

几天后，我们毕业离校，W 也被遣送回原单位。没有毕业证书，没有分配工作单位，还背着那个可能影响她一生的处分。

再后来，就没了她的音讯。

三个男生中最惨的是其中的 G，他是党员，还当过班长。他执着地认为自己就是在跟 W 在谈恋爱。甚至在 W 的事情完全败露之后，他还痴情地说，愿意跟 W 组成家庭生活下去。但没人会听他的辩解。

令人唏嘘的是，背了个处分的 G 离开学校之后，从此一蹶不振。他后来工作、生活得怎么样？是否组建家庭？这些都没人知道。

再后来，传来的竟是他已去世多年的消息。

这就是我们那个时代的真实故事。

那是一个保守的时代，一个封闭的时代，一个个人的私生活也被贴上了"政治标签"的时代。通常人们都认为，"文革"十年是禁欲主义（asceticism）色彩浓厚的历史时期。年轻人的生活问题得不到应有的指导和帮助，视一切男女爱情为"邪恶"，高校对正当的谈恋爱下了"禁令"。这或许是造成上述悲剧的真正原因。

不幸的是，我的同学成了牺牲品。

四、如何看待当年的故事

多少年后的今天如何看待当年发生的事情呢？

首先，"不许谈恋爱"的规定早已没了踪迹。现在的大学里，谈恋爱是司空见惯的事情，不谈反而是有些不正常的。

其次，对于高校学生在校期间的婚前性行为的态度，观念上也发生了很大的变化。

在2016年12月16日经教育部2016年第49次部长办公会议修订通过，2017年9月1日起施行的《普通高等学校学生管理规定》[3]中，只概括要求遵守宪法和法律、法规遵守学生行为规范，并无未婚性行为方面规定。[4]

倒是在2019年大连理工大学研究生学生手册中的一条规定近日在中国互联网上引起争议。该校规定，学生在学习期间发生未婚性行为者，将给予记过以上处分。

网络上对这一规定提出批评的文章中指出：

"在现在的大学里，谈恋爱是司空见惯的事情，到了研究生阶段，则更为普遍。我们可以简单算一下，大部分人本科毕业时22岁，研究生要么是本科毕业后就去读研，要么是工作几年后再回来读研。

也就是说，大部分研究生至少是22岁起步，而22岁已经达到了适婚的年龄，很多人都开始交往对象。正值激情澎湃的青春年华，加上思想的日渐开放，婚前性行为对很多人而言，是一件看上去很正常的事。"[5]

---

[3] 《普通高等学校学生管理规定》见网址：http://www.moe.gov.cn/srcsite/A02/s5911/moe_621/201702/t20170216_296385.html. 访问时间2021年10月23日

[4] 详见《普通高等学校学生管理规定》："第五十二条 学生有下列情形之一，学校可以给予开除学籍处分：（一）违反宪法，反对四项基本原则、破坏安定团结、扰乱社会秩序的；（二）触犯国家法律，构成刑事犯罪的；（三）受到治安管理处罚，情节严重、性质恶劣的；（四）代替他人或者让他人代替自己参加考试、组织作弊、使用通讯设备或其他器材作弊、向他人出售考试试题或答案牟取利益，以及其他严重作弊或扰乱考试秩序行为的；（五）学位论文、公开发表的研究成果存在抄袭、篡改、伪造等学术不端行为，情节严重的，或者代写论文、买卖论文的；（六）违反本规定和学校规定，严重影响学校教育教学秩序、生活秩序以及公共场所管理秩序的；（七）侵害其他个人、组织合法权益，造成严重后果的；（八）屡次违反学校规定受到纪律处分，经教育不改的。"

[5] 参见："大连理工大学研究生手册十九条：学习期间发生未婚性行为者，

第五章 校园里的那些事

至于对有这种行为学生的处分,有人明确指出:

"这条规定,本身并没有错,但随着观念的变化,婚前性行为,已由'不道德'慢慢转变成'不提倡'再到'顺其自然',但如果发生了,也不能够去谴责,如果还用'记过'去处分学生,更是不可取。"[6]

著名性学家彭晓辉在接受封面新闻采访时指出,没有任何法律禁止未婚成年人的性行为,但在惯例中学校对道德、纪律的要求比其他社会单位要严格。性行为是成年未婚学生的权利和私事,在没有造成负面后果的情况下,学校一般不会主动介入。[7]

可见,现在的观念与我们那个时代已经完全不同了。

最后,对于谈恋爱及有婚前性行为学生的处理还涉及个人的隐私权问题。

根据现在《中华人民共和国民法典》的相关规定,自然人享有姓名权、肖像权、名誉权、隐私权等权利。特别是人格权和隐私权的保护。[8]

当然,该法并没有追溯既往的效力,笔者只是借用现在的观念与当年的事情做一比较。当年在处理"一个女生和三个男生"的事情时,不仅公开进行讨论,并公布细节,这种做法在很大程度上侵犯了

记过",《教育向前冲》,2020年9月27日。网络资料 https://baijiahao.baidu.com/s?id=1679000965858399901&wfr=spider&for=pc,访问时间2021年10月23日

6 参见:"大连理工大学研究生手册十九条:学习期间发生未婚性行为者,记过",《教育向前冲》,2020年9月27日。网络资料,https://baijiahao.baidu.com/s?id=1679000965858399901&wfr=spider&for=pc,访问时间2021年10月23日

7 参见"多所高校规定学生未婚性行为将被处分,专家:为应对产生'负面事件'",《顶端新闻官方账号》2020年9月13日, https://baijiahao.baidu.com/s?id=1710932750944357713&wfr=spider&for=pc,访问时间2021年10月23日

8 参见《中华人民共和国民法典》第一百一十条 【具体人格权】 自然人享有生命权、身体权、健康权、姓名权、肖像权、名誉权、荣誉权、隐私权、婚姻自主权等权利。第一千零三十二条:自然人享有隐私权。任何组织或者个人不得以刺探、侵扰、泄露、公开等方式侵害他人的隐私权。

当事人的人格权和隐私权。可以肯定的是,这种做法对这些同学造成了伤害和影响,G同学就是一个例子。遗憾的是当时根本没有意识到这些问题。

毕业后,大家离开学校,那些校园里的地下恋情也纷纷浮出水面。后来也有喜讯传来,我们年级中至少有9对同学终成眷属。其中不乏党员同学。也许他们中会有梧桐树下的浪漫故事。

看来,一条纪律还是挡不住青春的脚步。

看到现在网络上的讨论,真是感到这个社会还是进步了。

其实,年轻时在校园里的一段感情,无论结果如何,都是值得珍藏的记忆。因为那时的情感真挚而纯洁,不带任何物质和功利。对于那些最终没有走到一起的同学,他们的记忆中也许会同样珍藏着那时的美好,心中会永远牵挂彼此,祝福彼此。如有机会再见,互致一句问候,互道一声"珍重"!

这难道不也是一种美好吗?

第二节　没有考试的学习

学校里除了教学制度之外，考试制度就是学校最重要的制度了。然而，我们在二外学习的三年半时间里，所有的课都算上，竟然没有一次考试。

一、为什么没有考试？

在大学里没有考试，这听起来令人感觉匪夷所思的现象，其实是由当时的大环境决定的。

先看一下这段话：

"文化大革命前，在修正主义教育路线统治下，旧的高考制度是资产阶级知识分子统治学校的重要关卡。表面上叫做'在分数面前人人平等'，实际是资产阶级的文化专制，是为了把广大工农兵及其子女排斥在大学门外。……那样一套高考制度、一条教育路线，同社会主义事业的需要是背道而驰的。……怎样进行文化考查，不只是个方法问题，里面有路线问题。……如果选拔唯一看文化，文化完全凭借考试，考试又专门考书本，那就很容易把青年引到'闭门读书'，同工农相脱离的资本主义道路上去。"[9]

这段话摘自于1973年《红旗》杂志第八期上的一篇文章，题目是："改革大学招生制度的深远意义"。此前，《辽宁日报》刚刚发表了有关张铁生的"一份发人深省的答卷"，还加了"编者按"，认为：张铁生"对物理化学这门课的考试，似乎交了'白卷'，然而对整个大学招生的路线问题，却交了一份颇有见解、发人深省的答卷"[10]。《人民日报》在转载时加的《编者按》中说："这封信提出了教育战线上两条路线、两种思想斗争中的一个重要问题，确实发人深

9　朱研："改革大学招生制度的深远意义"，载于《红旗》，1973年第8期，第9-10页。
10　"一份发人深省的答卷"，载于《辽宁日报》，1973年7月19日。

思"。[11] 此时《红旗》杂志发表的这篇文章与《辽宁日报》的文章遥相呼应，再次重申了对考试制度的观点：旧的高考制度是资产阶级的；分数面前人人平等是资产阶级文化专制，目的是把工农兵排斥在大学门外；怎样进行文化考查是路线问题；文化考试很容易把青年引上资本主义道路。

将高考制度、分数、文化考查这些教育制度中的基本制度与资产阶级、资本主义、社会主义挂钩，是这篇文章的主要观点，也是当时的一大特点。

"文革"开始后，旧的高考制度被废除，改为"推荐制"，即从工农兵中推荐上大学，这就有了我们这些"工农兵学员"。高中本来具有大学预科性质，"推荐制"改为"相当于初中以上文化程度"，不再硬性要求高中文化程度，这也就无法保证高中与大学教育的连续性。好不容易在1973年高校的招生中增加的"文化考查"，又很快在"四人帮"的声讨中败下阵来。

1973年下半年之后，江青集团掀起了一股反对文化考核、否定文化学习的恶浪。文化考核被说成是"复辟"和"反攻倒算"，1972年初步恢复的考试制度，大多也被再次取消，学校里的教学秩序又陷于混乱。[12]

我们73级正是在这种背景下走进大学的。没有考试也就不足为奇了。

二、与考试相关的两件事

此后发生的两件事使得高校正常的考试制度更加不可能。

第一件事："刘丽华谈话"

1973年11月21日《文汇报》和《解放日报》同时刊登了一篇名为"一种值得注意的倾向——记上海师范大学中文系毕业生、工农兵学员刘丽华的一次谈话"（以下简称"刘丽华谈话"）的文章。《文

---

11 《人民日报》，1973年8月10日。
12 郑谦：《被"革命"的教育——"文化大革命"中的"教育革命"》，北京：中国青年出版社，1999年1月版，第322页。

汇报》《解放日报》在"编者按"中说,"在教育革命深入发展的大好形势下,千万不能忘记党的基本路线,要注意文教战线上两条路线、两种思想斗争的长期性和复杂性。"[13]

刘丽华来自农村,贫农的女儿,她是 1970 年被推荐到上海师范大学学习的工农兵学员。刘的文化基础薄弱,只上过 6 年小学,在学习上很困难。在这次谈话中,刘丽华抱怨:"有的人往往用考试和分数来卡我们。刚上古代文学课时,老师要我们翻译一篇古文,以前我确实没有学过,因而没有译出来,……业务上一时跟不上的,抬不起头来。"对自己学习上的困难,刘竟用"阶级斗争"来解释,认为学校里的很多事情是"两条教育路线的斗争","上层建筑阶级都是很复杂的。一个突出的问题是'智育第一'的精神枷锁尚未彻底摧毁。"[14]

报纸上发表"刘丽华谈话",发起了以批判"智育第一""资产阶级习惯势力"为中心的讨论,[15]就是要证明:"修正主义教育路线复辟回潮"是当时的主要危险。

第二件事:考教授事件

文革中上演的一出荒诞剧,莫过于"考教授事件"。此剧源于辽宁省的高校。

1973 年 7 月,辽宁省考生张铁生以白卷上大学的事件,引起了各方面的强烈反对。毛远新[16]在辽宁抓的点——沈阳医学院为了压制反对之声,以开会为名,将几十名教授、讲师召集在一起,拿出事先

---

13 "一种值得注意的倾向——记上海师范大学中文系毕业生、工农兵学员刘丽华的一次谈话",载于《文汇报》《解放日报》,1973 年 11 月 21 日。
14 "一种值得注意的倾向——记上海师范大学中文系毕业生、工农兵学员刘丽华的一次谈话",载于《文汇报》《解放日报》,1973 年 11 月 21 日。
15 郑谦:《被"革命"的教育——"文化大革命"中的"教育革命"》,北京:中国青年出版社,1999 年 1 月版,第 307 页。
16 毛远新(1941 年 2 月-),毛泽东的侄子,是"文革"时期重要政治人物。"文革"期间任辽宁省革命委员会副主任,沈阳军区政委、政治部副主任等职。"文革"结束后被免职。资料来源于百度百科,网址为:https://baike.baidu.com/item/%E6%AF%9B%E8%BF%9C%E6%96%B0/9335710?fr=aladdin 访问时间 2020 年 11 月 13 日

准备好的考题，要求他们答题。直到他们承认"张铁生交白卷是可以理解的"。

这种做法受到江青的表扬。

1973年12月30日，在北京发生了考教授事件。这次考试由国务院科教组和北京市科教组组织，通知时谎称参加座谈会。参加考试的教授、副教授竟有613名。[17]

1974年1月5日，考教授的闹剧在上海再次上演。这天，上海市革命委员会文教组和上海市教育革命委员会组织了上海18所高校、600多位教授和副教授的考试。对此次考试，复旦大学著名历史学家谭其骧先生的日记中有明确记载。[18]

这种荒唐的、带有侮辱性的恶作剧，其目的是想让这些教授们也尝尝被考试的滋味，灭灭他们的"威风"。因为他们"用这样的试题考工农兵完全是刁难和阻碍工农兵入学"。"刘少奇修正主义教育路线承袭旧的考试制度，就是为了驱使青年沿着'读书做官'的阶梯向上爬，使少数人成为高居于人民头上的精神贵族，成为他们复辟资本主义的工具。"[19]

如此大的政治帽子就这样扣在了考试制度上，也确实灭了那些温文尔雅的教授们的威风。

这两件事的发生使得我们入学后的考试制度被彻底废弃。

三、无处不在的平均主义

如果认为考试制度与阶级和阶级斗争挂钩是取消考试制度的一个原因的话，另外一个原因就是"无处不在的平均主义"。按照当时流行的观点"大学就是大家来学"，考试和分数而造成了"不平等"，

17　周全华："'文化大革命'中的'教育革命'"，中共中央党校博士论文，1997年，第133页。

18　葛剑雄："谭其骧日记中的'考教授'"，载于《世纪》杂志，2020年第3期；另可参见李北宏："1974年复旦一场荒唐的教授考试"，载于《世纪》杂志，2020年第2期。

19　方迅："考教授有感"，载于《教育革命通讯》，1974年第2期，第41页。

考试是对工农兵子女的"考试专政"和"分数线封锁"。在这些大帽子之下,自然没有哪所高校会去冒着政治上的风险非要进行考试,二外也不例外。

学校教育制度采取以考试为中心的激励机制,鼓励学习竞争,奖勤惩懒。这是各时代各阶级都共同遵循的教育客观规律。废弃了考试的学习最大的问题是教学质量无法保证。但当时媒体都异口同声地宣传:工农兵学员的质量是没有问题的,甚至比旧大学培养的大学生还要好:

"这些工农兵大学生牢记自己是靠党的培养,受阶级的委托来上大学的。他们为革命而学的目的明确,作风刻苦,坚持理论联系实际,因此学得生动活泼,运用基本的理论知识分析问题、解决问题的能力提高得很快。"[20]

在这种形势下,一旦有反对的声音,马上就会有上纲上线的批判。

上海第二医学院1974年1月期末考试时,基础部化学教研组提出了一份考试方案征求工农兵学员的意见。其中一个条款是"考试时不准交头接耳,要按时交卷",对此,学员认为"这是复旧","分数挂帅"。教师辩解:"要分数有什么不好?要反映成绩,总得有个分数啊!即使是篮球比赛也要记分,也要比胜负"。学员们反驳"你们这样考法会冲掉无产阶级政治,是在搞智育第一"。[21]

对认为"工农兵大学生水平低,质量差"的,被指责为"这些奇谈怪论的目的就是反对毛主席的教育路线,篡改教育革命的大方向。"[22]

这种动不动就挥舞大棒,扣大帽子的作风使得批评和稍微有点

---

20 "无产阶级文化大革命造就新型大学生",《人民日报》,1973年12月30日。
21 周全华著:《"文化大革命"中的"教育革命"》,广州:广东教育出版社,1999年7月,第185页。
22 西安冶金建筑学院采矿系大批判组:"沿着毛主席无产阶级教育路线胜利前进——驳教育界污蔑工农兵学员的奇谈怪论",《西安建筑科技大学学报(自然科学版)》,1976年第1期,第6页。

质疑的声音几乎绝迹。

四、如何看待考试及我们唯一的一次"考试"

作为工农兵学员的我们又是如何看待"考试"问题的呢？

那时，以我们的分析能力和认知水平，大多数同学对这种没有考试的学习并没有太多公开的质疑，顶多是私底下发发牢骚或自己努力学习就是了。对于一个外语专业的学生，应该在听、说、读、写、译五个方面全面掌握所学习的语言，这一点很多同学都明白。但没有考试的压力，学习全凭自觉，有时难免偷点懒，其结果是学习的效果大打折扣。坦率地说，那时的学习很好"混"。有同学在课堂上敷衍老师，课下不练习，不交作业，反正老师也不会追究。

因此，没有考试，没有成绩，知识掌握的水平只是个模糊的概念。相反，对学习上表现突出一点的同学反而要受到批评，一不留神会被扣上"白专"的帽子。记得一次我们班里开生活会，有同学批评我说，"你有好的学习方法为什么不告诉别人？"有一次提到了学习问题，我随口说了一句"怎么没有考试啊？"马上遭到了同学们的痛斥，有同学说道：你是不是认为这样你就可以"higher and higher than others"（比别人高）。吓得我再也不敢说话了。

其实，没有考试就无法检验学生的学习情况，教师也无法准确了解教学的效果。这样，教学的目的很难达到，是否能达到大学本科毕业的水平也会是个问题。其结果是，该学的知识没有学到，该到达的水平没有达到，受害的只能是学生自己。对这一点，有同学认识得很清楚。

1975 年下半年邓小平提出了包括教育在内的全面整顿，同学们也从各种"小道消息"中听到了希望，受到了鼓励。9 月份开学后，终于有同学站了出来，用大字报的形式表达了对学校在教学方面问题的看法。[23]

---

23 关于这份大字报，我的印象十分模糊。关于大字报的内容主要由段遂同学提供。

大字报贴在去食堂的必经路上,很显眼的位置,其作者是我们年级的段遂和另一位同学。大字报直陈二外教学管理的种种不善,并列出教学、政治学习、开门办学所占时间比例的数据,矛盾直指教学工作中存在的问题。

这份大字报引起了很大的轰动,很多人拍手称快,但校领导十分紧张。据段遂同学回忆,当时的校领导在大会上说:"有人和我们算账,多少小时学外语,多少小时政治学习"。但校系领导都未对写大字报的同学进行处理。

大字报贴出后不久,我们去国棉二厂开门办学。暂时离开学校,也暂时平息了有关这份大字报的争论。

没想到的是,11月回校之后,我们经历了长达三年半的学习中的唯一一次"考试"。之所以要把"考试"二字加上引号,是因为在形式上与正常闭卷考试基本相同,但并没有给出分数。所以并非真正意义上的考试。

从时间上看,这次"考试"与1975年邓小平主导的全面整顿的大环境有关,但是否与段遂同学的大字报有直接关联,并不清楚。

对于这次"考试"的一些情况,我问了几位老师和同学,他们都记不清了。幸运的是,我保存了这次"考试"的完整卷子。为行文方便,笔者暂且称之为"考试"。

记得这次"考试"是全年级同时进行的,有老师监考。其中听写部分是通过安装在教室里的"小喇叭"播放的。卷子纸张大小跟今天的A3纸差不多,共3页。有些答题正面写不下,还写在了背面。

卷子第1页的抬头用了"Revision Exercise"(复习练习)一词。表明这是一次对以往知识"复习"为目的的"练习",而非"考试"。

卷子开头用一段话对此次"Revision Exercise"(复习练习)的性质做了说明。这段话译成汉语是这样的:

"这一测验(quiz)的考虑是要检验你对基本语法和单词拼写的掌握情况。所以我们希望在接下来的两个小时的时间里,你最好不要查字典、查教科书或问同学。否则不可能到达我们希望的目的。"

从这段话来看，可以确定这是一次"quiz"（测验），而非"考试"。而且"最好"不要查字典和教科书，也不要相互交谈。这些要求都不是强制性的，如果是强制性的，那就是闭卷考试的基本要求。测验目的是检验一些基本知识的掌握情况，这跟一般意义上的考试没什么区别。但不同的是，每道题都没有给出分数，整个卷子也没有分数。从我的卷子来看，老师做了详细的批阅，但只是统计了对错，并没有给出分数。从这点上来看，还算不上真正的"考试"。

这段话给人的感觉是，老师有意无意模糊了这次"测验"或"练习"的性质，之所以这样做，或许是为了避免因"考试"带来的麻烦。

从内容上看，试卷共有8道大题。具体是：

1. Word spelling （单词拼写）

共10个单词：

Wednesday（星期三）、February（二月）、autumn（秋季）、immediately（立即）、agricultural（农业的）、cabbage（白菜）、astonish（使惊讶）、customer（顾客）、aggression（侵略）、foreigner（外国人）

这些词都是拼写比较容易出错的词。

2．Passage dictation （段落听写）

一共听写了3段话。我出现的错误除了将冠词"the"写成了"a"之外，仍然出现了拼写错误。

3．Give the four forms of the following verbs（给出下列动词的四种形式）。

即：过去式、过去分词、现在分词、第三人称单数形式。总共给出了10个动词，也是容易出错的词，有：lie, dream, shine, blow, strike, slide, welcome, mean, smell, grin.

4．Correct the grammatical mistakes, if there are any, in the following sentences（下列句子中如有语法错误，请改正）

一共10句话。句子中多有语法错误。

5．Translate the following sentences from Chinese into English（将下列的汉语句子译成英语）

共10句话，如：谁玩弄阴谋，一定会被揭露；当时他们只有木犁耕地；他来二外前，一直在农村养猪，如果不是他工作出色，他是不会被送到这里念外语。

这些句子极具时代特点。

6. Fill in the blanks with the proper prepositions（用适当的介词填空）

共10道题，有的句子需填两个空。

7. Fill in the blanks with articles where necessary（在需要的地方填上冠词）

一段话，共有14个空。

8. Fill in the blanks with the proper tenses and voices（用适当的时态和语态填空）

一段话，共23个空。

我毕业后也做过几年的英语老师，从教学的角度来看，这些题目基本没什么难度，考察的就是最基础的知识。只要平时认真地记、认真地背，稍微留意下容易出错的地方，一般的学生都不应该出现太大的问题。可我们的考试结果又如何呢？

以第一题为例，10个单词的拼写，我错了3个。我们班一个平时口语很出色的同学居然一个都没写对。

像动词的四种形式，共给出了10个动词，应该写出40个单词，我错了7个，占该题的17.5%。

还有听写，不是错了"a"就是"the"，拼写错误多次出现。

填空题中仍然反映出了基本功的问题。

记得我拿到老师批改的卷子后，十分沮丧，并陷入了深深的自责中。我大致估算了一下，我的错误率大约在20%左右，以百分计算，大概是80分左右。对于从小到大，都以100分为考试目标的我来讲，这样的成绩让我感到难以接受。

坦率地讲，全年级我肯定不是差的。比我差的同学大有人在。我考成这样，全年级的整体水平可想而知。

记忆中，这次"考试"在同学中引起了小小的震动。尤其是对于像我这样比较注意学习成绩的同学，通过这次"考试"，发现了自己学习中的问题,并在后来的学习中努力改正。但对于大多数同学来讲,因为这次"考试"没有给成绩,每个人考得怎么样,只有自己知道。很快,这次"考试"的话题,就没有人提起了。

但对于教学经验丰富的老师们来讲,他们肯定借此机会清楚地了解了每个学生的学习水平,只是不讲出来罢了。记得有一次在课堂上,吴敬瑜老师有些气愤地谈到我们学习中的问题,形容我们的"spelling"(拼写)错误是"满天飞"。

从这次"考试"暴露的基础薄弱的问题来看,我认为,这与没有考试,缺乏必要的考查手段不无关系。因为没有考试的压力,该背的不背了,该记的不记了,该复习的时候也不复习了。这样下来,只能是自己吞下基础薄弱的苦果,对日后的发展也会有影响。

从客观上讲,我们入学后就强调"教育要革命",要废除20世纪50年代继承下来的"分数挂帅",还采取了"学制要缩短"的做法。学制缩短必然影响到课程内容的压缩和简化,再加上每个学期都要进行的各种各样的"开门办学",实际上大大挤压了在校学习的时间,使得正常的教学时间无法得到保证。这正是段遂同学大字报中提到的问题。

存在如此漏洞的教学制度,显然是经不住考试的检验的。一旦考试,问题必然暴露无遗。不考试,还可以遮遮掩掩,自以为一切安好。可见,不考试的目的是掩盖问题,是一种自欺欺人的做法。其实,自欺欺人只能爽一时,时间一久,一切都会水落石出,大白于天下。

对工农兵学员来讲,由于废弃了考试制度,由此产生的后果是:

1.因为废除了大学入学时的文化考试,入学者大多不具备接受高等教育的文化基础,这就制约了他们在大学里对知识的掌握。

以我们英语系73级为例,168名同学中,入学前几乎没有人完成了高中学业。如此薄弱的文化基础,如果按照以前的高考制度严格要求,多数人都不够上大学的最低标准,直接接受高等教育实际是有困难的。

2.在当时的情况下,这些来"上、管、改"大学的工农兵学员是不能不毕业的,否则就会出现政治上的错误。为了能让他们都能按时毕业，只能取消考试这种检验学习成绩的手段。这种自欺欺人的做法，其结果是降低了对毕业学生知识水平的要求，造成了教学质量的普遍下降，毕业生水平降低。

3.由于入学时没有经过筛选，入学后在大学里补习中学课程，学制又缩短，各种"开门办学"大大压缩了工农兵学员在校的学习时间，其后果是高等教育的质量大打折扣。这不仅是高等教育资源的浪费，也浪费了工农兵学员来之不易的、大好的学习时间。从这个意义上来讲，工农兵学员也是受害者。

有人说，文革10年，"教育革命"的昂贵代价，仅仅换来一个常识——大学不考不行。[24]

顺便说一句，那次"考试"后不久，"反击右倾翻案风"[25]的运动登场。"考试"的事没有人再提起。连写了大字报的段遂同学，也被迫在全年级的大会上发言，批判"右倾翻案风"。

记得那天他走上台来，一张口，下面一片哄堂大笑。谁都知道这根本不是他想说的话。

---

[24] 周全华："'文化大革命'中的'教育革命'"，中共中央党校博士论文，1997年，第133页

[25] 1975年12月1日，《红旗》杂志第12期发表北大、清华大批判组的文章"教育革命的方向不容篡改"，这是动员"反击右倾翻案风"的信号。12月14日，中央又转发清华大学关于教育革命大辩论的报告。报告说，"今年7、8、9三个月，社会上谣言四起，攻击和分裂以毛主席为首的党中央，否定无产阶级文化大革命，翻文化大革命的案，算文化大革命的账，这是一股右倾翻案风"。江青等人利用清华大学的报告，把夏季以来毛泽东对他们的批评、中央政治局对他们的斗争，统统诬为政治谣言。1976年2月5日，中央通知将《打招呼的讲话要点》扩大传达到全党全国群众。至此，"反击右倾翻案风"运动的发动完成。详见：周全华著：《"文化大革命"中的"教育革命"》，广州：广东教育出版社，1999年7月，第311-312页。

第三节 "不让一个阶级兄弟掉队"

一、一个口号的诞生

1971年4月15日至7月31日，国务院在北京召开全国教育工作会议。这次会议是"文化大革命"以来第一次全国范围内的教育工作会议。关于此次会议的《全国教育工作会议纪要》，基本确定了大专院校工农兵学员招收的条件。即，"具有三年至三年以上实践经验的优秀的工农兵，年龄应在二十岁左右"，"一般应有相当于初中以上文化程度"。"选拔工农兵学员要严格坚持自愿报名，群众推荐，领导批准，学校复审"。[26]

招生制度上的"彻底革命"，大大降低了高校入学新生的文化素质要求。虽然在文化程度上要求"初中以上"，但实践中这一要求无法满足。有人戏称，工农兵学员是"大学的牌子，中学的教材，小学的水平，幼儿园的脾气。"[27]

参差不齐的文化程度和薄弱的文化底子显然不能达到大学课程的要求。面对学习上的压力，自认为肩负着"上、管、改"使命的工农兵学员们便喊出了一句豪迈的口号——"不让一个阶级兄弟掉队"。

原以为这句口号是工农兵学员的首创，上网查了查，还真不是。此口号源于上世纪五六十年代的国内高校。该口号"主要是指，在同学中，有的人学习成绩不那么理想，特别是可能挂科的可能较大。于是班上其他同学都会想办法来帮助他，帮他把功课赶上来。这其中主要原因可能是基础不是太好，学习上有困难。"[28]

26　郑谦：《被"革命"的教育——"文化大革命"中的"教育革命"》，北京：中国青年出版社，1999年1月版，第258页。
27　刘慧："中国高等教育的怪胎——工农兵学员探析"，山东大学硕士论文，2010年4月，第59页。
28　胡懋仁："不让一个阶级兄弟掉队"，载于《科学网》，2018年6月3日，网不过"按当时高考录取的比例，真正基础差的应该不是太多，倒可能是某些调干生，他们可能没有经历过高中阶段的系统学习，所以到大学后，就存在着赶不上的问题。"[29]可见，这个在五六十年代中提出的口号，主要针对的是那些调干生[30]。调干生是保送入学，文化基础并不重要，所以学习上的困难可想而知。

没想到的是，在七十年代工农兵学员入学后，这句口号又重新喊了出来。主要原因还是由于文化基础薄弱，学习上存在困难。

工农兵学员入学时的普遍文化水平显然要低于五六十年代入学的大学生。我们英语系73级入学的168名同学中，没有一个高中毕业生，上过高中的也是寥寥无几。像我这样连初中都没有上完的同学占大多数。还有的同学文革开始时还是小学生，初中都没有好好念完。

由于外语的特殊性，这种文化程度对学习英语专业的影响并不太明显。不像理工科，数理化知识并不构成学习英语的基础。但外语专业对学生也有其特殊的要求，最起码要口齿清楚，还要求有较强的听力、模仿能力和反应能力。这方面能力有欠缺的学生学起来可能就比较困难。

说到入学时的英语水平，同学之间的差距还是很大的。有的同学以前是上过外国语学校或外语学院附中的，有着比较好的英语基础；但也有的同学从未接触过英语，26个英文字母都认不全。这种差距经过一段的努力学习，一些同学是可以跟上的，但有的同学就不行了。

址为：http://blog.sciencenet.cn/home.php?mod=space&uid=678176&do=blog&id=1117098，访问时间2021年11月25日
29 见前注胡懋仁文。
30 从1953年开始，凡是国营企业、事业单位和机关、团体以及中国人民解放军系统的正式职工，经组织上调派学习或经本人申请组织批准离职报考中等专业学校和高等学校的都称调干生。调干生上学的保送条件主要是本人出身好、表现好、领导信任，至于他原来的文化基础是不重要的。见百度百科，网址为：https://baike.baidu.com/item/调干生/9789844?fr=aladdin 访问时间2021年11月26日。

二、他复读了

T 同学是我们班的一个男生,来自新疆部队,家是河南农村的。入学时他的普通话都讲不好,一口的河南腔,以前也没有多少英语基础。他在英语学习上的困难很快就暴露出来。

在语音语调上,英语的发音无论如何也战胜不了他那一口浓重的河南口音,说出来的英语怎么听怎么像河南话。比如,他会把"shop"(商店),说成"小铺";说"My name is xxx"的时候,前半句是英文,后半句自己的名字说的是地道的河南话。

上课时,很多时间老师要求每个同学要站在大家面前练习说英语,为的是逐渐养成大胆开口说英语的习惯。每当轮到他说的时候,总会出点状况。不是音发不准,就是语调出问题。记得有一次,老师告诉他,说这句话应该用"升调"。他不知道怎么用"升调",而是伸长了脖子使劲扬下巴。滑稽的动作惹得大家哄堂大笑。

笑归笑,该帮助的时候大家还是尽力帮助他。不是说"不让一个阶级兄弟掉队"吗?很多同学都在课下主动帮他纠正发音,反复跟他一起练习对话。班上学习基础较好的一位同学还跟他组成了"speaking pair",课上课下专门辅导他。[31]

这样,费了好大的力气,第一学期 T 同学勉勉强强还能跟上。但随着学习的深入,T 的困难就越来越大。

从第二学期开始,由于"听说领先"阶段已基本过去,"读写"阶段逐渐成为学习的重点。为锻炼学生的"读写"能力,课堂上几乎天天作的一项练习就是"dictation"(听写)。

记得每天老师走进教室说过"Good Morning"之后,接着就是:"Let's have a dictation"(让我们来听写)。我们就迅速打开练习本,

---

[31] 关于学习上互相帮助的记忆,在二外英语系 72 级校友张烨的文章中也有描述。她写道:"因为我们都是'工农兵学员',文化基础参差不齐,学习外语的天赋也不一样,为了不让'一个阶级兄弟'掉队,我们结成了'一帮一'对子,互帮互学。"见张烨:"风雨 40 载——回忆母校二外院",载于《二外四十年》编辑委员会:《二外四十年》,中国青年出版社,2004 年 10 月版,第 497 页。

准备好钢笔,等着老师开始。听写的内容通常是一段话,老师会念三遍。第一遍,只听不写;第二遍,老师念一句,我们写一句,包括标点;第三遍,老师完整地念一遍,我们从头至尾检查。然后合上练习本交给老师。老师批改后发还给大家。通常老师会把写错的地方用红笔做出更改,没有错误的,老师会根据出错的情况写上:"Not Bad""Good""Very Good",还有"Excellent"。

这种练习几乎是每天的规定动作,后来体会到:这在初学阶段十分必要。因为英语作为一种技能,是要重复练习的。俗话说:"熟能生巧"。一种事情重复多了,便逐渐熟练,并产生了感觉和深刻的把握,这也是通常所说的重复原则。但当时我们并不特别了解这点,只是想多学点,学好点。

这种练习对于大多数同学没有太多的困难,顶多是错误多少的问题,我几乎每次听写都能得到"Good""Very Good",还有"Excellent"。但对于T同学来说可就不一样了,听写对于他是件极其困难的事,经常一次听写下来记不了几个单词。

虽然当时没有考试,也不计成绩,但同学之间学习上的差距大家心里都很清楚。这种无形的压力使得T几乎喘不过气来。

终于有一天听写之后,在大家都忙着交听写本的时候,T满脸通红冲出了教室,留下了一教室目瞪口呆的同学和老师。大家面面相觑,不知道发生了什么。过了好一会儿,一个追出去的同学回来说,T的听写又没写下来,回宿舍哭了。一个穿着军装当兵的大男生在宿舍里抹眼泪,可以想象这压力有多大。

后来,大家还是想了很多办法帮助他。包括我在内,经常会利用课余时间陪他练习。T自己也非常努力,牺牲了许多休息时间练习,经常看到他在教室里戴着耳机听录音,边听边模仿。但所有这些都收效甚微。

无奈之下,在我们第一学年即将结束的时候,T申请了复读,也就是跟下一年级同学重新上一年级。由于是部队来的学员,经过了层层审批之后,他的申请才得到了批准。T成为低我们一年级——74级的学员。当我们都进入大二的时候,他仍然重读大一。

最终，T 在我们毕业一年后才毕业。毕业后他回到部队，后来转业回到老家河南，从事的是与英语毫无关系的工作。

不管怎么样，T 还是毕业了。但另一个故事中的主角可就没那么幸运了。

三、她患上了精神分裂症

事情发生在我们上大三的时候。

一天夜里，睡梦中的女生们被一阵凄厉的叫喊声惊醒，紧接着是一阵重重地砸门声。迷迷糊糊中听到有人在喊"救命！救命！""开门！开门！"。我睡在上铺，赶紧翻身下床，冲到门口。把门打开的瞬间就感到有个东西扔了过来，我本能地关上了门，只听到有东西"啪"的一声摔在了门口。接着，顺着下面的门缝隙有水流了进来。没等我回过神来，就是"啪啪"的砸门声，一个女生高喊着"出来！出来！你给我出来！"一声高过一声。听得出来，她是在拍我们隔壁宿舍的门。

不知道到底发生了什么事，我们宿舍的人吓得谁也不敢动，更不敢开门。

接下来的事情我并没有亲眼看到，是听同学讲的。

这次事情的主角是我们英语系 74 级的一位女生。我并不认识她，暂且把她称为 X。

X 是个东北姑娘，身材高大强壮，但平时学习很吃力，而且越学越吃力。教泛读的老师，无意之中说了她一句"你真不是学外语的材料"。这句话深深刺激了她，成为压垮她的最后一根稻草。学习上的压力，加上老师的评价，二者的合力让 X 不堪重负，出现了精神分裂的症状，行为怪异、猜忌、多疑。系里和同学们都有所觉察，并已带她去过医院。事发时，74 级的同学都离开学校到外面开门办学去了，为了照顾她，系里专门安排了一位平时跟她关系最好的女生留下来陪伴她。在宿舍照顾她的生活，帮助她恢复。该女生是个南方姑娘，身材娇小。

事情发生的前几天，X 已出现了明显的妄想和多疑，怀疑跟她在一起的那位女生要伤害她，被怀疑的女生对此也有所警觉。那天她在晚上临睡前特地找到我们年级的同学，讲述了 X 的种种症状和表现，希望大家晚上睡觉时尽可能轻一点，听到呼救马上相助。

出事那天的半夜，精神病发作的 X 顺手从墙上拔了一颗大钉子朝陪伴她的那位女生脸上扎去。该同学睡梦中感到额头一阵剧痛，惊醒后忍着疼挣扎着从宿舍里跑了出来，挨着门砸同楼层宿舍的门。还好，砸到楼道尽头的一间宿舍时，门打开了，她躲了进去。

紧随其后的 X，手里握着那颗大钉子，还提了个装满开水的暖瓶在后面追。我们宿舍是楼道的倒数第二间，那个暖瓶就扔在了我们宿舍门口。据说那个暖瓶实际砸到了被追女生的后脚跟上，她险些摔倒，非常危险。

眼看着那位同学跑进了最后一间宿舍，X 手里挥舞着那颗钉子，一边拍门一边愤怒地高声叫骂。屋内是受了伤的同学，受伤的部位还流着血，吓得不敢出来。听到叫喊声出来的女生们，哪见过这种场面，谁也不敢靠近，胆子大点的只能站得远远地劝说。

那时没有手机，学生宿舍也没有电话，信息传递只能靠人传人。稍微平复了一下紧张情绪之后，有同学跑去了校医室找值班医生。七十年代的北京可能还没有形成完整的急救体系。校医室的医生费了很大力气才安排了一辆救护车。

经过和医生紧急商议，决定先由几个身高力大的女生慢慢靠近 X，然后大家一拥而上，把她按倒在地，再由校医室的医生迅速上前将准备好的麻醉针给她打上。还好计划执行顺利，注射了麻醉针的 X 逐渐昏睡过去，然后大家七手八脚地把她抬到了已等候的救护车上。救护车直接开到了治疗精神疾病的安定医院。

这时，受了伤的那位同学才从躲藏的宿舍里出来，到校医室去处理伤口。伤口在额头和眉梢之间，流了不少血，缝了好几针（有同学说是 12、3 针）。第二天早上，我们宿舍门上的血手印还清晰可见。

等这一切处理停当，天已大亮。折腾了一夜惊魂未定的女生们才各自回宿舍昏昏沉沉地睡去。

第二天早上，男生们惊讶地发现大部分女生都没来上课。

我挣扎着爬起来去了教室。课间，全班的男生，还有老师，都认真听我讲述了那"一夜惊魂"。

上午,从医院传来的消息,X 被确诊为精神分裂症,入院治疗。

按说,事情到此已经结束。但中午吃饭时,大家惊讶地发现食堂外面的墙壁上出现了一张大字报,醒目的标题是——"还我阶级姐妹!"作者是我们年级的一位女生。

大字报用"阶级斗争"的观点解释了 X 患病的原因,矛头直接对准那位说 X 不是学外语材料的老师,大棒一挥,火力全开。并且扣上了几顶大帽子:"资产阶级""迫害""复辟"……等等。

这张大字报的出现在当时并不奇怪,因为主要舆论就是这样宣传的,"污蔑工农兵大学生水平低,质量差,……这些奇谈怪论的目的就是反对毛主席的教育路线,篡改教育革命的大方向。"[32]

从这张大字报里的内容可以看到,其内容并不是建立在理性分析的基础上,而很大程度上是受到情绪的极大支配,"阶级斗争"和"阶级感情"就是这种情绪化的突出表现。作者视患病的同学为"阶级姐妹",将自认为应该为此负责的老师视为"对立的阶级"。由此得出的结论是:"资产阶级"导致了我们的"阶级姐妹"学习上的困难,最终患病。而所谓的"阶级感情"压倒了其他所有的感情;用"感情"判断,替代了所有理性的判断和思维。

但仅凭"阶级感情"是解决不了学习上遇到的困难的。

工农兵学员是特殊时代的特殊产物。我们入学时并没有按照学术的要求经考试录取,入学后也没有进行系统的高等教育的学术训练。那句"不让一个阶级兄弟掉队",提倡学习中互相帮助是没有问题的,体现的是一个美好愿望。

但同时,在"以阶级斗争为纲"的那个时代,这句口号显然给专业学习涂上了"阶级"和"阶级斗争"的色彩。工农兵学员是带着无产阶级的嘱托来到大学"上、管、改"的,要夺回资产阶级占领的大学这块阵地。这是一场你死我活的战斗,我们是不能输的。资产阶级

---

[32] 西安冶金建筑学院采矿系大批判组:"沿着毛主席无产阶级教育路线胜利前进——驳教育界污蔑工农兵学员的奇谈怪论",《西安建筑科技大学学报(自然科学版)》,1976 年第 1 期,第 6 页。

越是认为我们不行,我们越是要证明给他们看看,绝对不能让资产阶级看我们的笑话。

然而,一句口号代替不了学习上的刻苦努力和科学的训练,最终这句口号还是淹没在残酷的现实中。

后来,X 同学的身体状况已经很难再坚持学习了。直到我们毕业离校,也没再听到她重返校园的消息。万幸的是,那位被她扎伤的同学,受伤后额头上留下的瘢痕可以用刘海挡住,对容貌没有太大的影响。

第六章 最忆是师恩

大学里两个最主要的群体是老师和学生。师生同在一个校园里，老师教，学生学；老师上课，学生听课。课上课下师生应该如何相处，师生关系上并没有统一的标准。中国的传统文化中"师对生"的关系重在"授业"；而"生对师"的关键是"尊师"。

但工农兵学员是在一个特殊的历史阶段上的大学，过去的"师道尊严"早已被批判得体无完肤，学生与老师的关系自然也有些特殊。

为政治宣传的需要，工农兵学员是自带光环来到大学的，我们肩负着"上、管、改"的重任，无疑成了学校的"主人"。而教师呢，很多人还戴着"资产阶级知识分子""改造"的帽子，他们需要接受这些工农兵学员的教育。所以从政治上讲，工农兵学员的地位比教师还要高。例如，老师因故不能来参加活动，必须向学生党小组长或班长请假。这就使得师生关系很微妙。这种微妙的关系用当时通行的说法就是：师生是"同一战壕的战友"。

入学后，大多数同学逐渐认识到，头上的光环是极易暗淡的。老师就是老师，上大学主要还是要抓紧时间学习知识才行。"现实的教育生活使他们清醒，使他们知道了自己在学校中究竟处于什么样的地位，使他们从空幻的梦境中走出，踏上了坚实的土壤"。[1]

难得的是，一些二外的老师们在教英语的同时能认识到：

"外语学院除了教会学生一两门外语之外，更重要的是培养学生自学能力、独立思考能力和发现问题并能解决问题的能力。这是因为学生毕业后真正从事纯外语工作的不多，大部分毕业生是从事各

---

[1] 李江源著：《我是一个工农兵学员——泛政治化教育中的受教育者》（上），福州：福建人民出版社，2006年12月版，第571页。

种其他工作。外语对他们来说仅仅是一种工作工具而已。要把工作做好，事业成功主要靠自身的能力，即便当翻译或外语教师，能力也是成功的决定因素。"[2]

回想起我们后来事业上的发展，很大程度上得益于在二外学的英语。在那个特殊的年代，我们仍然得到了一批高水平的、甚至是大师级的老师的悉心指导。在我们身上他们无私地付出了他们的心血。现在想起来心中依然对这些老师充满了感激之情。

第一节　我的二外老师们

一、二外英语系的师资

二外于1964年建校。"1964年3月7日，对外文化联络委员会申请筹建北京第二外国语学院，12日获得批准。建校初期，教职员工主要来自新华社外文干部学校（并入二外）、军队干部、兄弟院校和应届大学毕业生。[3]其中新华社外文干部学校（也称为"外文干校""干训班"）、对外文委干部和应届毕业的大学生构成了二外英语系基本外语干部和教师。

新华社外文干校成立于1956年。最初的名字是"外语培训班"，专门训练驻外记者，后来改名为"外文干部学校"。由于外文干校在1957年反右运动后安排了很多右派，因此有"右派收容所"之称。

二外建校时，学校的底子其实就是新华社外文干校。包括英语系、法语系、西班牙语系等，连炊事员都一块儿搬到了二外。所以二外就是在这个基础上发展起来的。[4]

---

[2] 朱正："英语基础教学与五种能力"，载于《二外四十年》编辑委员会编：《二外四十年》，中国青年出版社，2004年10月版，第218页。
[3] 资料来源于北京第二外国语学院官网：https://www.bisu.edu.cn/wlxsg/Item/22441.aspx.html，访问时间2023年10月18日。
[4] 唐思思、祝安娜、汪玉娇："翻译大家王文炯：与二外的那些往事"，载于曲

外文干校的校长是雷文,他到二外后任教育处处长。他带来的人中第一个就是新华社对外部副主任郑德芳,再就是董乐山、谷德昭、王文炯、郭华。郑德芳来二外后分在干训部,董乐山、王文炯、郭华分在英语系。这些人不仅是二外的开创者,而且多人成为著名的学者。郭美华(Mavis Guo)(澳籍)也是从新华社来到二外的。

二外的筹建是由对外文化联络委员会(简称"对外文委")负责,建成后由对外文委管理。因此,对外文委的一些人员也转到二外工作。

二外在1964年、1965年招收了两年学生后,由于文化大革命的原因,于1966年停止招生。1972年开始招收工农兵学员。

二外建成后,有一些国内外语院校,如:北京外国语学院、上海外国语学院、北京外贸学院等校毕业的大学生分配到了二外。这些人的加入给二外增加了年轻的力量。

需要指出的是,二外自己培养的65级毕业生在1969年毕业时,在周总理的指示下,对二外等校外语专业的学生做了特殊的安排。

由于"文革"的原因,65级的学生学习外语的时间很短,水平不高。如果1969年毕业,大部分人要做改行处理。周总理考虑到将来对外事务的发展及对外语人才的需要,专门做出重要指示,他说:"要把一外、二外的全部毕业生都留校带薪进修两年,把他们培养成为初级外事翻译。"据此,国务院下发了相应的文件。[5]文件规定:"北京外国语学院和北京第二外国语学院的应届毕业生暂时不分配"。据此文件,他们将继续学习,进修目标是成为"掌握能适应外事工作要求的外语知识和技能的普通劳动者"。[6]这批毕业生毕业不离校,继续带薪留校学习了两年多的时间,直到1972年才毕业分配工作。这批

茹、孙庆章、舒虹主编:《50年50人的二外记忆》,北京:旅游教育出版社,2014年10月版,第13页。

[5] 刘春先:"永远铭记周恩来总理对二外的关怀",载于《二外四十年》编辑委员会编:《二外四十年》,北京:中国青年出版社,2004年10月版,第414页。

[6] 戴宗显:"亲历二外英语教学",载于《二外四十年》编辑委员会编:《二外四十年》,中国青年出版社,2004年10月版,第204页。

学生在校的时间长达 7 年,因此有"太学生"之称。

他们毕业时除了分配到急需外语人才的单位外,还兼顾到了高校的师资需求,这些高校包括北京外国语学院、北京大学和北京第二外国语学院。他们大都成长为所在单位的业务骨干。[7]

二外英语系留校的 65 级毕业生不仅成为英语系的骨干,而且在 1972 年之后,他们中的一些人还获得了出国进修的机会。学成归国后他们正好成了我们的老师。如马登阁老师,他从二外毕业留校后,1973 年去英国留学,1975 年回国[8]。黄建东老师 65 级毕业留校,我们入学后即担任我们年级的教学工作。[9]戚文琴老师,1965 年就读于北京外国语学院英语系。毕业后分配到二外,于 1973-74 年到英国进修,回国后即担任我年级的教学工作。[10]

另外,由于"文革"期间中国人民大学、北京语言学院等校撤销[11],这些学校的一些老师来到了二外英语系。康宏锦、谌馨荪是人大来的。兰华等老师来自北京语言学院。

这样,即使我们入学时仍是"文革"期间,二外仍集中了一批优秀的师资。

此外,我们 73 年入学时英语系有两名外教。一位是英国人,克

---

[7] 参见《二外四十年》编委会:"难忘的教诲,奋进的源泉——铭记周恩来总理对二外的关怀和指导",载于《二外四十年》编辑委员会编:《二外四十年》,北京:中国青年出版社,2004 年 10 月版,第 72 页。

[8] 马登阁:"我心中的二外",载于《二外四十年》编辑委员会编:《二外四十年》,北京:中国青年出版社,2004 年 10 月版,第 449-450 页。

[9] 黄建东:"大学七年",载于《二外四十年》编辑委员会编:《二外四十年》,北京:中国青年出版社,2004 年 10 月版,第 451-457 页。

[10] 温天欣等:"戚文琴:教书育人,49 年的二外情",载于曲茹、孙庆章、舒虹主编:《50 年 50 人的二外记忆》,北京:旅游教育出版社,2014 年 10 月版,第 76-82 页。

[11] 1971 年全国教育工作会议通过了《关于高等院校的调整方案》,确定原有的 417 所高校保留 309 所,合并 43 所。撤销中国人民大学、中国医科大学、北京政法学院、上海财经学院、暨南大学、华侨大学等 45 所,改为中等专业学校 17 所,改为工厂 3 所。这样,通过撤、并、迁、散等手段,共砍掉 106 所高校。北京市在 1965 年有高校 55 所,到 1972 年只剩下 18 所。参见宋涛等:"中国人民大学从停办到复校",https://jz.docin.com//p-751046162.html,访问时间 2023 年 10 月 20 日

雷格（Kenneth Craig）。还有一位是澳大利亚籍的老太太，她是中澳混血，所以有个中文名字叫郭美华。她也来自新华社的外文干校。

我们入学后的英语就是听着克雷格和郭美华二位老师的录音开始学习的。

二、说说这几位老师

教过我老师很多，时间长短也不一样。根据对他们的了解程度和资料，我来说说这几位老师。

1.陈文芷老师

陈老师是我进入二外后教我们班的第一位老师，她毕业于北京外国语学院（今"北京外国语大学"）英语系。

据戴宗显老师讲，陈老师当年（1963年）在北外当学生时，就和章含之等名师同台演出英语话剧——英国著名戏剧文学家萧伯纳（Bernard Shaw，1856-1950）的作品"*Augustus Does His Bit*"（《奥古斯都尽了他的本分》）。陈老师在剧中扮演一位一战时的女记者，有一个情节是她一屁股坐上桌子，用现在的语言描述就是"又美又飒"。

算起来陈老师教我们的时候年纪不大，顶多有三十岁出头。她外表端庄秀丽，整齐的短发，一身普通得不能再普通的衣服，给人一种平易近人的感觉。印象深刻的还有她在脖子上系着的一条咖啡色的丝巾，是她服装的点睛之笔，人显得非常干练。陈老师英语发音清晰悦耳，我觉得特别好听。

我刚开始学习时由于从未在学校里学过英语，基础很差，不免有些紧张，但陈老师说起话来轻声细语，娓娓道来，声音既柔和又温暖，很快就扫清了我的紧张情绪。记得她一开始上课就告诉我们如何做到"听说领先"。她说，你们见过篮球运动员的训练吗？不管他的球打得多好，每天都要从运球开始，天天练习。学习英语也是一样，要天天从练习开始。她十分强调练习在英语学习中的重要性，她的比喻恰当又形象。她的话我牢牢记在了心里。

陈老师对教学工作非常负责，有时晚上自习时间她还要来到教室，看看我们复习的情况，对学习上有困难的同学进行额外的辅导。因为当时中国人的姓名还没有实行用汉语拼音，而是用传统的威妥玛式拼音法，这对缺少工具书的初学者有难度。当练习簿发下来时，我们惊讶地发现，陈老师把每位同学名字的英文拼写都写在了各自的本子上（这个本子我现在还保存着）。然后，她耐心地告诉我们英语书写的格式，就像教小学生一样。

陈老师善于鼓励学生，我的听写练习几乎每次都能得到陈老师的批语：Good, Very Good, Excellent。她还夸赞我的 handwriting（书写）写得好。我知道这是老师鼓励我的话，应该加倍努力才行。

有一次班上的助教老师不能来，陈老师找了班上的一个男生跟她一起示范对话。看到那个男生面露难色，陈老师一个劲地鼓励他。在老师的鼓励和帮助下，他圆满地完成了对话。

当时我们很喜欢陈老师的教学，她的课生动又活泼。遗憾的是，她只教了我们一个多学期就走了，听说她离开二外去了日本。后来直到我们毕业她也没回来。

再次听到有关陈老师的消息是八十年代了。有一次我无意中得知陈老师在日本电视台上教中文，几乎成了日本人家喻户晓的人物。

后来才知道，陈老师是名门之后。其祖父陈曾寿先生是启功先生的世交，其姑父是赵朴初（陈曾寿的侄女婿）。在这样的家庭环境中长大她具备了优良的素质。

陈老师后来担任了日本大学艺术学部教授（日本大学人文科学研究所教授），世界汉语教学学会第五、六届常务理事。她后来随日本的代表团也回过国，而且到二外访问，只可惜我再也没有见过她。

无意中我在网上找到了一张 2006 年 6 月陈老师随日本大学艺术学部代表团访问中国传媒大学的照片。在很多人的合影中我一眼就认出了陈老师，她身着一身米色的套装，依然秀丽端庄，只是头发已经花白了。

这次写有关二外的书，又翻出了那些有着陈老师批语的练习簿，看到上面陈老师为我写的英文名字。仿佛又听到了陈老师鼓励的声音。

2. 郭美华（Mavis Guo）老师

郭美华老师是中澳混血的澳大利亚人，外教。可以说我们的英语就是听着她和另一位外教克雷格的录音开始学习的，语音语调都是从模仿他们的发音开始。

郭老师教我们的时候已经有五十多岁了。身材微微有些发福，就是标准的国外那种老太太的样子。她虽然在中国生活了多年，但不讲汉语。平时她并不给我们上课，但会到各班听课。

当时我们已经学了一段时间的英语，可我还是怀疑：我说的英语外国人能听懂吗？于是借着郭老师到我们班听课的机会，跟她说了几句话。郭老师居然听懂了，我的疑虑从此打消。

郭老师也是从新华社外文干校来到二外的。她虽然是外国人，但对中国极其友好。到二外之后，她还是二外年轻教师的老师，并且随二外的师生一起去了河南的"五七"干校。她对学生的问题从来都是认真答复。一次一位年轻老师问她，在干校把英语都忘光了怎么办，郭老师对他说："Read *New York Times*. English will come back to you!"（"看《纽约时报》，英语就会回来了。"）这句话后来我们同学也都记住了。20年之后，在外交部工作的张克宁同学派驻中国常驻联合国代表团工作时，就天天阅读《纽约时报》，从中了解时政要闻，学习英语。郭老师还有一个特点就是打字打得飞快，有老师见识过她的打字速度。

郭老师作为外教，并不给我们直接上课。我后来跟郭老师的交往基本是在毕业之后，其原因是郭老师的丈夫颜泽龙先生（我称他为"颜伯伯"）是我父母的同事。

颜伯伯是地地道道的中国人，是1947年就投身革命的老党员。他曾任上海航业界职工联合会主任、党支部书记；中国工业合作协会（简称"工合"）代理总干事。工合在抗日战争时期，由国际友人及爱国民主人士发起，国共两党参与组建和领导的，以合作社方式在大后方从事工业生产的群众性经济组织。颜伯伯参与其中，做了不少工作。

颜伯伯英文极好，翻译了大量英文资料。他最著名的译著是[美]赫尔曼·沃克所著的《战争风云》[12]，1975年由人民文学出版社出版。这本书我也看过。

毕业后，我经常去郭老师家，主要是向郭老师求教，继续提高自己的英语水平。郭老师和颜伯伯也很欢迎我去。在郭老师家不仅可以练习英语口语，还有很多英文书，尤其是一些英文的新书。有时赶上饭点，郭老师还会下厨做饭，留我一起吃饭。记得有一次午饭郭老师做了一条清蒸鱼，还很骄傲地对我说，她做鱼可以不放油。因为当时食用油是定量供应的，每人每月只有半斤油，必须省着点吃。

郭老师对我的成长很关心，知道我不甘心在中学教英语，常鼓励我努力学习，不要荒废了学业。有一次她拿出了一张英语试卷让我做，颜伯伯走过来告诉我：郭老师想考考你。我按照要求做完了，郭老师耐心地给讲解其中的问题。

忘记过了多长时间，郭老师去澳大利亚了。后来她的女儿小曼也走了，只有颜伯伯还留在国内。我还是经常去他家，聊天、看书、借书、还书。再后来我考上了北大的研究生，我打电话告诉了颜伯伯，他也很高兴。

再后来就得到了颜伯伯去世的消息，那是2004年。我去八宝山参加了他的遗体告别仪式，在仪式上见到了从澳大利亚回来的小曼。小曼告诉我郭老师仍然健在，我托小曼带去我的问候。从那以后就断了与郭老师的联系。

时常想念郭老师。

3.周锡卿老师（1915.9-2004.3.16）

当时在系里经常看到一位岁数比较大的老师。走路比较慢，戴着一副镜片很厚的眼镜。他不给我们上课，所以也不知道他是谁。只从外表看他可能岁数挺大，于是有些同学们称他为"old man"（老年人）。

---

[12] [美]赫尔曼·沃克著：《战争风云》，译者：王央乐、颜泽龙、海观，北京：人民文学出版社，1975年11月版。

到了 1975 年秋季学期，我们已进入大三的学习。从国棉二厂学工回来后，戴老师找到了我和陆华同学，说系里决定派我二人到东城区文教局担任培训中学外语教师的工作。还告诉我们由周锡卿老师负责指导我们备课。这样我开始与周老师有了一些接触。

对于两个完全没有教学经验的学生，周老师的指导可谓是耐心细致。他给我们讲了教学应该注意的事项，并且拿着课本跟我们一起讨论课程的安排。在他的指导下，我们的教学工作进行得很顺利，完全没有新老师的怯场。

周老师还告诉我们有问题随时找他。于是我第一次走进了周老师的办公室。他的办公室不大，靠墙摆放着他的书桌。那天周老师正在整理卡片。两只手在翻着一张张的卡片，眼睛离卡片很近。后来我才知道，当时二外承担了教育部与原国家出版管理局的国家科研任务，《英语谚语词典》的编写工作，周老师任组长。此书的编写难度很大，国内资料匮乏，需到北京各大图书馆查找资料。[13]那天我看到的正是周老师在整理从各处查找到的资料。

见我进来，周老师停下手中的工作。我感到很不好意思，道歉说打扰了老师的工作。周老师连连说，"没有，没有。"我赶紧把要问的问题跟周老师说了。周老师回答后，见我盯着看他手中的卡片，于是耐心地讲解了他正在做的工作及卡片的用法。那时没有电脑，没有互联网，使用卡片是科研工作者常用的一种方式。

这是我第一次看到一位研究人员是如何从事学术研究工作的，也是第一次知道卡片的用途及在科研工作中的作用。后来我在考研复习的过程中，也试着做了一些卡片，用于加强记忆和理解。

我学习国际法之后，有一次在阅读有关远东国际军事法庭的一篇文献时，从中了解到，在参加该法庭审判工作的中国代表团的 17 人名单中，除了出任法官的梅汝璈（1904-1973）、检察官向哲浚（1892-1987）、顾问倪征燠（1906-2003）外，在 5 名翻译中有一个熟悉的名

13　周锡卿："金秋喜庆——庆祝二外 40 华诞"，载于《二外四十年》编辑委员会编：《二外四十年》，中国青年出版社，2004 年 10 月，第 227 页。

字——周锡卿。

　　从这里我才知道,抗战胜利后,周老师赴日本东京参加了远东国际军事法庭审判战犯的工作。他在该法庭检察处担任翻译,工作是将日军侵华罪行译成英文。周老师在一篇文章中写道:"我参与翻译,看到大量日本侵略军残酷虐杀、迫害中国人的记载,感到十分愤慨。"[14]他还回忆道,为了在整个审判工作中争取主动,"中国工作人员四处找证据。为了找有用的材料,那几个月我们非常辛苦,可以说废寝忘食,日夜奋战。"[15]中国代表团的成员们在东京审判期间为捍卫正义、严惩战犯做出了卓越的贡献。

　　周老师能担任如此重要的工作,与他的经历与学识分不开。他于1915年生于日本东京,其父周震麟(1875-1964)为辛亥革命的先驱之一,与黄兴共同创建华兴会。周老师于1936年毕业于交通大学管理系,1938年在美国宾夕法尼亚大学获经济学硕士学位。在美留学期间,他与中国留美学生一起,积极投身于抗日活动。[16]回国后,又立即投身抗战。1954年11月从日本回国。1973年调入北京第二外国语学院任教。

　　周老师对自己的工作这样说:

　　"我初到校时,与全院老师一道,以强烈的社会责任感,克服重重困难,努力培养外语专业人才。……

　　把学生看成祖国的未来和希望,力图把学生培养成德智体全面发展的社会主义建设人才。……要求学生扎扎实实读书,循序渐进,苦练基本功,提出来'听说领先、读写跟上'等教学思想和方法。在选用教材上,注意内容多样,鼓励学生博览群书,以社会为课堂,参加社会实践,不断提高综合素质。"[17]

---

[14] 周锡卿:"正义斗争和辉煌胜利——忆中国留美学生的抗日活动与远东国际军事法庭",载于《北京第二外国语学院学报》,1995年第4期,第2页。
[15] "正义的东京审判",资料来源于网络 https://www.wenmi.com/article/pv6xm30077gt.htm,访问时间2023年11月13日。
[16] 详见周锡卿:"在纽约参加救亡运动",载于《北京政协》,1995年第6期。
[17] 周锡卿:"金秋喜庆——庆祝二外40华诞",载于《二外四十年》编辑委员

周老师以自己勤勤恳恳兢兢业业的工作，培养了一批又一批的优秀人才。原来我以为二外的老师仅仅跟外语有关系，没想到还与我后来的专业"国际法"有关。这也算是一种巧合吧，我后来走上专业道路，基础是在二外打下的。

顺便说一句，周老师主编的《英语谚语词典》1987年由北京出版社出版。周老师伏案工作的情景时常浮现在眼前，激励着我努力做好科研工作。

4.邹德慈老师

在二外的最后一个学期，教我们班英语精读课程是邹德慈老师。邹老师也是一位知性、干练的女老师，她讲英语的特点是语速非常快。刚开始上她的课时还真的有点不适应，稍一走神就会跟不上。

不久后又听说，邹老师的英语是在美国学的，她小时候在美国上学。还听说，邹老师一家从美国回来是周总理请回来的。不过这些传言当时从未证实过。

毕业之后再次见到邹老师竟是10年以后了。

那是1987年张克宁师兄在北大的博士论文答辩会上。因为克宁和我是同一师门，我们的导师是著名的国际法学家赵理海先生，克宁答辩赵先生让我也要听一下。

来到答辩现场，答辩还没有开始，几位答辩委员会的委员已经陆续到了，大家在闲聊着什么。这时我突然听到了一个熟悉的声音，定睛一看，居然是邹老师。这时，赵先生走过来对我说，"来，我介绍你认识一下邹老师！"说着把我领到了邹老师面前。邹老师也看到了我，没等赵先生开口，邹老师有点惊讶地说："你是二外的吧！你怎么也在这儿。"赵先生马上反应过来，向邹老师介绍了我。邹老师拉着我的手嘱咐到，"跟着赵先生好好学。"

那时邹老师已经离开二外，在国家海洋局工作。因为1982年《联

会编：《二外四十年》，北京：中国青年出版社，2004年10月，第222-223页。

合国海洋法公约》通过，我国十分需要国际法，尤其是海洋法方面的人才。邹老师学法律出身，英语又出色，是难得的海洋法方面的专家。于是她被调到了国家海洋局，先后担任海洋局政策研究室法律顾问、政策研究室研究员、海洋管理司法律顾问。当时正是我国参加联合国海底筹备委员会会议的关键时刻，邹老师从 1983-1987 年多次参加中国代表团任副代表、代表。

由于专业的缘故，后来我又在几次会议上见过邹老师。每次见面邹老师都会跟我聊几句，问问我的学习和工作的情况，再嘱咐几句。

后来，随着改革开放我国涉外案件的增多，司法协助方面逐渐发展，邹老师又调到司法部工作，担任司法协助司司长。她撰写的论文："我国《民事诉讼法》中关于司法协助的规定"[18]，在中国政法大学的学报《政法论坛》上发表。是国内较早对司法协助制度研究的文章。

邹老师在司法部工作直到离休。

对邹老师的了解是后来看到了一篇文章："1949：留美生归来"[19]。文章介绍了邹老师和家人回国的情况。

邹老师的父亲邹秉文（1893 年 12 月 3 日—1985 年 6 月 11 日）[20]先生，曾任国民政府驻联合国粮农组织的执行委员，曾与茅以升、杨杏佛共同任教于东南大学，人称"东南三杰"。1947 年 1 月，年幼

---

[18] 邹德慈："我国《民事诉讼法》中关于司法协助的规定"，载于《政法论坛》，1992 年第 3 期。

[19] 杨敏："1949：留美生归来"，《新华月报》，2014 年 5 月上，第 98 页，该文摘自《中国新闻周刊》2014 年第 12 期，第 84-87 页，资料来源于百度文库，网址为：https://wenku.baidu.com/view/5ddea96c6d85ec3a87c24028915f804d2a168701.html，访问时间 2022 年 2 月 4 日

[20] 邹秉文（1893 年 12 月 3 日—1985 年 6 月 11 日），原籍江苏省苏州市，中国植物病理学教育的先驱。1910 年留学美国，1915 年获美国康奈尔大学农学士学位，1916 年回国后，历任金陵大学、东南大学教授兼农科主任。相继从事有关农业科研、农村金融、对外贸易等农业建设工作并代表中国参加联合国粮农组织（FAO）筹委会，任副主席等职。1956 年应周恩来总理号召，毅然回归，以一级教授出任农业部、高教部顾问，全国政协委员。详见"邹秉文先生生平简介"，载于中国农学会、华恕主编：《邹秉文纪念集》，北京：农业出版社，1993 年 9 月版，第 180-181 页。

的邹老师与哥哥姐姐三兄妹随父母登上了"戈登将军号"邮轮，远赴美国留学。此前，她的一个哥哥两个姐姐都已先行赴美。

赴美之前，邹老师的大哥二哥就已经是中共党员。邹老师来美后不久就加入了留学生团体，和一些留学生一起学习讨论毛泽东的"新民主主义论""论联合政府""论人民民主专政"等文章，并参加了一些革命工作。当解放军横渡长江、解放上海的消息传来，这些留学生震撼不已，暗暗下定决心回国。

1949年10月1日中华人民共和国成立，12月18日，周恩来郑重邀请在海外的留学生回国参加新中国建设。1950年初，邹老师的姐妹兄弟5人陆续从美国回国。当时邹老师的父亲并未阻拦，只是觉得邹老师还在读高中，她的姐姐邹德真在读大二，父亲认为她们学业未尽，不主张她们回国。在哥哥们的再三劝说下，父亲终于勉强同意。回国后，邹老师考入中国人民大学，继续学习。

1986年，中组部下发（84）7号文《关于归侨干部建国前参加革命工作时间的规定》，其中称："在国外接受我党组织交给的任务，一直坚持革命工作的，经中共党员证明，其参加革命工作从接受党的任务之日算起。"根据这一规定，上世纪80年代末90年代初，邹老师和她的两个姐姐相继退休时，都按照"离休"办理。

值得一提的是，邹老师的父亲邹秉文先生在1956年应周恩来总理的号召回到中国。当时，他是国民党高层人士中极少几个回归者之一，所以抵达北京时成为新闻人物。周总理当时正在出国访问，对邹秉文先生的回归及回来后的工作都做了周到的安排。邹秉文先生以一级教授的名义，担任农业部与高教部两部的高级顾问、全国政协委员。

晚年的邹先生经历了"文化大革命"，他也未能幸免，一样受到冲击、迁居、抄家、检讨、批判、劳动，这使他的健康不能不受到影响。[21]幸亏周总理的关怀，使他转危为安。他时常默默地回想周总理

21　资料来源：百度百科。网址：https://baike.baidu.com/item/邹秉文/1160020?Fr=ge_ala，访问时间2024年3月13日。

的深情厚谊。

1983年春,他已是90高龄,还为中国农学会成立66周年纪念刊题写封面;翌年,农业部改称农牧渔业部,他被继续聘为该部顾问。1985年6月11日,安详地逝于北京寓所。享年92岁。

邹秉文先生不是一般概念上的农学家、农业教育家,在农牧渔业部为他举行的追悼会的悼词中,称他是"中国近代科学农业的创始者、先行者。"

他未另留遗言,但在他60岁生日时,回顾既往,写过一篇"自述",其中几句是:

"余生智慧等诸常人,但性好胜不愿落人后,又爱国、爱家、爱事业、爱友人,故所从事之事业,努力以赴,日以继夜,从不告劳,终日碌碌,不以为苦。"[22]

以前我从来不知道邹秉文先生的名字和他的事迹。今天读了他的文字,从这短短的句子中,读出了他的品格,他的不慕虚荣,他为开创新农业的振兴与发展的赤胆忠心。令我肃然起敬。

邹秉文先生去世后,邹老师和两个姐姐合写了一篇怀念父亲的文章,文中写道:

"父亲身后没有留下什么财产——银行存折上只有1000多元人民币,但他留下的精神财富——赤诚的爱国心和为国创业的雄心,却是他的子孙后代受之不尽、用之不竭的。父亲常对我们说:'一个人只有活着,就要为自己的国家做点事。'"[23]

有这样一位父亲,邹老师一直在自己的岗位上兢兢业业地工作直到离休。

---

[22] 华恕:"高山仰止——邹秉文博士评传",载于中国农学会、华恕主编:《邹秉文纪念集》,北京:农业出版社,1993年9月版,第267页。

[23] 邹德华、邹德真、邹德慈:"'一个人只要活着,就要为自己的国家做点事'——缅怀我们敬爱的父亲",载于中国农学会、华恕主编:《邹秉文纪念集》,北京:农业出版社,1993年9月版,第254页。

第二节　吴敬瑜老师和她的英文自传[24]

吴敬瑜（1928.11.19-2008.11.15）老师是我在二外接触比较多的一位老师，她在我们大三时教我们班的口语课，还跟我们一起到沧州化肥厂实习。毕业后我与她也有过一些交往。

对吴老师的真正了解还是读到了她写的一本小说体英文自传——*Indelible Red: Memories of life in the Mao Era*[25]（《抹不去的红色——毛时代的生活记忆》）（以下简称《生活记忆》）之后。

一、我们在二外时的吴老师

吴老师 1928 年出生，重庆人。1944-1948 年，她在燕京大学新闻系学习，1949 年考入北京外国语学院后并入华北人民革命大学。她把自己的一生都献给了教育事业。她曾任教于 Beijing Normal College（北京师范学院），Beijing Normal Specialty College（北京师范专科学校）。上世纪 60 年代，还曾短暂任教于 Guilin Normal Specialty College（桂林师范专科学校），1965 年调入北京第二外国语学院[26]，直到退休。

吴老师教我们班是在我们大三的时候。那时吴老师也就 47、8 岁，剪着利落的短发，头发梳理得一丝不乱，腰背挺直，举手投足间，尽显明媚、知性与优雅。如果用现在的语言形容，我选择用干练、大气形容吴老师。当时教我们的老师多数很年轻，年纪不过 30 岁出头，吴老师年长于他们，所以同学们在背后称吴老师为"吴老太太"。这种称呼并没有什么恶意，只是年轻人的一种习惯，对于比自己年纪大

24　本节完成后，吴敬瑜老师之子关令苇先生提出了几点宝贵的意见和建议。在此向关先生表示感谢。

25　Mary Jingyu Wu, *Indelible Red: Memories of life in the Mao Era*, Singapore [Lingwei Guan], ISBN 978-981-07-5292-7, March 2013. 关于此书信息可联系关令苇先生：willguan2012@outlook.com

26　Mary Jingyu Wu, *Indelible Red: Memories of life in the Mao Era*, Singapore [Lingwei Guan], ISBN 978-981-07-5292-7, March 2013. P.2.

的人都觉得是老人家。

对于吴老师，同学中流传着一些关于她的传闻。传说她当年是燕京大学的"校花"；她结婚时司徒雷登[27]是证婚人；她的丈夫是"右派"，被下放到中学教书，"文革"中被学生打伤。还有就是她的读书习惯，经常吃点面包就是一顿饭，边吃饭边看书。这些传闻是否属实并不知道，但也没有影响同学们跟吴老师的关系。师生关系一直很融洽。

当时并不知道吴老师的母亲是民国时期著名的报人邓季惺、生父是吴竹似、继父是陈铭德。更没有想到后来改革开放中的著名经济学家吴敬琏先生竟是她的胞弟。

吴老师当时教我们口语课，课堂上跟同学的互动很多。课堂上，吴老师总是很耐心地纠正同学的错误，认真地讲解一些词汇的正确用法。课下吴老师对同学们的问题总是有问必答，我就不止一次课下"缠着"吴老师问问题。

印象中的吴老师举止优雅，待同学和蔼可亲。不过，吴老师也有生气的时候，有两件事给我留下了深刻印象。

大三的第一学期，正是1975年的秋季。在度过了两年没有考试的学习之后，系里对我们年级的专业英语进行了一次测验。平日里还得意扬扬，觉得自己学得还很不错的我们，一下子就露了馅。测验中各种各样的基础问题暴露无遗，仅拼写一项，10个单词就有同学一个都没写对。在讲评这次测验的时候，吴老师一改平时的温文尔雅，显得有些激动。她严厉地批评了我们平时学习不认真，自以为是。形容我们的"拼写错误"是"spelling满天飞"。对于到大学来"上、管、

---

[27] 司徒雷登（John Leighton Stuart，1876年6月24日~1962年9月19日），美国基督教长老会传教士、外交官、教育家。1876年6月，司徒雷登生于杭州，父母均为美国在华传教士。1904年开始在中国传教，曾参加建立杭州育英书院（即后来的之江大学）。1908年任南京金陵协和神学院希腊文教授。1919年起任燕京大学校长、校务长。1946年任美国驻华大使，一生中在中国生活了半个世纪。1949年8月离开中国。资料来源：百度百科，网址：https://baike.baidu.com/item/司徒雷登/266388?fr=ge_ala，访问时间2023年12月30日。

改"的工农兵学员，这些话是有些刺耳。不过，最后吴老师的语气还是缓和下来，语重心长地告诉我们为什么要努力学习，如何克服学习中的困难，等等。

在当时极"左"思潮横行的情况下，吴老师说这样的话对她自己是有风险的，可能随时会被扣上打击工农兵学员，反对教育革命的大帽子。但吴老师出于教师的责任和职业的道德还是把这些话说了出来。同学们对吴老师的批评也给予了理解和接受。

那次的测验和吴老师的话深深触动了我们。使我们了解了自己专业知识的真实水平，并更加倍珍惜学习机会，努力提高自己。

还有一件事让我看到了吴老师良好的修养和大度。

事情大概发生在75年年底。那时教室里已经来暖气了，但我们班的教室是在全楼的东北角，东面和北面都有窗户，因此特别冷，室内温度只有4度，上课时要穿着厚厚的棉大衣。没办法，有的同学就喝热水来保持身体的温度。下课时把水杯倒上热水，暖暖手，再喝上几口。

那天，上课的铃声已经响了，吴老师走进教室开始上课，教室里也安静下来。这时，忽然传来一阵"呼噜呼噜"喝水的声音。原来是有一个男生可能是下课的水没喝完，正在捧着手里的水杯使劲地一边吹着热水，一边一口一口地吸着喝。教室里很安静，他这"一吹一吸"发出的声音显得格外大。

终于，吴老师的讲课被打断了。因为她停了下来，目光找到了发出声音的同学。一般情况下，喝水的男生停下来就行了，最好说声"I'm sorry,"这事就过去了。但那位男生却偏偏没理会，仍然旁若无人地喝着他的水，并发出"呼噜呼噜"的声响。这时吴老师脸上的微笑没有了，但停了几秒钟之后，她只说了句："I've never seen students drinking in class."（我从来没见过学生在课堂上喝水。）她说完这句话后，教室里的气氛稍微有点紧张，大家都抬头看着吴老师，也有同学悄悄提醒那位同学。没想到，那位同学不仅没有停下来，反而用汉语大声回怼了一句："都这么喝了三年了！"这句话明显很不礼貌且有些伤人，但吴老师听后没有再做任何回应。她迅速调整了情绪，笑容又浮现在脸上。课，继续进行，好像什么事情也没有发生一样。

多少年之后同学聚会。有人旧事重提，当时喝水的那位同学说了一句："唉，当时这些事还不懂。"确实，当时作为工农兵学员的我们并没有觉得上课喝水有什么不妥。这主要是由于我们受现代文明礼仪的教育不够，再加上工农兵学员那种盲目的自豪感，并没有注意应该如何遵守课堂的纪律，如何尊敬师长。

而吴老师出身于知识分子家庭，从小受着严格的文明礼仪教育，她对师生关系、课堂纪律有着自己的理解和标准。当这一切在"文革"期间被作为资产阶级的"师道尊严"被抛弃之后，她感到的可能是一种深深的无奈。尽管如此，她对自己受到的委屈仍然采取了隐忍的态度。

那位上课喝水的同学在聚会上对这件事表示了深深的自责。

二、毕业后与吴老师的交往

毕业后告别校园，离开老师，突然的变化让我感到有些茫然。我深深体会到有老师在身边是一件多么重要的事。于是，我和同学一起抓紧各种机会去拜访老师，希望得到更多的指导和帮助。

受当时条件的限制，没有网络，没有微信，电话也不普及，所以沟通的方式只能是写信或者当面拜访。当面拜访也基本不会预约，往往是拿着地址直接敲门。在我拜访过的老师中就有吴老师。

记得吴老师的家我去过不止一次。她住在百万庄附近一座普通的居民楼里。楼很旧，顶多有4层，没有电梯。吴老师好像住顶层，空间狭小，只有一个房间，里面显得很拥挤。后来我知道，就这么小的一个空间，吴老师也是好不容易才得到的。当时的交通条件不好，还没有地铁，从吴老师家到二外要从西城穿过长安街到东城，再到朝阳区，估计路上花的时间两个小时都不止。

当时我已毕业离开学校，向吴老师求教的主要问题是如何在毕业后提高自己的英语水平；另一个问题是我该如何选择报考研究生的专业。

记得这些问题吴老师都向我提出了很好的意见和建议。特别是我第一次考研失利后,吴老师一方面鼓励我不能放弃自己的目标,一定要坚持学习。另一方面她帮我分析了我考研究生的优势和不足,建议我可以选择那些非英语专业但对英语要求较高的专业。如国际关系、国际政治、国际法。这样可以做到"扬长避短",充分发挥我的英语专长。

有时我给吴老师写信请教问题,总能收到她的亲笔回信。只可惜这些信没能保存下来。

听了吴老师的建议后,我经过认真的考虑,选择了国际法专业。最后成功考取了北大法律系(今北大法学院)国际法专业的研究生。

后来听说吴老师搬了家。她的丈夫关在汉先生调到 *China Daily*(《中国日报》)工作。记得有同学给过我一个她家的新地址,我不知道放到什么地方了。又因为忙,各种各样的事情耽搁我一直也没有找机会去看看她。现在想起来总觉得非常遗憾。

三、吴老师的英文自传

后来吴老师的情况都是偶尔听同学说的。有一次在电视上看到了吴老师,她在讲述著名经济学家吴敬琏先生的故事。我这才知道,原来吴老师是吴敬琏先生的姐姐。

再后来听到的就是吴老师去世的消息。2008 年 11 月 15 日,她在患胰腺癌 7 个月后在北京去世。

非常后悔,早就应该去看看她。

一个偶然的机会,我读到了吴老师用英语写的自传——*Indelible Red: Memories of life in the Mao Era*(《抹不去的红色——毛时代的生活记忆》)[28](以下简称"《生活记忆》")。该书在吴老师去世后的 2013 年由她的子女在新加坡出版[29]。

---

28 Mary Jingyu Wu, *Indelible Red: Memories of life in the Mao Era*, Singapore [Lingwei Guan], ISBN 978-981-07-5292-7, March 2013.

29 向我推荐 *Indelible Red: Memories of life in the Mao Era*(《抹不去的红色——毛时代的生活记忆》)的是北京师范大学的一位年轻学者范世涛教授,他曾

第六章　最忆是师恩

该书是一部自传体的小说。自传体小说,是不以第一人称撰写的生平经历比较常规的一种分类。书中的主要人物——Meiyun(梅云,音译——笔者),是吴老师本人;Nick(尼克)是吴老师的丈夫关在汉先生。虽然书中的描写用的是第三人称,但讲述的故事都有真实的历史背景介绍。为了事实的准确在很多地方作者都加了规范的注释,这使得这本书读起来更像一部学术著作——准确而严谨。

吴老师在 90 年代退休后,致力于将中国的古典文学作品翻译成英语,同时开始用英文写她的自传。

《生活记忆》全书共分为 17 章,正文共 344 页。全书从 1946 年冬季梅云和尼克结婚开始,以 1968 年年底梅云和尼克的大女儿玲玲到山西农村插队结束。作者在该书的概要(Synopsis)中写道,该书写的是"一对年轻的中国知识分子夫妇和他们的家庭、朋友在 40 年代末到 70 年代末的故事,那时的中国在持续的剧变中(constant upheaval)。"在"概要"中作者也提到了吴家在 1972-1976 年的生活和"文革"结束后的情况。但遗憾的是,疾病使她没有完成这部分的写作。这真的很遗憾。

至于书名中"Indelible Red"(抹不掉的红色),其中的"red"(红色)一词,在那个时代有着超越了"颜色"的含义。如在中国流行语中的"红歌""红后代""红色基因",等等,这些词汇有着鲜明的政治取向和强烈的意识形态特征,它们与"共产党""社会主义""无产阶级""革命"是紧密联系在一起的。

从 1949 年到 1976 年这 27 年的时间里,吴家同这个国家一起经历了社会的剧变、坎坷和风雨:中华人民共和国中央人民政府成立、抗美援朝、公私合营、"三反""五反"、肃反、反右、大跃进、三年自然灾害、"文化大革命"。书中详细描述了吴家的经历,讲述了每一次社会重大事件和政治运动到来时,发生在他们身上的故事。大到国家大事、国际关系,小到柴米油盐、婆媳关系。人物鲜活,故事生动。

是吴敬琏先生的学生兼助手。范教授将吴敬琏先生送给他的这本书借给我阅读,并谈了他自己的一些看法。在此向范世涛教授表示感谢。

这是一部关于女性知识分子的书。写梅云（吴老师）的家庭、她的父母对社会变革的理解和认识的变化，她作为女儿、妻子、母亲，在家庭中的角色以及她在社会中作为教师如何工作，她的内心世界。读者看到的是一位将自己的一生都献给了教育事业的普通知识分子，一位将自己全部的爱给了家人的女性。人物形象立体而丰满。

由于篇幅所限，笔者只就书中的部分内容做一简单的介绍和评论。为了让读者更好地了解吴老师和她的家庭，先从讲述她的父母开始。

四、吴老师的父母

吴老师的生父吴竹似（原名吴念椿，1908-1931），1926 年毕业于上海复旦大学新闻系。母亲邓季惺（原名邓友兰，1907-1996）[30]。自幼接受现代教育，先在私塾读书，14 岁考入重庆省立第二女子师范。

1929 年 9 月 9 日，父母等三位报业同仁一起在重庆办起了一份报纸——《新民报》[31]。

1931 年 7 月吴竹似因肺结核去世，吴老师只有 3 岁。吴老师说，因为当时年纪小，对生父没有什么记忆。在吴竹似患病之后，为了给他治病疗养，全家来到北平。邓季惺则插班进入"私立北平朝阳学院"读书，该校正是中国政法大学的前身，她选择了法律专业。当时该校是一所著名的法科大学，创办于 1912 年，创办时校名为"朝阳大学"，是民国时期法学教育的重镇。[32]

---

30 许多期刊上刊载有介绍邓季惺的文章。如：邵后："报坛女杰邓季惺"，载于《新闻战线》，1988 年 12 期；紫卉："杰出报人邓季惺的传奇人生"，载于《档案记忆》，2017 年 12 期；秦松："《新民报》女老板邓季惺的经营之道"，载于《西南农业大学学报（社会科学版）》，2006 年 02 期；"邓季惺：中共的挚友、诤友"，载于《北京观察》，2009 年 Z1 期；郑连根："陈铭德邓季惺夫妇和《新民报》"，载于《炎黄春秋》，2005 年 04 期。

31 与《新民报》有承续渊源的上海《新民晚报》以此为创刊日。转引自吴晓波著：《吴敬琏传——一个中国经济学家的肖像》，北京：中信出版社，2010 年 2 月版，第 7 页。

32 有关朝阳大学资料来源参见网络资料：https://baike.baidu.com/item/朝阳大学

1933 年夏，邓季惺完成了她在朝阳大学的学业后，回南京的司法部工作，后来辞职开了一家律师事务所，开始做执业律师。也是在 1933 年，邓季惺带着三个孩子[33]与陈铭德（1897-1989）在北平举行了婚礼。从此，陈铭德成为三个孩子的继父。而邓陈恩爱一世，此后携手共同度过了 56 载春秋。

陈是四川人，毕业于北京法政大学，在成都法政专科学校教授新闻学，任成都《新川报》总编辑。还应邀在南京国民党中央通讯社做编辑。他的民间办报的想法得到了吴竹似等人的支持，并于 1929 年创刊《新民报》。陈铭德任社长，吴竹似任总编辑。[34]

在吴竹似去世后的 1937 年，邓季惺正式加盟《新民报》，担任副经理，负责经营管理和财务。在邓季惺的努力下，《新民报》成为南京报业的佼佼者。

1937 年抗战开始后，《新民报》不得不迁往重庆。南京报社不得不休刊。很快，重庆版《新民报》问世，还推出了晚报。不仅如此，邓季惺还带领一班人马在成都相继推出了晚报和日报。到抗战后期，两地的《新民报》已成为后方报业之翘楚。

1945 年 8 月，日本投降，抗战胜利结束。当月，邓季惺就飞赴南京，紧接着转抵上海和北平，筹办复刊事宜。第二年开春后，《新民报》在三地相继发刊。至此，报系拥有五社八报，成为现代中国最大的民营报业集团，达到事业空前的巅峰。邓季惺统领报馆经营，如鱼得水，成了中国百年报业史上无出其右的"女强人"，报社同仁有诗曰"百剑相随唯一盾（邓）"，可见其在报界的地位与威望。

后人称赞邓季惺有"法律家的眼光，理财家的手腕，报人的见识，还有一种女人才有的坚韧持久的工作耐力和一般女人没有的遇事果断的魄力"。这个评价，邓季惺当之无愧。

/5579842，访问时间 2024 年 1 月 2 日。
33 邓季惺和吴竹似共育有三个子女，他们是：大女儿吴敬瑗、二女儿吴敬瑜和儿子吴敬琏。
34 参见郑连根：“陈铭德邓季惺夫妇和《新民报》”，载于《炎黄春秋》，2005 年第 4 期，第 52 页。

上海版创刊时，邓季惺亲任总经理，在《发刊词》中，她让编者写上了这么一段话——"我们愿意忠于国，忠于民，但是坚决不效忠于任何政治集团。"

很多年后，她对心爱的儿子吴敬琏说："这自是我一生的立场。"[35]

陈铭德在办报之初，曾以四事与同人共勉："一、传达正确消息；二、造成健全舆论；三、促进社会文化；四、救济智识贫乏。"同时还表示，"决不官报化、传单化"，不做空洞说教，只代表中国民间的声音——"为办报而办报，代民众以立言，超乎党争范围之外"。[36]

秉承这样的办报理念，《新民报》在抗战时期，旗帜鲜明地主张抗战，坚决支持群众的抗日爱国行动；抗战后期，对国民党政府的消极抗战和腐败成风，《新民报》积极予以揭露。

抗战胜利后，《新民报》在南京版日刊的复刊词中再次表明了自己的民间立场："本报是一个民间报纸，以民主自由思想为出发点，不管什么党，什么派，是者是之，非者非之。只求反映大多数群众的意见和要求，决不讴歌现实，也不否认现实。"

1948年，邓季惺在立法院的秘密会议上带头反对国民党轰炸开封，并在第二天的《新民报》南京版刊登了消息，由此引起轩然大波。南京《新民报》被当局勒令"永久停刊"。随后，各地出版的《新民报》也先后遭到迫害。当年10月邓季惺化名秘密转移到香港才免遭毒手。[37]

此时的中国已处在新旧政权更替的十字路口。许多知识分子面临着选择。而吴老师和她的一家人，包括她的父母都选择了新政权。

在《生活记忆》一书的第二章 At the Crossroad（在十字路口）对

---

[35] 吴晓波著：《吴敬琏传——一个中国经济学家的肖像》，北京：中信出版社，2010年2月版，第9页。

[36] 参见郑连根：" 陈铭德邓季惺夫妇和《新民报》"，载于《炎黄春秋》，2005年第4期，第55页。

[37] 参见："邓季惺：中共的挚友、诤友"，载于《北京观察》，2009年11期，第70-71页。关于此事的详情另可参见吴晓波著：《吴敬琏传——一个中国经济学家的肖像》，北京：中信出版社，2010年2月版，第15-16页。

当时他们的想法有着比较详细的记录。[38]而此时的吴老师20岁,已经与关在汉结婚。他们夫妇并没有随父母去香港,而是在父母的安排下去了北平。

1949年4月中旬,邓季惺、陈铭德以及他们的小儿子吴敬琏从香港回到了已经和平解放的北平。在这里他们正式开始了"毛时代"的生活。

在香港期间,看到了国民党的日薄西山的陈邓二人想得更多的是如何使被国民党查封的《新民报》在新中国东山再起。他们曾问夏衍,共产党是否允许私人办报?答复是:当然可以。[39]

但后来的情况并非如此。后来的一系列的政治运动使得他们的生活发生了重大改变,在时代激流之中别无选择地被卷入了革命狂潮。

1949年回到北平后的邓季惺、陈铭德夫妇成为无党派的"民主人士"(Democratic Personages)。1953年,他们分别被任命为北京市城市服务局副局长和民政局副局长。

《新民报》系的结局是这样的:1950年4月,成都版停办;1952年1月,重庆版停办;1952年4月,北京版被政府以2万元作价收购,改成《北京日报》;1953年年初,上海版实行公私合营,易名为《新民晚报》。陈邓作为报纸的所有者,短时间内还给了个名誉职务,但很快被边缘化。他们的报人生涯从此终结。[40]

在1951年年底开始的"三反五反"运动[41]中,邓季惺和陈铭德

---

38 Mary Jingyu Wu, *Indelible Red: Memories of life in the Mao Era*, Singapore [Lingwei Guan], ISBN 978-981-07-5292-7, March 2013,pp29-48.
39 吴晓波著:《吴敬琏传——一个中国经济学家的肖像》,北京:中信出版社,2010年2月版,第17页。
40 Mary Jingyu Wu, *Indelible Red: Memories of life in the Mao Era*, Singapore [Lingwei Guan], ISBN 978-981-07-5292-7, March 2013, p.6.另可参见吴晓波著:《吴敬琏传——一个中国经济学家的肖像》,北京:中信出版社,2010年2月版,第17页。
41 "三反"、"五反"运动是1951年底到1952年10月,中华人民共和国在党政机关工作人员中开展的"反贪污、反浪费、反官僚主义"和在私营工商业者中开展的"反行贿、反偷税漏税、反盗骗国家财产、反偷工减料、反盗窃国家经济情报"的斗争的统称。资料来源于网络

在北京成了被打的"老虎",("老虎"指的是重点斗争对象)。因邓季惺49年之后,出资在北京南长街修建了一幢三层楼的花园洋房,现在,这座私宅被认定是贪污《新民报》的钱建成的,职工上门来批斗,强迫他们交代。邓季惺当时很愤怒地说:"我是报社的老板,我贪污谁?"[42]

1957年,毛泽东动员党外人士帮助共产党整风,请求他们"监督"。邓陈要去参加北京市非党领导干部整风座谈会。尽管事前有了解邓季惺的直脾气的人提醒她说话小心。邓却毫不在意说:"有啥子可以小心的?我们不都是为了党好!"她很认真地提了很多意见,关于公私合营、关于新闻自由、民主和法治……结果她和陈铭德双双被定为右派。

此后,他们被撤销了领导职务,被要求通过社会主义学院学习进行自我改造。[43]

这就是吴老师父母的故事。其实这不是编出来的故事,而是真实的历史。在那个讲"家庭出身"的年代,这样的"资产阶级家庭出身",加上后来他们的"右派"身份对子女带来了很多的负面影响。这一点在后来吴老师身上有着明显的体现。

五、关于关在汉先生

关在汉先生(1923-1984.11)是吴老师的丈夫。在《生活记忆》一书中他的名字是Nick(尼克)。他毕业于燕京大学,出生于一个父母均受过良好教育的中产阶级家庭。他与吴老师1946年在南京相识并喜结连理。当时他在吴老师父母的《新民报》工作。

关先生离开《新民报》后,因英文出色开始在外国通讯社工作,先后在美联社(AP)和法新社(AFP)担任记者。关先生在中学时期

---

https://baike.baidu.com/link?url=D8JXLeiGnimJzXzWFrWlDB1M-kKhHpRb4108sreAe7xPUthKD7SS-访问时间2024年1月7日星期日。
42　Mary Jingyu Wu, *Indelible Red: Memories of life in the Mao Era*, Singapore [Lingwei Guan], ISBN 978-981-07-5292-7, March 2013, p.6
43　Mary Jingyu Wu, *Indelible Red: Memories of life in the Mao Era*, Singapore [Lingwei Guan], ISBN 978-981-07-5292-7, March 2013, p.8.

就在北京参加了共产党领导下的一个青年组织——"民先队",其全称是"中华民族解放先锋队"。当他在南京做法新社记者时,跟中共与国民政府和谈的代表团保持着联系。他对政治的兴趣和支持共产党的情绪被重新点燃,于是他放弃了去美国学习文学的机会。[44]

网络资料"百度百科"关于"关在汉"的词条中提道:"关还曾任法新社的记者,采访中共方面的消息。周恩来曾与他谈过三次话,他深受感动,认识到中国的将来只能靠共产党。"[45]由此可见,关先生是一位拥护共产党,积极要求进步的青年知识分子。

1948年底,许多知识分子面临着选择,是留在大陆接受共产党政权还是离开,关先生选择了共产党。他辞去法新社的工作,进入外交部。吴老师毫不犹豫地接受了关的决定,认为她个人的生活不会受到政治的影响。[46]

关先生在新政府的外交部工作非常努力,他也努力按照"革命"的方式生活。在抗美援朝期间,他被派往朝鲜板门店参与和谈。凭着自己出色的英文水平,他一个人为志愿军出一份英文参考资料,并立了三等功。但他仍然没有得到组织的信任,回国后他提出了入党申请,仍因历史上的一点问题而被搁置。[47]实际上关先生要求入党的道路漫长而曲折。

1955年一场突如其来的"内部肃反运动",要肃清"暗藏的反革

44　Mary Jingyu Wu, *Indelible Red: Memories of life in the Mao Era*, Singapore [Lingwei Guan], ISBN 978-981-07-5292-7, March 2013,pp.4-5.

45　资料来源:百度百科 https://baike.baidu.com/item/关在汉/981261?fr=ge_ala,访问时间2023年12月12日。

46　Mary Jingyu Wu, *Indelible Red: Memories of life in the Mao Era*, Singapore [Lingwei Guan], ISBN 978-981-07-5292-7, March 2013,p.5.

47　《中国日报》(China Daily)网上一篇题目为"怀念关在汉"的文章中提到了关在汉先生的入党的事情。文章中写道,关在南京期间(1945年左右):"在南京曾有一个名叫吕一峰的地下党员,让老关填过一张表,他自以为这就是入了党。由于他自己不明白入党的手续和严肃性,这次的'入党'不能算。若干年后,再次提出,吕已亡故。关在汉在法新社四年,自己以为为党做了些工作,就该是党员了。"见网址:https://www.chinadaily.com.cn/25birthday/2006-05/25/content_600360.htm,访问时间2023年12月12日

命分子"[48]。这场运动的到来，使得吴家宁静的生活再次被打破。关先生成为他所在单位的目标。虽然6个月后解除了对他的怀疑，但他仍然不能入党。

紧接着，在1956年，党宣布了"百花齐放，百家争鸣"的方针。号召给党提意见。关先生积极地提出建议和意见，结果等待他的是一顶右派分子的帽子。从那时起他开始了长达20年的右派生活。

幸运的是，吴老师没有参与给党提意见，侥幸躲过了这场运动。但她的家里出了三个右派——母亲、继父和丈夫，弟弟吴敬琏因犯有在青年中宣传《在桥梁工地上》、《组织部新来的年轻人》这类"右派小说"等"严重右倾"错误，受到党内严重警告的处分[49]。因家庭情况，吴老师放弃了申请入党的想法。

吴老师在父母被划为右派后，为了避免受到牵连，她搬离了父母的家跟婆婆生活在一起，直到她工作的学校给她提供了住房。

关先生被划为右派后，下放到农村劳动。紧接着，"大跃进"运动开始。糟糕的是，他的身体垮了，繁重的体力劳动加上营养不良，他在农村时经历了一场大的手术。[50]在情绪特别低落的时候，关因担心孩子们受到政治上的影响，甚至向吴老师提出了离婚，但吴老师拒

---

[48] 内部肃反运动（1955.07.01-1957年底）：1954年、1955年，党内、国内接连发生的"高饶事件"、"潘杨事件"、"胡风事件"，被认为是"随着我国社会主义事业的进展，阶级斗争必然日益尖锐化和复杂化"的反映。根据这个判断，1955年7月1日，中共中央发出《关于展开斗争肃清暗藏的反革命分子的指示》。《指示》基于当时对国内阶级斗争状况的严重估计，认为"在许多地方，大量暗藏的反革命分子是还没有揭露和肃清的"，因此决定在全国范围内开展一场肃清暗藏的反革命分子的运动（即内部肃反运动），同时要求将审干工作与肃反斗争密切结合进行。按照中央的部署，全国党政机关和群众团体机关、高等学校和干部学校、中小学（不包括学生）、军队，国营、合作社营和公私合营的企业，均须进行肃清暗藏反革命分子的运动。这场运动从1955年下半年开始，到1957年底基本结束。资料来源于网络：https://baike.baidu.com/item/内部肃反运动（1955年7月1日-1957年底）/56666957?fr=ge_ala 访问时间：2024年1月11日。

[49] 吴晓波著：《吴敬琏传——一个中国经济学家的肖像》，北京：中信出版社，2010年2月版，第292页。

[50] Mary Jingyu Wu, *Indelible Red: Memories of life in the Mao Era*, Singapore [Lingwei Guan], ISBN 978-981-07-5292-7, March 2013，p.9.

第六章 最忆是师恩

绝了。尽管关先生的工资被减少了,一家人的生活受到了影响,但她决定与丈夫一起面对。[51]

1961年春天,政府做了一项决定,将大批政府干部下放到基层。[52]此时关先生身体尚未完全康复,但仍被派往广西。面对这种情况,吴老师毅然放弃了自己在北京的工作,带着两个孩子与关先生一起去了广西桂林。说是都在桂林,但关先是在一个公社学校做图书管理员,吴老师在城里的学校教书。当时仍处于三年自然灾害期间,物质十分短缺,缺少足够的食物和生活用品。加上交通不便,他们不得不两地分居。《生活记忆》一书第11章 Gleams of Sunshine(阳光灿烂)详细描述了他们一家在桂林的窘迫生活。

幸运的是,6个月后,吴老师接到了北京一所学院的来信,邀请她回去到新组建的英语系工作,而且夫妻二人都可以去。这当然是个好消息。经过一番周折,1962年8月他们全家终于又回到了北京。关先生和吴老师都到该学院工作。

但他们在这里的工作并不愉快。他们的家庭出身成为他们进步的障碍。为了增加家庭的收入,关先生靠着自己出色的英语开始做一项额外的笔译工作。这样收入是增加了,但关先生的身体却越来越糟糕。

两年之后的1964年,教育革命和"四清运动"[53]开始。学院将关先生送去人大附中教英语。吴老师则作为社教工作队的队员被派往山西长子县(位于晋东南)的农村参加"四清"。一年多以后的1965

---

51 Mary Jingyu Wu, *Indelible Red: Memories of life in the Mao Era*, Singapore [Lingwei Guan], ISBN 978-981-07-5292-7, March 2013,p.8.
52 Mary Jingyu Wu, *Indelible Red: Memories of life in the Mao Era*, Singapore [Lingwei Guan], ISBN 978-981-07-5292-7, March 2013,p.9.
53 "四清运动",即社会主义教育运动。1963年至1966年5月在部分农村和少数城市工矿企业、学校等单位开展的一次清政治、清经济、清组织、清思想的运动。四清,在农村中最初是"清帐目、清仓库、请财务、清工分"。在城市中最初是"五反"——反贪污盗窃、反投机倒把、反铺张浪费、反分散主义、反官僚主义,后统一为清政治、清经济、清组织、清思想。资料来源于网络:https://baike.baidu.com/item/四清运动/615947,访问时间2024年1月12日。

年 5 月，吴老师从山西回到北京。回京后她调入新建的北京第二外国语学院，在这里她一直工作到退休。

这时，吴老师夫妇的生活总算暂时平静了下来。令他们没想到的是，一年以后，一场"史无前例"的"无产阶级文化大革命"的暴风骤雨来到了。

六、吴家在"文革"中

1966 年 6 月，"文化大革命"正式开始。在"横扫一切牛鬼蛇神""破四旧""踢开党委闹革命"等一系列荒诞、狂热、残暴的口号主导下，几近疯狂的中学生、大学生在运动初期成为主力。

《生活记忆》中第 15 章"打开了潘多拉盒子"描写了当时的混乱。其中还写到了 1966 年 8 月 5 日，北京一所著名的女校——师大女附中的学生将自己学校的校长殴打折磨致死的惨剧[54]。恰巧当时笔者就是这所学校的学生。多少年过去了，这件事仍然是我们心中永远的痛。[55]

对于吴家在文革中的遭遇，《生活记忆》中这样写道：

"10 年文革的前三年，那些被政治狂热和自私的机会主义目的煽动起来的红卫兵们，将他们（梅云及其家人）作为批斗和迫害的对象。他们的家被抄了一次又一次，他们被一个接一个的战斗队拘禁，而这种犯罪行为并没有受到追究。最后，当所有的指控都被证明是毫无根据的，留给尼克的是一个受了伤的手臂和变得虚弱的身体。梅云虽然没有受到身体上的伤害，但不得不离开家到河南农村的所谓的'五七'干校劳动了两年。同时，他们的三个孩子都中断了学业，被送到不同省份的农村去接受贫下中农的'再教育'。"[56]

---

54 Mary Jingyu Wu, *Indelible Red: Memories of life in the Mao Era*, Singapore [Lingwei Guan], ISBN 978-981-07-5292-7, March 2013，p.285.

55 关于女附中的"8.5 事件"，多少年后，我们这些当年的中学生们对此事进行了调查和思考，并写了多篇文章对此事件进行了认真的研究和深刻的反思。主要文章参见王本中、启之主编：《北京盛夏一日》（一）、（二）、（三），美国：华忆出版社，2020 年 8 月第一版。

56 Mary Jingyu Wu, *Indelible Red: Memories of life in the Mao Era*, Singapore

第六章 最忆是师恩

这段话概况了吴家在"文革"期间的遭遇：批斗、拘禁、抄家、干校劳动、上山下乡。《生活记忆》的后三章，即："第 15 章潘多拉的盒子打开了（Pandora's Box is Opened）""第 16 章混乱和崩溃（Chaos and Disintegration）""第 17 章全面专政（Total Dictatorship）"详细记录了在"文革"期间吴家的遭遇。

以下是笔者对上述三章内容的概括。

1966 年 8 月，以"破四旧"为名的"红八月"开始，吴家首先遭殃的是吴老师父母家。

"一天早上，她（梅云）来到学校，看到一群人站在校门附近，那里停着一辆卡车。她看了看，人群里没有她认识的人。突然，有个人用手指着她大声喊道：'你，过来！'梅云走近了点，这时那人让她上卡车。然后，又有几个人也上了车。卡车发动后离开了校园，没有人告诉她卡车要开到哪儿，她为什么要上车。很快，卡车驶入了一条街道——那里是梅云父母的家，车在门口停了下来。因为当时搜查证的概念在这个国家已经不存在了，梅云知道阻止抄家是没有用的。"（《生活记忆》第 288 页）

吴老师和她的父母一起眼睁睁地看着这些人进入房间，打开箱子，将箱子翻了个底朝天。彻底检查之后，他们并没有找到感兴趣的东西，于是离开。

几天之后，抄家的人来到了吴老师家。他们进门后的第一个要求是让吴老师交出她的结婚证，因为上面有 Dr.John Leighton Stuart（司徒雷登博士）及他的秘书 Philip Fu（傅泾波）的签名，他们是吴老师婚礼上的证婚人。在当时的情况下，这两样东西足以构成"里通外国"嫌疑的直接罪证。

第二个要求是把"坏书"交出来。所谓"坏书"就是那些有所谓"封资修"内容的书。

由于吴老师在他们来之前已经将结婚证做了处理，并告诉来抄家的人，"因搬家找不到了。"至于"坏书"，吴老师让他们自己看，

[Lingwei Guan], ISBN 978-981-07-5292-7, March 2013，p.10.

认为是坏书可以挑出来。最后，他们拿走了吴老师家的相册，因为照片是 1949 年前拍的，毫无疑问是资产阶级的。(《生活记忆》第 291 页)

抄家的人在离开前在吴家前面的大门上贴出了一张布告，用措辞严厉的语言命令吴老师交出司徒雷登签名的结婚证。这无异于告诉周围的人，你们的邻居是一个跟美帝有关系的人，毛主席说这个人是美帝的代理人。

布告引起了一些小孩子的好奇和注意。从那以后，只要吴老师一走进胡同，经常有一些孩子跟在她后面高声喊着："司-徒-雷-登，司-徒-雷-登……"。其实当时很多燕京的毕业生都邀请司徒雷登出席他们的婚礼，这是件很平常的事，只是很多人都不了解罢了。(《生活记忆》第 292 页)

抄家之后，事情当然还不算完。接下来随着运动的深入，对吴老师和关先生的斗争才刚刚开始。

1966 年 11 月末的一天，吴老师在学校被两个自称是英语系学生的人带到了校内的一座楼里。关上房门后，那里等候的人告诉吴老师："你在这要回答问题，要交代你的所有罪行，否则你别想离开这座楼。""你违反了《公安六条》。"[57]随后吴老师被带入另一个房间，由两个学生负责看管。当时北京已经供暖，但他们在的楼里没有暖气。而且任何时候她不得离开这座楼，所有行动有人监视。

第二天，对她的审问正式开始：

问："老实交代！谁给你送了秘密情报？"

吴："从来就没有人给过我秘密情报。"

问："你别想骗我，我们跟踪你了。"

吴："那你们应该知道我去了哪儿，见到了谁。"他们说出了一个

---

[57] 《公安六条》，即 1967 年 1 月 13 日中共中央、国务院颁布的《关于无产阶级文化大革命中加强公安工作的若干规定》。因其内容分为六条，所以简称"公安六条"。《公安六条》是为了保证"文革"全面夺权的顺利实现而制定的。1979 年 2 月 17 日，中共中央宣布撤销。见"百度百科"https://baike.baidu.com/item/公安六条/10647596?fr=ge_ala，访问时间 2024 年 1 月 24 日。

美联社记者的名字,那个人是关先生在南京的同事。

问:"你给他送了秘密情报"。

吴:"我和我丈夫谁都没有在北京见过他,"

问:"司徒雷登在滚出中国前交给你和你丈夫什么秘密任务?"

吴:"我们就是他的学生,他从来没有交给我们什么任务!他离开中国后我们没有联系。"

问:"你,死硬!你是不见棺材不落泪!"(You'll shed tears yet, when you see your own coffin)(《生活记忆》第329页)

在审问过程中,他们还拿出了一根塑料电线,威胁说,这是用来打人的。这样的审问重复了多次。审问人态度蛮横,语言粗俗。

在这个冰冷的房间里吴老师被拘禁了长达6周的时间。除了审讯者外,没人跟她说过话。没有审问的时间除了《毛选》,不许她看其他的书。

最后他们强迫吴老师在一张纸上签字,上面写着承认自己是漏网右派(Rightist who has slipped from the net)。签字后才放她回家。

法律中有一个术语"拘禁",指的是关押、限制人身自由的意思,其实质是强制剥夺人身自由。而当时适用的宪法中规定:"中华人民共和国公民的人身自由不受侵犯。"[58]毫无疑问,将吴老师关起来的这种行为就是非法拘禁。可当时谁敢这么说呢?说出来又有什么用呢?

接下来发生的事情更加糟糕,先是吴老师的父母被迫搬离了他们自己的家——那是他们准备度过余生的地方。因为红卫兵认为所有的私房房主都不再拥有房产。

让吴老师永远忘不掉的一幕是她婆婆的死。

1967年2月,关先生的母亲病了。因为医院也处于混乱中,他们只好将一个诊所的医生请到家里来诊治。但条件所限,医生根本做

---

[58] 见《中华人民共和国宪法》(一九五四年九月二十日第一届全国人民代表大会第一次会议通过),第三章 公民的基本权利和义务,第89条。资料来源于网络,网址为:https://www.gd.gov.cn/zwgk/gongbao/1954/9/content/ post_3353421.html,访问时间 2024-1-25。

不出明确的诊断，老太太病情加重，只好送进了医院。两天后，他们接到电话，老太太去世了。当他们赶到医院太平间的时候，只见狭小的太平间里挤满了刚失去亲人的家属。老太太的遗体赤身露体地放在一条长凳上，所有的衣服都被剥光了，孩子们赶紧找来一条白被单盖在遗体上。人走得如此没有尊严，这一幕很长时间里都在撕扯着吴老师的心。虽然他们在这座城市里有很多亲戚朋友，但没有悼念仪式。（《生活记忆》第312页）

1968年5月，"清理阶级队伍"开始。清理的对象包括：所谓的"走资派"及叛徒、特务、地主、富农、反革命、坏分子和右派。68年的一个夏天，吴老师被叫去参加批斗会，会上宣布她是"漏网右派"，成为正式的"清理对象"。《生活记忆》中描写了批斗会的现场。口号声此起彼伏，被批斗者的头不能抬，因为脖子上挂着一块很重的黑板，黑板用细铁丝吊起挂在她的脖子上。因黑板太沉，铁丝深深地嵌进肉里。批斗会后吴老师被命令住到女生宿舍去，因为她被"专政"了。每天她要打扫好几个宿舍楼的厕所和楼道，其他时间都要在学生的监督下劳动。（《生活记忆》第335页）

很快，关先生也被"专政"了，他们的家又被关老师任教的中学生抄了一遍。这次他们拿走了家里的英文打字机，因为怀疑关先生是法国或者美国情报部门留下的潜伏人员，需要检查那台打字机是否作为无线电发报机传送情报。

那些中学生在审问关先生的时候，将麻袋套装他的头上然后殴打他，还用力把他手臂背后，导致了他的右臂肘关节脱位。去医院也没有得到很好的治疗。跟关先生关在一起的一个人因忍受不了非人的折磨，在房间内的暖气管上上吊自杀了。（《生活记忆》第337页）

这就是当时的情况，如果读者阅读过北京大学季羡林先生写的《牛棚杂忆》[59]，可能会了解更多的"文革"中知识分子受到迫害的真实情况。

在吴老师的书中还讲述了好几位二外的老师被关押和批斗的遭

59　季羡林著：《牛棚杂忆》，北京：中共中央党校出版社，1998年4月版。

遇。这样的日子——隔三岔五的批斗会、每天的劳动改造，一直持续了很久，直到 1969 年年初吴老师才被允许回家。当她回到家时，她的大女儿玲玲已经离开北京到山西农村去接受贫下中农"再教育"了。母女俩甚至没说上一句告别的话。

不久"清理阶级队伍"运动暂时告一段落，关先生也被放回家了。（《生活记忆》第 344 页）

全书到此戛然而止。

此后几年的故事在该书的"概要"中是这样写的：

"他们的生活在 1972-1976 相对来说还没什么麻烦。在经历了死亡可能随时会发生的拘禁生活之后，在经历了在贫穷农村的繁重体力劳动之后，他们唯一的希望就是在一起，在自己只有一个房间的家里过一种简单和宁静的生活。孩子们不再让他们的生活不太完美，但他们在读书、养花，和朋友在相聚中他们找到了乐趣。好几年了，压抑的氛围使得知识分子之间相互避免来往，现在又重新建立起联系。文革最初几年的狂热和残暴，还有一派群众斗另一派群众，这种情况在普通群众中已经得到了缓和。"（《生活记忆》第 11 页）

1976 年秋天，"四人帮"倒台，"文化大革命"结束。吴老师的家庭和全国亿万人民一起迎来了新时代。

七、后来的故事

文革结束后，改革开放开始。1978 年，吴老师父母的"右派"问题都得到了改正，母亲邓季惺在 1978 年又当选为全国政协委员。但是，这时他们都已进入老年，也不可能再做什么工作了。改革开放初期，她还打算和几个法律界的熟人一起开办律师事务所，但终因心有余而力不足，放弃了。继父陈铭德逝世于 1989 年，享年 92。母亲邓季惺于 1996 年去世，享年 89 岁。[60]二位老人都算高寿了，最后也赶上了改革开放的好日子。

---

60 口述吴敬瑜、记者李菁："我的父亲 母亲"，载于《三联生活周刊》，2006 年第 27 期，第 60-63 页。

关先生作为成千上万个右派中的一员也获平反。他们的孩子由于政策的变化从农村回到了北京。为了把浪费的时间找回来，关先生选择了到《中国日报》工作，虽然他知道这对于他虚弱的身体有些繁重。(《生活记忆》第12页)

不幸的是1984年11月的一天下午，正在工作的关先生因突发心肌梗塞去世，享年61岁。

关先生是《中国日报》筹备工作的元老之一。《中国日报》正式出刊后，他是第一任评论版的主任。《中国日报》成立党支部后，他是第一批申请入党的同志之一。多少年来，他以一颗赤子之心要求入党。几经周折，支部通过了他入党申请，那时他已60岁了。一年后，他如期转正，成为他一生为之奋斗的中国共产党党员。不幸的是，56天后，他去世了。[61]

从网上的评论看到，对关先生的评价还是相当高的。在报社，他是受大家尊重的一位同事、领导，是年轻人爱戴的一位长者。"全报社谁都承认他能力强，水平高，还有脾气大，但是他部里的年轻人却说他从不对下属发火。""他写稿很快，平时积累材料，勤于读书，而且干起来精神集中。"

他去世后，全报社沉浸在一片悲痛之中。美术组的三个年轻同志自发地为他在报社的楼门口，布置了黑边白花的遗像。这些都是大家对他的肯定。

读完吴老师写的《生活记忆》，心情压抑而痛苦。

在季羡林先生所著的《牛棚杂忆》的扉页上，有这样一段"祝词"：

"这一本小书是用血换来的，是和泪写成的。我能够活着把它写出来，是我毕生的最大幸福，是我留给后代的最佳礼物。愿它带着我的祝福走向人间吧，它带去的不是仇恨和报复，而是一面镜子，从中可以照见恶和善，丑和美，照见绝望和希望。它带去的是对我们伟大

---

[61] 参见网络文章："怀念关在汉"，作者不详，网址：https://www.chinadaily.com.cn/25birthday/2006-05/25/content_600360.htm，访问时间2023年12月12日。

祖国和人民的一片赤诚。"[62]

　　用季先生的这段话来评价吴老师的书，或许是恰当的。吴老师的书也是用血换来的，是和泪写成的，是她留给后代的最佳礼物，也是留给历史的一份珍贵记录。

　　感谢吴老师。也希望能用我这篇短短的文字来告慰吴老师的在天之灵。

62　季羡林著：《牛棚杂忆》，北京：中共中央党校出版社，1998年4月版。

第三节　董乐山先生和笔译课

　　二外虽然是一所年轻的高校，但随着上世纪70年代中国在外交上取得的一系列重大突破，由于形势的需要，二外英语系集中了一批国内翻译界的大腕，其中一位就是董乐山先生。

　　当时我们对董先生的了解少之又少，只知道他翻译了《第三帝国的兴亡》[63]。这本书作为当时"内部发行"的"灰皮书"，在社会上流传甚广。在文化饥渴的那个年代，是很多年轻人千方百计要阅读的书。我也看过这本书，但基本是当故事书看。

　　在我们进入大三年级时，有了笔译课（英译汉）。教我们班这门课的正是董先生。他生于1924年11月14日，教我们的时间是1976年，那时他也就50岁出头，正是年富力强的时候。

一、笔译作业

　　董先生上课的情景，我几乎没有什么印象，甚至想不起他上课的样子。问了很多同学大多印象不深，但有位同学告诉我，他曾到董先生在学校的宿舍拜访过他，说董先生和蔼可亲，对同学很热情。

　　庆幸的是，我保存了当时笔译课的全部作业，上面有董先生用红笔做的批改，还有评语，虽然没有给成绩。

　　从我的作业情况来看，笔译课（英译汉）开设的时间是大三的春季学期（即1976年3月-5月）。这个学期我们在学校只学习了大约两个月的时间，而笔译课的时间更短，还不足两个月，然后就去沧州实习了。笔译课的汉译英部分是76年的秋季学期上的，从10月份一直上到12月，但我不能确定这门课的任课教师，所以这里只谈董先生上的英译汉课。

　　发给我们英译汉的材料共分四组，8篇文章：

63　[美]威廉·夏伊勒（董乐山译）：《第三帝国的兴亡》，生活·读书·新知三联书店，1974年3月版。

第六章　最忆是师恩

1. V.J. Wieghart, The Day of Detente Is Dead and Awaits a Nice Knell, *The Sunday News*（"缓和的时代已经死亡，只等美妙的丧钟响"，摘自《每日新闻》星期刊[64]）
2. A Word of Warning: An Interview with Schlesinger[65], *Newsweek* Correspondent, March 17, 1975（"一句警告：访施莱辛格"，《新闻周刊》记者，1975 年 3 月 17 日）
3. In Classless Russia, "Some Are More Equal Than Others", *U.S News & World Report*, August 4, 1975（"在没有阶级的苏联'一些人比另一些人更平等'"，摘自《美国新闻与世界报道》，1975 年 8 月 4 日）
4. The Russia Turns a Blind Eye to the Black Market, *The Times*, August, 1975（"苏联对黑市视而不见"，《时代》，1975 年 8 月）
5. Which Way Out of the Crisis? *The Call*, December, 1974（"摆脱危机的路在哪儿？" *The Call,* 1974 年 12 月）
6. For '75 College Grads: Who'll Get the Jobs, and Where? *U.S News & World Report*, April 21, 1975（"七五年的大学毕业生，何人何处能得到工作"，摘自《美国新闻与世界报道》，1975 年 4 月 21 日）
7. Is China's System Working? Mike Mansfield（"中国的制度行吗？"）
8. Pragmatism, Oil, Grain Crop Give Chinese Economy a Very Good Year（务实、石油、粮食作物给中国经济一个好年）

从上述 8 篇文章中老师选择了 3 篇作为我们的练习作业，分别是：

第一篇：V.J. Wieghart, The Day of Detente Is Dead and Awaits a

64　文章的英文标题由笔者译为汉语，下同。
65　原文注释：Schlesinger: James Schlesinger, former Secretary of Defense of the Unite States, is an American economist. The interview was given when he held public office.（詹姆斯·施莱辛格，美国前国防部长，美国经济学家。该访谈是在他在任时进行。）

Nice Knell, *The Sunday News*. ("缓和的时代已经死亡，只等美妙的丧钟响"，摘自《每日新闻》星期刊)。作业时间为1976年3月26日，老师批改时间4月2日。发了参考译文。

第二篇：In Classless Russia, "Some Are More Equal Than Others", *U.S News & World Report, August 4, 1975.* ("在没有阶级的苏联'一些人比另一些人更平等'"，摘自《美国新闻与世界报道》，1975年8月4日)。作业时间为4月15日，批改时间4月20日。发了参考译文。

第三篇：For '75 College Grads: Who'll Get the Jobs, and Where? *U.S News & World Report, April 21, 1975.* ("七五年的大学毕业生，何人何处能得到工作"，摘自《美国新闻与世界报道》，1975年4月21日)。作业时间为5月14日，批改时间5月19日。没有参考译文。

从笔译作业选择的文章看，两篇文章选自《美国新闻与世界报道》(*U.S. News & World Report*)，该刊是一本仅次于《时代》周刊(*Time*)和美国《新闻周刊》(*Newsweek*)的美国第三大新闻杂志。其语言肯定是地道又时尚的美式英语。据戴宗显老师讲，这些文章的选择是另一位后来的翻译大家王文炯老师定的。那时的二外资料室有特别的进口资料。

还应该指出的一点是，每篇文章原文的后边都加上了必要的"Note"(注释)。注释主要针对的是一些比较不常用的单词和词组、缩写、地名、国际机构名称、国际文件名、人物的介绍，等等。注释大部分是英文的，个别地名、国际组织的名称、国际文件名直接给出了中文。

这样做一是老师考虑到我们的英文水平和基础知识，翻译这些英文原文可能存在一些困难；二是因为当时有关英语翻译的工具书少得可怜，有本英汉字典就不错了。这种注释工作也是要任课的教师来完成的。我不能确定哪篇文章的注释或参考译文是董先生做的，但一般来讲他作为英语系主要擅长笔译的教师应该是会参与的。

从我的作业看，每篇作业董先生都做了逐字逐句的批改，连标点符号都没放过。例如期刊名要加"《》"(书名号)，先生都帮我加上了。批改最后写上鼓励性的评语："Quite good"(相当好)，"On the whole, good"（整体上，好），"Good"（好）。就这么简单的几个单词，也会让我高兴半天，觉得自己的努力没有白费。

随批改作业发下来的还有参考译文，有可能是董先生校定的。自己可以对照译文看看自己哪些地方还有待改进和提高。

现在回忆起来，我们当时的笔译课很可能就是发下原文自己翻译，然后交作业，没有找到老师课堂上的讲解或点评的记录。

二、董先生翻译文章对我的启迪

记得第一次做英译汉的作业，觉得特别困难。那些晦涩难懂的英文原文，不仅有新的不认识的词汇；也有的是一个生词都没有，但放在一起就不知道说的是什么意思。有时为了一句话甚至一个单词就要和同学讨论很久。当时对翻译的感受就一个字：难。

从二外后毕业后出于兴趣，我也尝试翻译过一些文章，甚至还翻译过小说。后来重操旧业是上了研究生之后。由于专业的需要和自己的兴趣，我还发表了一些翻译的国际法专业的学术论文、著作和文件。在这期间，我读到了董先生的一些关于翻译的文章。一个偶然的机会我看到了董先生翻译的《苏格拉底的审判》，一看是董先生翻译的，就毫不犹豫地买了一本。

董先生的这些文章和译著对我从事的教学和研究工作有很大的帮助。我研究的领域国际法学完全是从西方传入中国的一门学科，对于中国完全是一种外生性的事物，它与中国社会本身的距离感非常明显。其中的专业术语多译自英文，如果不能准确表达原文的概念含义，那后果就是"差之毫厘，谬之千里"。更困难的是，汉语中本没有对应的概念和词汇，还需要"创译"。如现在常用的"主权"（sovereignty）、"领土"（territory）、"权利"（right），甚至"国际法"（international law）这些术语都是经过多年的应用和改进之后，逐渐发展成为有固定含义的专业术语。翻译这种词汇需要根据对该词所包含的意思充分理解，然后找到或创造出能准确表达的汉语词汇。

董先生在这方面就做得非常好。现在的一些词汇的译法是董先生敲定的，如"超级大国""遏制""穆斯林""威慑""导弹"，等等。

董先生有句名言：翻译的"关键在于理解"[66]。在当下很多人借助软件翻译的时候，这句话尤其重要，因为软件不能理解复杂的人的语言和心思。

在"关键在于理解"这篇文章中董先生一开始就谈道："初事翻译的同志，常常希望学习翻译技巧。当然，技巧是重要的，但关键在于对原文的理解。"董先生在文章就"理解"举例说明后，指出："'一词多译'是一条不易的原则。这与其说是译者掌握了技巧，不如说对词义（特别是本义）的确切理解。没有这一点，就不能运用自如；有了这一点，甚至可以信笔译去，而无损信达。"[67]

这篇文章的最后，董先生还提出，"词的含义总是随着所指环境的不同而不同，一词固译，没有不碰壁的。"这短短的一句话，意义却十分深刻。

一本法学著作的通俗易懂，易被接受，一个十分关键的要件就是译者要处理好书中有关的专门术语和概念。

我在专业领域的研究中就曾碰到过一个十分棘手的词——"historic title"。这是在国际法的发展过程中，法学家们逐渐将"title"一词引入来讨论国家通过何种方式能够获得领土主权。国内多有人将其译为"权利"，或"所有权"。但如果从该词出现的语境来看，很显然"title"不是这个意思。

我在指导我的一位博士生写学位论文时，跟她讨论了这个词的译法，并要求她从国际司法机构在处理有关案件时该词出现的语境，来探讨该词的含义。她发现国际法院（ICJ）在1983年审理的一个边界争端案中，对"title"的定义做了阐释。根据这一点，可以看到，在国际法上，"title"指的是"获得对地球表面某一区域主权的法律上的正当原因"，而非"权利"。

在考察了"title"在国际司法判例当中的具体含义后，我支持她

---

[66] 董乐山："关键在于理解"，载于董乐山著："翻译的甘苦"，北京：外语教学与研究出版社，2014年11月第1版，第25-29页。

[67] 董乐山："关键在于理解"，载于董乐山著："翻译的甘苦"，北京：外语教学与研究出版社，2014年11月第1版，第26页。

采用了日本学者使用的一个词"权原"。从目前来看,这是最接近"title"的一个译法。

通过对"title"一词的考察,我体会到董先生所说的,词的含义总是随着所指环境的不同而不同。当然道理很简单,但做起来还是很难。

三、认识了董先生

董先生于 1981 年调离二外,到社科院美国所担任研究员。

看了一些董先生的书才了解到,他在二外期间并不开心。他写道:"当时我在二外受到政治歧视,心中有怨气",再加上"我不想在二外继续教书,我的兴趣一直是做文字工作"[68]。我猜他所说的受到"政治歧视"的事与他在 57 年被错划为右派有关,所以,在 1979 年底对他的错划右派实行改正后,尽管颇费周折,他还是离开了二外。

我们这批学生真的很幸运,赶上了董先生在二外,并有机会做他的学生。

不幸的是,董先生于 1999 年 1 月 16 日病逝于北京,享年 74 岁。但他卷帙浩繁的译作、著作却永远留了下来。

董先生的书我读的并不多,为了写这篇文章我临时找来几本匆匆读了读,因此我并无评论董先生的资格。在此我只是摘录几段我非常赞同的评价,作为对这位曾经的老师的怀念。

对董先生的介绍,一般称他为:翻译家、作家、美国文化研究学者。有人称董先生为:文学翻译的佼佼者、学术翻译的先行者、新闻翻译的开拓者、文化转向的倡导者。[69]从他的翻译成果和研究水平来看,这样的评价董先生当之无愧。

董先生在翻译方面取得的成就,诗人、学者林贤治先生在一篇题

---

[68] 董乐山:"失业纪实",载于董乐山著:《沉默的竖琴》,成都:四川文艺出版社,2018 年 6 月第一版,第 67、65 页。

[69] 阳鲲:"论董乐山先生的翻译成就与译学贡献",载于《译苑新谭》(New Perspectives in Translation Studies),2019 年第 12 辑,076-082 页。

为:"只有董乐山一人而已"[70]的文章中这样说:"翻译对于他(翻译家董乐山)是一种生存方式和表达方式"。"董先生具有高度自觉的翻译意识,他的每种翻译,都是经过深思熟虑的;不存在偶发性,随机性,却有着惊人的稳定性。"他还写道:

"鲁迅曾经说过,翻译这工作相当于'偷运军火'。当今的这位译者,不正是沿着在前头扑倒的精神战士的道路,继续摸索着行进的吗?于是,在寒风呼啸的夜晚,我仿佛看到有一个人,擎着火把,把一小批又一小批炸药艰难地运抵古堡……

这个人就是董乐山。"[71]

林贤治先生还写道:

"关于翻译,仅以董先生撰写的《英汉美国社会知识辞典》这样一种工具书来说,他就足够有资格被称为"翻译家中的翻译家",何况,还翻译了那么多著作。特别是史著、学术著作和政治性小说,它们构成了董先生的灵魂,使我们从中国翻译界的浓密的灌木林中,一眼便能瞥见一棵伤残而傲兀的大树,以铁似的干子,直刺奇怪而高的天空。"[72]

林先生的这番话将我对翻译工作的意义提高了一个档,也对董先生翻译的理解有了新的认识。在我的心目中,董先生不仅仅是一个翻译家,他更像是一位孤勇的斗士。其实,董先生的成就不仅仅是翻译,在文革结束后,他不仅翻译了奥威尔的《一九八四》、库斯勒的《中午的黑暗》,斯通的《苏格拉底的审判》,阿伦•布洛克的《西方人文主义传统》。同时,文学创作和批评也回到了他的笔下。他的文章言简意赅、文字一针见血。他的视野不再囿于纯文学,而转向有更广阔内涵的有关人类命运的历史、社会和文化问题。他固然是一个学

---

[70] 林贤治:"只有董乐山一人而已",载于林贤治著:《旷代的忧伤》,江苏人民出版社,2017年12月版,第226-236页。

[71] 林贤治:"只有董乐山一人而已",载于林贤治著:《旷代的忧伤》,江苏人民出版社,2017年12月版,第226-227页。

[72] 林贤治:"只有董乐山一人而已",载于林贤治著:《旷代的忧伤》,江苏人民出版社,2017年12月版,第228页。

识渊博、卓然有成的学者和翻译家,但更是一个符合最严格定义的知识分子。

林贤治先生称:"董先生始终是一位启蒙战士,所以不同于那些一般的信守'信达雅'的翻译家。"董先生跨越专业的翻译"以社会改造为旨归的。在翻译家那里,注重的仅仅是阅读,是知识;在董先生这里,注重的则是命运和前途,是关于社会人生的大问题的思考。"(见林贤治:"只有董乐山一人而已")

现在更多的人关注董先生所译的《一九八四》就表明了这一点。

如果了解了董先生的经历,可能对他会有更深层次的评价。对于他的经历,其好友巫宁坤先生写道:

(董乐山)"一九二四年生,在上海上中学时就向往"社会主义革命",参加'民先',后入圣约翰大学英文系,一九四六年毕业。在此期间,受美国记者埃德加·斯诺的《西行漫记》的影响,对'社会主义革命'更充满了憧憬。我不知道他是何年何月入党的,只知道'解放'后他进入新华社国际部从事翻译工作,颇受重用,不料五七年被戴上'右派'的棘冠,从此打入了'贱民'的深渊。

好不容易摘掉帽子,'夹着尾巴做人',又赶上'十年浩劫',理所当然当上了'牛鬼蛇神',批臭斗臭之余,再次押送农村劳改。后来在劳动中摔断了胳膊,奉命回京给一些干部补习英语。塞翁失马,他竟然能在家里的劫灰中找到一本六十年代和别人合译的《第三帝国的兴亡》的英文原著。"[73]

他后来的经历我们都知道了,他随新华社外训班合并到了二外英语系。开始了那段他不太开心的教学生涯。

网上流传的一篇文章"我心中的乐山叔"[74],作者是董先生的侄子董森林,他在文章中写道:

---

[73] 巫宁坤:"董乐山和《一九八四》",资料来源于网络:https://book.douban.com//review/2084554/ 访问时间 2022 年 3 月 29 日。

[74] 董森林:"我心中的乐山叔",资料来源于网络,网址为:http://www.xazjw.com/Memorial/ReView/3414i445895.html 访问时间:2022 年 3 月 29 日。

"对于三叔来说，最难能可贵的是二十余年的艰难岁月，非但未使他沉沦消极。反而激励他更深层次的思考极权主义的产生根源和滋生环境，他的译作……都环绕着这样的思考范围。我始终认为他首先是一个思想超前、极具独到眼光的学者，然后才是一个优秀的翻译家。"

确实，从董先生的一些著作中，看到的是他"思想超前、极具独到的眼光"。在他的文章"奥威尔和他的《一九八四》"中，他写道：

"奥威尔反集权主义斗争是他对社会主义的坚定信念的必然结果。他相信，只有击败极权主义，社会主义才有可能胜利，因此揭露集权主义的危害，向世人敲起警钟，让大家都看到它的危害性——对伦理的破坏，对思想的控制，对自由的剥夺，对人性的扼杀，对历史的捏造和篡改……是何等重要。如果听任它横行，在不久的将来，人类社会将陷入万劫不复的境地。"[75]

董先生的这篇文章写于1997年7月的酷暑之中，时隔27之后再读这段话仍然有一种振聋发聩的感觉。不得不佩服董先生的高瞻远瞩。

写这篇文章的过程是我了解董先生的过程，也是了解许多向他这样的知识分子的过程。我了解了他们的追求、理想、苦难、无惧。

1999年1月16日董先生去世后，他的骨灰被家人安葬在美国加利福尼亚州临近太平洋的一个山岗上的陵园里。骨灰安放处坐东朝西，面对太平洋遥望中国。"他在这块土地上的使命已经结束。"定居加州硅谷的董亦波说。[76]

"董乐山没能看到毕生为之奋斗的理想成为现实，赍志而殁，抱恨终天，难怪他临终嘱咐要将他的骨灰安葬在异国他乡一处干净的土地上。"[77]

---

[75] 董乐山："奥威尔和他的《一九八四》"，载于董乐山著：《沉默的竖琴》，成都：四川文艺出版社，2018年6月第一版，第151页。

[76] 见"董乐山-死后超脱"，来源于网络：http://www.xazjw.com/Memorial/ReView/ 3414i445896.html 访问时间2022年3月29日

[77] 巫宁坤："董乐山和《一九八四》"，来源于网络：https://book.douban.

斯人已去，我们活着的人仍要努力。

写完这章对二外老师们的怀念，心情久久不能平静。老师们的形象时时浮现在我的眼前。

眼前的一切都可能时过境迁，但心中对这些恩师的记忆却无法被时光带走。他们是陪伴我们走过了一段人生中不寻常道路的人，是传道授业解惑之人，是对我们有恩之人，也是我们心底永远怀念的人。

谢谢你们，我的二外老师们。

---

com//review/2084554/ 访问时间 2022 年 3 月 29 日。

第七章　在二外的最后一年

1976年，是我们在二外学习的最后一年。

这一年，注定是中国历史上不寻常的一年。

1976年以发表毛泽东在1965年写的两首词开始：《水调歌头·重上井冈山》和《念奴娇·鸟儿问答》。"两报一刊"的元旦社论写道：

"这两篇光辉的作品，……描绘了国内外'天地翻覆'，'旧貌变新颜'的大好形势，歌颂了革命人民'可上九天揽月，可下五洋捉鳖'的英勇气概，揭示了马列主义必胜，修正主义必败的历史规律。"[1]

社论中，用"到处莺歌燕舞"对当时革命形势一片大好，人民意气风发，国家欣欣向荣进行了大力渲染。而人们心里都明白，事实并非如此。大家心中最牵挂的，还是周总理的健康。

第一节　1976年，悼念周总理

终于，噩耗还是传来了。

一、1月8日，周总理逝世

1976年1月8日，周恩来总理逝世。这一噩耗的公布是在第二天早上。

---

[1] 见《人民日报》、《红旗》杂志、《解放军报》一九七六年元旦社论："世上无难事 只要肯登攀"，载于《红旗》杂志1976年第1期，第5页。

第七章 在二外的最后一年

1月9日早上6：30，校园里的大喇叭准时播放中央人民广播电台的《新闻和报纸摘要》，节目刚一开始传来的是阵阵哀乐声。宿舍里刚起床的同学们都紧张起来。接着就是"……沉痛宣告：中共中央副主席、国务院总理、政协全国委员会主席周恩来……"。宿舍里的同学们默默流着眼泪听完了讣告。有的同学没有去食堂吃早饭。

上午上课时，悲伤和压抑的气氛笼罩着整个教室。老师的眼睛也是红红的，声音哽咽着艰难地上完了课。

有一首诗是这样描述当时大家的心情的：

"天惊一声雷，地倾绝其维。顿时九州寂，无语皆泪水。
相告不成声，欲言泪复垂。听时不敢信，信时心已碎。"[2]

接下来的几天里，悲伤笼罩在每一个人的心头，哀乐飘浮在空气中。我们班统一制作了黑纱，大家默默地戴在手臂上。同学们还买来白纸，含着眼泪做成白花戴在胸前。戴着黑纱和白花，我们去了天安门广场，加入悼念周总理的群众中。

1月11日下午，当周总理的遗体从北京医院出来送往八宝山火化时，上百万群众伫立在长安街两侧，在十里长街默哀送别。那天，我站在西单路口，经历了"灵车队，万众心相随"的场面。那一刻，沉重的瞬间仿佛凝固了，又仿佛是一次重大的洗礼。那种巨大悲伤中蕴含着的巨大力量是那天我深切感受到的。

在周总理的骨灰放在劳动人民文化宫期间，每班分配到一个名额代表大家前往吊唁。

1月12日下午，全年级同学在教学楼的404教室举行了悼念周总理的大会。记得会场黑板上的大会标语是我和6班的和铭同学用白色粉笔书写的。会上，有参加了遗体告别的同学讲述了自己的感受。我还写了一篇悼念文章，题目是："继承总理的遗志，誓做革命接班人"。这篇文章一直保存至今。

1月15日下午，周总理的追悼大会在人民大会堂举行，邓小平

---

[2] 童怀周编：《天安门诗抄》，北京：人民文学出版社，1978年12月版，第15页。

致悼词。追悼会后，我和几个同学从学校出来，想到天安门广场再经历周总理的骨灰从大会堂出来移送到八宝山的场面。谁知，那天人太多，交通拥堵。我们从二外出来乘公交车一路向西，到了王府井车就不能走了。我们绕道步行至南池子，就被拦住了，根本无法到达天安门广场。后来听到的就是周总理的骨灰"撒在祖国的江河里，土地上"的消息。

葬礼和追悼会以后，邓颖超在北京人民大会堂台湾厅接见了亲属、身边工作人员和治疗组医护人员。她着重指出，医护人员已经为了治疗、看护病重的周总理而不遗余力，以及周总理坚毅地跟病魔做过的顽强斗争。[3]我从家人那里得到了邓颖超的这篇讲话，工工整整地抄在了笔记本上。

追悼会后，为了表达怀念周总理的心情，以我们年级为主的几位同学自发编写了一组悼念周总理的英文文章，自己打印并装订成册，定名为"Our Hearts Dedicated to our Most Beloved and Respected Premier"（《我们的心，献给敬爱的周总理》）。[4]其中的文章如下：

Adieu, Premier Chou, by Tu Shen-hua（涂胜华："永别了，周总理"）

Ever Green Is the Mountain, By Wu Lan（吴澜："高山常青"）

Beloved Premier Chou, You will Forever Live in Our Hearts, By Hu Hsiao-ti（胡小笛："敬爱的周总理，您将永远活在我们心中"）

Rest in Peace—Our Respected an Beloved Premier —We Shall always Remember You! By Chen Liang-chong（陈良忠："安息吧，我们尊敬的敬爱的周总理——我们将永远怀念您！"）

For All Springs to Come, By Chang Hsiu-feng（张秀丰："为所有到来的春天"）

---

3 周尔鎏著：《我的七爸周恩来》，北京：中央文献出版社，2015年6月，第242页。

4 详细过程参见涂胜华文："1976年和1977年二外英文版周总理纪念册"。该文称，1976年1月只装订了不超过15册。1977年在周总理逝世一周年时，又制作了第二版。本文引自第二版。

Eternal Glory to Premier Chou, By Chian Hai-yen（钱海燕："周总理永垂不朽"）

The Saddest Moment for Me, By Lu Hua（陆华："最悲痛的时刻"）

Two Diaries, By Su Yen （苏燕："日记二则"）

文章作者中只有胡小笛是北京外国语学院 73 级的，其余均为二外英语系的同学。苏燕、钱海燕和张秀丰为 74 级，其余均为 73 级。

在当时没有电脑，没有打印机的条件下，把这些文章打字、印刷、装订成册并非易事，所有的工作需手工完成。先把文章写在纸上，然后用手动打字机把文字打在蜡纸上。打字要求手指力度均匀，否则印出来的字有深有浅，而且打字不能出错，错了很难修改。蜡纸打印好后要用手动油印机蘸上油墨印在纸上。除了技术上的要求外，印刷用的纸张都要自己到处找。

但最大的困难还不是技术上的。因当时"四人帮"仍在台上，悼念周总理的活动受到了压制，所有的自发悼念活动都不能大张旗鼓地进行。

几位同学克服了重重困难，终于印出了几本。据涂胜华同学估计，装订成册的不超过 15 册。1977 年，在周总理逝世一周年时，他们将一年前的纪念册重新印刷，我保存的正是 1977 年 1 月的版本。与 1976 年版本不同的是，77 年版本多了篇"前言"[5]，其中写道：

"一年前，我们敬爱的周总理离开了我们。人民沉浸在无比的悲痛之中，江河山川同悲，整个世界都为他默哀。但是，魔鬼'四人帮'看到这个人的去世，认为扫除了他们做梦都想扫除的障碍，迫不及待地跳了出来。一时间，白色恐怖笼罩，乌云布满了天空。在他们的重压政策下，人民被禁止佩戴白花和黑纱，不许向这位伟人献上花圈。但是，人民不是牛马，永远不是！

我们——年轻的学生，八亿人民中的一滴水，各自自发地拿起了我们的笔，写下了这些悼念文章，其中的每一个字都充满了对这位伟人最高的崇敬和最深的热爱，同时怀着对这些魔鬼的无比仇恨。"

---

[5] 该前言原文为英文，中文为笔者翻译。

这些文字就是当时大家心情的真实写照，是我们怀念周总理的真情流露。

二、对周总理的感情

二外与周恩来总理有着特殊的渊源。

1964年10月，周恩来总理亲自提议建立二外，并亲自选定二外校址，亲自确定校名。1966年"文化大革命"开始后的7月下旬，周总理曾五次来到二外看大字报，听辩论会，向全院师生发表重要讲话。[6]对此，《周恩来年谱》有着明确的记载：

"（1966年）7月24日、25日、26日到北京第二外国语学院看大字报。""（1966年）7月28日、29日到北京第二外国语学院参见学生辩论会。"[7]

对周总理来二外的事，我们在73年入学后就有所耳闻。

我们入学的1973年，正是中国外交工作刚刚开创了新局面的一年。随着1972年美国总统尼克松访华和中日邦交正常化，中美、中日友好来往的大门终于打开。周总理所说的"美国人民是伟大的人民。中国人民是伟大的人民。我们两国人民一向是友好的。""中日两国人民应该世世代代友好下去"。[8]这些外交上取得的巨大成就，周总理在这些重大外交活动中做出的杰出贡献，深深地铭刻在我们的心中。他在我们心中的形象高大而完美。

6　见许鸿雁："历史回顾 校庆感怀"，载于《二外四十年》编辑委员会编：《二外四十年》，北京：中国青年出版社，2004年10月版，第172页。另据周总理的侄子周尔鎏的描述："七爸由国外回来，果然就来到北京第二外国语学院，亲自观看大字报，与群众谈心，了解运动情况。他和大家打成一片，虽然年事已高，健康情况显然不同往年，但仍然置身于群众之中。"见周尔鎏著：《我的七爸周恩来》，北京：中央文献出版社，2015年6月版，第194-195页。

7　中共中央文献研究室编：《周恩来年谱 一九四九——一九七六》（下卷），北京：中央文献出版社，1997年5月版，第42、43页。

8　《周恩来选集》（下卷），北京：人民出版社，1984年11月版，第475页、477页。

同时，中美、中日关系的改善，让已经成年的我们渐渐打消了要"解放全人类"的念头，要当"第三次世界大战的勇士"[9]的雄心壮志也逐渐褪去，多了些理性的思考。

在我们入学前的1972年，周恩来主导对教育进行了整顿，这才有了我们1973年入学时的"文化考查"。入学时，我们是怀着对未来的憧憬来到二外的。本以为我们可以抓住这宝贵的学习机会，好好学习英语，将来有希望为国家的外交工作做出贡献。但随着政治风云的不断变幻，入学后名目繁多的政治运动，我们期盼的学习环境始终没有到来。尤其是入学后开始的批林批孔运动，很快成了"批周公"，运动的矛头直接指向了周总理。这使得我们对这种运动或多或少产生了抗拒心理，不再积极投入，对政治学习等活动也是敷衍了事。

因为是学习英语，所以对周总理的外事活动格外注意。虽然周总理1972年月就已被检查出身患癌症，但病情并未公开，他边治疗边强撑病体照常工作。在1974年三月中旬到五月底的两个半月内，周总理除日常工作外，他共计参见中央各种会议二十一次，外事活动五十四次，其他会议和谈话五十七次[10]。那时，信息来源主要是中央人民广播电台的广播，那段时间里，几乎每天都有周总理的消息。直到1974年6月1日他住进医院。

习惯于每天听到周总理的消息，突然几天音信全无。这种反常的情况让人有一种不祥的感觉。记得我周六回到家里，跟父母谈起此事，他们也已经注意到并找人去做了了解。很快，消息传来，周总理病了。大家的心情变得沉重起来。

在学校和要好的同学中，我们也会经常谈论周总理，听说他生病了，大家都忧心忡忡。一直到1974年9月30日晚，周总理抱病出现在国庆招待会现场。当他步入大厅时，立即全场沸腾，掌声雷动，

---

9 "第三次世界大战的勇士"的提法可见1968年左右开始流传于当年的红卫兵中的一首长诗——《献给第三次世界大战的勇士》，作者不详。当时我把这首诗一字一句地抄了下来，保存至今。

10 中共中央文献研究室编：《周恩来年谱 一九四九——一九七六》（下卷），北京：中央文献出版社，1997年5月版，第670-671页。

中外来宾争相上前致意。[11]听到这则消息大家一颗悬着的心才稍稍放下了一些。但看到总理憔悴的面容,又不禁担起心来。

接着,1975年1月,在第四届全国人民代表大会第一次会议上,周恩来在《政府工作报告》中重提三届人大一次会议提出的我国到20世纪末实现四个现代化的奋斗目标。他宣布:

"从第三个五年计划开始,我国国民经济的发展,可以按两步来设想:第一步,用十五年时间,即在一九八〇年以前,建成一个独立的比较完整的工业体系和国民经济体系;第二步,在本世纪内,全面实现农业、工业、国防和科学技术的现代化,使我国国民经济走在世界的前列。"[12]

我们是通过安装在教室里的小喇叭收听的周总理的报告。他关于四个现代化的宏伟目标,极大地鼓舞了我们,想到祖国现代化的宏伟蓝图就要在我们手中实现,心中充满了力量和自豪感。当时的兴奋现在仍然记忆犹新。我们年级有个同学连夜写了篇文章,表达了这种激动的心情和要为祖国的四化建设奋斗的决心。

在周总理病重之后的1974年10月4日,毛泽东提议由邓小平任国务院第一副总理。1975年1月5日,根据毛泽东的提议,党中央发出文件,任命邓小平为中央军委副主席兼任解放军总参谋长。1月上旬,邓小平被选为党中央副主席和政治局常委。在同月召开的第四届全国人大会上,决定周恩来继续担任国务院总理,邓小平为国务院第一副总理。

邓小平上任伊始,便雷厉风行、大刀阔斧地展开了著名的1975年全面整顿[13]。在整顿中,"左"倾的文化思想开始遭到部分的质疑、批评和纠正,文化工作领域进行了初步的拨乱反正。

---

[11] 王海光:"'批林批孔'运动",载于张化、苏采青主编《回首"文革"》(第四卷),北京:中共党史出版社,2000年1月版,第1338页。

[12] 《周恩来选集》(下卷),北京:人民出版社,1984年11月版,第479页。《政府工作报告》全文刊载于《人民日报》1975年1月21日。

[13] 郑谦:《被"革命"的教育——"文化大革命"中的"教育革命"》,北京:中国青年出版社,1999年1月版,第353页。

几年的"文革"已经把民众折腾得精疲力竭,对"四人帮"一伙的行为早就看不惯了。在获取信息的渠道和手段十分有限的情况下[14],民众通过口口相传的方式在私底下传递着各种"小道消息",发泄着对"四人帮"的不满。我和几个关系较好的同学中也经常有这样的信息传递,聚在一起时也会谈论这些"小道消息"。其中就有关于电影《创业》和《海霞》的争论。[15]

1975年7月,一批文艺作品开禁,重新上映故事片《创业》,接着是《海霞》。以电影《创业》和《海霞》的上映为标志和先导,中国荒芜多年的文艺园地又重新呈现百花齐放的景象。

那时,我们的课余生活很单调,除了看过不知多少遍的电影《地雷战》《地道战》和八个样板戏之外,几乎没有电影、文艺演出。忽然有了新电影,大家就像过节一样高兴。

那时在二外看电影都是在露天。全年级在教室楼前以班为单位排好队,每人搬着自己的椅子,列队来到露天的电影放映场。记得看过的电影有《创业》(1974年)、《平原游击队》(1974年)、《杜鹃山》(京剧)(1974年)、《南征北战》(1974年)、《侦察兵》(1974年)、《渡江侦察记》(1974年)、《闪闪的红星》(1974年)、《海霞》(1975年)、《决裂》(1975年)、《春苗》(1975年),等等。在放映电影的正片之前,都要放映中央新闻纪录电影制片厂的《新闻简报》。那时电视不普及,也没有《新闻联播》。所以,《新闻简报》是了解当时国内外大事的一个重要途径。

虽然当时"四人帮"极为猖獗,"左倾"思潮严重,但大学毕竟

---

14 "文革"期间,中央牢固地掌握着新闻和传播媒介,通过这些媒介传达对运动的领导精神或者指示。中共中央机关报《人民日报》、中共中央政治理论刊物《红旗》杂志、中共中央军事委员会机关报《解放军报》(简称"两报一刊")是当时最重要最权威的报刊。"两报一刊"社论或者评论员文章是传达中央领导指示和精神最重要的方式之一。中央人民广播电台的广播,也是传达中央指示的重要渠道。详见印红标:"文化大革命群众运动中的信息传播",载于《华夏文摘》,第1092期,2021年2月23日出版。

15 关于电影《海霞》的争论,可参见霞飞:"'文革'期间围绕电影《海霞》的一场斗争",载于《党史文苑》,2005年第2期,第37-40页。

是大学,各种知识的接触,信息的交流,独立的思考总是能给我们带来新的想法。

"批林批孔"非但没能影响周恩来的形象,反而使广大干部群众看到了一个忍辱负重、兢兢业业、鞠躬尽瘁、死而后已的好总理的光辉形象。当时在同学中,对"四人帮"的反感,对政治运动的厌恶已经相当强烈。对很多问题的思考是我们觉醒的开始。

总的来讲,我们受的教育仍然是忧国忧民,周总理成了我们心中的希望。

三、经历"四五"运动

1976年春天,整个中国处于一场严重的政治危机之中。广大群众对"文化大革命"的种种作法,特别是江青一伙的倒行逆施,深感憎恶,强烈不满,迫切要求纠正严重的"左"倾错误[16]。这种情绪终于酿成了1976年清明前后以天安门事件为代表的悼念周总理、反对"四人帮"的强大抗议活动。

在《中国共产党中央委员会关于建国以来党的若干历史问题的决议》中对这场运动的结论是:

"四月间,在全国范围内掀起了以天安门事件为代表的悼念周总理、反对'四人帮'的强大抗议运动。这个运动实质上是拥护以邓小平同志为代表的党的正确领导,它为后来粉碎江青反革命集团奠定了群众基础。当时,中央政治局和毛泽东同志对天安门事件的性质出做了错误的判断,并且错误地撤销了邓小平同志的党内外一切职务。"[17]

我和我的同学们一起经历了这场运动。

1976年临近清明节时,已有许多群众从四面八方涌向天安门广

---

16 金春明:"四五运动述评",张化、苏采青主编:《回首"文革"》(第四卷),北京:中共党史出版社,2000年1月版,第1471-1472页
17 《中国共产党中央委员会关于建国以来党的若干历史问题的决议》,北京:人民出版社,1981年7月版,第28页。

场，不同于周总理刚去世的那几天，此时人们的情绪已是愤怒盖过了悲伤。人们在人民英雄纪念碑等处献上花圈、诗词，用这种方式悼念周总理，并表达对"四人帮"的不满。那首著名的诗"欲悲闻鬼叫，我哭豺笑。洒泪祭雄杰，扬眉剑出鞘。"就是这种情绪的真实写照。

从二外到天安门交通很方便，出学校南门坐公交车到郎家园换乘 1 路公交车即可。同学们纷纷在课余时间去天安门广场悼念。我所在班级的同学们还自己动手制作了一个花圈，几个同学抬着花圈上公交车，司乘人员非但没有阻止，还和乘客一起帮忙把花圈抬到了车上。可见当时群众悼念周总理的心情是一致的。同学们到广场后，把花圈摆放在纪念碑附近，还把胸前佩戴的白花摘下来系在纪念碑南面松墙的链子上。

一连几天，我和好友马燕波都是在中午饭后溜出学校赶往天安门广场，晚饭时才回来。在当时的情况下，去天安门还不能大张旗鼓地去，校方的态度是不禁止不鼓励。时任北京市委第一书记、北京市革命委员会主任的吴德在其回忆录中说："北京市委为了不激化矛盾，曾向基层党组织发出通知，要求各单位在本单位举行悼念活动。但基层没有照办，依然纷纷去天安门广场。当时的洪流只能宣泄不可阻挡。市委没有再作任何禁止和反对"[18]。看来当时二外校方的做法还是根据市委的通知执行的。

记得有一天广场上聚集的人非常多，我和燕波挤进人群，拿出笔记本抄下诗词。燕波嗓音洪亮，站在人群中为大家高声朗读。她慷慨激昂的朗读引得人群中爆发出阵阵掌声和喝彩声。

就这样，我们不知不觉在广场上度过了整个下午。眼看天色已晚，我们俩急匆匆挤上 1 路公交车赶回学校。公交车十分拥挤，上车后我一摸衣兜，顿时大惊，我放在衣兜里的笔记本竟然不翼而飞了。当时我穿的是一件有四个口袋的旧军装，笔记本就放在下面的一个

---

[18] 吴德口述：《十年风雨纪事——我在北京工作的一些经历》，朱元石等访谈整理，北京：当代中国出版社，2004 年 1 月版，第 204 页

口袋里。笔记本的大小跟普通钱包的大小差不多,可能是被人盯上了。我一路心情沮丧地回到学校,想想抄了一下午的诗词全没了,眼泪就掉下来了。燕波担心的不是诗词没了,而是担心我们可能被便衣盯上了。其实,大家心里都清楚,在人山人海的广场上,有大批便衣警察混迹其中。[19]

当晚,人回到了学校,心还在天安门广场。

对二外师生参与天安门广场悼念活动,汪文风的文章中有这样的描述:

"在发生了震惊中国、震惊世界的天安门事件之中与之后,二外院广大师生员工响应沉痛悼念周总理、愤怒声讨'四人帮'的号召,大规模地参加了天安门广场的斗争。虽然受到了追查和压制,但运动的精神却在二外院掌握了群众,埋在人们心里对'四人帮'仇恨的种子要发芽,要开花,要结出丰硕的果子。"[20]

4月4日星期天是清明节,那天我和家人一起去了天安门广场。哥哥是摄影爱好者,拿着相机拍了不少照片。

历史学家王年一先生这样描述了那天的情况:"4月4日,天安门广场的悼念活动达到了高潮。花圈摆满了广场。这一天到广场的人数达200万人次,秩序井然。"[21]

当时不知道的是:4月4日晚,中央政治局开会讨论了天安门广场的活动。并做出了收缴花圈,禁止群众悼念活动的决定。当夜出动了民兵和公安人员,洗劫了天安门广场上的全部花圈、诗词和条幅、标语。[22]这次政治局的会议,已经给群众悼念的活动定了性。[23]

19　鲁利玲:"我亲历的'四五'运动",载于《炎黄春秋》2008年第4期,第30页。
20　汪文风:"'童怀周'走过的路",载于《二外四十年》编辑委员会编:《二外四十年》,北京:中国青年出版社,2004年10月第1版,第196页。
21　王年一著:《大动乱的年代》,北京:人民出版社,2009年5月第1版,第431页。
22　详见金春明:"四五运动述评",载于张化、苏采青主编:《回首"文革"》(第四卷),北京:中共党史出版社,2000年1月第1版,第1484页。
23　王年一先生的书中有这样的描述:"4月4日晚,中央政治局开会讨论天安第二天，4月5日星期一，同学们已经听说了昨晚天安门广场发生的事情，有同学记得那天工宣队要求不要离开学校，校园里的气氛一下子紧张起来。我们年级仍有几个同学不顾禁令去了广场。据同学回忆，傍晚前，校门已关闭，他们是翻墙出去的。

傍晚时分，天安门广场的大喇叭一遍又一遍地播放着北京市委第一书记吴德在广场的讲话，称"在天安门广场有人进行破坏捣乱，进行反革命破坏活动"。晚9时半广场的灯都亮了，9时35分，对纪念碑前未散的群众进行清场。[24]凑巧的是，因担心太晚赶不上回学校的公交车，去广场上的几位同学在清场前已经提前离开了。这也使得他们躲过了最后的抓捕。

当晚，警察和民兵手持木棍、皮带包围了广场，对被包围的群众进行了毒打、拘捕和审查。[25]

4月6日，《人民日报》发表社论《牢牢掌握斗争的大方向》，叫嚷着对制造政治谣言、攻击和分裂党中央的，要严加追查，坚决打击。[26]

4月7日晚8时，中央人民广播电台、北京电视台播发了中共中央的两个决议，天安门事件被定为"反革命事件"，撤销邓小平党内外一切职务的消息。同时广播了《天安门广场的反革命政治事件》的报道。[27]我们被要求集体收听了广播。当时心中充满了愤怒、不解和

门前群众活动的情况。在江青等人的摆布下，会议认为，这'是反革命煽动群众借此反对主席，反对中央，干扰、破坏斗争的大方向'。吴德说：'看来这次是一个有计划的行动。邓小平从1974年至1975年他作了大量的舆论准备，……今年出现这件事是邓小平搞了很长时间的准备形成的。'性质是清楚的，就是反革命搞的事件。"详见王年一著：《大动乱的年代》，北京：人民出版社，2009年5月第1版，第440页。

24 详见李海文："天安门事件的前前后后"（二），载于《华夏文摘》增刊第一二五八期，二〇二一年二月二日出版，原文另载于《江淮文史》，2016年第5期。

25 详见金春明："四五运动述评"，载于张化、苏采青主编：《回首"文革"》第四卷，北京：中共党史出版社，2000年1月第1版，第1486页。

26 王年一著：《大动乱的年代》，北京：人民出版社，2009年5月第1版，第434页。

27 童怀周主编：《伟大的四五运动》，北京：北京出版社，1979年10月第1版，

失望，想想未来，不禁忧心忡忡。从此，除非在要好的同学中，不再公开议论此事。

　　从 4 月 8 日起一连三天，全国各省市自治区组织群众、解放军部队游行拥护中央的决议。我们也被要求参加了游行，记得是学校的卡车把我们送到了天安门广场附近。当时，天安门广场仍然戒严，队伍无精打采地走过天安门，象征性地抬抬手，嘴里几乎不发出声音。

　　很快，大清查开始。[28]一位在天安门广场上念过诗词的女孩被当作"要犯"关进了监狱，审讯人员逼迫她承认自己是反革命。[29]警方发了通缉令，通缉在这次悼念活动中所谓带头的人，其中就有一个被称为"小平头"的年轻人。在这场运动被镇压之后的许多天，人们都会听到中央人民广播电台的播报："一个留着小平头的家伙……"。[30]"小平头"的真实姓名是刘迪，他是我嫂子在北京第一实验小学的同学，也是很要好的朋友。我去嫂子家玩的时候还见过他几次。

　　事发三个多月后，刘迪被抓，关进了位于半步桥的监狱。[31]

　　刘迪的事情很快我就从嫂子那里知道了，她叮嘱我，千万别跟别人说你认识刘迪。

第 196 页。

28　《四五运动纪实》一书中写道："据内参消息，从 4 月 3 日到 4 月 27 日，北京市抓现行犯、重大嫌疑犯分子已有 200 多人。27 日北京召开 2 万人大会，批斗 6 名天安门事件中的'反革命分子'。北京市公安局统计 6 月 17 日在北京共搜集了诗词、悼文原件 583 件；强迫群众交出的诗词、悼文照片和现场照片 108000 多件；从中选出 600 余件编成《天安门广场反革命事件罪证集》，加上其他'重点线索'，总计立案追查的共 1984 件，共拘捕群众 388 人。至于在单位以隔离、办班、谈话等方式审查的数量更大，全北京市被触及的群众数以万计。"见严家其、栾文华、刘长林、李惠国、高世瑜、杨 柄 编写：《四五运动纪实》，北京：人民出版社，1979 年 3 月版，第 169-170 页。

29　鲁利玲："我亲历的'四五'运动"，载于《炎黄春秋》2008 年第 4 期，第 30-31 页。

30　徐 晓："'小平头'刘迪，大相隐于世。"文章来源于网络 https://mp.weixin.qq.com/s/cZnv1IXGbPGm6217NrC3eg，访问时间 2021 年 12 月 17 日

31　粉碎"四人帮"后 1977 年 3 月 23 日，刘迪才出狱。出狱后，他才知道因为他的案件使许多人受到连累，包括他的家人和朋友。参见刘迪："我这个'小平头'"，载于《丙辰清明纪事》，北京：人民日报出版社，1980 年 1 月，第 157-159 页。

她这样说并非多此一举，当时各个单位的清查已经开始，二外也不例外。清查的内容包括：你听说了哪些"谣言"，听谁说的；那些天谁去了天安门，谁抄了诗词的，抄了的要交出来。对这种清查，多数同学保持了沉默，私底下也表示了抵触。有一次班上开会，要求大家说出听到的"谣言"。教室里一片沉默，没有人说话。过了好久，才有一个同学说，"我听说潘冬子（指电影《闪闪的红星》中的角色）死了，不知道这算不算谣言。"

在4月5日天安门的群众运动被定性为"反革命政治事件"后，4月24日，《人民日报》刊登新华社消息：首都工人民兵指挥部、北京市公安局、北京卫戍区分别召开大会，表彰在粉碎天安门广场反革命政治事件斗争中立了功的先进集体和个人。32

这些先进集体和个人被安排到许多单位作报告，讲述当天他们的"英雄"事迹。到二外作报告的是北京第一机床厂的一位女民兵。听到报告人熟悉的名字之后，我往台上看了一眼，确认她正是我的一位小学同学。

听着她在台上时而慷慨激昂，时而义愤填膺的发言，我坐在台下，心中充满了愤怒与鄙夷。

四、关于"童怀周"和《天安门诗抄》

多少年之后，我才知道，1976年4月8日在二外还发生了一件事。汪文风老师是这样描述的：

"4月8日凌晨，在二外的北食堂（教工食堂）就发现了反对'四人帮'的小字报，写的是：'毛主席万岁！谁反对周总理就打倒谁！打倒江张姚三家村！……'后面还写着一句'真正的马克思列宁主义万岁！'院工、军宣队和革委会立即展开追查。

……查核3月下旬至4月上旬谁去了天安门广场在那里干了些什么，看到些什么；以及社会上、学院内存在的大量抨击'四人帮'的所谓'反革命政治谣言'是如何传播的，追根究底。并连夜搞排队

32　王年一著：《大动乱的年代》，北京：人民出版社，2009年5月版，第435页。

摸底，笔迹鉴定，要搜查出小字报的作者。我所写的大量文章的原稿都被他们搜去；退回来时，发现许多字的横、竖、撇、捺以及各种偏旁部首，都被铅笔划出，……"[33]

小字报因为是贴在教工食堂的，这件事当时我并不清楚。问了一些同学，有人有点模糊的印象。还好，当时在二外汉语教研室任教的汪文风老师[34]留下的文章中对这件事情有着详细的描述。[35]

说到汪文风老师的这篇文章，就必须提到一个名字——"童怀周"。其含义很明显，就是"共同怀念周总理"。她并不是一个人的名字，而是一个集体，由当时二外汉语教研室的大部分教师组成，汉语教研室当时有20多个老师，其中署名参加"童怀周"的有16名老师。[36]汪文风老师当时是汉语教研室的主任。

这些老师从1976年10月"四人帮"被粉碎后，收集了清明前后在人民英雄纪念碑前贴出的成千上万的悼念周总理的诗词，并从中选出了一部分，稍加注释，汇编成册。在当时印刷条件极差的条件下，他们自己刻板，油印成册。署名为："北京第二外国语学院汉语

---

[33] 汪文风："'童怀周'走过的路"，载于《二外四十年》编辑委员会编：《二外四十年》，北京：中国青年出版社，2004年10月版，第192页。

[34] 汪文风（1929年8月-2015年12月30日），曾用名汪易修、江流，重庆人。中共党员。1946年毕业于重庆社会大学新闻系。1949年前当过纤夫、徒工、小学教员、报纸编辑，中共中央纪委第一、二、三、四届委员和专职委员、研究室副主任及主任、二办副主任。1949年后历任《新华日报》记者、编辑、校对科科长，北京《光明日报》记者，最高人民检察院助理检察员，北京第二外国语学院汉语教研室主任，中央纪委派驻中国社会科学院纪检组组长。1946年开始发表作品。1981年加入中国作家协会。1976年参加悼念周总理、反对四人帮的四五运动，并参与编辑、印刷《天安门革命诗抄》，是"童怀周"小组成员。党的十一届三中全会上当选中央纪委委员，任审林彪、江青反革命集团案件（简称"两案"）办公室副主任兼审讯组长。1992年离休。2004年出版《从"童怀周"到审江青》。资料来源，百度百科：https://baike.baidu.com/item/汪文风/8740562?fr=aladdin，访问时间2022年1月11日。

[35] 详见汪文风："'童怀周'走过的路"，载于《二外四十年》编辑委员会编：《二外四十年》，北京：中国青年出版社，2004年10月，第190-196页。

[36] 汪文风："'童怀周'走过的路"，载于《二外四十年》编辑委员会编：《二外四十年》，北京：中国青年出版社，2004年10月，第196页。

教研室童怀周"。

1977年1月8日,为纪念周总理逝世一周年,"童怀周"将油印的《天安门革命诗抄》贴到了天安门广场。一时间,《天安门诗抄》轰动了北京,轰动了全国。很快,"童怀周"的名字响遍了全国。

此时,正是我们73级即将毕业的时候。有关这本书的信息也在同学中流传。但我并没有见过这本书的油印本。

目前我手头保存的这本诗抄的版本有:

北京第二外国语学院汉语教研室童怀周编:《革命诗抄》(第一集),北京第二外国语学院教材科印刷厂印刷,1977年2月(工本费0.50元)。该书并非正式出版物,是由二外印刷厂自己印刷的。

北京第二外国语学院汉语教研室童怀周编:《革命诗抄》(第二集),文物出版社印刷厂、北京印刷一厂印刷,1977年7月(工本费0.65元)。该书也不是正式出版物,但却是由正规的印刷厂印刷的。

这两本诗抄问世时,我已毕业离开了二外。听说二外编了这两本书后,通过留校的同学买到了这两本书。

另外的版本还有:

北京第二外国语学院汉语教研室童怀周编:《天安门革命诗文选》,1977年11月,工本费1.20元。

北京第二外国语学院汉语教研室童怀周编:《天安门革命诗文选》(续编),北京新华印刷厂1978年4月第一次印刷,工本费0.70元。

我保存的版本也是同学帮助购买的。

正式出版的版本是:

童怀周编:《天安门诗抄》,北京:人民文学出版社,1978年12月第1版。二外编辑的有关天安门诗抄中,只有这本是正式出版物,该书的书名由华国锋主席题写,可见这本书的影响之大。该书出版的时间是1978年年底。

1978年12月24日发表了党的十一届三中全会公报发表。公报宣布了1976年4月5日的天安门事件完全是革命行动。全会决定撤销中央发出的有关"反击右倾翻案风"运动和天安门事件的错误文件。[37]

至此,这场以悼念周总理引发的群众运动,终于以人民的胜利划上了句号。我们也在离开二外后迎来了改革开放的新时代。

这里,我想特别说明的是,工农兵学员的身份后来往往被人误解,认为他们在悼念周总理的活动中,是和"四人帮"站在一起的。就我的亲身经历和了解的情况来看,事实并非如此。

不可否认的是,对政治的关系是工农兵学员那一代人中一些人不可避免的情结。因为那是一个政治与个人的生存紧紧地捆绑在一起的时代。[38]

但在1976年悼念周总理的活动中,在清明节的"四五"运动来临之时,作为整体的工农兵学员,尽管受到了压力,但他们的心灵无疑是与天安门前的抗议人群相通的,是和人民站在一起的。在二外童怀周编的《天安门诗抄》收录的一首诗:"工农兵学员的话"中写道:"工农兵大学生……偷做洁白花一朵,送到丰碑前。"[39]

《天安门革命诗文选》中还有一篇署名"十个工农兵学员"的长诗——"请收下"[40]。里面有这样几句:

"任刮起十级台风,掀起万丈黄沙,谁也不能折断我们不屈的脊骨,谁也不能阻挡我们前进的步伐!……我们将用青春的热血,烧红满天的朝霞。"

这正是面对"四人帮"的倒行逆施,广大工农兵学员从心底发出的声音。

对于我们这代人,"四五运动"有着特别的意义。王年一先生在其所著《大动乱的年代》一书中对参与了这一运动的青年评价到:

---

[37] 童怀周主编:《伟大的四五运动》,北京:北京出版社,1979年10月版,第261页。

[38] 李江源著:《我是一个工农兵学员——泛政治化教育中的受教育者》(上),福州:福建人民出版社,2006年12月版,第570页。

[39] 童怀周编:《天安门诗抄》,北京:人民文学出版社,1978年12月第1版,第285页。

[40] 见北京第二外国语学院汉语教研室童怀周编:《天安门革命诗文选》,1977年11月,第174-178页。

第七章　在二外的最后一年

"这次运动中的许多积极分子正是'文化大革命'初期的红卫兵，他们提出了反对专制主义和个人崇拜的要求，尖锐指出：'中国已不是过去的中国，人民也不是愚不可及，秦皇的封建社会已一去不复返了。'他们强烈要求为实现我国的四个现代化而奋斗。"[41]

笔者正是"文革"初期的红卫兵。1966年8月18日毛泽东在天安门接见红卫兵那天，我就在天安门广场。"四五运动"是我们第一次参加并非组织安排，而是群众自发的群体性抗争；第一次在我们的成长过程中，透过自己独立的思考，认识到"文革"的危害，表达对当时当政的"四人帮"的不满。这也为后来的粉碎"四人帮"和改革开放打下了思想上的基础。

有人曾做了这样形象而精彩的比喻：从"八•一八"我们拥向金水桥边，到"四五"运动我们齐聚纪念碑下，这一箭之遥，我们一代人走了整整十年。[42]

历史有权这样说：其后一些更伟大的事件，只是这一开端必然的延续和发展。[43]。

---

[41] 王年一著：《大动乱的年代》，北京：人民出版社，2009年5月版，第437页。

[42] 米鹤都著：《心路　透视共和国同龄人》，北京：中央文献出版社，2011年8月版，第368页。

[43] 见刘白羽："光明与黑暗的大搏斗"，载于《丙辰清明纪事》，北京：人民日报出版社，1980年1月，第1页。

第二节　毕业实习

大三的春季学期，即 1976 年的春季，按照系里的安排，我们年级分班分批开始了毕业前的实习。实习的地点分在两个地方：位于河北省沧州的沧州化肥厂和位于辽宁省盘山的辽河化肥厂（以下简称"辽化"）。实习的内容是笔译和口译。每人实习的时间大约是 2-3 个月。

一、有关的背景

之选择这两个地方实习，其背景是这样的。

上世纪 70 年代，根据毛泽东主席的指示精神，由国家计委向国务院提出了"旨在改善民生"的对外引进方案。因该方案提出是"为解决人民群众的吃饭穿衣问题"，"拟用三至五年时间从美国、联邦德国、法国、日本等西方发达国家，引进总价值为 43 亿美元的成套设备"。该方案亦称为"43 方案"。这一方案，于 1973 年初经周恩来总理呈报毛泽东主席后，很快获得批准并开始实施。由此成为我国继五十年代引进苏联援助的"156 项工程"之后，第二个大规模的对外技术引进项目。[44]

在该方案中，国家以进口设备为主，再配合使用国内装备，先后建成 26 个大型项目，其中含大化肥设备 13 套[45]。这 13 套主要引进

---

[44] 参见百度百科 https://baike.baidu.com/item/四三方案/3669200?fr=aladdin，访问时间 2022 年 2 月 6 日

[45] 这 13 套大化肥设备，分别组建成的 13 个化肥厂是：沧州化肥厂（河北沧州）、辽河化肥厂（辽宁盘山）、大庆化肥厂（黑龙江大庆）、齐鲁第二化肥厂（山东淄博）、栖霞山化肥厂（江苏南京）、安庆化肥厂（安徽安庆）。湖北化肥厂（湖北枝江）、洞庭湖化肥厂（湖南岳阳）、四川化工厂（四川成都）、泸州天然气化工厂（四川泸州）、赤水河天然气化工厂（贵州赤水）、云南天然气化工厂（云南水富）、广州化肥厂（广东广州）。参见邢澍："回忆 1970 年代引进 13 套化肥装置大件运输"，http://blog.sina.com.cn/s/blog_5550fe7b0102wrm6.html，访问时间：2022 年 2 月 2 日

的是美国和荷兰（8 套）、日本（2 套）、法国（3 套）的设备。13 套设备分别建成 13 座大型化肥厂，我们实习的沧州化肥厂[46]和辽河化肥厂就是其中的两座。

这两座化肥厂分别始建于 1973 年 7 月和 1974 年 3 月，我们 76 年去实习时已经初具规模。工厂采用的是美国凯洛格公司（Kellogg）和荷兰斯塔米卡邦公司（Stamicarbon）的技术。由这些公司提供所有的机械设备和技术人员。

在"文革"开始的长时间封闭之后，一下子突然来了这么多外国专家和设备，英语人才是急需的。但在当时的情况下，由于大学已经停招几年，英语人才极其短缺，很难满足需求。有些地方不得不找了一些中学的英语教师和曾经上过外语学校的中专生来担任翻译的工作。这些人的英语水平参差不齐，工作中难免会有困难。在沧州化肥厂有一个真实的故事。一次，一位翻译到办公室说外国专家想要一块"桌子面"。大家都搞不清什么是"桌子面"，后来一问才知道，专家需要的"table cover"，原来就是"桌布"。

我们这些虽然还没有毕业，但已经掌握了一些英语的工农兵学员顺理成章地成了最好的选择。我们去这些地方实习确实给这些工厂解决了很大问题。

我们实习的主要工作内容就是翻译这些进口设备的技术资料（笔译）和为外国专家担任现场翻译（口译）。

当时我们对上述背景并不完全了解，只知道是毛主席、周总理批准的项目。能在这些地方实习，感觉是件很光荣的事情，也是锻炼自己的好机会。

---

46 沧州化肥厂现称"沧州大化集团有限责任公司"，由中国化工集团控股、沧州市政府参股，以化肥、TDI 为主导产品的大型综合性化工企业集团，属国有独资企业。下属 6 家子分公司（含 1 家上市公司），主要拥有年产 36 万吨合成氨、58 万吨尿素、15 万吨 TDI、16 万吨烧碱以及浓硝酸、硝酸铵等生产能力。其中"铁狮"牌尿素和"飞狮"牌 TDI，以可靠的质量和服务赢得市场美誉。2013 年实现营业收入 35.9 亿元。参见 http://www.czdh.chemchina.com/czdh/gywm/gsjj/B130101web_1.htm，访问时间 2022 年 2 月 2 日。

二、来到沧州化肥厂

按照系里的安排,全年级5个班去沧州,3个班去辽化。去辽化的第一批同学去的时间是3月份。我们班是去沧州,时间是5月份。辽化的情况我不了解,以下的内容均为沧州的情况。

去沧州之前,负责实习的老师根据工作的需要和同学的英语水平,挑选了约20名口语较好的同学作为外国专家的专职翻译。我有幸也在其中。我们的工作包括陪同专家到施工现场、与工厂相关部门的沟通,如有专家带家属的,还可能要陪陪家属购物逛街什么的。其他同学则以笔译为主,轮流担任专家的口译。

在去沧州之前,系里向我们介绍了进口装置的基本情况,以便于工作上的准备。

我们了解到,要进口的这些化肥装置是以天然气为原料,其合成氨装置采用美国凯洛格公司(Kellogg)的蒸汽转化法工艺,尿素合成装置主要采用荷兰斯塔米卡邦公司(Stamicarbon)的二氧化碳汽提生产工艺。该装置的生产过程是,第一步将天然气火石脑油合成为液态氨,第二步将液态氨与二氧化碳合成为尿素。

计划建成后,每套装置年产量为合成氨30万吨,尿素48万吨。

生产技术上的问题,对于我们这些连初中化学都没有学过的文科生来说,这方面的知识几乎是空白,什么都不懂。只能硬着头皮学习。

来到沧州帮助建设的外国专家大概有十几个人,有美国人、德国人,还有荷兰人,大多数人都讲英语,语音语调还算标准。他们属于凯洛格公司,每个人的专业领域都不同,涉及:机械、水处理、锅炉、焊接,等等。担任这些专家的翻译,确实具有挑战性。我们同学中,绝大部分从未接触过这些技术,不熟悉这些技术环节中的基本问题。当然也不熟悉这些技术方面的英语词汇。

我算是比较幸运的。分配我陪同的是一位焊接专家。因为我在工厂干过四年,曾经接触过电焊和气焊技术,焊接方面的技术多少了解些。这对我担任的工作很有帮助。

第七章 在二外的最后一年

出发之前,大家利用有限的条件,准备了可能用到的词汇,还找了一些参考资料。

去沧州的大部队出发是在5月份。出发之前,我因入选校排球队要参加北京市高校的比赛,经体育教研室与系里协商后,决定让我先参加比赛,推迟实习,由一位同学代替我的工作。后来在比赛中我又扭伤了脚踝,所以我去沧州的时间比较晚。根据我的记录,我是6月30日去的沧州。

在去沧州之前,我已了解了一些有关沧州化肥厂的情况。当地人称该厂为"沧州大化"。

大化建在沧州北郊的一片乱坟岗上。初期的建设非常艰苦。来自全国各地的建设者参加了建设。在当时设备条件极为有限的情况下,他们用最为原始的劳动工具,肩挑手推,一筐土,一车砖,夯实了工厂的地基;又紧固好一颗颗螺丝,焊接好一条条管线,安装好一台台机器。[47]同学们76年5月份到达时,已可看到工厂的雏形,一些现代化的设备已经就位。

同学们写信向我介绍了那里的生活情况。

当时,沧州的城市建设很差,通讯、交通、生活条件都很艰苦。有人形容那时的沧州是:一条街,一座楼,一个公园,一个猴。

由于我的行李已先期运到了沧州,原以为我的路途会轻松一些,但很多同学来信让我给他们带些油炒面。原因是宿舍离食堂太远,早饭去食堂花的时间太多,于是用开水冲点油炒面当早餐就不用去食堂了。这样,我是背了十来斤的油炒面去的沧州。

我一个人从北京站乘火车到沧州下了车。一出站台我就傻了眼,虽然发了电报让同学来接,但还没见到接我的人,就有一群人围了上来,冲我招呼:"坐二等吗?坐二等吗?"还有人凑过来直接要拿我

---

[47] 详见周晓峰:"话说沧州化肥厂的发展历程",来源于"沧州党史网":https://mp.weixin.qq.com/s?src=11&timestamp=1595925918&ver=2487&signature=h0COrIgrtIEqYUZnhXMuIFvJpBK5BhgeGh92MQnXvEm9QO6hkKW0sNj2SVa-0T8U7*i2B2NBkIybMV*95NJCRzdVuMY1GRCJRLRQ-5c1JbFkid*5tq725AHyTtnxxcIQ&new=1,访问时间,2020年07月28日。

的手提包，吓得我不知所措。正在这时我才远远地看到一位同学推着自行车东张西望。我赶紧向他大喊，他冲进人群，才把我"解救"出来。

坐在同学自行车的后座上，我来到了实习的沧州大化。

我们住的地方是一个废弃的仓库，用简易的隔断隔成两部分，男生一半，女生一半。隔断墙只打了半截，上面房梁部分并没有隔开。这样墙上面就是通的，男生和女生经常隔墙对话，有什么事只隔着墙喊一嗓子就行了，倒也方便。

我们的床就是木板拼成的大通铺，不大的仓库里靠墙拼了两排。每人的地方也就一张单人床大小，个人物品如脸盆洗漱用具之类的都放在床底下。好在已到夏天，蚊帐可以帮助遮挡一点点隐私。因为来得晚，留给我的床位是在一进门正对的地方。

卫生间和盥洗室当然在室外。卫生间是临时搭建的，是露天的那种旱厕，一进去就会有成群的苍蝇扑面而来，围着你在耳边"嗡嗡"地叫。离我们居住的地方不远就是民工（当时还不叫"农民工"）住的地方，条件跟我们的差不多。

吃饭要去工厂的食堂，离宿舍和厂区确实很远，步行大概要20分钟以上。

三、实习工作

我的工作是担任焊接专家的现场翻译。为了让我尽快熟悉，前一段代替我的同学也仍然跟我一起工作。此外还有一位化肥厂自己的翻译，好像是中专毕业的。

我们陪同的专家是个美国人，名字译成中文叫赖涅，来自美国的凯洛格公司，家就住在该公司的所在地休斯敦。他是位对人非常和蔼可亲，工作起来又极其较真的老头儿。从我见到他的那天起，他每天都穿一模一样的衣服：下着一条咖啡色的长裤，上着一件米色的短袖衫，从来没变过。别人告诉我，不是他不换衣服，而是同样的衣服备了多套。

我们实习的工作大概是这样的。

第七章 在二外的最后一年

每天早上八点,我们准时在办公室等候。说是办公室,其实是个车库,只有门,没有窗户,很热。赖涅先生来了一招手,我们拿上安全帽就跟着他走。他去哪儿我们就跟着去哪。赖涅通常去的主要是两个地方:一个是正在建设的工地,那是工人们的焊接现场;另一个是检验室,在那里要对每条焊缝拍成的 X 光片进行检验,合格后签字。

他每天到工地,主要是为了掌握工程的进度以及解决工人在施工中发生的问题。

焊接的工地是在露天,没有什么遮挡,当时已是 6 月,天气已经比较热了。正在建设中的氨合成塔、尿素合成塔、二氧化碳吸收塔这类的建筑,都需要登梯上高爬上去对焊缝进行检查。几乎每天赖涅都要爬上去看看。他往往走在最前面,我们在后面紧紧跟着他。我能感到老人爬梯子有点费劲,爬一会儿就气喘吁吁,一趟下来已是汗流浃背。赖涅工作非常认真,不放过一个细节。有时看到工人做得不够好的地方,他会毫不留情地指出来,高兴时他也会跟工人聊几句,还会开个玩笑。这些通常都是我们做翻译。工人们对这位美国人都很尊重,很听他的话。因为见外国人太少,工人们觉得什么都新鲜。记得有一次一位工人拉住我悄悄地说,"你问问赖涅戴的手表是什么牌子的。"

相对来说,检验室的工作环境要好些,起码是在室内。

在那里,技术人员要把拍好的焊缝的 X 光片请赖涅检验,合格后他要签字。这项工作直接关系到工程的质量和安全,如果出现哪怕是一个小小的砂眼,在运行后也可能造成严重事故,丝毫马虎不得。

在那里发生的一件事让我至今都难以忘记。

一次在检验中,一位技术人员悄声让我跟赖涅说说,别那么认真,差不多就签字吧。还没等我翻译,赖涅就从那位技术人员的表情中看出了他的意思。赖涅有些愤怒地大喊了一句:"No"!接着他讲了为什么必须严格,不能马虎的道理。最后他说,他这样做是"For your Chinese benefit"(为了你们中国的利益)。说的那位技术人员无言以对。"For your Chinese benefit",这几个词让我牢牢记住了这位可敬的老人。

赖涅先生虽然工作中严肃认真，但对我们这些实习的学生却非常友善，非常关心。在工地上有时担心我们会磕了碰了，时常提醒我们要注意安全。登梯上高时还不忘扶一把。在工作时他给我们讲解技术上的英语词汇，第二天还会考考我们。如果答对了会得到他表扬。

有一次，他看到工地上的送餐车在卖油条，就过去想买些给我们吃。但当时买油条是要收粮票的，他拿不出来就不能买。我向他解释了半天什么是"粮票"，他非常奇怪地问，粮票是哪里来的，为什么他没有。终于有一天，我看到他带了一大把油条来到了我们的办公室送给我们吃，还故弄玄虚地不告诉我们他是怎么买到的。

除了工作日要陪同外国专家外，实习的另一项工作是周末要陪他们或他们的家属。有时是看电影，有时是逛街。

赖涅先生是携夫人来中国的，记得有一个周末我陪他夫人看电影。

电影放映厅是在专家们居住的招待所里。在当时的条件下，没有星级的酒店，专门的招待所已经是尽最大努力了。在不大电影放映厅里，已经安装了空调。这在当时是很奢侈的。

放映的影片都是现在所谓的"大外宣"。如果需要，我负责翻译和解释。

第一次陪这位专家夫人，虽然老太太很和气，我还是有些紧张，另外不知该聊什么。记得当时瞎扯了半天"茶"的话题，她说她喜欢"cold tea"。我特别奇怪，怎么"茶"还能喝凉的。

一个晚上的陪同很快过去，第二天是周日，可能需要陪专家或家属逛街。

有意思的是，1976 年还没有改革开放。当时沧州那个地方在建大化肥厂之前，几乎没有外国人来过，所以当地人除了从电影上，画报上外，就没见过外国人。当这些高鼻子蓝眼睛的外国人出现在大街上的时候，当地人就向看稀有动物一样地围观。同学们形容，外国人周日一上街，就像游行一样，他们在前面走，后面跟着长长的观看队伍。外国人的一举手，一投足，一句话，都会招来围观群众的阵阵惊叹声或笑声。

口译之余，我们也会参与一些笔译工作。总的感觉，实习中没有遇到太多的挑战。

这次实习是我们第一次直接与外国人接触，第一次接触到西方人的工作方式、思维方式，了解他们看问题的视角。涂胜华同学写道：

"我在沧州两个月的现场翻译实践中，通过与原联邦德国和荷兰技术、商务人员的接触，看到了市场经济机制下的众多新景象，比如工作积极性、严谨性和技术规范的严格性。我也第一次见识到了那些西欧卖方津津乐道的合同规定、合同义务、合同责任、质量保证的内涵和外延。"[48]

他还谈道，有一次他陪同的德国电气工程师罗斯拉在工作中划伤了手指，鲜血直流，但他只是自己用嘴吸吮了伤口，并没有离开工作岗位。因为他认为"老板给了 8 小时的工资，自己就应该干足 8 小时。"[49]

这些看起来不起眼的小事，却带给了我们潜移默化的影响。

我们实习结束后的 1977 年 4 月 4 日，沧州化肥厂成功实现首批尿素产品下线。1978 年，该厂正式投产。沧州化肥厂的建成投产，填补了沧州化工行业的空白，也拉开了沧州化工发展的帷幕。到了 80 年代中期，这座响当当的"沧州大化"，迎来了她的辉煌时期。想到我们曾经为她的建成贡献了一点点力量，也是由衷地感到高兴。

四、经历唐山大地震

1976 年 7 月 28 日 3 时 42 分 53.8 秒，唐山发生里氏 7.8 级地震。限于当时的技术条件，这一信息播发是延后的。沧州离震中的唐山直线距离不足 200 公里，有强烈的震感。

---

[48] 涂胜华："自强不息 饮水思源"，载于《二外四十年》编辑委员会编：《二外四十年》，北京：中国青年出版社，2004 年 10 月版，第 543 页。

[49] 涂胜华："自强不息 饮水思源"，载于《二外四十年》编辑委员会编：《二外四十年》，北京：中国青年出版社，2004 年 10 月版，第 543 页。

记得那天我在睡梦中被床铺剧烈的晃动惊醒，能听到房屋的房梁发出的"嘎嘎"的响声。不知是男生还是女生高喊了一声"地震了"！同学们纷纷从床上跳下来往门外跑。

我属于那种遇事反应比较迟钝的人。震醒了后还犹豫着是不是要起来，下床后还躲在一个置物架旁穿衣服。等我把衣服穿好，强烈的震动基本过去了。这时看到跑出去的女生们衣冠不整地从门外跑进来。大家在惊慌失措中稍稍定了定神，到底发生了什么，谁也不知道。恐惧、慌乱和焦虑笼罩着每一个人。

大家猜测可能是发生了地震，但详情不知。有同学干脆觉也不睡了穿好衣服搬了个板凳坐到了门外。

我想了想，觉得没什么大事，加上凌晨时觉得特别困，就又回到床上接着睡了。起床后发现有些同学一直在外面坐到了天亮。

7月28日一整天，因为没有准确的信息，大家都是在焦急、恐慌、不安的情绪中度过的。地震发生后，由于造成交通联络完全中断，很长时间内，找不到地震的震源中心在什么地方，直到当天上午才了解到震中是唐山。[50]在当时通信手段和技术还很落后的情况下，还有一名唐山的工人为了让中央及时了解地震的情况，直接开了一辆未被毁坏的救护车，一路拉着警笛从唐山开到中南海报信。[51]

正式的官方消息第二天才到来。7月29日，《人民日报》采用新华社通稿对这一灾难进行了报道，其标题为："河北省唐山、丰南一带发生强烈地震／灾区人民在毛主席革命路线指引下发扬人定胜天的革命精神抗震救灾"。这篇报道的重点是在人与灾难作斗争上，即

50　参见"为了不能忘却的纪念 1976年7月28日唐山大地震"，来源：中国广播网 http://china.cnr.cn/yaowen/201007/t20100728_506803282_2.html 访问时间2022年2月13日。

51　这位工人的名字叫李玉林，时任开滦唐山矿工会副主席。7月28日大地震发生后，他开了矿里一辆未被毁坏的救护车，准确判断、选择了路线，驱车直奔北京中南海向党中央汇报了灾情。详见唐山市互联网信息办公室2022年7月7日发布的"大难临头 义举惊世"一文。来源：https://baijiahao.baidu.com/s?id=1737625228917496743&wfr=spider&for=pc，访问时间2022年8月28日。

重点报道毛主席、党中央和各级领导如何关怀灾区人民,如何带领灾区人民抗灾救灾。至于大家最急于知道的还是这场地震造成的破坏情况:有多少人伤亡,有多少房屋倒塌,有多少人无家可归,地震波及的其他地区的情况,这些信息通通没有。新华社的统稿对地震灾情的报道极为简单,只有一句——"震中地区遭到不同程度的损失"。

几天后刊登在 8 月 1 日出版的《红旗》杂志上的"中共中央给地震灾区人民的慰问电"中提道:"一九七六年七月二十八日,唐山、丰南一带发生强烈地震,并波及天津市、北京市,使人民的生命财产遭受很大损失,尤其是唐山市遭到的破坏和损失极其严重。"[52]这时报道重点仍放在人与灾难作斗争上,即毛主席、党中央和各级领导如何关怀灾区人民,如何带领灾区人民抗灾救灾方面。那期的《红旗》杂志上还登了一篇短评:"人定胜天",称:"人定胜天,这是一条马克思主义的伟大真理。"在这篇短评中,还不忘提到"阶级斗争是推动历史前进的伟大动力。当前正在深入进行的批邓、反击右倾翻案风的伟大斗争,已经和正在推动我国社会主义革命和建设事业的胜利前进。"[53]

同学中很多人家都在北京、天津或唐山附近的地市,地震时这些地方震感明显,但家人们杳无音讯。因为当时没有手机,长途电话、电报通讯几乎完全中断,无法跟家人取得联系。得不到亲友的消息,同学们忧心如焚。

上述报道显然不能缓解大家的焦虑的心情。记得四五天后,同学中我第一个收到了家里报平安的信。信是父亲写来的。地震发生时,他开会住在京西宾馆,在会上比较早得到了消息。看到大家焦急的神情,我干脆把信的内容给大家读了一遍。

我们班 22 个人,17 个同学家都在北京。这种情况下,班上的干部们商量决定,由张永堂和黄小林同学立即返回北京,任务是到班上每个同学的家中探望,把我们在沧州的信息带过去,然后把北京家人

---

[52] "中共中央给地震灾区人民的慰问电",载于《红旗》杂志,1976 年第 8 期,第 5 页。
[53] "人定胜天",载于《红旗》杂志,1976 年第 8 期,第 6-7 页。

的信息带回来。要求他们快去快回，要到每一个同学的家中务必要见到他们的家人。

这两位同学立即坐上火车返回北京。到北京后的第二天他们俩骑着自行车跑遍了北京的大街小巷，按照地址找到了17位同学的家，了解了每一个同学家中的情况。两三天后他们把平安的信息带了回来，大家悬着的心才稍稍安定了下来。现在想起来都非常感谢这两位同学。

7月28日之后，余震仍然不断。从安全考虑，我们搬离了原来的住处，住进了另外一个稍微坚固，但条件更加简陋的仓库，后来又搬进了临时搭建的帐篷。当然，居住的条件更差，没有床，只能搭地铺。当时人心惶惶，正常的生活和实习工作都受到了影响。

很快就有同学要求离开，系里同意了他们的要求。留下来的同学越来越少。

我坚持了一个月，直到8月27日才离开沧州，结束了我的毕业实习。在沧州化肥厂的实习工作全部结束时已经到年底了。

对于这场地震的真实伤亡情况，直到1979年11月17日至22日召开的我国地震学会成立大会，才首次披露唐山大地震的具体死亡人数。会议闭幕第二天即11月23日《人民日报》刊登来自此次会议的新闻"唐山地震死亡24万多人"。[54]

此报道距那场大地震的发生已经过去了三年多的时间。

---

[54] 见"唐山大地震时当时媒体的报道"，转引自王嘉荞的博客 http://blog.sina.com.cn/weiming1027，访问时间2022年2月13日

第三节 最后一个学期

1976 年 9 月至 1977 年 2 月是我们在二外学习的最后一个学期。当时并没有想到，这段时间里我们将经历中华人民共和国历史上的重要拐点，也没有想到即将发生的惊心动魄的重大事件：

1976 年 9 月 9 日，毛泽东主席逝世。

10 月 6 日，"四人帮"被粉碎。

一、毛泽东主席去世

从沧州实习回来后不久，新的学期就要开始了。这将是我们在二外度过的最后一个学期。当时，唐山大地震给人们带来的恐慌和悲伤还没有完全退去，在北京还到处可见临时搭起的地震棚。有些人迷信地认为，这场灾难预示着更大的事情也许会发生。

9 月 9 日，很多单位都通知了下午三点要收听重大新闻广播。当时很多人都猜到发生了什么事情。我们当时还没有开学，所以没有收到这个通知。

因约好了去一个同学家，我快到三点时出家门去公交车站。还没到车站，就隐约听到远处传来的阵阵哀乐声。我心头一惊，赶紧返回家中打开了收音机，听到的是毛泽东逝世的消息，播音员的声音无比沉痛。虽然早有预感，但这一刻到来的时候还是有些震惊。

听完广播，我急忙出门乘车赶到同学家。简单的交流之后，我们决定一起去天安门广场。

记得我们来到广场时，天已经黑了，广场上已经有些人聚集。广场上的气氛沉闷而压抑，哀乐仿佛飘浮在空气中，多数人脸上的表情严肃而凝重，但找不到太多的悲伤。我们默默地在广场上走着，还登上人民英雄纪念碑的台阶（当时这是允许的），围绕纪念碑转了一圈，当时已开始有悼念的花圈。这时，广场上的人越来越多。人们的表情仍然凝重，但仍然没有太多的悲伤。

离开广场时，天已经完全黑了。我们沿着长安街一直向西走，找公交车回家。迎面碰到一些向广场走来悼念的人群，还有的抬着花圈。分手前我们约好第二天去学校。

第二天来到学校时，虽然没有开学，但已经有些同学返校。大家又戴上了黑纱（我戴的还是周总理去世时戴的那个），默默地制作白花。接着就是一系列的悼念活动。

根据党中央、人大常委会、国务院和中央军委9月9日发布的《公告》[55]：

9月11日至9月17日，在人民大会堂举行吊唁。各单位举行吊唁。

9月18日下午，在天安门广场举行追悼大会。

从9月9日至9月18日，全国各地下半旗志哀，同时停止一切娱乐活动。在举行追悼大会时，人员就地肃立静默致哀3分钟。

我们在学校里按照学校的安排，参加了这些悼念活动。那几天，大家臂戴黑纱，胸佩白花。生活照常进行，但所有的娱乐活动都停止了。校园里没有了往日的欢乐和喧嚣，同学们都表情严肃。当时电视机虽然不普及，有个印象是在学校的大礼堂里放了一台电视，学校组织我们看了在天安门广场举行的追悼大会。那次没通知带椅子，我们是站立着观看了转播。哀乐响起时，同学中也有流泪的，但没有电视画面里出现的哭得"死去活来"。

追悼会以后，校园表面恢复了往日的样子。结束了实习的同学们纷纷回到了学校，新的学期开始，这是我们在二外的最后一个学期，一切似乎都归于平静。但表面的平静下却是暗流涌动，"四人帮"（但是还没有这个提法）还在台上耀武扬威。同学在聊天中谈起国家的未来总感到忧心忡忡。至于我们即将毕业，未来如何计划似乎考虑得并不多。

---

[55] 中国共产党中央委员会、中华人民共和国全国人民代表大会常务委员会、中华人民共和国国务院、中国共产党中央军事委员会《公告》，载于《红旗》杂志1976年10月号，第17页。

二、粉碎"四人帮"

毛泽东去世之后,在要好的同学之间经常谈论的还是当时的时局,互相之间传递着各种所谓的"小道消息"。当然,政治学习还是少不了的。9月23日出版的《红旗》杂志刊登的除了有关毛泽东逝世的消息和悼念文章外,还刊登的几篇大批判文章[56]:"坚持以阶级斗争为纲""邓小平修正主义路线的极右实质""邓小平为什么抹杀儒法斗争?""深入持久的批判修正主义""对唯生产力论我们就是要批"。

对这些充满了高调的政治口号的文章大家早已厌倦了,学习只是应付。更多的时间还是抓紧时间学习专业英语。

10月4日,《光明日报》登载"四人帮"的喉舌"梁效"的文章"永远按毛主席的既定方针办"。好像毛泽东有个临终嘱咐,让大家猜猜猜,到底是什么。

终于有一天,一个令人震惊的好消息传来——"那几个人"被抓起来了。记得听到这个消息的时间是10月9日(周六)回到家里。当时这一消息还没有公开。和家人一起谈论着这件事,大家都十分兴奋,有种解放了的感觉。周日回到学校,一些同学也从不同的渠道得到了消息,大家凑在一起,悄悄地谈论着。虽然还不敢大声议论,但脸上满是难掩的喜悦。

当时虽然还没有公布"四人帮"垮台的消息,但接下来的一系列操作都表明这一切都是真的。

10月8日党中央、人大常委会、国务院、中央军委公布了:"关于建立伟大的领袖和导师毛泽东主席纪念堂的决定"和中共中央关于出版《毛泽东选集》第五卷和筹备出版《毛泽东全集》的决定。

紧接着,10月10日,以《人民日报》《红旗》杂志、《解放军报》这两报一刊名义发表的一篇社论:"亿万人民的共同心愿"。社论中的一段不平常的话,引起了人们的关注:"历史的经验证明,要搞垮我

---

[56] 见《红旗》杂志,1976年第10期,9月23日出版,第52-78页。

们的党是不容易的。任何背叛马克思主义、列宁主义、毛泽东思想、篡改毛主席指示的人,任何搞修正主义、搞分裂、搞阴谋诡计的人是注定失败的。"[57]

社论中的这段话,显然是有所指的。当时以我们的水平和能力还没有到注意这段话,但有着极其敏感的政治嗅觉的人注意到了。外国记者(英国《每日电讯报》记者韦德看了这篇社论,意识到高层发生了重大变化。社论中提到的"篡改毛主席指示的人",指的就是"四人帮"。[58]

接下来的事情包括"四人帮"倒台的一些细节,很多书中都有记载,笔者不再赘述。

当时还有老师和同学在沧州实习没有回来,但他们也得到了这一消息。戴宗显老师和涂胜华同学是 10 月 12 日从短波收音机中得到的这一消息。戴老师写道:

"正是在沧州的工棚里,晚上我从收音机短波里听到'四人帮'被抓的消息。我悄悄叫醒了涂胜华等几个同学,……我们到厂外买来白酒,在一间空屋子里举杯欢庆,这一场景至今我们还经常回忆。"[59]

后来的日子,好消息不断得到确认。10 月 24 日,在北京举行了庆祝大会,热烈庆祝华国锋同志任中共中央主席、中央军委主席,热烈庆祝粉碎"四人帮"篡党夺权阴谋的伟大胜利。

"四人帮"的倒台让我们欢欣鼓舞。学校组织我们参加了北京盛大的庆祝游行,游行中人们表达了由衷的喜悦,久违的笑容洋溢在每个人的脸上。记得那天游行,我们的队伍和北大的队伍相遇,我发现

---

57 见《红旗》杂志,1976 年第 11 期,11 月 1 日出版,第 16 页。
58 红星龙历史:"两报一刊发表的社论,泄露了中共'最大的机密'",网络资料,访问时间 2023 年 3 月 9 日,网址 https://m.163.com/dy/article/HLECRU9I0553FYMR.html
59 戴宗显:"亲历二外英语教学",载于《二外四十年》编辑委员会编:《二外四十年》,北京:中国青年出版社,2004 年 10 月版,第 207 页。涂胜华:"自强不息,饮水思源",载于《二外四十年》编辑委员会编:《二外四十年》,北京:中国青年出版社,2004 年 10 月版,第 543 页。

队伍中有我一位中学的同班同学,她正起劲地敲着一面鼓。我跳起来使劲地喊她的名字,但我的声音淹没在锣鼓喧天的人群中。当时的"两报一刊"社论用"万里河山红旗展,八亿神州尽开颜"[60]来形容当时的喜庆气氛。

"四人帮"虽然倒台了,但其他的变化还没有到来。政治学习仍然是学校生活中的主要内容,政治学习好像更多了,几乎每天都要读报纸、学社论、听广播。

10月26日,华国锋对中共中央宣传部门负责人说:当前,一、要集中批"四人帮",连带批邓;二、"四人帮"的路线是极右路线;三、凡是毛主席讲过的,点过头的,都不要批评;四、"天安门事件"要避开不说。这里他第一次提出了"两个凡是"。[61]

当时我们还没有听过"两个凡是"的提法,也没想那么多。只知道可能会有什么变化,但怎么变就不知道了。以当时的认知能力还不足以对这些话提出质疑,更谈不到批判了。

但接下来发生的事情可切切实实让我们体会到了"两个凡是"的含义。因为熟悉的清查又开始了。

三、清查开始了

12月10日,经中央政治局,即中央专案组讨论同意,向全党、全军各级党组织下发了王洪文、张春桥、江青、姚文元的罪证材料之一,以后又印发了罪证材料之二、之三。全党、全军、全国掀起了深入揭批和清查"四人帮"及其帮派骨干罪行的高潮。[62]

被清查的人中就有被认为是"四人帮"骨干的张铁生。

说起张铁生,本书中提到过几次,那个时代的人都知道。他原本就是一个普普通通的下乡知青,1973年的夏天,在招收工农兵学员

---

60 "伟大的历史性胜利",《红旗》杂志,1976年第11期,11月1日出版,第22页。

61 见百度百科词条:"1976年10月26日",https://baike.baidu.com/item/1976年10月26日/14461178?fr=aladdin,访问时间2023年3月9日。

62 周启才:"中央政治局玉泉山紧急会议",载于《世纪》,2006年第2期

的文化考试中因答不出考题,在试卷背面给领导写了一封信。这封信被"四人帮"利用,张如愿以偿地被铁岭农学院录取,他也因此成为名噪全国的"反潮流英雄"。

在那个特定的时代条件下,小人物的一些出于激愤或冲动而发的言论,若是在一般情况下,说了也就说了,但若形成文字,一旦被上边的人选中用来达到某种政治目的,就再也无法左右自己的命运。张铁生就是如此。

此后,他受到了"四人帮"的数次接见。1975年11月29日,当教育界大刮右倾翻案风时,张铁生再一次以"反潮流精神"挥笔上阵[63],成了"四人帮"一块可以打人的"石头"。因此,"四人帮"全面倒台之后,张铁生自然而然地成了被清算的"三种人"[64]的典型。他的谈话、讲话成为他的罪证,他也被定性为"新生的反革命分子"。

1983年,张铁生被以"反革命宣传煽动罪、阴谋颠覆政府罪"判处有期徒刑15年,剥夺政治权利3年,刑期从1976年算起。[65]这是后话。

按说二外在北京,张铁生在辽宁,我们的同学不会与他扯上什么关系。但可巧的是,我们一些同学实习的地点在辽宁盘山的辽河化肥厂,该厂离张铁生当时所在的铁岭农学院不远。鬼使神差,实习期间有几个同学跑去拜访了这位"红人"张铁生。

我们在沧州实习的时候,同学中有人接到了在辽化的同学写来的信,从他们的口中我知道有同学拜访了张铁生,详情并不了解。至于他们为什么要去拜访,后来又发生了什么事情,我并不清楚。在本

---

63 参见"张铁生同志的一份新'答卷'",载于《教育革命通讯》,1975年第12期,第21-23页,原载于1975年12月26日《辽宁日报》。

64 所谓三种人,是指"追随林彪、江青反革命集团造反起家的人、帮派思想严重的人、打砸抢分子"。源于1982年的《中共中央关于清理领导班子中"三种人"问题的通知》和《中共中央关于清理"三种人"若干问题的补充通知》。信息来源于网络:https://www.wyzxwk.com/Article/zatan/2010/12/143415.html,访问时间2024年10月2日

65 周英杰:"从'白卷英雄'到'财富英雄'",载于《中国经济报告》,2014年第9期,第124页。

节写作时我曾找到一位当事人想了解一下详情，却遭到了拒绝。直接回复，"没什么好说的"。只有一个旅居美国的同学（我称他为"S"）给我提供了一些信息。

按照 S 同学的说法，当时是辽河的生活艰苦不说，就是太枯燥，特别无聊。尤其是唐山大地震之后，带队的老师都走了，生活越发无聊。年轻人正是精力充沛的时候，喜欢玩。他们喜欢周围的山水，把附近的山都爬遍了，附近有条河叫"太子河"，几个同学经常到太子河游泳。

这种无聊的生活让他们想起来到铁岭转转。当时张铁生已经从铁岭农学院毕业并留校担任了该校的领导小组副组长、党委副书记。张 1975 年还当选为第四届人大常委，成为红极一时的人物。[66]

第一次去铁岭是 S 和另一个同学两个人，他们到铁岭后找到铁岭农学院并住进了该校的招待所。听说有北京的工农兵学员来了，晚饭后张铁生带着几个人来到了他们房间聊天，讲了些"工农兵学员上管改"之类的话。第二天他们就离开铁岭回辽化了。

那时张铁生已是工农兵学员中一位偶像级的政治明星，他们见到张的消息迅速在同学中传开。于是就又有几个同学去铁岭拜访了张。当然他们也受到了张的接待，张与他们谈了话。与 S 同学不同的是，后去的同学将与张铁生的谈话做了记录并整理出来。结束实习回到学校后，他们将张的谈话抄成大字报贴在校园的显著位置。时间大概是 76 年的 9 月中旬。没想到的是，他们的这些行为给自己招来了大麻烦。

历史就是这样吊诡。

仅仅过了不到一个月，"四人帮"倒台。已被绑上"四人帮"战车的张铁生顺理成章地成为被清算的对象，他被撤销所担任的党内外职务，并被开除党籍。

当时各个单位都开始清查与"四人帮"有关的人。拜访张铁生的

---

[66] 资料来源于百度百科：https://baike.baidu.com/item/张铁生/1535232?fr=aladdin，访问时间 2023 年 3 月 10 日。

事在学校几乎是人人皆知，校方很重视，当成是一个"政治事件"，成立了专门的小组调查此事。那几个拜访了张铁生的同学自然而然地成了审查的对象。

"阶级斗争"观念极强的 H 书记带领着他的"专案小组"对这些同学开始进行审查，要求他们交代为什么要去铁岭，是不是为了"给英语系的领导班子动手术"，"要抢班夺权"，并要求知情的同学揭发检举。对涉事的同学还采取了限制人身自由的做法：不许他们离开宿舍，有同学专门负责看管。[67]由于当时在辽化实习的负责人就是班上的党小组长，该同学虽然没去铁岭，但也受到了审查。

一时间，全年级的空气十分紧张，大家都意识到事情的严重性，不知道会如何处理这几个人。

此事的影响很快就显现出来。在组织全年级参加修建毛主席纪念堂的义务劳动前，对所有参加劳动的人员进行了政治资格审查，然后宣布了不得参加这次劳动的人员名单，所有去拜访了张铁生的同学赫然在列。这次审查把这几个同学整得灰头土脸，给他们造成了很大的思想和心理上的压力。

多少年后的今天回过头来看当年发生的事情，其实在那个时代，这种行为是不难理解的，就是教育和意识形态灌输的结果。当时支配着大部分工农兵学员行为的基本原则是政治，他们对政治的关心与热情是他们不可避免的情结。

1975 年，"四人帮"掌握的刊物《教育革命通讯》上提出的口号是"为使学校成为无产阶级专政的工具而奋斗"。《人民日报》也发表了"把学校改造成无产阶级专政的工具"的文章。[68]这种提法已经完全把教育作为了政治工具，对青年学生有着很大的影响。当时很多同学很容易把一些政治口号作为自己应该努力实践的目标。

另外，长期的教育使我们那一代人有强烈的使命感和政治参与意识。工农兵学员的使命就是"上、管、改"，怀着这样的理想，他

---

[67] 这些情况由当事的同学向我讲述。
[68] 参见王智敏："失落的十年——中国高等教育可吸取的基本教训"，湖南师范大学硕士论文，2008 年 5 月，第 19 页。

们充满着激情，为历史选择了自己而无比自豪，认为自己有能力也应该出现在历史的前台。

但让他们没有想到的是，他们恰恰赶上了国家在政治上发生的重大变化。因为那是一个政治与个人的生存紧紧地捆绑在一起的时代，他们一个很平常的举动差点给自己酿成大祸。

最后的结果还算好，这件事最后是不了了之，审查也没有做出什么结论。毕业时这几个同学的工作分配也没有受到影响，档案中也没有留下痕迹。也许在这几位同学心中留下了阴影吧，直到现在他们仍不大愿意提起此事。

四、最后的课堂

最后这一学期，由于原来的教室楼受到了"7·28"唐山大地震的影响，被鉴定为不宜继续使用，我们暂时搬到了既是办公楼，也是女生宿舍的那座楼。每个班被安排了一个狭小的房间作为教室。

那个房间原来就是女生宿舍，目测不足 20 平米。二十多个同学加上桌椅挤在里面，移动的空间十分狭小。上课时只能是按座位前后，后面的同学先坐好，前面的同学再进去，大家坐好后，老师再进去，在关上的门后面放一块黑板开始上课。

由于部分女生宿舍改成了教室，不得不将原来 6-7 个人的宿舍塞进了 12 个人。

这样的环境实际并不利于学习，但这挡不住同学们抓紧最后的机会努力学习，提高自己英语水平的热情。

最后一个学期的专业课程还是以"单元"（unit）教学为主。在我们进入大三后，教材是根据内容划分为不同的单元进行教学的。这些教材由二外的教师们自己编写的，因教材的封面是浅蓝色，老师们称之为"大蓝本"。[69] 为编写教材老师们下了大功夫，既要符合教学的

---

[69] 关于"大蓝本"，戴宗显老师这样写道："教材组编出了一套英语精读教材，这就是被二外英语教员称为'大蓝本'的二外英语教材。'大蓝本'在 70 年代，甚至在 80 年代初为二外的英语教学发挥了关键的作用。教材无论从思想性、科学性和实用性方面都可称得上是好课本。至今，还有老师不时地

特点，又要避免教材可能被挑出"政治"问题。因此，这部教材带有很强的时代感。

在最后一个学期前，我们已经完成了以下单元的教学：工业单元、农业单元、教育革命单元、文艺单元、医药卫生单元。最后一个学期的单元包括：英国概况单元、美国概况单元、美国简史和国际形势单元。

每个单元的教材基本都分为两个部分：intensive reading（精读）和 extensive reading（泛读），教材的第一页都是 Quotations From Chairman Man（毛主席语录）。

以国际形势单元为例，毛主席语录选了 6 段。其中有：

The people, and the people alone are the motive force in the making of world history. (人民，只有人民，才是创造世界历史的动力。)

Let the Marxist-Leninists of all countries unite, let the revolutionary people of the whole world unite and overthrow imperialism, modern revisionism and the reactionaries of every country. （全世界马克思列宁主义者团结起来，全世界革命人民团结起来，打倒帝国主义，打倒现代修正主义，打倒各国反动派。）

精读的第一篇文章是毛泽东的："People of the World, Unite and Defeat the U.S. Aggressors and All their Running Dogs!"（全世界人民团结起来，打败美国侵略者及其一切走狗!）该文是在 1970 年 5 月 20 日，首都各界群众 50 万人在天安门广场隆重集会上宣读的。因此，也称为"五·二〇声明"。那次集会的主题是支持世界人民反对美帝国主义的斗争。

我们的教材选择的是这篇声明的英文版，其中的内容有：

"U.S. imperialism, which looks like a monster, is in essence a paper tiger, now in the throes of its deathbed struggle. In the world of today, who actually fears whom? It is not the Vietnamese people, the Laotian people, ……or the people of other countries who fear U.S. imperialism,

---

提到它。"见戴宗显："亲历二外英语教学"，载于《二外四十年》编辑委员会编：《二外四十年》，北京：中国青年出版社，2004 年 10 月，第 206 页。

it is U.S. imperialism which fears the people of the world. It becomes panic-stricken at the mere rustle of leaves in the mind. Innumerable facts prove that a just cause enjoys abundant support while an unjust cause finds little support."（美帝国主义看起来是个庞然大物，其实是纸老虎正在垂死挣扎。现在世界上究竟谁怕谁？不是越南人民、老挝人民……和世界各国人民怕美帝国主义，而是美帝国主义怕世界各国人民。一有风吹草动，它就惊慌失措。无数事实证明，得道多助，失道寡助。）[70]

这篇文章是从汉语翻译过来的，汉语里的很多词语都是耳熟能详的语言，它包含了当时对外政策中的经典提法。这些后来还被写进了一首歌——"全世界人民一定胜利"。[71]当年我们唱这首歌也能唱得激情满怀，热血沸腾。

第二篇是 Chairman of Chinese Delegation Chiao Kuan-Hua's Speech（at the 30th Session of the United Nations General Assembly, Sept. 26, 1975）（中国代表团团长乔冠华在第 30 届联大的发言，1975 年 9 月 26 日）

这篇文章虽然只是节选但比第一篇的难度要大了很多，有很多新的单词和词组，在文章后面都一一列出，对课文还有 Notes on the Text（注解）。

如果说前两篇课文还都有点中式英语的话，第三篇就是地道的英语了。该文是摘自 1974 年 4 月 "*The Guardian*"（《卫报》（英国））的一篇文章：Enter the Third World（走进第三世界）。

三篇课文之后有大量的练习。

练习分为四部分共 25 页：第一部分是 General Exercises（一般练习），含：填空、词语替换、汉译英。第二部分是 Exercises on focal

---

70 见《人民日报》，1970 年 5 月 21 日。
71 "全世界人民一定胜利"的歌词是："东风吹，战鼓擂，现在世界上究竟谁怕谁，不是人民怕美帝，而是美帝怕人民。得道多助，失道寡助，历史潮流不可抗拒，不可抗拒。美帝国主义一定灭亡，全世界人民一定胜利。一定胜利。"

Language Points（语言点的练习），含词语替换、用特定的词语连接句子、用特定的词语改写句子、汉译英。值得一提的是，这部分的练习的量非常大。把几篇课文中出现的语言点做了反反复复的练习。第三部分是 Grammar Exercises（语法练习）。含：用给出的条件改写句子、汉译英、用特定的词汇改写句子。第四部分是回答问题。

精读之后是泛读，泛读的课文包括：

1. My Comrade-in-arms——Solomoni，（我的战友——索罗莫尼）。这篇文章的出处不详，文章讲的是中国援建坦赞铁路时一位坦桑尼亚工人的故事。
2. Where is the World Going? Détente or War?（世界向何处去？缓和还是战争？）from "*Ta Kung Pao*", English Edition, Jan. 1976（选自《大公报》英文版，1976 年 1 月）
3. Julian Schuman, "What's Behind Détente"（缓和的背后是什么），from "*Ta Kung Pao*", Feb.19，1976. (选自《大公报》，1976 年 2 月 19 日)
4. How to Define a "Superpower"——Judge it by its Imperialist Actions（如何定义"超级大国"——根据其帝国主义行为判断），from "*The People's Voice*", April 24, 1974. （选自《人民之声》，1974 年 4 月 24 日）
5. Margaret Thatcher's Speech at Kensington Town Hall（玛格丽特·撒切尔在肯辛顿市政厅的讲话），January 19，1976, excerpts（1976 年 1 月 19 日）（节选）

在每篇文章的后面是对可能出现的生词和词组都做了注解，这样就不用查字典。

老师对精读的要求是，掌握教材中的 language point(语言点)；泛读则要求提高阅读的速度和增强语言的感觉。每个单元学习的时间大概是 3-4 周，需要阅读和作业的量还是相当大的。

到了最后一个学期，尤其是"四人帮"被粉碎之后，很多同学对"政治运动"的热情已经减退，他们认识到学习专业知识才是"硬道理"。所以已不在乎是否被扣上"白专"的帽子，努力提高自己的英语水平。

当然,并不是所有的同学都抓紧最后的时间努力学习。

依笔者看来,在学习上虽然没有考试,但每个同学的学习水平如何,老师和同学都心里有数。上课时那些学习好的同学肯定活跃,积极回答问题;那些学习差的同学,往往上课时一言不发,有同学可能连老师讲的英语都没听懂。

努力学习与否全凭自觉,反正没有考试成绩,也没有毕业论文和答辩,学什么样都能毕业。三年半的学习下来,同学中英语水平的差距还是挺大的。

虽然没有毕业论文的要求,但有的同学已经自觉地开始做自己的研究性的工作。有几个同学自己组织起来完成了《灵格风高级英语教程译注》[72]。原书是英国 Linguaphone Institute(灵格风学院)出的 *English Course*(英语教程),是一套基于英国伦敦生活的教材。这是当时可以在内部外文书店中买到的很少的国外教材之一。在没有老师的指导,完全靠自己完成的译注已实属不易。

还有的同学开始练习英文打字。有时为了练习,还把教室的灯一关,几个同学进行"盲打"的比赛。因为打字机很少,我们就把打字机的键盘画在跟键盘大小差不多的纸上,练习指法。笔者就是这样练习的,效果还不错。所以后来使用了电脑之后,同事们都很奇怪,为什么我刚用电脑,就可以熟练地在键盘上打字了,而且还要把键盘敲得"哗哩啪啦"响。我告诉他们,这是在二外的手动打字机上学的。

当时,同学中经常传阅一些英文的刊物。印象最深的就是被称为"蓝 news"的刊物。这是新华社内部编印的综合外国通讯社新闻报道,油印、几页纸用订书钉订在一起,字迹模模糊糊,很粗糙。因为是电讯稿,所以字体一律都是"lower case"(小写字母)。因 news 几个字是蓝色的,所以大家称之为"蓝 news"。在当时信息技术不发达的年代,这种"蓝 news"是我们及时获取国外信息,学习地道的英

---

[72] 见涂胜华:"自强不息,饮水思源",载于《二外四十年》编辑委员会编:《二外四十年》,中国青年出版社,2004 年 10 月版,第 542 页。

语的重要来源，所以对我们的学习帮助很大。

1977年1月，我们在二外最后的一个学期结束了。

这时，虽然"四人帮"倒台了，笼罩在中国上空的乌云终于被驱散，中国社会有了发生历史性转折的可能。但此时，"文革"还未正式结束[73]，其影响还在，在一段时间里还继续起着作用。接下来等待我们的将是历史性转折的到来。

73　1977年8月，中国共产党第十一届全国代表大会公开宣布结束"文化大革命"。还有人认为十一届三中全会才是"文化大革命"结束的真正标志。参见程晋宽著：《"教育革命"的历史考察 1966-1976》，福州：福建教育出版社，2001年8月，第541页。

第四节　争取入党的那些事

一、入党是很多同学的目标

政治上要求进步是那个时代工农兵学员的特点。要求进步的具体表现是什么？就是努力争取入党。入党——是很多同学的努力目标。

来到"二外"后，很多"精明"的同学很快就明白：在这里，学习好不好并不重要，能不能入党才是头等重要的大事。因此，入党成了他们在校期间追求的首要目标。

工农兵学员不同于刚刚从中学毕业进入大学的学生，我们大多都已经在社会上摸爬滚打了几年（入学时要求有两年工作经验），对社会有了一定的了解，也有了一些社会经验，一般对自己的未来发展会有所考虑。工农兵学员虽然在学校与分配体制中许多重要的资源分配无缘，如住房、职级、工资等，但对于解决所谓的"组织问题"却会成为日后获取这些资源产生重要作用的条件。

俗话说"铁打的营盘流水的兵"，这句话形容的是部队的流动性。在这一点上，学校与部队是相同的。因为人们在部队或学校里一般来说都是暂时的，过渡的，进去后都会有面临出去的问题。而大学作为未来精英的输送地，入党应该比一般单位容易些。最起码在这里接受组织考验的时间要短些。

记得入学后不久，班上的党小组长急匆匆地找到我说，"你怎么还不写入党申请书啊，别人可都写了。"从他口中，我知道我们班大多数团员都写了入党申请书。我还没写，显然是落后了。

全年级 168 名同学，党员只有 40 名，剩下的几乎都是团员。120 多名团员都申请入党，肯定不能都入，于是，激烈的竞争从一入学就开始了。

当然，这场竞争是默默进行的。能在激烈的竞争中最终胜出的同学，一定要具备一些"与众不同"的优点，做到这点其实很难。试想，大家都一样的学习，一样的追求进步，谁能比谁强多少呢？况且许多东西是不能简单量化的。就以我自己为例，我当时是团支部委员、团小组长，与党组织是比较接近的，表现也很积极。第二学年班上对我的鉴定是这样写的[74]：

"李红云同志认真努力学习马列主义、毛泽东思想，理论联系实际。积极参加批林批孔运动和无产阶级专政理论学习运动。态度端正、旗帜鲜明。正确处理政治与业务的关系，积极开展学习互助。积极主动完成上级交给的各项任务。担任团支委、团小组长工作认真负责。遵守纪律，团结同志，积极参加文体活动，起到一个共青团员的作用。希望用更高的标准严格要求自己，争取更大的进步。1975年8月5日"

从鉴定上看，我在各方面都表现很好，几乎没有缺点。但据我所知，我从未被党小组列入发展对象。因为要想在竞争中胜出，还必须表现得更加靠拢组织、服从领导、遵守纪律、争当先进、献身集体，等等。

我们在"二外"学习的三年半时间里，全年级总共发展的党员只有两个同学。这与120多的申请人数相比，显然比例过低。

不过，这么多人申请入党，入与没入的都不缺故事。

二、全年级发展的第一位党员

入学一年后，确切的时间是1974年12月17日，年级党支部发展了全年级第一个党员——一位来自部队的女同学L。她是标准的部队女兵形象，穿一身当时令人羡慕的绿军装，"一颗红星头上戴，革命的红旗挂两边"，很飒。她出身于北京的劳动人民家庭，皮肤微黑，外表憨厚朴实。她平日里话不多，在年级里各方面表现得都是不显山不露水。

74　引自笔者保存的原件。

第七章 在二外的最后一年

在同学们自己创办的英文刊物《开门办学》第 7 期（1974 年 12 月 28 日）[75]刊登了 9 班写的一篇题为"向 L 同学学习"的文章，文章中介绍了她的事迹：

"12 月 17 日，我们开了一个印象深刻的会议。会上，党支部发展了一位新党员。她就是 L 同学。这对我们震动很大。

会上，党支部书记介绍了 L 同学来到'二外'之后的表现。听了他的介绍，我们不禁想起了一些她的事迹。

L 同学是个部队学员。她保持了解放军的优良作风和好的传统。她在我们班时经常做好事。我们记得，她经常打扫厕所和楼道，当我们有困难的时候她经常帮助我们。她还积极参加批林批孔运动。她一有时间就学习马克思、列宁和毛主席著作。她还努力学习英语。

L 同学的行动告诉我们：她的行为确实已经达到了党员的条件。我们应该说：L 同学真是劳动人民的好女儿。现在，她即将成为一名共产党员，我们肯定，她将继续努力工作，全心全意为人民服务。"

在这期刊物上还刊登了 L 同学的一篇署名文章，题目是"起点"（Starting Point）。文章中写道：

"上周二晚上，我们年级的党支部召开了一个会议，会上有许多同志发言。他们的话让我想道：'没有党组织和所有的同志们，我怎么能进步呢！没有党我们什么也没有！'（Without the help of the Party organization and all the comrades, how can I march forward! Without the Party we have nothing!）"

随后，她回忆了自己的家庭。父亲出身于劳苦家庭，从小因为家里穷，没有上过学。很小就做搬运工挣钱养家，过着饥寒交迫的生活。

"感谢毛主席和共产党把我们全家和所有的劳动人民从悲惨的生活中解救了出来。"

---

[75] 《开门办学》为北京第二外国语学院英语系 73 级工农兵学员自己创办的英文刊物，时间为 1974 年 9 月—1974 年 12 月。所引文章原文为英文，汉语由笔者翻译。

"现在，我们过上了幸福的生活。""我成了一名解放军战士。1973年部队党委派我到'二外'学英语。现在我又入了党。"

"一年多以来，我为革命事业做了一些事情，取得了一些进步。所有这些进步都不会使我停滞不前。这不是革命的终点。在我的工作中还存在许多的缺点。毛主席教导我们说：'中国的革命是伟大的，革命以后的路程更长，工作更伟大。'

我知道，新的战斗还在前面，更伟大的任务还在等着我们。我一定跟随党和毛主席。我一定要做出更多更好的工作。我一定更加努力地学习马列主义和毛泽东思想。我将永远为人民服务，不寻求表扬。我一定永远站在阶级斗争和路线斗争的最前线，将革命进行到底。"

从以上的介绍和L同学自己写的"入党感言"来看，L同学有一个突出的特点就是：她"经常做好事"，"经常打扫厕所和楼道"。L同学做的这些好事我也还有印象。因为当时学生宿舍没有专职的保洁员，打扫厕所卫生的事情都是由同学们轮流值日完成。这种脏活儿不是所有的人都愿意干的，但L同学却积极主动地承担了打扫卫生的工作，这一点是她与众不同的地方。

此后，同学在下面纷纷传言：L同学的党员是扫厕所扫出来的。

三、努力了三年半，还是没入上

Z是我们班的一位男生，来自内蒙建设兵团，知识分子家庭出身。他是年级里的活跃人士，学生会的文体委员，文体活动中到处可见他的身影。对于他来讲，学习好坏并不重要，重要的是政治前途。毫无疑问，入党是他的第一目标。

Z确实非常努力，各方面都表现突出。记得有一次，为了能在运动会的撑竿跳项目中取得好成绩，他在练习时不小心把撑杆扎到了自己的手上，但他还坚持参加了比赛。

Z一直是党组织的重点培养对象。

毕业前不久终于传来即将发展他入党的消息。有一次我回宿舍拿东西，撞见班上的党员正在我们宿舍开会，无意中听到了他们在讨论Z入党的事情。这个消息得到了Z自己的证实。他在和同学的聊天中透露了快入党的事,当时我也在场。Z 还许诺:入了党请大家吃饭。于是大家都认为 Z 入党肯定是没有问题了。

但就是这件大家都认为是板上钉钉的事情,最后却出了问题。Z 入党的事情在毕业前的"压哨"时刻告吹。其中的原因到底是什么?Z 和班上的党员包括党小组长直到离校时也没弄明白。

直到毕业三十多年后,我向 Z 讲述了一件发生在毕业前几天的往事。这才把谜底揭开。

当时能决定谁能入党的,并不是各班的党小组组长和党员,而是年级的党支部专职的书记老 H。换句话讲,就是老 H 同意你入,你才能入。否则就别想。很不幸,Z 并不是老 H 想要发展的人。但党小组想发展怎么办,否决总要有个理由。于是,无意中我非常倒霉地成了可以给老 H 提供"理由"的人,让这件原本跟我毫无关系的事情扯上了关系。

事情是这样的。

毕业前的一天,老 H 突然把我叫去,要求我写一份有关 Z 入党的材料。我挺纳闷,不知为什么找我。心里正犯嘀咕,老 H 说:你不是跟×××说了一些他的情况吗?我立刻明白,私底下的聊天被打了小报告。

这时×××就站在老 H 旁边看着我,我尴尬极了。既不能当场为自己辩解,也不能拒绝老 H 的要求。因为我们的力量对比太悬殊,他们有足够的权力让我在毕业前陷入不利的境地。思来想去,我只能写份材料,糊弄一下。

于是,一份不足 140 字的材料写好了,第二天我交给了老 H。落款时间是 1977 年 1 月 25 日。内容只写了听说 Z 要入党了,他说入了党就请客。没想到,不一会儿,老 H 又把我叫去,非常严厉地对我说,就写这么几个字,这不行。要写一下他跟 K 来往的情况,回去重写。

眼看没能糊弄过去,我有些沮丧,心里盘算着怎样才能过这一关。

K 同学,也是我们年级的一位男生。前述在辽河化肥厂实习期间拜访了张铁生的同学中，K 就是其中之一。

这件事在当时的环境下，他们的行为是积极投入"教育革命"的表现。但随着 10 月份"四人帮"的倒台，张铁生因属于与"四人帮"关系密切的人，被撤销所担任的党内外职务，并被开除党籍。事情的性质就发生了变化。拜访过张铁生的那几位同学就被认为是犯了政治倾向方面的错误，学校对此事非常重视，成立了专门的小组对他们进行审查。连全年级都去毛主席纪念堂参加劳动，他们都不能去。

Z 因为与 K 关系比较好，平日里来往比较多。我们在沧州实习期间，他们二人也有信件来往，因此受到老 H 的怀疑。这样一来，Z 入党的事就悬了。我当然明白，老 H 找我的目的，正是要让我提供二人来往的证据，以达到不发展 Z 入党的目的。

怎么办呢，我只能又写了一份比前一份详细的材料，把过程详细描述。只写 Z 要入党请客的事，其他的事闭口不谈。写 Z 怎么跟别人说他要入党了、入党就请客、我怎么知道的这件事等等，啰啰嗦嗦凑了 300 多字。最后还写上："我对 Z 的情况并不了解，以上内容仅供组织参考"。落款时间是 1977 年 1 月 26 日。写罢，我把材料交给了老 H。

在交给他之前，我将上述两份材料又都抄了一遍，留做底稿，以备老 H 再找我。这样，这份材料就被我保存了下来。其实后来也慢慢忘了。

一直到毕业离校，拜访过张铁生的几位同学到底犯了什么错误，也没有结论。但当时的一通审查，确实把他们整得不轻。Z 入党的愿望一直到离校也没实现。

毕业好多年后，我无意中发现了那两份被我保存的底稿。40 年后的一次同学聚会上，我向 Z 同学和班党小组长讲述了当年老 H 让我写材料的事，谜底揭开，大家恍然大悟。我将当年我写的那两份材料交给 Z 看了，他仔细阅读后告诉我"都是事实"。

Z 没能在毕业前"压哨"入党，是我写的材料起了作用，还是另有原因或另有材料，尚不得而知。

Z 离开学校后，发展得还不错。他通过自己的努力，后来还是入了党，但已经是几年之后的事了。也许，他毕业时如果入了党，可能发展得更好吧。多少年之后再见时，谈到没能在二外入党的事，他仍耿耿于怀。

四、他报名去西藏，但出发前反悔了

眼看毕业临近，系里突然开会动员毕业生报名去西藏。

那是计划经济的时代，大学毕业生的工作完全由政府统一分配。那时去西藏，不是去"支边"，也不是去"镀金"，而是意味着长久地在那里工作，一旦去了可能一辈子就在西藏了。所以，这是一个决定自己人生的大事，报名的人都要认真考虑，是否有决心在西藏待上一辈子。

很快，我们年级有四位同学报名，很巧的是，四位同学都是北京籍的，其中三名男生，一名女生。体检之后，二人身体不合格，合格的是两名男生。于是这二人去西藏的申请获得批准，其中一位就是J同学。学校通知他们待命出发。

这时，同学们已经毕业离校，听到这两位同学获得批准去西藏的消息，大家都非常佩服。考虑到J同学的家庭条件不是太好，我们班还有同学买了一台当时价格不菲的半导体收音机送给了他。

但接下来发生的事情是大家都没想到的。

去西藏的事情确定之后，J同学以去西藏为条件，向系里提出了要求，希望能解决他的入党问题。在等待组织的决定时，眼看原定出发的时间一天天临近了。这时，剧情突然发生了反转——J同学反悔了。

他向系里提出，不能去西藏了。理由是：他那个家庭妇女的母亲不同意了。因为老太太没文化，根本不知道西藏在哪儿，原来以为就在北京郊区呢。一听说西藏离北京那么远，说什么都不同意J去。

因为家属同意是去西藏的必要条件，当时J同学刚毕业，年龄不过二十出头，尚未成家，父母的意见当然至关重要。母亲不同意自然J是不可能去了。

对此，同学们纷纷猜测，J同学本来就没想真去，报名就是为了

演场戏,目的是入党。

正当大家对 J 的行为纷纷指责的时候,剧情再次发生反转。几天后,学校接到北京市政府的通知:此次去西藏的计划全部取消,原定去西藏的同学重新分配工作。

有人说,如果 J 同学再坚持几天,情况可能就不一样了。

当然,对 J 反悔的原因,大家也只是猜测。真实情况到底如何?J 是真心报名决心去西藏还是为了换取入党而演场戏,只有 J 自己最清楚。遗憾的是,从那以后,只听说他重新分配到了北京某高校,再后来就没了 J 的任何信息。毕业多年,他再也没有与同学们联系过,聚会也从来没有露过面。没有同学知道他的情况。

也许,不愿再提及往事是他不愿与同学们联系的主要原因。

顺便提一句的是,跟 J 一起获批去西藏的另外一位同学是真的下决心要去西藏的。最后,他还是经受住了考验,终于"火线入党"。当然,因去西藏的计划取消,他也未能成行。重新分配工作后发展得也不错。

以上就是我们那个时代与争取入党有关的故事。

当年申请入党是为了一种信仰,还是为了图实惠以谋得一己私利,每一个人的心里都会有自己的答案。

有人这样评价当年的我们:大多数的工农兵学员是在"红"与"专"的底色上辗转腾挪,收放自如,描摹到位,呈现出"浓妆淡抹总相宜"的独特风景。时代刻画了他们,他们也在刻画自己。[76]

不知现在的读者你怎么看。

---

[76] 李江源著:《我是一个工农兵学员——泛政治化教育中的受教育者》(下),福州:福建人民出版社,2006 年 12 月版,第 948 页。

第八章　我们毕业了

俗话说：铁打的营盘，流水的兵。这句话虽然是形容军营的，其实学校也是如此。1977 年 2 月里一个寒冷的冬天，我们终于成了那个"流水的兵"。至于"水"流向何方是到了最后一刻才揭晓的。

毕业是每个学生要面对的事情，从我们入学的那天就知道会有离开的这天。但毕业后的去向，入学的时候并不大清楚。很多同学，包括我在内，以为上了大学就是和自己过去插队的农村或工作的单位彻底告别。因此上大学意味着自己命运的转折，前面是光明一片。但这种想法被现实狠狠地打了脸。

第一节　毕业在冬季

由于是三年半的学制，所以我们的毕业时间是在秋季学期的期末。从季节上来讲已经进入了冬季。那是 1977 年的 2 月。

一、统一招生，统一分配

在计划经济的时代，我国的高校招生均实行按计划招生，按计划分配工作。可以查到的最早的文件是 1952 年 7 月 8 日，教育部颁布的《关于实现一九五二年培养国家建设干部计划的指示》强调指出，各地高等学校和中等学校严格实行统一招生，是实现国家干部培养计划的关键。因此，每年国家教育行政部门都要会同国家计划与经济管理部门，编制招生计划。高校毕业生由国家统一分配工作，即"统招统配"。

"文革"期间,由于招生制度的改变,分配制度也做了相应的改变。1970年6月27日"中共中央关于北京大学、清华大学招生(试点)的请示报告的批示"中,关于毕业生的分配原则规定:"学生学习期满后,原则上回原单位、原地区工作,也要有一部分根据国家需要统一分配"[1]。

1970年8月18日,国务院批转了教育部关于高等学校毕业生"社来社去"分配问题的请示报告。

对工农兵学员制度起到重要作用的《全国教育工作会议纪要》(1971年7月27日)中,沿用了上述文件的规定:"学员毕业后,一般返回原单位、原地区工作;特殊需要的由国家统一分配,待遇由国家另行规定"[2]。由此确定了工农兵学员毕业后"社来社去",即原则上哪里来的回哪里去,由原选送的部委、省市分配,国家只作少量调剂。

1964年3月7日,国家对外文化联络委员会(简称"对外文委")申请筹建北京第二外国语学院,12日获得批准。5月,新华社外文干部学院并入,6月19日,建校方案拟定,由国家对外文委主管,主要培养外事干部[3]。由此可见,二外成立之初确定的培养目标主要是从事外事工作的干部。

但这一目标还没来得及实现,就被那场"史无前例"的运动终结了。

由于工农兵学员入学前是工人、农民和解放军战士,如果"社来社去",毕业后大概率是不会成为"外事干部"的。但入学时我们对这些并不清楚,或者说是因为还沉浸在上大学的喜悦中,对毕业之后的事情还没仔细想过。

---

[1] "中共中央关于北京大学、清华大学招生(试点)的请示报告的批示",载于杨学为编:《高考文献》(上),北京:高等教育出版社,2003年7月第一版,第633页。

[2] 《全国教育工作会议纪要》,载于杨学为编:《高考文献》(上),北京:高等教育出版社,2003年7月第一版,第643页。

[3] 北京第二外国语学院官网 http://www.bisu.edu.cn/wlxsg/Item/22389.aspx.html,访问时间2020年7月6日。

后来，有关毕业分配的信息不断传来，我们也逐渐从对未来的梦想中渐渐醒来。

1975年教育部拟定了一个《关于推广辽宁朝阳农学院经验和有关政策问题的请示报告》，后经国务院批转，在这个报告中对当年的高等学校招生做了一个简单的补充规定："农业院校学生一般实行'社来社去'；林、医、师院校根据农村需要，部分试行'社来社去'的，必须学习朝阳农学院的做法……。"[4]而朝阳农学院的做法不仅仅是大学毕业回农村，还要拿工分，当农民。这就跟五十年代初确定的大学毕业即为国家干部的待遇大相径庭。这种做法当时被当作批判旧的招生分配制度的"有力武器"，是同旧学校、旧教育彻底决裂的表现。

我们在政治学习中也组织了"学朝农"。不过毕业当农民这事在二外没有听说有响应的，毕竟学外语的不大可能去当农民吧。

朝农的做法经过宣传，热闹了一阵子，真有工农兵学员回乡当农民去了。这些人被树立为工农兵学员的榜样，被广泛宣传。他们中就有一位我在师大女附中的中学同学，北京大学中文系毕业的工农兵学员——高红十。

高红十与我同年级不同班，我们都是67届的初中毕业生，实际在中学只学习了两年。毕业后她去了陕西省延长县插队，1972年被推荐到北大中文系，成为一名工农兵学员。

至于她为什么要在毕业后再次回陕西延安当农民，多年后她用极富文学色彩的语言，略带调侃地做了说明：

"一个多声部多音色的交响渐渐涨起呼唤着我诱惑着我；并未全打碎的17年教育积淀；时代的价值观；同龄先进分子的感召；未冷的青春热血A型性格作祟；特别不想被按部就班地安排。让自己

---

4 《国务院批转教育部关于推广辽宁朝阳农学院经验和有关政策问题的请示报告》，载于何东昌主编：《中华人民共和国重要教育文献》（上、中、下），海口：海南出版社，1998年，第1538-1539页，转引自高田钦著：《'文革'时期我国高校组织及制度变迁》，南京：南京大学出版社，2015年10月，第148页。

试着选择一次，成么？成么？

诸般合力促使我递交了毕业后回延安务农的申请。

黄土地那边马上有了回声。

一切不过是大气候下的小气候，……相比之下，我是大不幸中的小幸，溢出常规的走向使我有了人生长旅中某个独特的区间。

人，不该活得独特点吗？"[5]

如果说她在上一段话中还说得不明确，那在她当时写的毕业报告中就说得再明确不过了："《理想之歌》不应该只写在纸上，也要落实到行动上，要自觉地贯彻到行动中去。"为了实现理想，她决定到陕北黄土高原上去当一名农民。[6]

高红十的决定立刻在北大校园里，乃至社会上引起了强烈地轰动。很快她就被北大树立为"从劳动中来，不忘劳动人民"，"缩小工农、体脑、城乡"三大差别的典型，成为作风朴实、吃苦耐劳、能自觉抵制剥削阶级思想腐蚀的工农兵大学生代表。[7]

说到高红十，不得不提那首《理想之歌》——一首署名为"北京大学中文系七二级创作班工农兵学员"的政治抒情长诗[8]。高红十是作者之一。在高红十回乡当农民之后，这首长诗在 1976 年 1 月 25 日的《人民日报》上刊登，并加了"编者按"[9]；《光明日报》也专门发表了评论[10]；中央人民广播电台将《理想之歌》编辑成配乐诗朗诵播

---

[5] 高红十："北大往事"，载于姜龙飞主编：《那个年头，那些事：1966-1976》，北京：学林出版社，2011 年 4 月，第 159-168 页。该文更名为"北大工农兵学员往事"，发表于网络 https://zhuanlan.zhihu.com/p/383383840，访问时间 2022 年 4 月 11 日。

[6] 海天 肖炜：《我的大学 1970-1976——工农兵大学生》，北京：中国友谊出版公司，2009 年 5 月，第 116 页。

[7] 海天 肖炜：《我的大学 1970-1976——工农兵大学生》，北京：中国友谊出版公司，2009 年 5 月，第 119 页。

[8] 北京大学中文系 72 级工农兵学员："理想之歌"，收入诗歌集《理想之歌》，北京：人民文学出版社，1974 年 9 月；并载于《北京大学学报（哲学社会科学版）》，1975 年第 6 期。

[9] 海天 肖炜：《我的大学 1970-1976——工农兵大学生》，北京：中国友谊出版公司，2009 年 5 月，第 122 页。

[10] 1975 年 12 月 13 日，《光明日报》发表评论文章，称《理想之歌》是一首充

出[11]。一时间，该长诗在社会上引起了强烈的轰动，在当时的年轻人，尤其是知识青年中影响很大，其主题是为共产主义理想而奋斗。[12]

北京知青、北大毕业、回乡当农民、《理想之歌》，这些耀眼的元素叠加在一起，在没有互联网的时代，经过报纸、广播的宣传，使高红十成了那个时代妥妥的"网红"。

为了让读者更好地了解和评价《理想之歌》，我想引用一种负面的意见：

"这些华丽激昂的诗句如果作为历史记述上山下乡初期'正统'的理想主义，还算真实。可是它创作发表于'林彪事件'之后，这首激进不减当年红卫兵的《理想之歌》，只能产自'工农兵学员'这个新的利益阶层，和大多数知识青年的实际心态已相去甚远，成为实实在在的脱离实际的媚上之作。它越是慷慨激昂，越是感人煽情，其结果就越是恶劣。它在广大知识青年觉醒的势头中，依然迷惑和蒙蔽了一大批青年人的心灵。"[13]

记得当时听到高红十毕业回农村的消息时，我很惊讶，也很佩服。以高红十的能力和综合素质，毕业后留在北京找个很好的工作是不成问题的。而且那届北大中文系的毕业生全部分配到国家机关工作，就是现在依然非常抢手的"公务员"，高红十已经被分到了北京市委。但她偏偏决定回陕北，当农民。对于很多工农兵学员来说，上大学的目的就是要改变自己的命运，为自己争取个更好的前程。高红

满革命激情的、美好的长诗。

11　中央人民广播电台播出《理想之歌》配乐诗朗诵的是时间是1975年12月。参见海天 肖炜：《我的大学 1970-1976——工农兵大学生》，北京：中国友谊出版公司，2009年5月，第121页。

12　关于"理想之歌"，高红十自己曾写道："不能不提到那首诗，那首曾响彻无数人心的高山峡谷，又铭刻无数人记忆深处的《理想之歌》；那首被日本学者评价为'一千二百万人的上山下乡集团确认自我价值的文学'，'写出了70年代某种事实'的《理想之歌》。她鲜明呈现出的正是我们这代人的青春色。"见高红十："打翻了的青春亦是青青春色"，载于《精神的魅力》，北京：北京大学出版社，1988年4月版，第261页。

13　见米鹤都著：《心路 透视共和国同龄人》，北京：中央文献出版社，2011年8月版，第351页。

十的做法实在有点与众不同。

那么,后来呢?1979年,国家给"文革"时期自愿下乡当农民的工农兵大学生落实政策,为他们重新分配工作。高红十最后还是选择离开了她劳作四年的农村。她先在陕西工作,后来还是回到了北京,在《中国法制报》工作,直到退休[14]。我与她后来有过一些联系,但从未问过她的这段经历。

我们毕业时,二外没有同学要求回乡当农民的。但在毕业分配方案公布之后,系里突然召集开会动员毕业生去西藏。当时大多数同学已经没有了热情与冲动,报名并不踊跃。全年级只有4位同学报名,3名男生,1名女生。体检后有2名同学合格。但在临行之前,其中的一位同学突然反悔,以母亲不同意为由放弃了。最终由于北京市取消了这次赴藏计划,所以最终没有人成行。

二、"三来三去"的分配原则

1975年的招生工作在学习朝阳农学院和上海"七·二一"工人大学教育革命经验口号下,执行"社来社去""厂来厂去""哪来哪去"(简称"三来三去"),是将高校招生工作中极"左"作法理论化、系统化、制度化。[15]

当时的教育部部长周荣鑫[16]并不认同朝阳农学院的做法,他尖锐

---

14 见海天 肖炜:《我的大学 1970-1976——工农兵大学生》,北京:中国友谊出版公司,2009年5月,第126页。

15 高田钦著:《'文革'时期我国高校组织及制度变迁》,南京:南京大学出版社,2015年10月版,第150页。

16 周荣鑫(1917-1976),曾任国务院秘书长、教育部部长。教育家。1975年1月17日,在四届人大一次会议上,周荣鑫被任命为教育部部长。这正是江青反革命集团猖獗之时。他主持教育部,会同各级党委全面贯彻党的教育方针,落实党的知识分子政策,开展基础理论教育和研究,起草了《教育工作汇报提纲》,着手全面整顿被江青反革命集团破坏的全国教育事业。他的作法把江青反革命集团深深刺痛。1975年,他们发表了题为"教育革命的方向不容篡改"的文章,给周荣鑫罗织了"制造和散布政治谣言,反对伟大领袖毛主席,攻击和分裂以毛主席为首的党中央","推行反革命修正主义路线"等罪名。在教育部成立所谓"临时领导小组",剥夺了周荣鑫的一切职权,对其进行残酷斗争,无情打击。周荣鑫据理力争,与他们进行了坚决

地提出:"工农兵学员上了大学就不能当技术员,不能当干部,只能回去当工人农民,这样成不成?""我们现在学校有没有培养干部的任务?不培养干部办大学干什么?""培养出来都'社来社去',不给国家办事,行吗?都'社来社去',教育部门也不好办,教师队伍的来源就成问题。"[17]

但他的反对并未扭转局面,反而刺痛了把持着教育界的"四人帮"一伙人。他们发表了"教育革命的方向不容篡改"[18]一文,对周荣鑫罗织了"制造和散布政治谣言,反对伟大领袖毛主席,攻击和分裂以毛主席为首的党中央","推行反革命修正主义路线"等罪名,并剥夺了他的一切职权。1976年4月,周荣鑫被迫害致死。

关于周荣鑫在教育界的整顿,以及与"四人帮"的斗争,当时我们知道的也仅限于私底下传播的所谓"谣言",并不了解详情。心里觉得他说得对,但没有人敢公开讲出来。

此后,这种极"左"的做法依然继续,一直到我们毕业。

在我们毕业前的1976年6月22日,国务院转发国家计委、教育部《关于1976年高等院校毕业生分配问题的请求报告》。文件规定,毕业生一般返回原单位、原地区工作,特殊需要的由国家统一分配。

大约一个月之后,1976年7月25日,教育部转发《辽宁省教育局1975年高等学校招生工作总结》,教育部的通知说,辽宁省去年各类高等学校试行"社来社去""厂来厂去""哪来哪去"(即"三来三去")原则的经验很好,符合毛主席无产阶级革命路线和"教育要

的斗争。1976年4月,周荣鑫被迫害致死,终年59岁。1977年,中共中央为周荣鑫平反昭雪,充分肯定其一生的功绩。同年8月,在北京召开追悼会,邓小平等党和国家领导人参加。资料来源:百度百科:周荣鑫,详见 https://baike.baidu.com/link?url=kNlnKtg_0A0wJRAUw19Fp7bAEp6UhlrkQNQnzPR2n6ySxDSp7-NDnGBtxWwikp-XgostGXTfc24-YkJHRmfniI-M1PulXQH-OlYFuXMUOcpSCFyLO8tgCLqmzvRgBf,访问时间2023年6月26日。

17 周荣鑫1975年7月24日同新华社记者的谈话,见程中原、夏杏珍著:《邓小平与一九七五年整顿》,北京:人民出版社,2004年8月版,第374页。

18 北京大学、清华大学大批判组:"教育革命的方向不容篡改",载于《红旗》杂志,1975年第12期;《人民日报》,1975年12月4日。

革命"的一贯思想[19]，并再次强调要把学校办成无产阶级专政的工具。要"认真学习，广泛宣传，由步骤地加以推广"。[20]

听到这些豪气冲天的政治口号，想到自己即将面临的毕业分配问题，很多同学都仍心存侥幸地认为，入学时都是按照系统招进来的，有部委的、军队的、北京的，毕业回系统就是了。我的原单位隶属于铁道部，由铁道部再分配也还可以。正因为有这种想法，对分配的事情也没有太上心。

等临近1976年的年底，"哪来哪去"的信息越来越明确：从单位来的学生一律回原单位，这时我才慌了手脚。说心里话是真不愿意回到我原来的工厂。从小受的教育都是："一切听从党安排"，"党叫干啥就干啥"，但这时考虑更多的是自己的前途。

很多同学都是想抓住上大学这个千载难逢的机会改变自己的命运。当时北京和外地的生活水平有很大的差距，加上交通不便，北京人都不愿意离开北京。外地的同学想留在北京，北京的同学想找个自己更心仪的单位。一时间，眼看着憧憬中的大好的前程即将化为泡影，很多人着急了。

我们铁道部系统来的同学一共有8名。入学时铁道部是跟交通部合并在一起的，称"交通部"，招到二外英语系的是20人。等到我们毕业前，两个部又分开了。铁道部是8个人，其中只有我和另外一个同学是北京的，那位同学来自北京铁路局。女生是我和薛同学，薛也是北京人，原来跟我在一个工厂。但她们那批招的学徒工是给铁道部在四川的三线工厂代培的，所以她就去了四川。按照"哪来哪去"的原则，她应该回四川。她好不容易又回到了北京，再也不想离乡背井地去四川了。

共同的命运把我们8个并不太熟悉的同学联系在了一起。大家

---

[19] 高田钦著：《'文革'时期我国高校组织及制度变迁》，南京：南京大学出版社，2015年10月，第150页。

[20] 《教育部关于转发辽宁省教育局1975年高等学校招生工作总结的通知》，载于何东昌主编：《中华人民共和国重要教育文献》，海口：海南出版社，1998年1月版，第1562-1563页。转引自高田钦著：《'文革'时期我国高校组织及制度变迁》，南京：南京大学出版社，2015年10月版，第150-151页。

第八章 我们毕业了

经常凑在一起互通信息，商量对策。商量后我们决定，到铁道部人事局找找领导，反映情况，提出我们的要求。兴许能解决点问题。

一天下午，我们几个同学约好了从位于北京城东的二外乘公交车出发，经建国门上长安街一路向西，就到达了位于城西的铁道部，中间只换一次公交车。在地图上从二外到铁道部是一条笔直的大路，可我们这次造访却极其曲折。

那天，我们一起去的大概有5、6个同学，去之前系里的老师很同情地给我们开了一张介绍信。我们几个谁也没有这方面的经验，到了铁道部门口还在商量着谁先说，谁后说，怎么说，大家都很紧张。门卫看了盖有红色大印的介绍信，公事公办地放我们进了铁道部的大楼。

人事局接待我们的是一位姓柳的处长（多少年过去了，这位处长给我的印象依然深刻）。我们几个进屋的时候，柳处长好像在处理什么文件，我们进来时他连头都没抬，也没理我们。我们几个很尴尬地站在那里面面相觑，不知如何是好。

我觉得过了好几分钟，柳处长才抬起头来，用极其冷淡的语调问了句：你们有什么事？

按照我们事先商量好的计划，一位同学赶紧代表大家报上我们的单位，随后说了我们对毕业分配的想法。柳处长的脸上仍然面无表情，等那位同学一说完马上说，你们的分配问题已经定了，回原单位。口气十分强硬，不容改变。我一听心里就凉了，但还是大着胆子说，"回原单位我有困难。"然后怯生生地讲了几条理由，什么单位离家远啊，父母年纪大了，需要照顾，等等，其他同学也讲了他们的理由。柳处长没等我们说完，就不耐烦地打断了。随后就开始讲起了大道理，什么要听党的话啊，服从组织分配啊。最后是几句云淡风轻的话，"你们还年轻，离家远点怎么了，跑跑通勤，自己克服克服。"

我们从二外到铁道部，至少乘了两个小时的公交车，结果在柳处长面前站了不到15分钟，他三言两语就把我们打发了。我不记得那天我们是怎么从铁道部大楼里走出来的，只记得当时感受到的是沮丧、无望，甚至是愤怒。柳处长的态度让我们感受到了莫大的屈辱，他可以不解决问题，但不可以用这种态度对待我们。在回学校的公交车上，大家发泄着心中的愤懑。

找上级单位无望，只能另想办法。可还能有什么办法呢？

三、毕业鉴定

毕业前照例要填写一份"毕业生登记表"。上面除了有个人的基本信息之外，还有一份自己写的毕业鉴定，以及一份所在班级的党小组对每一位同学做的"毕业鉴定"。这张表是要进个人档案的。鉴定上的每一字都要跟我们一辈子，你走到哪，它就会跟到哪。所以谁也不能轻视这个鉴定。

我保存了自己写的毕业自我鉴定的底稿。上面是这样写的：

"入学三年多来，在党组织的教育下，在同志们的帮助下，自己在政治思想觉悟上有了很大提高。在校期间，能认真学习马列主义、毛泽东思想，自觉改造世界观，积极参加各项政治运动。特别是在对王、张、江、姚反党'四人帮'的斗争中，能够坚持无产阶级立场，怀着对'四人帮'的极大的无产阶级义愤，积极参加战斗。

能够努力学习业务知识，掌握了初步为人民服务的本领，具备了一定的独立工作的能力。能自觉遵守纪律，积极参加文体活动，积极锻炼身体，但团结同志还不够广泛。

三年来，虽然取得了一点点进步，但还存在许多不足。我决心在新的工作岗位上努力学习，努力工作，为党和人民贡献自己的力量。"[21]

这份鉴定放到现在也没多大毛病，无非是一些官话、套话，大家的鉴定都差不多。

自我鉴定之后，就是班上的党小组给每个同学做的鉴定。后来听班上的一位党员同学说，党小组在讨论这个鉴定的时候发生了争论。

据这位同学讲，不知哪级领导的安排，其中有一句很关键的话一定要写上，还要统一口径，就是：在校期间积极参加批邓反击右倾翻

---

[21] 该"毕业鉴定"为笔者自己保存的底稿。

案风的运动。有党员当时就提出反对，说这句话不要写，但有的党员不同意。在争执不下的情况下，这位党员说：那我的鉴定中不要写这句话。

不知是不是这位同学的意见起了作用，党小组给我的鉴定中也没写这句话。给我的鉴定是："认真学习马列和毛主席著作，积极参加各项政治运动。业务学习刻苦认真，积极参加文体活动，能认真完成组织交给的工作。希望：广泛团结同志。"[22]

毕业后，不知那一年，据说中组部下过文件，统一把类似鉴定那些具有时代特点的措辞全部取消了。

四、宣布分配方案

宣布毕业分配结果的时刻终于到了。

笔者之所以称此次公布方案为"拆盲盒"，是因为在宣布之前，几乎没有消息泄露出来，除了那些回原单位的同学外，谁去哪儿还都装在"盲盒"里。"盲盒"里的秘密一直保留到拆开前的最后一刻。

宣布的时间是一个下午，就在女生宿舍楼的一个大房间。一百多人把房间挤得满满的，大家像等待法庭宣判一样，紧张而兴奋。我因为早知道了自己回工厂，一点心情都没有。连宣布前的毕业照都没有去。

"盲盒"里的分配名单是由年级党支部书记老 H 公布的。具体分配结果如下：[23]

单位类别/省市	毕业分配单位	人数	入学前所在单位/插队地区
部委	水电部（待二次分配）	10	内蒙建设兵团（北京知青）
	交通部	12	交通部所属单位
	铁道部	8	铁道部所属单位

22　所引用资料为笔者保存。
23　最后宣布的这份分配名单为笔者保存。原件有姓名，此处隐去。

	第一机械工业部（待二次分配）	5	北大荒生产建设兵团（北京知青）
	第五机械工业部	2	五机部所属单位
	第二机械工业部	3	二机部所属单位
军队	炮兵部队	12	炮兵部队
	新疆部队	2	新疆部队
	兰州部队	2	兰州部队
	河南部队	2	河南部队
内蒙	内蒙（待二次分配）	13	内蒙建设兵团（内蒙当地及天津知青）
北京市	首钢	2	首钢所属单位
	华侨旅行社	3	山西插队（北京知青）
	中国旅行社	1	北京市插队（北京知青）
	外贸局	25	外贸局单位、山西插队（北京知青）
	机械局	7	机械局单位、北京市插队（北京知青）
	仪表局	1	仪表局单位
	第一服务局	4	第一服务局单位
	第二服务局	2	山西插队（北京知青）
	二轻局	2	山西插队（北京知青）
	公安局	2	山西插队（北京知青）
	化工局	1	化工局所属单位
	卫生局	2	卫生局所属单位
	农林局	2	农林局所属单位
	园林局	1	园林局所属单位
	纺织局	2	纺织局所属单位
	服务局	1	服务局所属单位
	科技局	2	山西插队（北京知青）
	朝阳区教育局	1	山西插队（北京知青）
	市政	2	市政所属单位
	国家安全局	2	国家安全局所属单位
	电信局	2	电信局所属单位
	邮电局	1	邮电局所属单位
其他	中国远洋公司	3	中国远洋公司所属单位及山西插队（北京知青）

	北京人民广播电台	2	北京人民广播电台
	北京新华印刷厂	1	北京新华印刷厂（回原单位）
	北京房山县某小学	1	北京房山县某小学（回原单位）
	秦皇岛港务局	1	秦皇岛港务局（回原单位）
在京高校	北京化工学院	1	山西插队（北京知青）
	北京工业学院	1	北京插队（北京知青）
	北京师范大学	1	山西插队（北京知青）
	北京师范学院	1	北京市插队（北京知青）
	北京航空学院	1	山西插队（北京知青）
	北京第二外国语学院（留校）	10	山西插队（北京知青）、内蒙建设兵团（北京知青）、北京市东方红炼油厂等
延迟毕业	新疆部队	1	新疆部队
开除学籍		1	河北某工厂
不详		4	不详
共计		168	

宣布完了的那一刻大家才恍然大悟，原来绝大多数同学的毕业去向在来二外之前就已经被"计划"好了。

我们毕业的去向其实很简单，有单位的回原单位，没单位的按入学前的"计划"。例如，在山西插队的40多名北京知青都是为北京市单位代培的，毕业都分到市属单位；内蒙建设兵团的北京知青都是为水电部代培的，毕业后分到全国各地的水电系统；内蒙建设兵团的内蒙知青都回内蒙。唯一做了调整的是那10个留校的同学，他们不管从哪来的，都跟原单位没了关系。在这方面二外是"捷足先登"，先把自己想留的同学挑走了。

尽管在大会上宣布了毕业分配结果，但实际上一些同学仍然面临着二次分配的问题。例如，分配到水电部的同学并不是分到部机关，而是分到全国各地的部属单位。好友马燕波分到西安，还有一位北京的同学分到广西。

回内蒙的同学遇到的是同样的情况，有的分到呼和浩特市的单位，居然有一个同学分到了呼和浩特市的一个公园。有的去了包头钢铁厂和包头的其他军工企业。

分到北京市外贸局的同学，也是分到不同的外贸公司。有两个同学分到了外贸局下属的培训机构去教英语。

这样的工作分配事先是不征求本人意见的，其结果当然很多人都不满意。从大家的心理预期来说，外地来的同学当然是想留在北京，而北京的同学想选一个更好的单位。

至于这种毕业分配工作的特点是什么。笔者认为有这样几个：

1.一切都是"计划"，个人没有选择

在计划经济的时代，大学毕业生的工作分配是纳入国家计划的，一切按照计划进行。毕业分配执行的是"哪来哪去"的原则，对于这部分人暂且不谈。

对于那些需要分配工作的同学来说，毕业分配的全过程都是在当事人毫不知情的情况下进行的，他们上学之前不知道有"计划"，也从未有人征求过当事人的意见，也没有人了解过当事人是否存在困难。

当时流行的观念是：个人服从组织；自己的事再大也是小事。有一首歌唱的就是：毛主席的战士最听党的话，哪来需要到哪里去，哪里需要哪安家。

2. 业务水平在分配工作中基本被忽略

笔者此处只能谈"业务水平"，因为没有"学习成绩"。学了几年从未考过试，自然就没有毕业成绩单，也没有毕业论文。毕业证书倒是实事求是，上面写的是："学生×××于一九七三年九月入本院英语系学习英语，一九七七年二月毕业，此证。"这种证书在严格意义上只是个"学历证书"，只证明了谁什么时间在这里学习过。

在分配工作的过程中，专业课老师是不参与意见的。

3. 家庭背景

当血统论在国内很有市场的时候，家庭出身在某种程度上是可以左右一个人的命运的。笔者一位很要好的同学，在外国语学校学习过的，英语学得非常好。但她的外祖父曾经做过国民党的高官，于是分配去了北京一所普通的高校。记得我陪她去找主管分配的 H 书记，H 当面问她，"你外公是干什么的，你难道不知道吗？"

后来我了解到，留校的同学居然是按照家庭出身的比例来决定的。留校的同学中有一位属于学习吃力的学生，但他出身贫下中农，上学之前曾当过放牛娃，后又当过民兵连长。当时的工宣队认为留校生不能都是干部子弟或知识分子家庭出身的，必须有个"苦大仇深"的贫下中农子弟作为"红色接班人"来占领教育阵地，于是这位贫下中农出身的同学就顺理成章地留了校。

4. 关系和人脉

与主管分配领导的关系在分配中还是起了作用的，尤其是在留校的问题上。因为整个决策的过程都不透明，具体的标准是什么也不知道。这样一来掌握的分配权力的人在很大程度上就有了决定权。当然，很多事情的内幕是不会透露出来的。

"人脉"这个词，当时是不用的。不过近义词是有的，称为"有路子"。在分配工作的事情上，"有路子"的同学可能通过"路子"提前得到了一些信息，提早就做了安排。也可能在派遣时做了改派。像改派这种事情，尤其是留京（涉及留京户口）的操作难度是相当大的，没有相当的"路子"是办不成的。同样，这样的信息外人一般是不知道的。

5. 学英语的优势

我们毕业时虽然改革开放还没有开始，但"四人帮"那些极"左"的做法已开始动摇。社会上对外语的重视已逐渐开始，对外语人才，尤其是英语人才的需求紧迫，所以从整体来看，二外英语系毕业生基本都分配到了发挥专长的单位。

但一些小语种、冷门语种可能就没这么好了。我在校排球队的一位队友是学俄语的，她学得非常好，但还是分到北京的一所中学当老师。当时教师的社会地位不高，教中学是大家最不愿意的工作。

五、离校

宣布了分配方案之后，接下来就是一些办理离校手续方面的事情：交宿舍钥匙、交还借阅的图书、领取毕业证书、派遣证或报到证，还有最重要的户口迁移证。在那个时代，按照国家政策规定，大学毕业即成为国家干部，就是进入了体制。意味着可以享受国家干部的一切工资、福利待遇了。

对体制内的人来讲，有两样东西是最重要的。一是户口，二是档案。户口决定了一个人可以在哪座城市居住、生活和工作，且不能随便迁徙，所以一张小小的户口卡把一个人牢牢地"绑"在了一个地方动弹不得。而档案代表了一个人与一个单位的关系，里面装着一个人从中学开始所有好事坏事的记录，你走到哪它就跟到哪。可悲的是，自己还无权查看自己的档案，里面放了什么你可能永远不知道。

所以办离校手续时，只要把这张户口迁移证一领，就要按照上面写的地点落户了，一切都尘埃落定，没有回旋的余地了。然后，学校按照分配结果将档案转到你的工作单位，这样，你从此与二外就没有关系了。

为了给自己争取个改变命运的机会，有些同学，尤其是分到外地的同学采取了暂不办理离校手续的办法。因为手续没办完，就不领户口迁移证，同时要求学校暂缓转档案。在暂缓的过程中，争取"改派"，即改变派遣单位。这样一来就可以改变户口迁移证上的地点。

离校的那几天，没有毕业典礼，没有散伙饭。唯一有点毕业仪式感的事情就是全班同学到位于王府井的中国照相馆照了一张毕业合影。但遗憾的是有两位同学（其中一位是班长）不知何故拒绝参加。多少年后的今天，这张照片成了我们对二外学习生活的最后记忆。

办完了离校手续，交回学生证，拿到了派遣证和毕业证。我从二外领取了"毕业生调遣费"7.75 元,因为分配的单位就在北京,所以领取的单子上特别注明,这是"2 月份发半个月伙食费"。办完这些手续,我知道,该跟二外告别了。

离开二外的日子终于到了。一想起即将离开的校园,即将告别自己的青春岁月,心中就有万般不舍和深深的眷恋。

还记得在离校前的一个夜晚,我与好友马燕波在校园里四处游荡,像是以这种方式向二外告别,也是向我们的大学生活告别。

那是一个寒冷的夜晚。正值北京的隆冬时节,寒风瑟瑟,我们把自己裹在厚厚的棉大衣里(当时还没有羽绒服),戴着厚厚的围巾和手套,脚上穿着笨拙的棉鞋,漫无目的地在校园里走着。夜已深,周围一片寂静。只听见自己"沙沙"的脚步声和"呼呼"的寒风声,四周除了昏暗的路灯,家属楼星星点点的灯光,校园里已是漆黑一片。

我们的心情像极了这寒冷的夜晚一样,没有温暖,也看不到多少光亮。想起入学时的阳光灿烂,豪情万丈,而现在"数着等着忘着怕着,青春已时日无多"。心中满是"迷惑失落犹豫寂寞",再加上一些不甘。

那晚,我们仿佛要走遍了校园的每一个角落,带走对校园的每一个记忆——那些"哭过笑过恋过恨过"的记忆,尽管当尘埃落定时,"仿佛是一梦蹉跎"。

当时的心情用"在遗忘中不舍,醉醒交错"来形容还是很贴切的。

三十多年后,当我第一次听到北大法学院的学生毕业时唱起了这首《青春大概》,不知怎的,就想起了离开二外前的那个寒冷的夜晚。

第二节　毕业时，我带走了二外的借书证

一、入学后领到了借书证

学校是读书的好地方，二外也不例外。

我 73 年到二外报到后不久，就领到了随学生证发下来的一张借书证。这张借书证也就手掌大小，是淡淡的橘黄色。第一次拿到借书证，有点小激动。我把她放在鼻子上闻了闻，仿佛闻到了淡淡的花香。借书证上面贴着我的照片，还有学号——"731111"，其中"73"代表年级，"1"是英语系的代号。借书证标志着我正式取得了二外学生的资格，开始享受学生的待遇——可以在学校的图书馆和阅览室借书看书了。

从此，这张小小的借书证陪伴着我在二外度过了三年半的读书时光。

那是 1973 年到 1976 年，恰逢中国历史上罕见的"书荒岁月"，精神生活十分贫乏。不管是图书馆还是书店，很多书都因被贴上"封资修"的标签而禁止阅读。但那个时候像我这个年纪的年轻人，正处在"读书饥渴"的年代，对知识有着一种超越功利的追求。在林彪事件之后，我们逐渐从狂热的理想中渐渐清醒过来，隐约觉得社会终归会发生变化，不会永远是这个样子，但未来是怎样的，一点儿也不清楚。为了寻找问题的答案，开始有了些思考。所以，即使是在意识形态强化到了极点的时候，好书仍然是我们千方百计寻找的目标，对于知识的渴望和对精神的追求从来没有停止过。

于是，二外的图书馆和阅览室自然成了我最喜欢去的地方。

记忆中，二外的图书馆不大，只是一间大点儿的教室。图书馆不对学生开架，门口摆张桌子，我们将填好的索书单交给管理员，他找到后递给我们。从门口可以看到里面一排排的书架，上面摆满了书。对于我来说，这间不大的屋子里藏在许许多多的奥秘。为了能探寻到

更多的奥秘,就频繁地去图书馆,频繁地借书。

还记得从图书馆借的第一本书——一本彩色插图比文字还要多的英文书,可能就是一本少儿读物。里面的插图有灰色的城堡、绿色的树林、五颜六色的花朵,还有一位漂亮的女妖。这本书我翻了又翻,看了又看。直到借助唯一的一本英汉小词典,把那几句英文都看懂了。

后来还借过不少的书。

记忆中还保存着当年看书的场景:大部分时间在教室或在阅览室,天气适宜时我喜欢去教学楼四楼顶的露台,找个地方靠着墙,垫张纸席地而坐——那里无人打扰,可以完全沉浸在书中。在书本与知识中遨游,你会忘记一切。那种感觉是我自从离开学校后一直期盼的。

阅览室和教室的窗外,就是小路两旁的梧桐树。它们枝干挺拔,枝繁叶茂,生机勃勃,盛夏之时更是绿意磅礴。有多少次读书的间歇,我的目光会落在那些梧桐树的阔叶上。风时不时吹过,树叶会像浪花一样,一层叠一层地不停翻滚,在金色阳光下绘成一幅绿金相嵌的图画。轻轻合上手中的书,凝神谛听簌簌的风声,心里像被轻柔的羽毛拂过。这种感觉好像只在二外有过。

二、那时读过的书

刚入学时还看不懂英文著作,于是读中文译著来就成了我阅读的主要内容。但有些书学校的图书馆里借不到,于是同学之间的互相借阅成了书的主要来源。

入学后同学之间熟悉起来,很快就找到了几位跟我一样爱读书的同学。"智识的成长在于交流"。我们经常会利用课余时间谈古论今,谈各自读过的书,也会互相推荐和借阅一些书。

记得有一次晚自习时,我和一位同学在教室里整个晚上的时间都在讨论《红楼梦》里的"好了歌"。说起来,《红楼梦》等中国古典四大名著是我在上二外之前才正式读到。这几本书是在1972年美国总统尼克松访华前,为了表现图书市场的繁荣,各地新华书店被要求投放的。我家就买了一套《红楼梦》。

那晚,我们聊得兴起,有讨论,有争论。因为怕影响别的同学,就在纸上笔谈。这张纸居然被我保存了下来。记忆中,这样的讨论还有许多。

那时读的书并不系统,由于书少,也没有什么选择,基本是拿到什么读什么,也不管看得懂看不懂。

回想起来,并根据我当时的笔记,当时读的书主要是下面几类。

西方名著

我们这代人是以"解放全人类"为己任的,因为我们接受的教育中常说的一句话就是"要解放世界上三分之二受苦人"。但是从后来看的书里我看见了真正的世界的模样。

入学后不久,同班的一位同学曾借给了我两本书:一本是拜伦的《唐璜》;另一本是罗曼·罗兰的《约翰·克里斯多夫》,后者实际是一套四本。这些书到我手上时已经不知经过了多少读者的手,已经被翻得有些破烂。

此前,中国的文学作品我读过不少,外国名著中除了一些苏联的小说外,则读得很少。在我成长的过程中,完全受的是正统的教育,即完全由主流意识形态控制的教育,从来没有看过这类似乎与主流意识形态所控制的正统教育有点不搭的书。坦率地讲,以我"文革"开始时只读到初中二年级的水平,很多书我也看不懂。但这并没有妨碍我开始尝试读一些西方的名著。

《唐璜》是英国作家拜伦的代表作,也是欧洲浪漫主义文学的代表作品(当时我还不知道这些)。书中的内容虽然当时还不能全理解,但里面唐璜的种种浪漫奇遇,欧洲社会的各种人物百态,城市的各种风情,都向我展现了一个与现实完全不同的五彩斑斓的世界。里面的许多描写都令我惊叹:还有这样的人,还有这样的生活,还有这样的书。

《约翰·克里斯多夫》读起来容易理解些,因为其主人公约翰·克里斯多夫的许多事迹是以音乐家贝多芬为原型的,是一部宣扬人道主义和英雄主义的长篇小说。但当时主要看小说中的故事情节,并没有注意小说中的那句名言:"世界上只有一种真正的英雄主义,那就是在认识生活的真相后依然热爱生活。"不过,通过这本书我记住了该书的作者罗曼·罗兰,后来才知道,他凭借这本书获得了 1915 年的诺贝尔文学奖。

后来随着英语水平的提高我读的西方名著越来越多,但对最初读的以上两本书记忆非常深刻。在阅读中,我会把一些自己喜欢的片段抄在本子上以加深印象,反复阅读,就这样慢慢养成了一种做读书笔记的习惯。

"灰皮书"

苏联的文学作品曾经对我们这代人产生过极大的影响。一些宣扬革命英雄主义和爱国主义的文学作品曾经让还是少年的我热血沸腾,幻想着有一天自己也可以成为卫国捐躯的英雄。如高尔基的《海燕》和奥斯特洛夫斯基的《钢铁是怎样炼成的》[24],《海燕》中那句"让暴风雨来得更猛烈些吧",还有保尔·柯察金的那段名言:"人最宝贵的东西是生命,生命属于人只有一次。……"[25]在我们那一代人的身上打下了深深的烙印。这段话至今我还可以一字不落地背下来。还有一本叶·伊琳娜的《古丽雅的道路》[26],这是我上中学时读过一本书,至今这本被翻烂的、已经没头没尾的书仍然躺在我家的书柜里。

随着六十年代中苏关系的恶化,苏联的书很少看到了。记得看过

---

24 尼·奥斯特洛夫斯基(梅益译):《钢铁是怎样炼成的》,北京:人民文学出版社,1952 年 12 月版。

25 这段话的全文是:"人最宝贵的东西是生命,生命属于人只有一次。人的一生应该是这样度过的;当他回首往事的时候,他不会因为虚度年华而悔恨,也不会因为碌碌无为而羞耻;这样,在临死的时候,他就能够说:'我的整个生命和全部精力,都已经献给世界上最壮丽的事业——为人类的解放而斗争。'"

26 [苏]叶·伊琳娜:《古丽雅的道路》(任溶溶译),时代出版社,1953 年 10 月版。该书讲述了苏联卫国战争时期古丽雅为了夺回被德寇占领的五六·八高地,献出了年轻、宝贵的生命,成为一名苏联英雄的故事。

的一本书是《叶尔绍夫兄弟》，还有大约在 1967 年看过一本《红肩章》，描写的是苏联苏奥洛夫军校学员的学习和生活，书中描写的学员的生活曾让我羡慕不已。此外，我还读过马雅科夫斯基的长诗《列宁》和《好!》。

到了 70 年代，忽然出现了俗称的"灰皮书"。

这类书其实就是"禁书"，主要是一些西方文学名著和内部读物。70 年代初期，由上海人民出版社内部发行的一些新翻译的苏联小说，就是"灰皮书"的代表。这些书封面设计、装帧都一样，"内部发行"四个字印在书的封底页上。所谓"内部发行"，有个冠冕堂皇的理由：供"批判"使用。虽然都是正式的出版社发行，但只发行到县团级以上单位，凭书店"到货通知"和单位介绍信购买。二外图书馆里是否也有，我并不确定，但从来没借到过。

这类书我读过的有：谢苗·巴巴耶夫斯基的《人世间》[27]、柯切托夫的《落角》[28]、伊凡·沙米亚金著（上海新闻出版系统"五·七"干校翻译）的《多雪的冬天》[29]。

这些"内部发行"的苏联小说，多半是揭露了当时苏联国内社会现实中的一些阴暗面。所以书前就会在"内容说明"或"内容提要"中阐明出版者的意图。比如《多雪的冬天》就在《内容提要》里写明，小说揭露了"苏修特权阶层中一伙人的丑恶面目"。

当时我读这些书的时候早把批判放到了一边，更关注的还是书中的内容。对于我们而言，这实际是在文化荒漠与思想禁锢的时代得以接触外国文学、窥见外部世界的一个机会。从这些阅读中我看到的是另一个不同的世界，经常会获得一些从未有过的快感，有时可能还会成为同学间交流的话题。

这类"灰皮书"学校图书馆是借不到的，获得渠道基本是个人之

---

[27] [苏]谢苗·巴巴耶夫斯基著，上海新闻出版系统"五·七"干校翻译组译：《人世间》，上海：上海人民出版社，1972 年 5 月版。

[28] [苏]弗·阿·柯切托夫著：《落角》，上海：上海人民出版社，1973 年 9 月版。

[29] [苏]伊凡·沙米亚金著，上海新闻出版系统"五·七"干校翻译组：《多雪的冬天》，上海：上海人民出版社，1972 年 12 月版。

第八章 我们毕业了

间互借,一本书不知要传多少人的手。还有一套书是我家买的,就是[美]威廉·夏伊勒著,董乐山译的《第三帝国的兴亡》[30]。这套书借来借去,最后就借丢了,不知落到了谁的手里。

当时还看过的一本书是马克斯韦尔的《印度对华战争》[31],还有一套三本的书是戴维·哈尔伯斯坦写的《出类拔萃之辈》[32],讲的是国际关系和国际政治中的重大事件和人物。这是我当时看过的为数不多的社会科学类的图书。封面都是灰色的,内部发行。

书读得多了,我感到很庆幸。世界那么近,世界的知识就在这些书里,动手翻开书页,五彩斑斓的世界尽收眼底。从书中我知道了,世界上并不存在那"三分之二的受苦人"。

英语简易读物和注释读物

大一以后,随着英语阅读能力的提高,我已经可以阅读英语的简易读物了。这类书是我用借书证在学校图书馆借的最多的书。

商务印书馆在上世纪50年代就开始出版一些由外国名著改写的英语简易读物,如:Charles Dickens(狄更斯)的 *Oliver Twist*(雾都孤儿)(1959年4月版)、*Great Expectations*(远大前程)(1964年5月版)、*A Tale of Two Cities*(双城记)(1964年1月)、*David Copperfield*(大卫 科波菲尔);Abdulla El Tayib、Michael West(泰勃、韦斯特)的 *Stories from the Sands of Africa*(非洲沙漠上的故事)、Jonathan Swift(乔纳森·斯威夫特)的 *Gulliver's Travels*(格列佛游记),Lewis Carroll(刘易斯·卡罗尔)的 *Alice's Adventures in Wonderland*(爱丽丝漫游奇幻记),等等。这些书实际是英文原著的简写本。非常适合大学英语专业二年级以上学生或同等程度的读者阅读。

对于我们来讲,这些简易读物中生词较少,基本不用查字典。遇

---

30 [美]威廉·夏伊勒(董乐山译):《第三帝国的兴亡》,北京:生活·读书·新知三联书店,1974年3月版。
31 [澳大利亚]内维尔·马克斯韦尔著(陆仁译):《印度对华战争》,北京:生活·读书·新知三联书店,1971年版。
32 [美]戴维·哈尔伯斯坦著(齐沛合译):《出类拔萃之辈》(上、中、下)(内部发行),北京:生活·读书·新知三联书店,1973年12月版。

到生词时就连猜带蒙，反正能明白上下文意思就行。实在搞不清楚了再查字典。这样注意力可以集中在内容和文字的表达方法上，因此可读得快，读得多。阅读能力提高很快。

简易读物中的故事情节虽然有所简化和删节，但原著的精神内涵和文学成分得以保留，大量阅读这类读物不仅可以让我们在英语阅读能力上有所提高，扩大词汇量，还能拓宽视野，陶冶情操，提高人文素养。

我阅读的很多西方文学名著，其实都是从阅读这些英语简易读物开始的。

除了简易读物外，商务还有一套英语的"注释读物"。如：H.G.Wyatt改写、吴翔林注释：*Stories From Shakespeare*（莎士比亚戏剧故事集（上、下），1964.8），上下两册共包括16个故事，包括了莎翁著名的戏剧：《威尼斯商人》《麦克佩斯》《如愿》《李尔王》《第十二夜》《暴风雨》《哈姆雷特》《冬天的故事》，等等。

这些莎士比亚著名剧本改写而成的故事，内容情节曲折、饶有趣味，文字浅易流畅。除对难句难词加上汉语注释外，书末附有词汇表。

这些书的装帧很有特色，封面都是单一的颜色：橙黄、玫红或翠绿。还有一个特点就是开本较小，长方形，便于携带，装在口袋里正合适。

这些书我读了不少，主要是从学校图书馆借，也有向同学借的。

英文原版书

二年级以后，随着英语水平的提高，我开始阅读英文的原版书。

为了提高我们的阅读水平，系里还专门翻印了一些英文原文的阅读材料发给同学们。我保存的美国人Red Reeder所写的"*The Story of the Second World War*"（《第二次世界大战的故事》）就是其中的一本。

系里发的实际是这本书的节选本。书的封面印着"内部使用"，时间是1975年冬季，这时我们刚刚进入大三年级的学习。在这本书的"说明"中讲到了为什么要选这本书:"本书……文字较为浅易,且有一些常用的典故,对于我们学习语言及了解第二次世界大战的历史事实是有帮助的。"接下来的一大段文字是对作者的批判:

"作者由于他的唯心史观,不可能从阶级分析的观点对大战的原因做出历史唯物主义的分析。""作者顽固地站在反动资产阶级立场上,敌视共产主义,敌视斯大林,因此在叙述第二次大战的过程中,肆意吹捧丘吉尔、罗斯福等资产阶级人物,竭力贬低斯大林及其领导下的苏联人民在击败法西斯侵略中的决定性作用,甚至在描写希特勒等法西斯分子时,有时也流露出某种赞许或惋惜的情调,对于作者的这种反对立场,阅读时应予以深刻的揭露和批判。"[33]

编写阅读材料的老师们非常清楚,学习语言必须要阅读原文的资料,为了避免被扣上"资产阶级"的大帽子,不得不加上这样一段批判的内容。

考虑到我们的英语水平阅读这样的资料还有一定的困难,老师们在每一个故事的后面特地加上了"Note"(注释),将文中难懂的单词、词组和句子用汉语一一做了解释。有了这些解释,我们阅读起来就容易多了。

除了系里发的这些阅读材料外,我们接触英文原版的图书资料还有一个途径就是学校的图书馆和阅览室。

我比较喜欢的是学校的阅览室,经常在晚饭后将整个晚上都"泡"在阅览室里,直到值班的那位女老师用浓重的分不清是四川还是湖南的口音隆重宣布:"到时间了",我才极不情愿地把手里的刊物放回架子上,磨磨蹭蹭地离开阅览室。

阅览室里除了有一些外语类刊物外,还有一些社科类的中文刊物,如《学习与批判》,可以在里面看到一些对于当时苏联文学的评

---

[33] "说明"见 Adapted from RED REEDER'S(摘自 Red Reeder 所著), *The Story of the Second World War*,(《第二次世界大战的故事》), English Department, The Second Peking Institute of Foreign Languages(北京第二外国语学院英语系), Winter 1975.(1975 年冬)

介。对于我们而言，在这些刊物中可以看到"八个样板戏"以外的一些东西。

此外，阅览室还有《北京周报》(*Beijing Review*)[34]和《中国建设》(*China Reconstructs*)[35]这类国内发行的英文刊物。除此之外，在这里还可以看到一些英文的原版刊物。如澳大利亚共产党的机关报《先锋报》(*Vanguard*)，新西兰共产党的机关报《人民之声报》(*People's Voice*)。听戴宗显老师讲，文革前及文革中，二外有"涉外特权"，所以可以订阅像美国的"*Time*"(《时代周刊》)[36]，"*Newsweek*"(《新闻周刊》)[37]和英国的"*Financial Times*"(《金融时报》)[38]等国

---

[34] 《北京周报》(*Beijing Review*)是当时中国唯一的英文新闻周刊，于1958年在周恩来总理的亲切关怀下创办，是中央级重点对外宣传刊物之一。《北京周报》为外国政府官员、投资人、商人、学者提供有关中国发展的新闻和评论，同时也是国内外事、外经贸和各类高级专业人士必不可少的英文时事周刊。

[35] 《中国建设》(*China Reconstructs*)，1952年由宋庆龄创办。创刊时为英文双月刊，1955年起改为月刊。从1960年至1980年，先后有西班牙文版、法文版、阿文版、俄文版和葡萄牙文版创刊。1980年10月中文版创刊。1990年1月，该刊易名为《今日中国》(*China Today*)。详见 https:// baike.baidu.com/item/%E4%B8%AD%E5%9B%BD%E5%BB%BA%E8%AE%BE/12681179?fr=aladdin，访问时间 2020年12月9日

[36] 《时代周刊》(*Time*)又称《时代》，创刊于1923年，是美国的三大时事周刊之一。是近一个世纪以来最先出现的新闻周刊之一，特为新的日益增长的国际读者群开设一个了解全球新闻的窗口。《时代》是美国三大时事性周刊之一，内容广泛，对国际问题发表主张和对国际重大事件进行跟踪报道。详见百度百科：https://baike.baidu.com/item/% E6%97%B6%E4%BB%A3%E5%91%A8%E5%88%8A/6643818?fr=aladdin,访问时间 2020年12月16日

[37] *Newsweek*(《新闻周刊》)是美国时政杂志中因评论优秀而获得荣誉最多的周刊，1933年2月17日创刊。该刊与《时代周刊》、《美国新闻与世界报道》并称为美国三大新闻周刊。它是一份在纽约出版，在美国和加拿大发行的新闻类周刊。详见百度百科：https://baike.baidu.com/item/%E6%96%B0%E9%97%BB%E5%91%A8%E5%88%8A/66028?fr=aladdin 访问时间 2020年12月16日。

[38] 英国的 *Financial Times*（金融时报）是由 James Sheridan 及其兄弟于1888年创办的世界著名的国际性金融媒体。该报在伦敦、法兰克福、纽约、巴黎、洛杉矶、马德里、香港等地同时出版，日发行量45万份左右，其中70%发行于英国之外的140多个国家。该报为读者提供全球性的经济商业信息、经济分析和评论，由该报创立的伦敦股票市场的金融指数更是闻名遐迩。详见百度百科：https://baike.baidu.com/item/%E9%87%91%E8%9E%8D%

际上著名的英文刊物。

阅览室的这些刊物扩大了我的知识面和阅读的范围。

但是,图书馆里英文的原版书很少,阅读这类书的渠道主要是同学间的传阅。

原版书中印象最深的一本书是美国作家 Joseph Heller（约瑟夫·海勒）的 *Catch-22*（《第22条军规》,1961）,记不得是向哪位同学借的了。但当时读的时候,根本不知道什么是"Black Humor"（黑色幽默）,看了好多页也看不懂,甚至不明白"Catch-22"是什么意思。还记得我拿着这本书去找吴敬瑜老师求教。在她的耐心解释下,我稍稍明白了一点,硬着头皮把这本书看完了。

在我保存的读书笔记中,还有一本书是德国作家 Erich Maria Remarque（埃里希·玛利亚·雷马克）(1898年6月22日-1970年9月25日）写的：*All Quiet On The Western Front*（《西线无战事》）[39]。读这本书的时间是1976年10月。

我读过的英文原版的小说还有一本是爱尔兰女作家 E.L. Voynich（艾捷尔·丽莲·伏尼契）的小说："*The Gadfly*"《牛虻》。虽然早就听说过这本书,但读原版还是第一次。书中描写的主人公牛虻与琼玛的虐恋,让我几乎落泪,尤其是牛虻在临死前留给琼玛的那封告别信,我读了又读,还一字不落地抄在笔记本上。那种撕心裂肺的爱情深深地留在我的记忆中。

我抄在笔记本上的还有一篇英文的演说辞,美国第16任总统林肯的那篇只有三分钟的著名演说——"葛底斯堡演说"（*Gettysburg Address*),它因演说地宾夕法尼亚州的葛底斯堡而得名。该演说只有10句话272个单词,语言简洁而凝练,用最短的篇幅阐释了具有极为深远历史意义的理念。在这篇演说中,我第一次知道了"of the

---

E6%97%B6%E8%A%A5/3749639?fr=aladdin 访问时间2020年12月16日。

39 《西线无战事》（德文原名：*Im Westen nichts Neues*,英文原名：*All Quiet On The Western Front*）是埃里希·玛利亚·雷马克创作的长篇小说,**1928年发表在《福斯报》,翌年单行本出版,共分十二章**。详见 https://baike.baidu.com/item/%E8%A5%BF%E7%BA%BF%E6%97%A0%E6%88%98%E4%BA%8B/68399?fr=aladdin 访问时间2020年12月21日。

people, by the people, for the people"（民有、民治、民享）这几个词。也开始了解了一些其中的含义。

三、八面槽的外文书店

这里我要说的是这家外文书店中的"内部书店"，位于北京王府井大街北面八面槽。那时，一些外文书店中都会有这种专门面向"内部读者"的店中店，外国人禁止入内。

进入外文书店大门，右手边有一个踏上去"咚咚"作响的木制楼梯。楼梯口有一个告示牌说明二楼只允许内部人士光顾。沿着楼梯上到二楼，可见一小房间，有一个小窗口专门有人检查证件。当时还没有身份证，也没有私人企业，只要"有单位"的人都会有证件，所以有工作证或学生证都可以进去。二外的学生证就管用。

进门之后可以看到高高的书架上摆满了书，这里的书都是国外原版书的影印版。当时没有版权的意识，中国还没有加入国际版权组织，随意翻印外版图书，纸张虽粗糙，价格却便宜。各种最新的外文原版词典、科技书刊、社科英文专著，应有尽有。还有一些外文影印书的征订目录可供预订。

这类书在封底前的那页都会夹上一个大约 2x3 厘米的小纸片，上面写上该书的中文译名和价格，还会特别标明"内部交流"。

这些书在相当程度上弥补了国内专业书籍的不足，因此该书店成为我特别喜欢去的地方。它正好位于我家和学校之间，到书店很方便。有段时间，我每周六中午在学校吃完午饭，就和同学一起乘坐1路公交车在王府井下车，穿过熙熙攘攘的王府井大街就到了这家书店。看上一阵书，再挑上本书喜欢的书，然后再回家。

现在我家的书柜里还有很多在这里买的书。这些书中，英语类的主要书有：

Linguaphone Institute，*English Course*（《灵格风英语教程》），三册，从初级本（0.5元）、中级本（0.7元）到 *Advanced English Course* 高级本(0.8元)，1974年购买。

Alexander L. Sheff and Edna Ingalls, with revisions by Mary S.

Allen, *How to Write Letters for all Occasions*（《英文书信大全》），Doubleday & Company, Ins. 1971 出版。

C.E. Eckersley, M.A and J. M. Eckersley, M.A, *A Comprehensive English Grammar for Foreign Students* (《综合英语语法》), Longmans, 1961 出版。硬皮的精装本，440 页，1.9 元。

当时学习英语的工具书很少，连本像样的字典都没有。一本巴掌大的《简明英汉小词典》几乎是我唯一的工具书。直到在八面槽买到了一本双解的英语辞典后，才结束了我没有英语字典的学习。

这本字典就是：A. S. Hornby, E.V. Gatenby, H. Wakefield, *The Advanced Learner's Dictionary of Current English*（《现代高级英语辞典》），London, Oxford University Press, 1963。硬皮精装本，只售 4.40 元。

这本字典对于我们的学习有非常大的帮助，后来做了我们老师的黄建东在文章中也提到过这本书。他写道：

"当时，我们班几乎每人手头都有两本字典：一本是 ALD（*The Advanced Learner's Dictionary of Current English*），纯英文的解释；另一本则是《英汉小字典》。ALD 是老师推荐的，每本四元四角。……按照当时的英语水平，翻阅纯英文释词的字典时，自己的词汇量是不够的。……时间一长，我们就慢慢体会到了用英英字典的好处了，特别是在对词的理解上。因为是从英语去理解生词的，所以理解比较准确。"[40]

值得一提的是，这本字典中还夹着一张小纸片——"告国内读者"。上面写道：

"《现代高级英语辞典》("*The Advanced Learner's Dictionary of Current English*", 2nd ed, 1963) 是我们在无产阶级文化大革命前编目征订的外语工具书之一，现在根据读者的要求，继续予以发行。

原书是英国的几个资产阶级学者编著的。出于他们的资产阶级

---

[40] 黄建东："大学七年"，载于《二外四十年》编辑委员会编：《二外四十年》，北京：中国青年出版社，2004 年 10 月，第 453-454 页。

反动立场,对所收编的词语,按其资产阶级观点进行了歪曲性地解释。诸如该书第 272 页中关于"dictatorship"("专政")一词的释义:"Government by a dictator"。第 362 页中对"feasible("可以实现的")"一词的用法所举例句:"A counterrevolution is feasible ,we can, if we choose, bring one about."等等,不胜枚举。这一类词句的解释是相当恶毒的。我们希望经过无产阶级文化大革命锻炼的革命读者,遵循伟大领袖毛主席教导的"洋为中用"和"排泄其糟粕,吸收其精华"(毛泽东的原话是"取其精华,去其糟粕,古为今用,洋为中用"——笔者)的原则,批判地加以使用。北京 608 邮政信箱 1971 年 8 月"

出版者将这段话印出来,无非是先给读者"打预防针",然后为自己"规避风险",免除自己的责任。这也是当时的惯常操作。

这本字典我用了好多年,现在仍静静地躺在我家的书柜里,偶尔还会翻一下。

四、怀念二外的读书时光

随着书越读越多,阅读范围越广,我的知识结构和思维方式发生了很大的变化,这为我日后在学术方面的发展打下了基础。更重要的是,书读多了就会有了自己的想法。独立思考的习惯渐渐养成。

如今我已离开二外多年,却依然十分怀念那时的读书时光——那是年轻时充满了渴望、痴迷、悸动,有时还会热血沸腾的读书时光。

那是一个物质和精神都十分匮乏的时代,但这并没有阻止我们将最单纯最干净的年华浸入到最优秀的书籍中。于不经意间,那些经典滋养了我们还在成长的身心。纯真年代毫无功利心的阅读,是最容易融化在年轻的血液、铭刻于人之一生的。那时读过的书,对我后来选择法律专业和从事的教学与学术研究产生了影响。书中那些曾经有过的美好与崇高,在我的生命中留下了鲜明的印记。

直到现在,脑海里经常浮现出这样的场景——晚上上完自习,和同学们一起走出教室或阅览室,穿过那条两旁都是梧桐树的小路走回宿舍。

这时,微风吹过,树叶簌簌作响。我们边走边聊着各自刚刚看过的书。聊得兴起,也会如此这般地谈理想,谈抱负,谈"天下兴亡匹夫有责"。

这时,皎洁的月光透过梧桐树的枝叶,在我们年轻的脸庞上跳跃。

……

也许是因为太怀念二外的读书时光,毕业时,我还清了从图书馆借的书,却带走了那张陪伴了我三年半的借书证——她是我自认为最有意义的纪念品。

好想有一天,再拿着这张借书证,到二外的图书馆借上一本书,或在阅览室里看上一本杂志,再和同学一起,走过那条两旁都是梧桐树的小路。

……

第三节　毕业之后

1977年2月我们从二外毕业之后不久，中国社会迎来了重大变革的时代。

我们离开二外，虽然对分配的工作并不满意，但无法改变只能去报到。少数同学通过各种关系改派或留在了北京或调换了分配的工作，大家都暂时安顿了下来。笔者则在"万般无奈"的情况下回到了我上学前的工厂，在工厂的子弟中学教英语。

1977年5月24日，还未正式复出的邓小平同志在同中央两位同志的谈话中，提出了"尊重知识，尊重人才"。他说："我们要实现现代化，关键是科学技术要能上去。发展科学技术，不抓教育不行。"[41]

这预示着教育改革的春天即将到来。

1977年7月16日，中共十届三中全会在北京召开，会议恢复了邓小平中共中央副主席、中共中央军委副主席等职务。第三次复出的邓小平自告奋勇去主管科技和教育工作。

紧接着他又采取了两大行动，一是推翻关于教育的"两个估计"[42]，二是"恢复高考"。这两项措施的出台，人心大顺，社会风气大变，也实际上最终宣告了"教育革命"的终结。[43]

41　《邓小平文选》（一九七五——一九八二年），北京：人民出版社，1983年7月，第37页。

42　"两个估计"出自1971年4-7月产生的《全国教育工作会议纪要》。写在第一节中的一个估计是："解放后17年……毛主席的无产阶级教育路线基本上没有得到贯彻执行"，"在教育战线上……资产阶级专了无产阶级的政"。另一个估计写在第二节第四条中"原有教师队伍……大多数……世界观基本是资产阶级的"。见周全华著：《"文化大革命"中的"教育革命"》，广州：广东教育出版社，1999年7月，第323页。另可参见余立主编：《中国高等教育史》（下册），上海：华东师范大学出版社，1994年4月，第95页。

43　周全华著：《"文化大革命"中的"教育革命"》，广州：广东教育出版社，1999年7月，第323页。

一、失落

1977年10月12日，国务院批转了教育部《关于1977年高等学校招生工作的意见》及《关于高等学校招收研究生的意见》[44]。文件规定的招生办法是自愿报名，统一考试。这一文件宣告了"工农兵学员"招生制度的终结。

由于1977年工农兵学员招生推迟，1976年入学的工农兵学员也就成了最后一届工农兵学员。

听到这一消息时，我已经在中学教了一个多学期的英语。这个文件给我带来的是好消息，因为可以考研究生了。这样不仅可以继续深造，还可以离开现在的工作单位。还真没想过工农兵学员的学历会意味着什么。

接下来的几天中，报纸、广播天天都是恢复高考的消息，周围的人也在谈论，很多朋友都在跃跃欲试。因为我在中学工作，很多朋友托我帮助找课本、参考书、考题，开始准备报名考试。

几天后的10月23日，《人民日报》头版刊登署名卞古的一篇评论文章——"文化考试很有必要"。该文章针对的就是"四人帮"在教育界完全取消文化考试的做法，称这是"一场灾难"：

"恢复文化考试，是这次改革招生办法的重要内容之一。自从'四人帮'炮制和吹捧'白卷英雄'张铁生以后，大中小学的文化考试，或者干脆取消了，或者名存实亡。'考不考，都升学'，'学不学，都毕业'。影响所及，在教育战线，确实是一场灾难。"[45]

文章中还举了一个例子说明不考试的后果。

"上海市革委会科技组对今年分配到上海科技系统的大学毕业生进行了一次考试。考题都是中学学过的基础知识。考试前还打了招

---

[44] 海天 肖炜：《我的大学 1970-1976——工农兵大学生》，北京：中国友谊出版公司，2009年5月，第233页。

[45] 卞古："文化考试很有必要"，载于《人民日报》，1977年10月23日，第一版。

呼,给了他们复习功课的时间。考试的结果,少数人成绩较好,多数都不理想。数学,不及格的占百分之六十八。物理,不及格的占百分之七十。化学,不及格的占百分之七十六。最使人吃惊的是,有些人甚至对自己所学专业的基本知识一个题也答不出,只能交白卷。

真是不考不知道,一考吓一跳。"[46]

很显然,文章中提到的"大学毕业生"指的就是工农兵学员。一个不争的事实是:从整体来讲,工农兵学员未经考试选拔入学,入学时对文化程度要求又低,在校期间整天搞政治运动,学术水平肯定存在问题。

社会上对工农兵学员水平的普遍质疑,随着高考制度的恢复,使得很多工农兵学员普遍感到了压力。他们由天之骄子突然成了新时代最失落的一群人。

很多年以后,有人写道:工农兵学员好像一下子就变得一钱不值了,以致很多人听到工农兵学员就想到"不学无术",都是到学校造反去的。然而这毕竟是时代的悲剧,不属于某一届工农兵学员,也不属于某一名工农兵学员。[47]不过,由此带来的一切后果最终要落在每个具体的个人头上。

二、考研

这种失落感也激发了一些像我一样的工农兵学员。必须要抓住机会,证明自己,将失落感看作是为争取更好的发展而努力的动力。

对于我们这些刚刚走出二外的工农兵学员来说,一方面,改革开放,急需外语人才,为我们英语专业的工农兵学员提供了发挥自己专长的机会;另一方面,高考的恢复给未经考试入学的工农兵学员也带来了不小的冲击。于是,那时还年轻又不安分的心再次躁动起来,决心为改变自己的命运再搏一把。

---

[46] 卞古:"文化考试很有必要",载于《人民日报》,1977年10月23日,第一版。

[47] 海天 肖炜:《我的大学 1970-1976——工农兵大学生》,北京:中国友谊出版公司,2009年5月,第242页。

机会很快就来了，1978年恢复研究生招生制度。同年12月召开的党的十一届三中全会决定中国开始实行对内改革、对外开放的政策。从此，改革开放的大幕拉开，中国人民进入了改革开放和社会主义现代化建设的新时期。

考研究生成了包括笔者在内的许多同学的选择。至于为什么要选择考研，同为工农兵学员的央视著名主持人敬一丹这样概括："1978年底告别短短两年校园时光，没读够，舍不得，不甘心。"[48]我们的理由基本和她是相同的。

具体说，主要的原因还是心中的那份失落与不甘。恢复高考后入学的大学生，成为新的时代宠儿，工农兵学员的社会地位一落千丈。这让我们越发不服，想要通过考研这种方式来证明自己。另外一个原因是始终存在的对追求知识的渴望。工农兵学员在上大学期间，真正用于专业学习的时间并不多，开门办学、政治运动、体力劳动等占去了大量的学习时间，这些造成了我们知识上的不足。现在就是要把失去的时间补回来。

经历了失败的挫折和不懈的努力后，笔者终于考上了北京大学法律学系（今法学院）国际法专业的硕士研究生。二外英语系同年级的同学中还有两位同学也考上了北大相同专业，一位读硕士；另一位在社科院新闻所取得硕士学位后又考入北大读博士。还有一位二外72级俄语专业的程国平同学也在北大攻读了国际法专业的硕士学位，他毕业后到外交部工作，2011年至2015年担任了外交部副部长。

除了在国内考研之外，读研还有一种渠道就是到国外读，前提条件是需通过申请学校对非英语国家留学生要求的英语水平考试，如美国大学要求的托福（TOEFL）[49]。这当然难不倒我们这些学英语专业的，一些同学通过自费或公派的方式到国外取得了硕士学位。

---

48 敬一丹："没读够，舍不得，不甘心"，载于敬一丹等著：《我 末代工农兵学员》，北京：长江出版传媒 长江文艺出版社，2017年5月版，第234页。

49 "托福"是"对非英语国家留学生的英语考试"（Test of English as a Foreign Language）英文缩写（TOEFL）的音译。

据笔者的不完全统计，我们年级 168 名同学中有 25 名同学取得了硕士或博士学位，占全年级总人数的 14.8%。根据国家科委的调查，工农兵学员中业务水平较高和工作能力较强的占 10% 到 15%。[50] 如果将取得硕士或博士学位看作是业务水平较高和工作能力较强的话，我们年级取得研究生学位的比率与科委的调查结果是吻合的。

据统计，1978 年恢复研究生招生后，最初的三届硕士研究生中 75% 出自工农兵学员。[51]

在选择考研专业的时候，因为外语是必考科目，很多同学选择以英语为报考的语种，再另外选择其他专业，而且尽量选择对英语成绩要求比较高的专业。这样的好处是："扬长避短"，充分发挥我们在外语上的优势。

以我报考的国际法专业为例，该专业对外语成绩要求较高。我们不管怎么说也是专门学了三年半英语的，不用复习一般也会比非专业的考得好。至于专业课，突击学一下还是有可能过录取分数线的。但对于非外语专业的考生，那个时候一般外语都是弱项，在短时间内提高外语成绩是很困难的，如：敬一丹考了三次，英语才过关[52]。尽管他们的专业课成绩可能会比我们高，但在外语上的差距足以让我们在总分上占据优势。我在校排球队的一位队友报考的是中国政法大学的刑法专业，她的俄语竟然考了 99 分。最后她以该专业考生总分第一的成绩得以录取。这样的"战术"使很多同学得以顺利录取。有两名考上会计学的同学运气更好，他们是在自己报考的专业没有录取的情况下被补录的，补录的条件就是要英语成绩好。

根据笔者的统计，同学们读研究生选择的专业是五花八门。我大

---

50 见赵荣：《一个特殊问题：知识分子问题》，贵阳：贵州人民出版社，1986 年 12 月版，第 309 页。另可见周全华著：《"文化大革命"中的"教育革命"》，广州：广东教育出版社，1999 年 7 月版，第 193 页。

51 见赵荣：《一个特殊问题：知识分子问题》，贵阳：贵州人民出版社，1986 年 12 月版，第 309 页。

52 如敬一丹写道："我很笨，英语很难。三进考场，1983 年才过了门槛。"见敬一丹："没读够，舍不得，不甘心"，载于敬一丹等著：《我 末代工农兵学员》，北京：长江出版传媒 长江文艺出版社，2017 年 5 月版，第 234 页。

致统计了一下就有：法学（国际法）、法学（JD）、经济学（农业经济）、英语教学（TESOI）、对外贸易、新闻学、人类学、会计学、科学史、哲学、教育学、医学、神学、MBA、EMBA，等等。

在取得硕士学位后，也有同学继续攻读了国内或国外的博士学位。笔者是在北大取得了硕士学位后又攻读了法学博士学位。二外的同学中，除笔者之外，还有三位同学取到了北大的博士学位，分别是法学、哲学和语言学。同样，英语成绩是我们被录取时必不可少的条件。不仅如此，我在读硕士和博士研究生期间，由于满足了北大对研究生外语的要求，英语课程都是免修。这样，我就可以腾出时间来补习专业课的不足。

当然，研究生毕业取得硕士学位对我们的直接结果是，摘掉了工农兵学员的帽子。

三、调动工作与出国

改革开放给我们带来的机遇还表现在工作调动方面。

在改革之前，我国单一的公有制经济确保了把所有的职工都纳入"单位制"之中。单位往往对人员流动有诸多限制，调动工作十分困难。笔者回到工厂教中学后，两次联系好了单位提出调动，但均未得到批准。工厂的领导明确告诉我，"想调走是不可能的，除非你自己考走。"后来，随着逐步鼓励和支持非公有制经济的发展，并且公有制经济本身也出现了实现形式的多样性，使得体制外出现了自由流动的自由，单位不再可能全面控制职工。

改革开放以后，随着劳动人事、社会保障、户籍等制度的改革，社会流动逐渐加剧。我国社会出现了前所未有的自由活动空间。外资企业、合资企业、个体经营企业出现，单位几乎不再有任何措施可以严格限制人员流动。从计划经济体制到社会主义市场经济体制的过渡，使得"单位制"的运行基础不复存在。[53]这就给想调换工作单位

---

[53] 参见：单位制（中国计划经济时期的单位制度）资料来源于百度百科（baidu.com），网址为：https://baike.baidu.com/item/单位制/5492020?fr=aladdin，访问时间 2023 年 6 月 19 日星期一。

的人带来了契机。

由于我们毕业分配工作的原则是"哪来哪去",使得一些回到原单位的同学没有合适的工作岗位。随着用人制度的改变,以及外语人才需求的增加,我们这些科班出身的外语人才也有了更多的用武之地。于是一些同学得以离开原来的单位,进入更能发挥他们外语特长的地方。

据笔者的了解,我们年级一起毕业的同学中,最终约90%以上的同学都离开了毕业时分配的单位。如留在二外的10位同学中,最后只剩下了3位,离开的同学或调离或出国或考研。回到部队的19位同学中最后只剩了2位,其余17人均转业到了地方。概括起来,我们同学后来工作的单位主要有:

1. 国家机关。如:外交部、外经贸部、司法部、国务院发展研究中心等。

2. 央企。如:中国技术进出口总公司、中国北方工业有限公司等。

3. 外企。我们同学中可能是改革开放后最早进入外企的一批人,如有同学很早就进了沃尔沃汽车公司;还有同学进入了麦当劳公司(McDonalds Corporation)。

4. 金融机构。如中国银行。

5. 国际组织。如国际民用航空组织、世界银行等。

6. 自己创业。有同学大胆地自己开始创业,有的办起了自己的旅游公司,有的成了名副其实的"个体户"。涂胜华同学1985年硕士研究生毕业后,从分配的单位新华社辞职,自己办了家信息咨询事务所(现为"北京月坛现实信息咨询事务所有限公司"),专门为国外的公司企业服务,成为北京市第一个硕士研究生"个体户"[54]。

由此看来,同学们后来的发展是与改革开放分不开的。

在改革开放后的出国大潮中,英语成了我们出国时得天独厚的

---

[54] 参见:"不寻常的个体户",文中提到:"一个硕士研究生怎么干起来信息咨询了呢?干个体户信息咨询在社会上站得住脚吗?"载于《北京晚报》,1987年10月9日。

条件。许多同学都得到了走出国门的机会,有的是单位派出学习或工作,有的是自费学习深造。出国开阔了眼界,增长了见识。

也有的同学最后选择了在国外定居。据笔者的统计,我们年级同学中定居国外的共有 39 人,占全体同学的 23.2%。定居的国家主要有:美国、加拿大、澳大利亚、英国、瑞士等国。

四、大普学历

1980 年 2 月,我国学位制度正式建立。关于工农兵学员的学历问题,时任教育部部长蒋南翔正式将所有的工农兵学员的学历定性为大专学历[55]。但蒋部长的宣布因为没有正式的文件下达,各单位如何认定工农兵学员的学历,做法似乎并不统一。根据笔者了解的情况,有的单位是按大学毕业执行。笔者当时所在的单位就是这样。但有的单位组织了工农兵学员的考试,及格的算"大专"学历,不及格的算肄业。一些有条件的单位还组织工农兵学员进行文化补习,补习后考试,考试合格后认定为大学毕业。

之所以采取这些做法是基于对工农兵学员水平的认识,即:工农兵学员除了少数佼佼者,大多未达到大学水平。据教育部估计,达到大专水平者充其量不足 20%[56]。应该说,这一比例相当低。

1981 年以后,随着恢复高考后进入大学学习的大学生纷纷毕业以及学位制度的施行,那段人才"青黄不接"的日子也逐渐趋于缓和,而工农兵学员在知识结构上的弱点逐渐显露出来。年龄的增长和生活压力的加大,使得我们中很多人的处境变得尴尬起来。

此时在学历问题上的差异还是显现出来。

笔者所工作的北京大学法律学系,有几位毕业留校的工农兵学员,留校时也从事教学工作。但 80 年代初以后他们逐渐被调整出了教学第一线,有的去了系资料室,有的做了教务员。这些岗位的人在

---

55 海天 肖炜:《我的大学 1970-1976——工农兵大学生》,北京:中国友谊出版公司,2009 年 5 月版,第 166 页。
56 见周全华著:《"文化大革命"中的"教育革命"》,广州:广东教育出版社,1999 年 7 月版,第 192 页。

高校里都属于行政教辅人员，而非教学科研人员。进入 90 年代后北大的讲台上已经难觅工农兵学员的身影了。

这种情况可能比较普遍。有同学告诉我，进入 90 年代后，北京的一些三甲医院内部规定，工农兵学员一般不得再搞临床。出路是调往辅助科室或改做行政，如不愿意那就请走人。这种做法与北大的做法类似，对于这些工农兵学员确实有些残忍。

工农兵学员学历问题的最终明确是在 1993 年。1993 年国家教育委员会和人事部联合下发教学厅字【93】4 号文件，明确规定 1970 年到 1976 年选拔入学的高等院校毕业生，毕业时学校颁发了毕业证书的工农兵学员，国家承认学历为"大学普通班"，简称"大普"[57]。

这时，距我们毕业已过去了 16 个年头，最后一届工农兵学员也已毕业 10 年有余。大多数工农兵已人到中年，在晋升、职称评定等方面的竞争中已没有了优势。生活上可能正承担着家庭的压力。

关于"大普"学历，笔者是 2000 年之后才知道的。因笔者是取得博士学位后留校任教的，早已摘掉了"工农兵学员"的帽子，职称待遇等都未受到影响。

从笔者了解的情况来看，整体上，"大普"学历的确定并没有结束工农兵学员的尴尬，反而使他们中很多人的处境更加艰难。多年之后老同学们相聚，提起"大普"学历很多同学仍然是愤愤不平。听得出，"大普"学历带给他们的有多少不平与无奈。他们有的在单位受到了歧视，有的在晋升、评定职称、工资、福利待遇上受到了影响。这种阴影可能一直伴随着他们直到退休，甚至影响着他们退休后的生活。

从轰轰烈烈到冷冷清清，从叱咤风云到平淡琐碎，从豪气干云到无可奈何，诸多形成强烈反差的形态，在后来的日子里，以未曾预想的方式出现在这些工农兵学员身上。而此时的他们已不再年轻。命运好像就是这样跟这些人开了个玩笑。许多人的命运中折射出个人命

---

57 转引自刘慧："中国高等教育的怪胎——工农兵学员探析"，山东大学硕士论文，2010 年 4 月，第 11、52 页。

运和国家命运的沉重。

本书写作过程中,笔者也了解到,在学历问题上,各个单位的执行并不相同,有的定为"大普"学历,有的按"大学毕业"。而且同学们的发展差距也很大,也有不少人转了行,做着跟英语完全无关的工作,他们的英语也忘得差不多了。这些同学在全年级中所占比例大约有 30%-40%左右。

现在,大家都已退休,多数人过着平平淡淡的退休生活。

第九章　我的反思

　　1966年"文革"开始后,中国的高等教育进入了一个特殊时期。先是全国高校停止招生4年,然后开始招收工农兵学员。从1970年到1976年,高等院校先后共招收七届工农兵学员总计940694人[1],他们成为特殊时期中国大学的特殊成员。

　　1976年粉碎"四人帮"以后,中国历史很快迎来了转折。

　　1977年10月12日,国务院批转了教育部《关于一九七七年高等学校招生工作的意见》,正式决定从当年起,改变"文化大革命"期间高校招生实行的"自愿报名、群众推荐、领导批准、学校复审"的做法,采取自愿报名、统一考试、择优录取的办法。这意味着从1970年起招收工农兵学员的制度寿终正寝。

　　工农兵学员制度虽然只存在了短短的7年,但它对教育和社会都产生了重要影响。其中带来的问题值得认真思考。

　　作为一名曾经的工农兵学员、那段历史的亲历者,如何评价自己经历过的那段历史,如果仅仅停留在个人的感性阶段是远远不够的,还必须从某一种意识形态中走出来,尽可能价值中立地审视过去,达到反思的高度,以获得超越的视野。[2]

　　笔者非常赞成金观涛老师这段话,并尝试对工农兵学员制度做出几点反思。

---

[1] 刘慧:"中国高等教育的怪胎——工农兵学员探析",山东大学硕士论文,2010年4月,第27页。

[2] 金观涛:"总序:世纪视野下的中华人民共和国史",载于卜伟华著:《"砸烂旧世界"——文化大革命的动乱与浩劫(1966-1968)》,香港中文大学当代中国文化研究中心,中文大学出版社,2008年,第XVI页。

第九章 我的反思

第一节 工农兵学员制度产生的渊源

"文化大革命"中所进行的"教育革命"是一个改革时间最长、也最有影响的领域。毛泽东关于"教育革命"的设想是其"文化大革命"理论中最富有想象力的部分,不仅表现有教育的指导思想、教育体制、教学原则上,而且表现在具体的课程、教学方法、招生和考试等方面,在所有这些方面,毛泽东都提出了大胆地改变现实的主张。[3]而工农兵学员制度正是这场"教育革命"的重要组成部分,集中体现了毛泽东的主张。

该制度被称为是"教育革命"的新生事物,其产生绝非偶然,其中包含着极其深刻的社会历史根源,说它是"文革"的产物,其实并不尽然。该制度的产生并非一朝一夕,一定有着比较深厚的历史和政治上的渊源。

接下来的问题是,工农兵学员制度产生的渊源是什么。这是本节的命题。

这里的"渊源"一词的笔者从国际法学理论中借来的一个词,其含义是指:"法律原则、规则和制度第一次出现的地方。"[4]本文中,"渊源"指的是工农兵学员制度最早出现的地方。

简言之,笔者要做的工作,即"追根溯源"。搞清它的来龙去脉,然后做出分析和评论。

中华人民共和国的教育通常分为三个不同的阶段,即:"文革"前十七年(1949-1966)、"文革"十年和结束文革之后、改革开放时期。其中第一阶段的"十七年教育",既是新中国教育的原型,又是"文革"否定、摧毁的目标。这三个不同时期似乎是断裂的,每一阶段都意味着对前一阶段的激烈否定和改造,但事实上这是一个大致

---

[3] 程晋宽著:《"教育革命"的历史考察:1966-1976》,福州:福建教育出版社,2001年8月版,第159页。

[4] 王铁崖主编:《国际法》,北京:法律出版社,1995年8月第1版,第10页。

连续的过程。5

因此，探索"文革"期间的工农兵学员制度的产生的渊源，还是要从"十七年教育"说起。这里讲的"十七年教育"，指的就是从1949年到1966年的教育。即共产党夺取政权后到文化大革命开始，这段时间共17年，一般称之为"十七年教育"。

一、教育中的"苏联模式"

谈到"十七年教育"，笔者首先要谈的是其中的"苏联模式"。

中国共产党夺取政权后，开启了向苏联学习的模式。这主要是由于中国革命的胜利是在苏联十月革命后30多年才取得的，所以苏联的经济、文化、教育、建设的经验对于中国来说有着重要的借鉴意义。

1949年6月30日，毛泽东在"论人民民主专政"中指出：

"我们必须克服困难，我们必须学会自己不懂的东西。我们必须向一切内行的人们学经济工作，拜他们做老师，恭恭敬敬地学，老老实实地学……苏联共产党是胜利了，在列宁和斯大林领导之下，他们不但会革命，也会建设。他们已经建立起来了一个伟大的光辉灿烂的社会主义国家。苏联共产党就是我们的最好的先生，我们必须向他们学习。"6

不仅在经济工作上向苏联学习，在外交上也确定了"一边倒"7

5　杨东平："新中国'十七年教育'的基本特征"，载于《清华大学教育研究》，第24卷第1期，2003年2月，第9页。

6　毛泽东："论人民民主专政"，《毛泽东选集》（第四卷），北京：人民出版社，1960年9月版，第1485-1486页。

7　1949年春、夏之间，毛泽东主席先后提出了"另起炉灶"、"打扫干净屋子再请客"和"一边倒"三条方针，这是根据中国的历史和现实以及当时的国际环境做出的重大决策。"一边倒"政策就是宣布新中国将倒向社会主义一边。1949年9月在北京召开的中国人民政治协商会议第一次会议通过的《中国人民政治协商会议共同纲领》不但规定了新中国外交的基本原则，而且规定了新中国外交的一些具体政策，包括把"另起炉灶"、"打扫干净屋子再请客"和"一边倒"三大决策法律化。见外交部网站：https://www.fmprc.gov.cn/web/ziliao_674904/wjs_674919/2159_674923/200011/t20001107_795

的外交政策，高等教育方面也开启了苏联模式。

1949年之后，为了维护新生政权的巩固，执政的共产党非常重视发挥教育为政治服务的功能。其在教育方面首要任务，是将教育作为巩固新政权、贯彻新的意识形态的工具，通过对知识文化系统的控制与改造，培养造就"无产阶级知识分子"[8]。

至于如何完成教育方面的首要任务，1949年之后的教育是以苏联为唯一样板的。

1949年12月，在第一次全国教育工作会议上提出的当时教育改革的方针是"以老解放区教育经验为基础，吸收旧教育有用的经验，借助苏联经验，建设新民主主义教育"[9]。"借助苏联经验"是当时教育改革中明确提到的一个方面。随着向苏联学习的原则确立，中国的教育开始了苏联模式。尤其是高等学校，从学制、教材、课程、方法等各个方面都按照苏联的模式进行了系统的全盘移植。

1950-1952年，中国政府发布了一系列教育行政命令，将学校教育的管理权乃至整个教育制度的控制权都按照苏联教育的模式进行了改造。这其中最重要的工作就是1952年全国高校进行的大规模的"院系调整"。

这次调整就是把民国时期效仿英式、美式构建的高校体系，按照苏联模式建立起了新的高等教育模式。例如，从1952年秋季起，大学从一年级起采用苏联教学计划和教学大纲。从1952年至1956年底，共出版了苏联高等学校教材译本1393种。[10]从此，中国的高等教育纳入了苏联式的高度集中计划和专才教育的模式。

0038. shtml，访问时间2024年4月8日。

8　杨东平："新中国'十七年教育'的基本特征"，载于《清华大学教育研究》，第24卷第1期，2003年2月，第9页。

9　《教育文献法令汇编》（1949-1952），北京：中华人民共和国教育部办公厅，1955年，第14页。转引自杨东平："新中国'十七年教育'的基本特征"，载于《清华大学教育研究》，第24卷第1期，2003年2月，第9页，注释1。

10　《人民日报》，1957年11月6日。转引自杨东平："新中国'十七年教育'的基本特征"，载于《清华大学教育研究》，第24卷第1期，2003年2月，第10页。

不仅如此，在苏联对中国的影响问题上，学者程晋宽在其著作中认为：

"苏联对中国的影响不局限于教育方面，中国共产党所采纳的社会主义和共产主义概念就直接来自苏联，中国教育结构的变化是在国家政治、经济和文化领域对苏联模式进行全方位借鉴的背景中展开的，也与更为广阔的社会结构是一致的，当中国社会的总体发展偏向苏联后，教育方面向苏联学习也是可以理解的。"[11]

这段话表明，在当时中国包括外交政策方面的基本政策采取了"一边倒"的原则，在各个方面都向苏联学习。在这种情况下，教育方面也向苏联学习也就是顺理成章的事了。这是由国家的大政方针决定的。

但到了1957年，苏联教育已经受到了各方面的批评。随着中苏关系的破裂，苏联教育在50年代末受到了官方的批判。尽管如此，其影响仍不能小觑。

1958年我国把"教育必须为无产阶级政治服务，必须与生产劳动相结合"作为党的教育工作方针，教育为政治服务得到了全面的体现。到了"文革"的教育革命中，关于教育与生产劳动相结合的思想是被作为毛泽东思想的活的表现，但没有注意到这一思想的苏联来源。实际上，中国1949年之后的许多教育方针、教育政策和教育原则，包括教育为政治服务、教育为工农服务、教育与生产劳动相结合等都可从苏联教育模式的影响中找到阴影。究其根源都可以追溯到苏联的影响上。[12]

这里有一个例子就是，1958年苏联教育改革的构想是：让所有中学生都做好参加劳动的准备，生产训练也被列入必修课中。而且每年升入苏联高等院校的新生，至少应有80%从那些中学毕业后劳动

---

[11] 程晋宽著：《"教育革命"的历史考察：1966-1976》，福州：福建教育出版社，2001年8月版，第117页。

[12] 程晋宽著：《"教育革命"的历史考察：1966-1976》，福州：福建教育出版社，2001年8月版，第118页。

过两年以上的人中招收。[13]这些在工农兵学员制度中都可以找到类似的做法。

正因如此,苏珊娜·佩珀在麦克法夸尔主编的《剑桥中华人民共和国史》中认为:"中国的新战略并未放弃苏联模式,更确切些说,是力图造成一种能让人接受的对苏联模式的适应性。"[14]

笔者认为这种观点是有道理的。

二、教育为无产阶级政治服务

1949年中华人民共和国成立之后,教育方针的表述虽然发生了几次变化,但本质都是相同的,教育都是为"无产阶级政治"服务,其中的"无产阶级政治"是指中国共产党的理论、路线、方针和政策等。[15]

"教育为无产阶级政治服务"方针的形成是中国共产党吸收了列宁主义的教育思想、老解放区和苏联的教育经验而逐渐形成的。在1962年之后教育方针开始强调为"阶级斗争服务"。

1957年2月,毛泽东在最高国务会议上做了"正确处理人民内部矛盾的问题"的讲话,提出了新的教育方针:"我们的教育方针,是使受教育者在德育、智育、体育几方面都得到发展,成为有社会主义觉悟的有文化的劳动者。"[16]

这里提出的学校教育的目标,是培养"有文化"的"劳动者"。"劳动者"的提法是与剥削者相对立的,它既包括体力劳动者,也包括脑力劳动者。还有一种意见认为,该提法是针对当时大量城市中小

---

13 转引自[美]R.麦克法考尔 费正清/编:《剑桥中华人民共和国史》(下卷 中国革命内部的革命 1966-1982年),北京:中国社会科学出版社,1992年8月版,第365页。
14 [美]R.麦克法考尔 费正清/编:《剑桥中华人民共和国史》(下卷 中国革命内部的革命 1966-1982年),北京:中国社会科学出版社,1992年8月版,第366页。
15 隋子辉:"'无产阶级政治'指导下的北京市中小学教育(1949—1966)",首都师范大学博士论文,2012年5月,第30页。
16 见毛泽东:"关于正确处理人民内部矛盾的问题"(节录),载于杨学为编:《高考文献》(上),北京:高等教育出版社,2003年7月版,第235页。

学毕业生升学困难，鼓励他们回乡务农而提出的。该教育方针表明了进入社会主义建设时期对教育工作的基本要求，具有鲜明的社会主义性质，是一个比较完整和具有影响的社会主义的教育方针。[17]

1958 年《中共中央、国务院关于教育工作的指示》中提出了一个新的教育方针，并正式将之确定为"党的教育工作方针"："党的教育工作方针，是教育为无产阶级的政治服务，教育与生产劳动相结合，为了实现这个方针，教育工作必须由党来领导。""今后的方向，是学校办工厂和农场，工厂和农业社办学校。"[18]

这一方针明确了：一是教育是为"无产阶级政治服务"；二是"教育与生产劳动相结合"；三是教育工作"必须由党来领导"。尤其是突出了党的领导，这一点有很强的针对性，导致了此后教育政治化的加速。更重要的是，在贯彻这一方针的实践中，它已与阶级斗争问题紧密地联系在一起了。

1958 年中共中央《关于教育工作的指示》和开展的教育革命，标志着一种有别于 50 年代照搬苏联模式的新的教育方针、教育路线的形成——在批判了"无产阶级教条主义"和"资产阶级教条主义"之后，毛泽东开始走自己的路。[19]

这一教育方针与毛泽东 1957 年提出的教育方针结合起来，作为统一的教育方针加以贯彻，这就是 1961 年的《教育部直属高等学校暂行工作条例（草案）》（即"高教六十条"）中提出的，"教育必须为无产阶级政治服务，必须同生产劳动相结合，使受教育者在德育、智育、体育几方面都得到发展，成为有社会主义觉悟的有文化的劳动

---

[17] 崔相录主编：《东方教育的崛起——毛泽东教育思想与中国教育 70 年》，郑州：河南教育出版社，1993 年，第 221 页。转引自隋子辉："'无产阶级政治'指导下的北京市中小学教育（1949—1966）"，首都师范大学博士论文，2012 年 5 月，第 34 页。

[18] "中共中央 国务院关于教育工作的指示"（一九五八年九月十九日），《人民日报》，1958 年 9 月 20 日，第一版。

[19] 杨东平："新中国'十七年教育'的基本特征"，载于《清华大学教育研究》，2003 年第 1 期，第 15 页。

者"。[20]虽然毛泽东在 1958 年的一次谈话中也提到过两个必须,但这次是以条例的形式下达文件。

这个方针是当时我国特殊的政治、经济、文化、教育形势的产物,尽管在某些方面是正确的,但在指导思想上却反映了明显的"左"倾观点和错误,在"以阶级斗争为纲"、片面突出政治的年代,在长期执行过程中产生了不良的影响,甚至给教育工作造成了损失。[21]

这一系列的操作,最终导致在"文革"中提出要把大学建成为"无产阶级专政的工具"。1975 年在《为使学校成为无产阶级专政的工具而奋斗》一文中公开申明"学校应当成为无产阶级专政的工具","要不要把社会主义觉悟放在首位,这是无产阶级教育同资产阶级和一切剥削阶级教育的分水岭。"[22]

如此一来,教育完全背离了教育教化陶冶、树人育人,传承和发展人类文明的功能和使命,彻底地被异化,与教育的本质背道而驰。[23]

三、教育与生产劳动相结合

工农兵学员这代人从小受的教育是"劳动光荣"。在中国传统文化中有着"劳心者治人,劳力者治于人","万般皆下品,唯有读书高"的旧观念,这就需要不断加强社会主义劳动教育,从而改变旧社会遗留下来的错误观念。这是没有问题的。

中华人民共和国成立之初,在具有宪法性质的《共同纲领》中将"爱劳动"列为国民公德的重要内容,但劳动教育还没有列入学校的具体教学计划之中。随着新中国教育事业的不断恢复和发展,中小学

---

20 见中华人民共和国教育部政府门户网站:http://www.moe.gov.cn/jyb_xwfb/moe_2082/zl_2019n//2019_zl69/201909/t20190916_399243.html,访问时间 2023 年 9 月 2 日
21 见网络资料:https://baike.baidu.com/item/教育方针/6148930?fr=ge_ala,访问时间 2024 年 4 月 14 日。
22 杨学为编:《高考文献》(上),高等教育出版社,2003 年版,第 681-682 页。
23 王智敏:"失落的十年——中国高等教育可吸取的基本教训",湖南师范大学硕士论文,2008 年 5 月,第 19 页。

的毕业生人数显著增多,但国家教育的发展程度还不能满足所有毕业生的升学要求。在这种情况下,毛泽东等中央领导人专门召开会议讨论教育工作,要求强调小学和初中毕业生积极参加生产劳动。[24]

通过劳动教育让学生懂得劳动的光荣与伟大,从而自觉树立起热爱劳动的良好习惯。这也是解决当时高小、初高中毕业生出路问题的有效办法。

此后,在1958的党的教育工作方针中,将"教育与生产劳动相结合"明确写入。1961年又加上了"必须"二字。至此,"教育必须与生产劳动相结合"与"教育必须为无产阶级政治服务"并列成为教育方针中的"两个必须"。

"教育与生产劳动相结合",原本是马克思主义教育学说的基本原理之一,但在中国的教育实践中,却采取了实用主义教育思想的一些具体做法,过分强调生产劳动,忽视了系统知识的学习。在认识上出现了错误的理解和执行上的偏差。

这种偏差表现在,不仅将"劳动"一般理解为"体力劳动",还从政治上赋予了"劳动"特殊的功能:强调学生参加体力劳动的重要性,认为学生只有通过下乡下厂参加劳动,通过实现自身的劳动化和工农化,才能彻底消除资产阶级的思想影响,成为社会主义事业合格的接班人。1964年8月19日,中共中央、国务院转发《高等学校毕业生劳动实习试行条例》,并指出:高等学校毕业生劳动实习制度是促使青年知识分子劳动化、革命化,提高社会主义觉悟,抵制资产阶级思想侵蚀,防止修正主义和教条主义的一项重大措施。……高等学校毕业生的劳动实习,必须以体力劳动为主。[25]

"劳动"还被认为是提高思想政治觉悟的有效方法。尤其是知识分子,通过参加生产劳动,可以树立正确的思想意识,提高政治觉悟,培养工农感情。这一点在1958年开始的"大跃进"中表现得尤

---

24 中央教育科学研究所:《中华人民共和国教育大事记(1949-1982)》,北京:教育科学出版社,1984年版,第77页。

25 转引自程晋宽著:《"教育革命"的历史考察:1966-1976》,福州:福建教育出版社,2001年8月版,第139页。

为突出。关于这一点,请参阅本书第一章,在此不再赘述。

这样一来,"教育与生产劳动相结合"的原则被赋予更广泛的意义。甚至将劳动作为一种惩罚的手段,以达到思想改造的目的。如在1957年的"反右"运动中,对右派分子实施劳动改造,等等。

虽然在1958年对学校片面强调"教育与生产劳动相结合"所导致的不良后果做过纠正,但由于"左"的思想的影响一直存在,而且教育与政治的关系问题一直未得到解决,到了"文革"时期,这种"左"的偏差以更大的力量反弹,出现在了工农兵学员制度中。其中的招生制度和"开门办学"就是这种反弹的突出表现。

工农兵学员的招生制度实行的是取消考试的"推荐制",其中把劳动实践作为重要招生条件。从现有的资料看,将"劳动实践"作为招生条件的过程大致如下。

1968年7月12日,在中央文革碰头会上,毛泽东在谈到大学教育问题时说:"我看还是从工人中选调大学生。做三四年工,再到学校学两三年,又有文化,又有经验。"[26] 这里提到的"做三四年工",显然指的是在工厂的劳动。

同年7月22日,在《人民日报》为调查报告"从上海机床厂看培养工程技术人员的道路"加的按语中,引用了毛泽东的话:"要从有实践经验的工人农民中选拔学生"。[27]这就是著名的"七·二一"指示。

9月10日,毛泽东在审阅姚文元送审的《人民日报》《红旗》杂志评论员文章《一个极其重要的问题》,并做了一些修改和批示,在批改内容中再次指出:"从有生产实践经验的工人、农民和解放军战士中选拔学生"。[28]

---

26 中共中央文献研究室编:《毛泽东年谱(1949-1976)》(第六卷),北京:中央文献出版社,2013年12月版,第172页。
27 "《人民日报》为调查报告《从上海机床厂看培养工程技术人员的道路》加的按语",载于杨学为编,《高考文献》(上),高等教育出版社,2003年版,第630页。
28 中共中央文献研究室编:《毛泽东年谱(1949-1976)》(第六卷),北京:中央文献出版社,2013年12月版,第194页。

随后，在实践中开始贯彻这一指示。为了执行"从有实践经验的工人、农民中选拔学生"，建立所谓的无产阶级教育新的体系，1970年6月，中共中央批转了《北京大学、清华大学招生（试点）的请示报告》[29]，在北京大学、清华大学具体的招生意见中，明确要求学生的条件之一就是"有实践经验"，而且"还要招收一些有丰富实践经验的工人、贫下中农，他们不受年龄和文化程度的限制"。此外，文件中还提道："从农村中招生，应注意招收那些有三年以上劳动锻炼，表现较好……的知识青年"。[30]

之后，北京大学、清华大学按照请示报告要求，开始招收工农兵学员。"有实践经验"措辞，也成为工农兵学员招生中的标准用语。

1973年高等学校的招生虽然强调了"文化考查"，但其他方面仍按照原来的招生办法，4月，国务院批转国务院科教组《关于高等学校一九七三年招生工作的意见》，该意见强调有两年以上实践经验，严格掌握政治条件，其中把"积极参加生产劳动"作为政治条件之一[31]。

1974年6月，国务院又批转了国务院科教组《关于1974年高等学校招生工作的请示报告》，其中进一步要求，要全面掌握学生入学条件的情况，"要无产阶级政治挂帅"，"坚持选拔具有两年以上实践经验的优秀工农兵入学"。[32]

此后的工农兵学员的招生办法，均按照该文件规定的原则执行。

29　"中共中央关于北京大学、清华大学招生（试点）的请示报告的批示"（1970年6月27日），载于杨学为编，《高考文献》（上），高等教育出版社，2003年版，第631-633页。

30　"北京大学、清华大学招生（试点）具体意见（修改稿）"（1970年5月27日），载于杨学为编，《高考文献》（上），高等教育出版社，2003年版，第633页。

31　"国务院批转国务院科教组《关于高等学校一九七三年招生工作的意见》"（1973年4月3日），载于杨学为编，《高考文献》（上），高等教育出版社，2003年版，第652页。

32　"国务院批转国务院科教组《关于一九七四年高等学校招生工作的请示报告》"（1974年6月15日），载于杨学为编，《高考文献》（上），高等教育出版社，2003年版，第676页。

在招生条件中使用的"实践经验"的措辞,实际就源自"生产劳动"。

刊登在 1973 年《教育革命通讯》上的文章"大学招生制度的根本变革"中称:"从有实践经验的工人农民中招生,这是大学招生制度的根本变革,是无产阶级文化大革命带来的一个重大成果。它为贯彻'教育必须为无产阶级政治服务,必须与生产劳动相结合'开拓了新的道路[33]。"

在 1966 年 6 月 13 日中共中央、国务院决定高校推迟半年招生后,7 月 24 日,中共中央、国务院又发出了"关于改革高等学校招生工作通知"[34]。在该通知中不仅认定"解放以来,高等学校招生考试办法,虽然不断地有所改进,但是基本上没有跳出资产阶级考试制度的框框"。而且提出了高校招生中的"推荐与选拔"办法。其中就包括"具有高中毕业或相当于高中毕业文化程度、<u>劳动两年以上的</u>(着重号为笔者所加——笔者注)工人、贫下中农、劳动青年,以及退伍军人、在职干部(包括中小学教师)、四清工作队员"。上述人员也采取推荐与选拔相结合的办法,选拔后"保送入学"。其中"劳动两年以上"是这类人员具备的一个条件。这一条件在工农兵学员的招生中逐渐演变为具有"两年以上的实践经验"。

根据笔者查到的资料,早在 1964 年"教育部关于一九六四年高等学校招考新生的规定"[35]中就出现过有关"体力劳动"的规定。该规定出现在外语考试的事项上:"外国语分俄语和英语两种,由考生任选一种。<u>参加过两年以上工农业生产和其他体力劳动的</u>(着重号为笔者所加——笔者注)知识青年、退伍士兵和在职人员(包括中小学

---

33 "大学招生制度的根本变革"(1973 年 8 月 11 日),原文载于《教育革命通讯》,转载于杨学为编,《高考文献》(上),高等教育出版社,2003 年版,第 663 页。

34 "中共中央、国务院关于改革高等学校招生工作的通知"(1966 年 7 月 24 日),载于杨学为编,《高考文献》(上),高等教育出版社,2003 年版,第 626-628 页。

35 "教育部关于一九六四年高等学校招考新生的规定"(1964 年 6 月 3 日),载于杨学为编,《高考文献》(上),高等教育出版社,2003 年版,第 512-513 页。

教师），报考文类专业的，可以申请免试外国语，但报考外国语专业的，不得免试。"

在1965年"高等教育部关于一九六五年高等学校招生工作的通知"[36]中，在该通知第二条第（二）款规定：

"对于经过一定实际锻炼的、政治思想好、具有高中毕业或相当于高中毕业文化程度的工人、贫下中农、<u>参加过两年以上工农业生产或其他体力劳动的</u>（着重号为笔者所加——笔者注）知识青年、退伍军人、在职人员（包括中小学教师），继续实行推荐与考试相结合的办法，由所属单位或所在人民公社负责推荐，参加全国统一招生考试，如果他们的学业和健康条件达到报考学校的最低要求，可以优先录取。"

以上资料表明，工农兵学员招生条件中的"有实践经验"的要求，并非从专业知识的角度考虑需要一定的实践经验，而实际指的就是"教育与生产劳动相结合"中的"劳动"。具体说，就是指的"工农业生产劳动"或"其他体力劳动"。

下面来谈谈工农兵学员制度中的"开门办学"。

1970年第8期《红旗》杂志发表了"为创办社会主义理工科大学而奋斗"[37]一文。文中指出，建立无产阶级教育新体制，绝不是简单的组织变动，而是为了全面贯彻教育与生产劳动相结合和教育为无产阶级服务的方针，因此，学校要紧密联系社会实际，实行开门办学，只有这样才能坚持正确的方向，进行反修防修。文章认为，开门办学，厂校挂钩，把大学办到社会上去，不仅改变了旧教育的与世隔绝，而且使知识分子更广泛地接触工农兵群众，从而接受再教育，改造世界观。

文章中认为，建立"无产阶级教育新体制"的目的，就是为了全

---

36 "高等教育部关于一九六五年高等学校招生工作的通知"（1965年6月9日），载于杨学为编，《高考文献》（上），高等教育出版社，2003年版，第545-552页。

37 驻清华大学工人、解放军宣传队："为创办社会主义理工科大学而奋斗"，《红旗》，1970年第8期。

面贯彻落实"教育与生产劳动相结合"。而开门办学就是改变旧制度的方式。此后,开门办学成为工农兵学员教学体制中的主要内容。

1971年《全国教育工作会议纪要》中提道:"建立教学、生产劳动、科学研究三结合的新体制。教育同三大革命实践结合,应以厂(社)校挂钩为主,多种形式,开门办学。"[38]该文件肯定了开门办学的形式,这种形式一直持续到工农兵学员制度的终结。

所谓的开门办学,其实就是要求学生参加体力劳动,到农村开门办学就是干农活儿,到工厂开门办学就是下车间劳动。在实践过程中往往过分强调教育与生产劳动相结合,不惜用开门办学占用正常的教学时间,所造成的结果是,忽视了基本理论的学习,轻视知识,干扰了正常的课堂教学。

由于错误地强调学生参加体力劳动的重要性,将教育与生产劳动相结合片面理解为教育加劳动,而且劳动越多越好,越艰苦越好。认为只有参加体力劳动才能消除资产阶级思想的影响,成为合格的接班人。

如此过分地强调政治考量,用"以劳动代学习"取代学校正常的教学计划,导致的结果只能是在教育实践中经历严重挫折。

四、高校招生政策中的阶级路线

高校招收工农兵学员的做法并不是一朝一夕就形成的,实际上在1949年之后高校招生就执行了一条明确的阶级路线。这从建国初期的高等学校"向工农开门"的政策中就已经开始尝试了,只不过具体做法与后来有所不同。

在1949年12月召开的第一次全国教育工作会议和第一次全国高等教育会议强调的方针是:教育为工农服务,高等学校为工农开门。在这次会议上,时任教育部长的马叙伦在大会的开幕词中指出:

"我们的社会教育毫无疑义的应以工农为主体外,我们的小学

---

38 杨学为编,《高考文献》(上),北京:高等教育出版社,2003年7月第一版,第641页。

校应该多多地吸收工农的子女,我们的中学校和大学校,也应该有计划有步骤地为工农青年大大开门,以便大量地培养工农出身的新型知识分子,作为我们国家建设的新的坚强骨干。这是中国新教育建设的工程中具有头等重要意义的工作,我们应该首先努力促其实现。"[39]

由此可见,"向工农开门"在建国初期已成为我国高校的招生政策。现在的中国人民大学就是在中华人民共和国成立后不久,以吸收工农干部为主,学习苏联经验,加强马列主义理论学习,培养国家建设干部而建立的新型学校。

在"教育部关于高等学校一九五〇年度暑期招考新生的规定"中,对录取标准做了特别说明:"具有下列条件之一者,考试成绩虽稍差,得从宽录取:有三年以上工龄的产业工人;参加工作三年以上的革命干部及革命军人;兄弟民族学生;华侨学生;……。"[40]

此后,政府有关部门又陆续通过了一系列优惠规定,以扩大工农进入高校的机会。其中包括对工农干部、革命军人和产业工人采取优先录取、降低分数线、免考外语、加分、选送等方式。

当时,不仅高等学校要为工农开门,中学也是如此。做法是办工农速成中学。当时要解决的问题是为多年参加革命斗争的青年和成年工农干部提高文化水平。先将他们的文化水平提高到中学程度,再升入大学学习。

1953年高校招生规定,速中毕业生、革命干部、产业工人考试成绩达到所报系科录取标准者优先录取。这样一来,这些人在高校招生中就享有了一般考生没有的优先权。于是,高校中工农子女、革命干部所占比例逐年增加,而以速成方法难以给学生打下扎实的知识

---

[39] "在全国教育工作会议上的开幕词"(节录)(1949年12月23日),载于杨学为编:《高考文献》(上),北京:高等教育出版社,2003年7月版,第2页。

[40] "教育部关于高等学校一九五〇年度暑期招考新生的规定"(1950年5月26日),载于杨学为编:《高考文献》(上),北京:高等教育出版社,2003年7月版,第4页。

基础。于是，教育部、高等教育部在 1955 年 7 月联合发出通知：自 1955 年秋季起工农速成中学停止招生。

但直到 1958 年，高校招生仍然对"工农速成中学毕业生、工农干部和参加革命工作时间较久的老干部、优秀的高中毕业生等，经审查认为符合条件的，……可以采取保送入学的办法。"[41]

在 1958 年 7 月 3 日《人民日报》发表了一篇题为"加强党的领导做好高等学校招生工作"的社论中指出：

"高等学校招生，还要注意贯彻阶级路线。目前，高等学校在校学生中的工农成分学生的比重，只占在校学生总人数的三分之一左右。这和社会主义国家的性质以及我国工农群众在全国人口中占 80%以上的情况是不相适应的。这种不合理的状况，必须逐步加以改变。……教育部规定了对于政治、业务条件都好的工人、农民、工农速成中学毕业生、工农干部和参加革命工作时间较久的老干部等，采取免试保送入学和优先录取的办法。这个规定是必要的、合理的。……那些轻视劳动人民，歧视工农学生的资产阶级观点是错误的，应该进行批判。"[42]

同一天《光明日报》《文汇报》等报纸都发表了社论，支持在招生工作中"要纠正重业务轻政治的倾向，要贯彻阶级路线"[43]，认为"对于工农学生可以采取保送入学或优先录取等办法"。"这是我国高等学校招考新生的一项重大改革，也是一件十分令人振奋的事情"[44]。

---

41 "教育部关于工农速成中学毕业生、工人、农民、工农干部和老干部以及优秀的高中毕业生保送入学的通知"（1958 年 6 月 17 日），载于杨学为编：《高考文献》（上），北京：高等教育出版社，2003 年 7 月版，第 314 页。

42 "加强党的领导做好高等学校招生工作"，《人民日报》社论，1958 年 7 月 3 日，载于杨学为编：《高考文献》（上），北京：高等教育出版社，2003 年 7 月版，第 329-330 页。

43 "作好高等学校的招生工作"，《光明日报》社论，1958 年 7 月 3 日，载于杨学为编：《高考文献》（上），北京：高等教育出版社，2003 年 7 月版，第 332 页。

44 "欢迎今年的高校招生规定"，《文汇报》社论，1958 年 7 月 3 日，载于杨学为编:《高考文献》（上），北京:高等教育出版社，2003 年 7 月版，第 333 页。

这样一来，高校招生中的"阶级路线"得到了彻底的贯彻。1959年虽然停止试行保送优秀高中毕业生免试入学的办法，但对于工农和工农干部却继续实行选送报考和优先录取的办法。[45]这种做法表明，在高校招生中，政府一直实行的是给予工农、革命干部优惠的政策。

这种政策的另一表现是高校招生中的政治审查制度。

1949年新政府建立后，1950年普通高校招生开始实施高考政治审查制度。当时政审主要是对考生的家庭出身、直系亲属和主要社会关系的政治情况进行审查，对考生本人的政治表现、品德情况进行考查。[46]

1953年，高教部第一次发出了关于报考高等学校学生的政治审查问题的通知，要求各招生委员会成立人事组，对考生政治情况"作适当的审查"。

1955年高教、教育、公安、内务等部6月4日发出通知，正式发布《关于高等学校招生进行政治审查的规定》：由所在单位了解情况，提出初步意见；由招生委员会进行政治审查。政审标准经修改后报国务院批准。重要专业、军事国防工业、外交性质的学校，单独制定了标准。

政治审查制度将所谓"地主、富农和反动官吏等剥削阶级家庭出身"的考生排除在高等学校的大门之外，虽然有过一些纠正，但在"阶级路线"的要求下，仍然没有根本的改变。

政审制度是与专业密级规定合在一起执行的。高校招生专业分为"一般、机密、绝密"三种。随着密级的提高对家庭成分的要求也越来越高，所有剥削阶级家庭出身的考生一律不能进入各机密专业。因此，政审和专业密级的规定大大限制了剥削阶级家庭出身的子女进入高校接受教育。

45　杨学为编：《高考文献》(上)，北京：高等教育出版社，2003年7月版，第340页。
46　网络资料，网址为 https://zhidao.baidu.com/question/19052030343480 22180.html，访问时间2024年4月27日。

对哪些考生不予录取，在1958年"高等学校录取新生的政治审查标准"中有具体的规定：

"曾被判刑、被管制或依法被剥夺政治权利的分子；反革命分子或坏分子；有现行反革命活动嫌疑的分子；政治历史复杂，尚未弄清的分子；品质作风恶劣的分子；直系亲戚被我处死，没有证明已确实划清界限的；直系亲戚因政治问题被判处徒刑、管制或直系亲戚在资本主义国家、台湾、香港、澳门等地从事反革命活动，本人没有划清思想界限的；直系亲戚中有反革命、反党、反社会主义分子，本人没有划清界限的；亲密的社会关系因政治问题被我处死、判刑、管制，或在资本主义国家、台湾、香港、澳门等地从事反革命活动，本人没有划清思想界限的；地主、富农、反动官吏等剥削阶级家庭出身，没有划清思想界限，表现落后的。"47

上述规定后来逐渐形成了对于地（主）、富（农）、反（革命）、坏（分子）、右（派），即所谓"黑五类"子女不予录取的政策，又加上有"海外关系"的不予录取的做法。这样一来，到1966年"文革"开始时，通过执行阶级路线，用政治干预的方式，将这些人挡在了大学之外。相反，工农和干部子女获得了更多地进入高校学习的机会。

1966年"文革"开始，在确定高校推迟招生后的7月24日，中共中央、国务院发出"关于改革高等学校招生工作的通知"，其中强调：

"高等学校选拔新生，必须坚持政治第一的原则。应该贯彻执行党的阶级路线，对于工人、贫下中农、革命干部、革命军人、革命烈士子女以及其他劳动人民的子女，凡是合乎条件的，应该优先选拔升入高等学校。至于剥削阶级家庭出身的应届高中毕业生，一定要经过严格审查，对于那些在政治上确实表现好的，也允许挑选适当数量的人升入高等学校。"48

---

47 笔者未查到该文件原文。转引自董美英："教育机会均等视阈下重点高校大学生来源的历史研究"，华东师范大学博士论文，2009年，第51页。
48 "中共中央、国务院关于改革高等学校招生工作的通知"（1966年7月24

1966年高等学校招生工作座谈会参考材料中,公布的一组数字清楚地证明了这一点:

"为了向工农开门,多录取工人、贫下中农及其子女入学,改变知识分子队伍的面貌,培养和造就无产阶级革命接班人,招生工作注意了贯彻阶级路线。高等学校学生中工农成分学生的比重逐年有所增长。1953年工农家庭出身和本人是工农成分的新生,仅占新生总数的27.39%,1958年上升为55.28%,1965年又上升为71.2%。剥削阶级家庭出身的学生比重逐年下降。1958年剥削阶级家庭出身的新生,占新生总数的16.9%,1965年下降为6.1%。"[49]

这组数字清楚地表明了高校招收的新生中工农成分的变化。工农家庭出身和本人是工农的比重逐年增加,而剥削阶级家庭出身的学生比重逐年下降。这"一增一降"的原因就是贯彻了阶级路线。而这种做法到了招收工农兵学员时更是发挥到了极致。

需要注意的是,"文革"前17年的招生制度是学业成绩和政治质量间争斗的时期,时而强调学业成绩,时而强调政治质量。而"文革"时期高校招生制度则走向政治挂帅。[50]

到1970年恢复高校招生时规定的学生条件是:

"政治思想好。在三大革命运动中,特别是在近四年无产阶级文化大革命中,能活学活用毛泽东思想,突出无产阶级政治,密切联系群众,有阶级斗争和路线斗争觉悟。要贯彻党的阶级路线,既反对忽视成分,又要反对唯成分论,要重在表现。"[51]

日),杨学为编:《高考文献》(上),北京:高等教育出版社,2003年7月版,第627页。
49 "高等学校统一招生工作结束(修订稿)(1966年9月21日)",杨学为编:《高考文献》(上),北京:高等教育出版社,2003年7月版,第572页。
50 董美英:"教育机会均等视阈下重点高校大学生来源的历史研究",华东师范大学博士论文,2009年,第80-81页。
51 "北京大学、清华大学招生(试点)具体意见(修改稿)"(1970年5月27日),杨学为编:《高考文献》(上),北京:高等教育出版社,2003年7月版,第632页。

这种"既……又要"的句式表现的正是在当时的情况下高校的一种尴尬、无奈的处境。在当时的政治环境下，人们很自然地将家庭出身作为推荐上大学的一个硬性条件。

从笔者了解的情况看，在工农兵学员招生中对阶级路线的规定仍然得到了坚决的贯彻执行。虽然后来提出了一个"可以教育好的子女"的补充方案，但仍然未能从根本上解决问题。

工农兵学员的招生制度，强调政治挂帅的结果是，把绝大部分"黑五类"子女挡在了大学之外；两年以上的实践经验，把应届毕业生挡在了大学之外。强调政治条件和实践经验，其目的是为出身于工人、贫下中农、革命干部等所谓的"红五类"子女进入大学提供更多的机会。

1948年12月10日联合国大会通过的《世界人权宣言》第26条第1款指出："人人都有受教育的权利，教育应当免费，至少在初级和基本阶段应如此。初级教育应属义务性质。技术和职业教育应普遍设立。高等教育应根据成绩而对一切人平等开放。"在该文件中，"受教育权"被确认为是一项人权。而高等教育应"根据成绩"，"对一切人平等开放"。这是受教育权作为一项基本人权所决定的。

《世界人权宣言》是有关人权问题的第一个国际文件，为日后国际人权领域的发展及人权条约的制订奠定了基础。虽然它是以联合国大会决议的形式通过的，并不具有法律上的拘束力，但其包含的习惯国际法规则却是具有法律上的效力的。

值得一提的是，在9人组成的《世界人权宣言》起草委员会中有一位中国人——张彭春（Peng-chun Chang）[52]。他在整个起草过程中发挥了重要作用。

---

52 张彭春（1892年4月22日～1957年7月19日）(Peng-chun Chang)，字仲述，出生于天津，中国近代教育家、早期话剧（新剧）活动家、导演、外交家。哥伦比亚大学文学硕士、教育学硕士、哲学博士。南开大学教授。1940年起，正式担任国民政府外交官。1946年联合国大会期间任联合国经济社会理事会中国代表。1947年7月任联合国安理会中国代表。1948年任联合国人权委员会副主席，参与起草《世界人权宣言》。资料来源"百度百科"：https://baike.baidu.com/ item/张彭春/3021686，访问时间2024年6月9日。

可在1949年之后的中国，有多少人知道《世界人权宣言》呢？

但1954年9月20日第一届第一次全国人民代表大会通过的《中华人民共和国宪法》（即"54宪法"），以1949年的《共同纲领》为基础，又对《共同纲领》有所发展。在54宪法第94条规定："中华人民共和国公民有受教育的权利。国家设立并且逐步扩大各种学校和其他文化教育机关，以保证人民享受这种权利。国家特别关怀青年体力和智力的发展。"[53]从该条款看，将"受教育权"作为一种公民的基本权利，规定在宪法中，还是相当不错的。问题是，执行情况如何呢？

还值得一提的是，正当中国热火朝天地搞"文化大革命"的1966年，联合国大会通过了两项重要的人权条约，即：《经济社会文化权利国际公约》（简称A公约）[54]和《公民权利与政治权利国际公约》（简称B公约）[55]。这两个条约与《世界人权宣言》一起被称为"国际人权宪章"，是当代国际人权法的基本文件。

在A公约中关于受教育权在第13条是这样规定的："人人有受教育的权利。……教育应鼓励人的个性和尊严的充分发展，加强对人权和基本自由的尊重，……高等教育应根据成绩，以一切适当方法，

53　转引自余立主编：《中国高等教育史》（下册），上海：华东师范大学出版社，1994年4月第一版，第9页。

54　《经济社会文化权利国际公约》，由联合国大会1966年12月16日第2200A(XXI)号决议通过，于1976年1月3日生效。原始作准中文本作"公民及政治权利国际盟约"；2002年1月联合国应中国政府建议，将"盟约"一词改为"公约"。详见北京大学法学院人权与人道法研究中心网站，网址：http://www.hrhl.pku.edu.cn/rqwj/lhgrqwj/9262.htm，访问时间2024年5月1日。

55　《公民权利与政治权利国际公约》，由联合国大会1966年12月16日第2200A(XXI)号决议通过。1976年3月23日生效。原始作准中文本作"公民及政治权利国际盟约"；2002年1月联合国应中国政府建议，将"盟约"一词改为"公约"。详见北京大学法学院人权与人道法研究中心网站，网址为：http://www.hrhl.pku.edu.cn/rqwj/lhgrqwj/9263.htm，访问时间2024年5月1日。1998年10月5日，中国常驻联合国代表秦华孙大使在联合国总部代表中国政府签署了《公民权利和政治权利国际公约》。但至今尚未批准。详见外交部网站，网址为：http://russiaembassy.fmprc.gov.cn/ziliao_674904/wjs_674919/2159_674923/200011/t20001107_7950，访问时间2024年5月1日。

对一切人平等开放"。

当这两项公约通过时,国内没见有什么报道。人们对其中的内容更是闻所未闻。当今天中国已成为《经济社会文化权利公约》的缔约国时[56],我们回过头来看看我们以前的做法,是否应该有所反思呢。

可喜的是,高校招生中的"阶级路线"今天已经不复存在,政审制度从 1977 年恢复高考以来,就不断放宽高考政审条件,这被认为是高考制度的进步,我国于 1999 年实施的《高等教育法》第九条明确规定:"公民依法享有接受高等教育的权利。"[57]

可以说,这是一种进步。也是中国政府履行《经济社会文化权利公约》的一个实例。

五、培养无产阶级革命事业接班人

绝大多数"50 后"都会唱一首歌——"我们是共产主义接班人"。笔者至今仍然记得上初中时参加"十一"国庆节游行的情景,那时我们正是唱着这首歌经过天安门城楼,接受党和国家领导人的检阅。那种虚幻的使命感和自豪感让我们这些还戴着红领巾的"接班人"们陶醉其中。

防止"和平演变"和培养革命事业接班人,是毛泽东在 50 年代末、60 年代初提出的。从 1958 年开始,中苏关系逐渐恶化。到 1960 年年初,中苏两党的分歧进一步加剧,论战进一步公开。从 1963 年 9 月到 1964 年 7 月,以《人民日报》和《红旗》杂志编辑部的名义,相继发表了 9 篇评苏共中央公开信的文章,点名批判"赫鲁晓夫修正主义"。这就是著名的"九评"[58]。其核心主张就是:反对"修正主

---

[56] 中国政府于 1997 年 10 月 27 日签署《经济社会文化权利国际公约》,并于 2001 年 2 月 28 日批准该公约,并完成了条约缔结程序,成为公约的缔约国。详见 https://www.gov.cn/gongbao/content/2001/content_60701.htm,访问时间 2024 年 5 月 1 日。

[57] 网络资料 https://zhidao.baidu.com/question/1905203034348022180.html,访问时间 2024 年 4 月 27 日。

[58] "九评"又称"九评苏共中央公开信"。它批判的对象就是 1963 年 7 月 14 日苏共中央《给苏联各级党组织和全体共产党员的公开信》。毛泽东从 1963 年

义",防止"和平演变"。

1964年2月毛泽东发表了春节谈话,就教育问题做出了一系列指示。于是,防止"和平演变""反修防修"的一系列运动开展起来,教育领域也被席卷其中。在这种背景下,毛泽东于1964年正式提出了"培养革命事业接班人"的问题[59],使得本已从八届十中全会后日益加强的阶级和阶级斗争意识更加强化。

1964年以后我国的教育目标明确提出是"培养无产阶级事业的接班人"。因为要完成这一使命,教育具有不可推卸的责任。

1964年,在毛泽东亲自主持撰写的"九评苏共中央的公开信"中提出:"毛泽东同志提出为了保证我们的党和国家不改变颜色,我们不仅需要正确的路线和政策,而且需要培养和造就千百万无产阶级革命事业的接班人。"接着,毛泽东提出了接班人的五个条件。[60]

这五个条件是:

1. 他们必须是真正的马克思列宁主义者,……

2. 他们必须是全心全意为中国和世界的绝大多数人服务的革命者,……

3. 他们必须是能够团结绝大多数人一道工作的无产阶级政治家。

4. 他们必须是党的民主集中制的模范执行者,必须学会'从群众中来,到群众中去'的领导方法,必须养成善于听取群众意见的民主作风。

5. 他们必须谦虚谨慎,戒骄戒躁,富于自我批评精神,勇于改

9月6日至1964年7月14日亲自主持撰写了9篇评论苏共中央《公开信》的文章,指名批判赫鲁晓夫的修正主义。《九评》的发表表明毛泽东已作好了与苏共决裂的准备,不再有什么忌讳了。参见李瑗《试述<九评>与中苏论战》,载于《理论学刊》,2008年第4期。资料来源于百度百科,网址为: https://baike.baidu.com/item//中共九评苏共/14584206?fr=aladdin,访问时间2023年8月15日。

59 薄一波著:《若干重大决策与事件的回顾》(下卷),北京:中共中央党校出版社,1993年6月第1版,第1157页。

60 "关于赫鲁晓夫的假共产主义及其在世界历史上的教训——九评苏共中央的公开信",载于《人民日报》,1964年7月14日。

正自己工作中的缺点和错误。

这五个条件的提出不是作为组织部门进行工作的方针政策和选拔干部的标准,而首先是作为对青少年的一种公开和直接的召唤。毛泽东的号召,很快就从社会、共青团、学校等各条渠道渗入到青少年群体之中,结果对政治家要求的这五个条件同时成了对青年学生的政治要求。[61]当笔者还是个初中生的时候,就知道这五个条件。

再看一下这五个条件,都是政治、思想和品德上的笼统标准,而没有能力和文化知识方面的要求,其导向使得学生容易忽视文化知识,而只追求思想上的革命化、政治觉悟的提高[62]。回想起来当年笔者作为一个刚走进中学的懵懂少年,就开始投入到阶级斗争和意识形态领域的斗争中,满脑子被灌输了与年龄不相符的阶级斗争理论。在这种"左"的思想的指导下,教育陷入了以"阶级斗争为纲"的错误中。以至于"文革"开始后,无数青少年就被当成了"革命小将",以红卫兵的不良形象充当了"文革"的急先锋。

当年的"九评"等文章,是发动"文革"的理论利器,那种攻其一点、不及其余、盛气凌人、横扫千军如卷席的文风;那种不容商量、不容讨论、唯我独左、唯我独革的思维,包括笔者在内的一代人都深受影响。

在1964年毛泽东正式提出接班人的问题之后,高校的招生工作直接跟"培养接班人"联系在了一起。据笔者查到的教育部下发的文件中提到"接班人"问题的有:

1. 1964年4月11日《教育部、公安部、内务部、关于对一九六四年报考高等学校的考生进行政治审查的通知》中称:"高等学校招生的政治审查工作,直接关系到国家培养什么样的接班人的问题,因此必须做好。"[63]

---

[61] 米鹤都著:《心路:透视共和国同龄人》,北京:中央文献出版社,2011年8月第1版,第58页。
[62] 隋子辉:"'无产阶级政治'指导下的北京市中小学教育(1949—1966)",首都师范大学博士论文,2012年5月,第35页。
[63] 《教育部、公安部、内务部、关于对一九六四年报考高等学校的考生进行政

2. 1964年5月4日"中共中央、国务院批转教育部临时党组《关于克服中小学学生负担过重现象和提高教学质量的报告》"。该报告中称：克服中小学学生负担过重的现象和片面追求升学的思想，"是关系到办什么样的学校，培养什么样的人的重大问题，是关系到培养坚强的有文化的劳动的革命后代、发展国家科学文化的根本大计，必须引起各级党委和政府的足够重视"。[64]

3. 1964年5月20日"中共中央批转高教部党组《关于改进高等学校招生工作的请示报告》"。该报告在指出："为了培养又红又专的无产阶级革命事业的接班人，高等学校的招收学生，应该进一步贯彻阶级路线和政治与学业兼顾的原则，严肃认真地挑选政治思想好、学业成绩好、身体健康的学生入学。"[65]

4. 1964年10月31日"高教部党组关于一九六四年高等学校招生工作情况简报"总结了1964年高校招生工作，指出："为了进一步贯彻……教育方针，培养又红又专的革命事业的接班人，今年高等学校招生，进一步贯彻了阶级路线，在保证政治质量的前提下，兼顾了新生的学业成绩和健康条件。"[66]

以上资料表明，从1964年开始高校招生与培养接班人就联系在了一起。

1975年北大、清华大批判组在一篇文章中就提道：

"由于他们（指工农兵学员——笔者注）有三大革命运动的实践经验，无论学文科，还是学理工科，理解能力和实践能力都比较强。

治审查的通知》（1964年4月11日），载于杨学为编：《高考文献》（上），北京：高等教育出版社，2003年7月版，第481页。

[64] "中共中央、国务院批转教育部临时党组《关于克服中小学学生负担过重现象和提高教学质量的报告》"（1964年5月4日），载于杨学为编：《高考文献》（上），北京：高等教育出版社，2003年7月版，第482页。

[65] "中共中央批转高教部党组《关于改进高等学校招生工作的请示报告》"（1964年5月20日），载于杨学为编：《高考文献》（上），北京：高等教育出版社，2003年7月版，第488页。

[66] "高教部党组关于一九六四年高等学校招生工作情况的简报"（1964年10月31日），载于杨学为编：《高考文献》（上），北京：高等教育出版社，2003年7月版，第522页。

他们上大学，管大学，用马列主义、毛泽东思想改造大学，成为教育革命的一支生力军。这是过去那种从家门到校门，从小学、中学到大学的学生根本做不到的。我们深深感到，只有坚持从工农兵中招生，才能使培养无产阶级革命事业接班人从阶级路线上得到保证。"[67]

从这篇文章中可以看到，从工农兵中招收大学生的制度已经明确地与"培养无产阶级革命事业接班人"联系在了一起。而且将"从工农兵中招生"上升到了"阶级路线"的高度——是为培养革命接班人从阶级路线上提供了保证。这与从1964年高校招生的目的几乎是相同的，同样明显超出了教育承载的内容。

后来成为工农兵学员的这代人，在他们很小的时候就开始接受政治性很强的革命教育，被作为"共产主义接班人"来培养。"文革"中发生的"教育革命"是当时的历史条件造成的，是一种对社会理想的追求，是想实现一种理想化了的教育。[68]

而在"十七年教育"中突出的矛盾，如政治与教育的关系、党与知识分子的关系问题，在某种程度上在"文革"中大爆发，并以粗暴、荒诞的方式突显了这一新中国教育内在的基本矛盾。[69]

以上研究表明，工农兵学员制度的产生是与"十七年教育"分不开的。虽然"文革"中的教育革命以否定"十七年教育"开始，但从根本上讲，"文革"中的教育与"十七年教育"是一个连续的过程，二者不可分割。因此，本文在探讨该制度产生的渊源时，主要考查的是与"十七年教育"有关的渊源。

笔者认为，1949年之后在教育领域的一系列操作：从教育中的"苏联模式"；"招生中贯彻的阶级路线政策"；"教育必须为无产阶级政治服务"；"教育必须与生产劳动相结合"，到"培养无产阶级革命

---

[67] 北京大学、清华大学大批判组："教育革命的方向不容篡改"，《北京大学学报（哲学社会科学版）》，1975年第6期，（原载《红旗》杂志一九七五年第十二期），第4页。

[68] 程晋宽著：《"教育革命"的历史考察：1966-1976》，福州：福建教育出版社，2001年8月版，"序"第1页。

[69] 杨东平："新中国'十七年教育'的基本特征"，载于《清华大学教育研究》，2003年第1期，第16页。

事业接班人",使得教育只强调为政治服务的方向。最终导致的结果就是"左"的错误冲击了教育本身,而这种结果在"文革"期间发展到了极致,工农兵学员制度只是其中的集中体现。因此,以上内容可以确定为工农兵学员制度的渊源。

正是由于以上几项渊源的合力,再加上当时的政治环境和背景促成了工农兵学员制度的产生。

该制度的产生肯定还有其他的渊源,但上述几项不容忽视。

第二节　如何评价工农兵学员制度

高等院校招收工农兵学员是从 1970 年开始的,这种招生制度取消了自 1949 年建立的"全国统一招生、统一考试"的高考制度,采取了"群众推荐、领导批准、学校复审"的"12 字办法"。在 1971 年又加上了"自愿报名",变成了"自愿报名、群众推荐、领导批准、学校复审"的"16 字办法"。这种无须经过文化考试的录取方法,被称为"推荐制"。

本节中笔者拟结合本人在二外学习的亲身感受,对该制度的主要内容做出几点评价。

一、工农兵学员制度的主要内容

这里先对工农兵学员制度的内容做一简单的总结。

工农兵学员制度的主要内容最早出现在 1970 年 5 月 27 日"北京大学、清华大学招生(试点)具体意见(修改稿)"[70](以下简称"意见")中。它是《中共中央关于北京大学、清华大学招生(试点)的请示报告的批示》(1970 年 6 月 27 日)的附件二。

该意见共八条,涵盖了高校招生中从"培养目标"到"分配原则"过程中的所有内容。

1. 关于"培养目标",该意见重申了毛泽东关于党的教育方针的教导,强调了"培养高举毛泽东思想伟大红旗,无限忠于毛主席、无限忠于毛泽东思想、无限忠于毛主席的革命路线的全心全意为社会主义革命和社会主义建设服务的有文化科学理论,又有实践经验的劳动者。"与之前提出的教育方针相比,这里增加的是"文革"中的标志性语言"三忠于、三无限"。

---

[70] "北京大学、清华大学招生(试点)具体意见(修改稿)"(1970 年 5 月 27 日),载于杨学为编:《高考文献》(上),北京:高等教育出版社,2003 年 7 月版,第 632-633 页。

最后要求这些人是"劳动者"。其特点是"有文化科学理论，又有实践经验"。

2. 关于"学制"和学习内容。一种学制是 2-3 年，另一种是 1 年左右的进修班。"学习内容"强调的是毛主席的教导以及毛主席的著作、招生时间和名额主要是根据北大和清华两所学校规定的。

3. 该意见中引人关注的是"学生条件"。

关于"学生条件"的规定如下：

"政治思想好。在三大革命运动中，特别是在近四年无产阶级文化大革命中，能活学活用毛泽东思想，突出无产阶级政治，密切联系群众，有阶级斗争和路线斗争觉悟。

要贯彻党的阶级路线，既反对忽视成分，又要反对唯成分论，要重在表现。"[71]

这里的首要条件仍然是"政治条件"，"要贯彻党的阶级路线"，即要看学生的家庭出身。不过加上了一个"既（要）……又要"的句型。这种提法其实是一种"点缀"，实践中意义并不大。

其次是"实践经验"方面的条件。要求"具有 3 年以上实践经验"（从 1971 年起调整为 2 年——笔者注）；对文化程度的要求是："相当于初中以上文化程度"。

4. "招生办法"同样是一条引人关注的规定。

该意见中明确规定："废除修正主义的招生考试制度，实行群众推荐、领导批准和学校复审相结合的办法。"后来又增加了"自愿报名"，扩大为"自愿报名、群众推荐、领导批准、学校复审"十六个字。此后，这十六个字成为工农兵学员招生制度中始终贯彻执行的招生办法。

5. 学生待遇的规定表明对工农兵学员实行的是人民助学金制度。

---

[71] "北京大学、清华大学招生（试点）具体意见（修改稿）"（1970 年 5 月 27 日），载于杨学为编：《高考文献》(上)，北京：高等教育出版社，2003 年 7 月版，第 632 页。

该意见最后确定了工农兵学员毕业后的"分配原则":"原则上回原单位、原地区工作,也要有一部分根据国家需要统一分配。"

自 1970 年之后,工农兵学员制度没有太大的改变。实质上的修改主要是在 1973 年,主要是强调了文化考查。

综上所述,工农兵学员制度的核心内容是用"推荐制"取代以前用考试选拔大学生的办法,推荐中的政治标准成为选拔大学生的首要条件。

二、关于招生中的"学生条件"和"推荐制"

什么样的人可以招收为工农兵学员呢?该意见在"学生条件"中规定的三个条件依次是:政治条件、实践经验(3 年)、文化程度(相当于初中以上)。其中"政治条件"毫无疑问地排在第一位,而文化程度排在第三。

对文化程度的忽视还不止于此,招生办法中明确了"废除修正主义的招生考试制度,实行群众推荐、领导批准和学校复审相结合的办法。"。这才是"推荐制"的关键——取消文化考试。招生中对文化程度的要求是"相当于初中以上",但同时又规定:"有丰富实践经验的工人、贫下中农,不受年龄和文化程度的限制。"这样一来,关于文化程度的要求基本就是形同虚设。一方面取消文化考试,另一方面又给予某些人文化程度的"豁免权"。1973 年的招生中好不容易强调了"文化考查",结果却被"一张白卷"弄得狼狈收场。

为什么要取消考试?因为要"废除修正主义的招生考试制度",这种制度曾经把广大的工人和农民挡在了大学的校门之外。

"推荐制"的目的是要通过为普通的工人和农民创造更大的受教育的机会,以便产生出新型的工农知识分子,以此改变资产阶级知识分子统治学校的现象。其考虑是基于这样的假象:受过常规教育的工人、农民甚至革命干部子弟,可与其他人一样容易进入知识精英之列。[72]其实谁都明白,为什么"推荐"而不考试,还是因为文化水平

---

72 [美]R.麦克法夸尔 费正清编:《剑桥中华人民共和国史》(下卷)(中国革命

不行，一考试就"现出原形"了。

明知不行，为什么还要这样做？其来源，如1958年6月《教育部关于工农速成中学毕业生、工人、农民、工农干部和老干部以及优秀的高中毕业生保送入学的通知》中提到的：

"为了使高等学校招生能够更好地贯彻阶级路线、保证新生的政治质量、对于工农速成中学和参加革命工作时间较久的老干部、优秀的高中毕业生等，经审查认为符合条件的，在今年的招生工作中可以采取保送入学的办法。""工农速成中学毕业生免试直升高等学校的条件，应该是：政治、健康条件符合标准；学业条件，以能够跟班上课为原则。"[73]

该文件说得很清楚，这样做的目的是"使高等学校招生能够更好地贯彻阶级路线、保证新生的政治质量"。为了这一目的，就可以不经考试"保送入学"，条件是"能够跟班上课为原则"。这样就大大降低了高校入学的文化标准。

据此，政治条件就名正言顺地在招收工农兵学员的"推荐制"中成为首要的录取条件。而"政治条件"是个无法准确定位、缺乏客观标准、有着非常大的主观判断的特征。往往是掌握着权力，有关系的人的子女或亲属能够比较容易得到上大学的机会。因此，采用"推荐制"后，"走后门"现象频频出现，以至于在1972年5月1日中共中央专门下发了《关于杜绝高等学校招生工作中"走后门"现象的通知》[74]。从该通知列举的"走后门"的多种现象看，当时这种情况已经相当严重。

这种"推荐制"不按照教育规律办事，不注意教育质量，强调政

内部的革命 1966-1982年)，北京：中国社会科学出版社，1992年8月版，第576页。

73 《教育部关于工农速成中学毕业生、工人、农民、工农干部和老干部以及优秀的高中毕业生保送入学的通知》(1958年6月17日)，载于杨学为编：《高考文献》(上)，北京：高等教育出版社，2003年版，第314页。

74 《中共中央关于杜绝高等学校招生工作中"走后门"现象的通知》(1972年5月1日)，载于杨学为编：《高考文献》(上)，北京：高等教育出版社，2003年版，第646页。

治、阶级斗争，工农兵学员"上、管、改"的"革命模式"，逐渐在高校形成凌驾于学术水平之上的"政治标准"。

从工农兵中"推荐"招收大学生还有一种考虑就是要改变在"文革"前工农子女在高考的竞争中处于不利地位的问题，实现所谓的"社会公正"。其目的是建立结构和内容上更为平等的高等教育，不仅为工人和农民创造更大的受教育机会，而且产生出新型的工农知识分子，以改变资产阶级知识分子统治学校的现象。

工农兵学员中确实有许多来自普通工人、贫下中农等劳动家庭的子女，他们可能因倾斜的政策获得了上大学的机会，但这种表面的"社会公正"是以付出沉重的社会代价为条件的。由于废除了文化考试，入学者大多不具备接受高等教育的文化基础，这就使得他们难以完成大学的学业，白白浪费了高等教育的资源。同时，将一些同代人中的精英拒之于大学门外，牺牲掉他们进大学深造的机会。这是另一种社会不公，以保护一些人的权利为由，实际上侵害了另一些人的权利。

关于"实践经验"的规定，目的就是把应届的高中毕业生排除在大学之外。要求他们先到工厂、农村、部队中去锻炼，取得社会经验后再来上学。这或许是政策制订者的一种理想，却忽略了知识的连贯性和学科的差别。并不否认有的学科在积累了一定的实践经验后再进入大学可能是更佳的时间，但并不是所有的学科都是如此。也许考虑到3年的实践时间过长，1972年的招生中将3年改为2年。

值得注意的是，周恩来、邓小平都主张从应届高中毕业生中直接招生。周恩来在1972年和美籍物理学家谈话时就讲要从应届高中毕业生中直接招收大学生。邓小平也说：

"为什么要直接招生呢？道理很简单，就是不能中断学习的连续性。十八岁到二十岁正是学习的最好时期。过去我和外宾也讲过，中学毕业后劳动两年如何如何好。实践证明，劳动两年以后，原来学的东西丢掉了一半，浪费了时间。采取直接招生的办法，并不是不要劳动,劳动可以在中小学就注意。"[75]

另外,"推荐制"强调"政治条件",忽视了文化知识,实际上造成了对知识分子的打击,冲击了正规的教育。"文革"中,知识分子成为革命的对象、改造的对象。在那个"知识越多越反动"的时代,知识分子无法发挥他们的才干,这种情况造成的结果只能是教育受到冲击,科学技术方面与世界先进水平的差距越拉越大。

"推荐制"招生的后果是,学生文化程度参差不齐,达不到大学要求,降低了大学的入学门槛。入学标准的降低使得未达到高等学校入学条件的人入学,如果入学后再不好好学习,最后的结果一定是无法培养出符合要求的人才。遗憾的是,工农兵学员的培养制度正是这样的结果。

在"文革"的十年内乱中,我国的高等教育,从理论到实践,从精神到物质,从干部到教师都受到极为严重的损害,是遭受破坏、摧残的一个"重灾区"。[76]

三、关于"学制""学习内容"和"开门办学"

"文革"期间的高等学校从学制到学习内容呈现的特点就是缩短学制,压缩课程内容,压缩课时。学习内容上突出无产阶级政治、突出生产劳动,取消基础理论、取消基础知识。

1. 关于学制

一句"学制要缩短",短短五个字使得大学由原来的 4 年-6 年的学制,改为 2 年或 3 年制,相当于过去的专科。入学对象由高中毕业生改为相当初中文化即可。即便如此,有些学生实际水平只有小学,因此这样的大学生不得不在大学里补习中学课程。笔者所在的二外 73 级的学制为"三年半",其中的"半年"明确规定就是"文化补

---

75 邓小平:"教育战线的拨乱反正问题",载于《邓小平文选》(第二卷),北京:人民出版社,1994 年 10 月第 2 版,第 67-68 页。
76 余立主编:《中国高等教育史》(下册),上海:华东师范大学出版社,1994 年 4 月第一版,第 86 页。

习"时间。补习的就是中学课程。

因此，有人认为，"教育革命"没培养一个本科生。研究生制度则废除了。[77]这种说法未免有些武断，但"文革"期间的高校培养的工农兵学员从整体上看，专业水平不高是个不争的事实。

实际上工农兵学员在校学习期间，各种形式的"开门办学"和频繁的政治运动，大大压缩了他们在学校正常的学习时间，将原本应该进行的系统的专业基础教育弄得支离破碎。据笔者的统计，二外英语系73级在校学习的时间应该是三年半，但实际上至少有三分之一的时间是在校外"开门办学"。如果再加上搞政治运动和在校劳动的时间，在校学习的时间还要再减少。

2.关于学习内容

"文革"期间，高等学校的学习内容方面普遍呈现出政治化和劳动化的特征。

与政治的关系是工农兵学员那一代人中不可避免的情结。因为那是一个政治与个人的生存紧紧地捆绑在一起的时代。政治无形中渗透到个人生活的几乎所有方面，当然包括在大学里学习的所有课程中。

在1970年6月北京大学、清华大学《关于招生（试点）的请示报告》中，关于"学习内容"是这样规定的：

"遵照毛主席'以学为主，兼学别样，即不但要学文，也要学工、学农、学军，也要批判资产阶级'的教导，紧密结合三大革命运动实践，设置：以毛主席著作作为基本教材的政治课；实行教学、科研、生产三结合的业务课；以备战为内容的军事体育课。文、理、工各科都要参加生产劳动。"[78]

---

77 周全华："'文化大革命'中的'教育革命'"，中共中央党校博士论文，1997年，第77页。
78 "北京大学、清华大学招生（试点）具体意见（修改稿）"（1970年5月27日），载于杨学为编：《高考文献》(上)，北京：高等教育出版社，2003年7月版，第632页。

据此，高校要上的是三类课程：政治课、业务课和军事体育课。如，山东大学在贯彻中共中央批转的上述北大、清华的请示报告中关于课程设置的指示时，要求所有专业都以政治课为主导，占总课时的30%以上。[79]

我们到二外后，政治课占去了大量的学习时间，学习内容如："辩证唯物主义与历史唯物论"；还有结合政治运动的学习，如："中国历史上的儒法斗争""批林批孔"；学习材料更多的是："马克思、恩格斯、列宁、斯大林、毛主席论辩证唯物论和历史唯物论著作选读"、《毛主席语录》。根据笔者保存的原始资料，政治课是学年课程，一年35周，共140个学时，平均每周4课时。

当时除了政治课理所当然地要学习政治外，还要求所有课程都以政治为主导。如汉语课上学毛泽东的文章和诗词，马克思、列宁的文章；世界历史课上学"科学共产主义的诞生"，马克思的《共产党宣言》。在专业英语的课程中，我们还学过英文版的"无产阶级专政下继续革命的理论"。这样的学习基本上是形式上的意义，与专业知识的关系并不明确。

驻清华大学工人、解放军毛泽东思想宣传队的一篇文章中写道："坚持把政治教育作为一切教育的中心"，培养工农兵学员，必须坚持以阶级斗争为主课，坚持理论与实践的统一。"政治思想领域的阶级斗争是绝不会停止的，社会上的阶级斗争必然要反映到工农兵的队伍中来。"[80]

从这里可以看到，当时"政治教育"已经成为一切教育的中心，而且培养工农兵学员，必须以"阶级斗争为主课"。这里虽然指的是理工科大学，但实际上文科大学亦如此，只不过根据学科的特点方式略有不同罢了。

当时在文科大学怎么办的讨论中，两个主题日益突出，一个是

---

79 刘慧："中国高等教育的怪胎——工农兵学员探析"，山东大学硕士论文，2010年4月，第43页。

80 驻清华大学工人、解放军毛泽东思想宣传队："为创办社会主义理工科大学而奋斗"，《红旗》杂志，1970年第8期，第3-4页。

文科大学要"搞革命大批判";另一个是文科大学要"以社会为工厂"。[81]

1970年1月8日,《解放日报》发表了"文科就是要办成写作组"的文章,提出"工农兵写作组才是社会主义文科大学的好样子"[82],要求将文科大学的专业系科分工、教学计划、教学方法和培养目标统统推倒,按"批判资产阶级"的"战斗任务"把文科大学办成写作组。

1970年第1期的《红旗》杂志上刊登了上海市革命大批判写作小组的文章:"文科大学一定要搞革命大批判"。文章指出:

"革命大批判既是社会主义文科大学的基本任务,又是当前改造旧文科大学迫切的战斗任务"。"我们不是一般地反对上课,将来新的文科大学也要上一些课,也需要编一些教材。但是,这一切都必须结合革命大批判。不搞好革命大批判,那是既上不好课,也编不好教材。"[83]

1971年第6期《红旗》杂志又发表了一篇调查报告:"用革命大批判改造文科大学",提出:"文科以社会为工厂的经验,总起来说,就是以革命大批判带动教学"[84]。后来又进一步精简为"结合战斗任务教学"。这样一来,文科教育已经名存实亡,被所谓的"大批判"所取代。写文章都是写大批判稿,有句话形容当时的文章就是:"小报抄大报,大报抄'梁效'"[85]。这种抄来抄去,只会抄报纸的文章,毫无学术价值可言,只能配合政治声讨。

---

[81] 王智敏:"失落的十年——中国高等教育可吸取的基本教训",湖南师范大学硕士学位论文,2008年5月,第33页。
[82] 《解放日报》编辑部:"文科就是要办成写作组",《解放日报》,1970年1月8日。
[83] 上海革命大批判写作小组:"文科大学一定要搞革命大批判",《红旗》,1970年第1期,第46、47页。
[84] 中国共产党复旦大学委员会:"用革命大批判改造文科大学——复旦大学'五·七'文科试点班的调查报告",《红旗》,1971年第6期,第70页。
[85] "梁效",即1973年成立的"北大、清华"两校大批判组的笔名。取自"两校"二字的谐音。

这一点也体现了笔者入学后的学习特点：以极"左"的政治性统帅所有的课程，削弱专业知识的学习，大批判更是贯穿了我们后来三年学习的始终。

由此可见，我们在二外的学习中，课程"政治化"的特征表现得很明显。为了能够更多地学习专业英语，提高英语水平，老师和同学们想到了一种"两全其美"的办法。我们用英语搞大批判，请老师用英语做"批林批孔"的讲座，自己创办英语的"开门办学"刊物，学习英语的《毛主席语录》和英语的《毛泽东选集》。

这种做法其实是为了避免被扣上"不突出政治"的大帽子，而做出的一种无奈的选择。

但这种办法对专业知识的提高又有多少益处，确实是个问题。

3.关于开门办学

"开门办学"是对"文革"期间高校教学体制改革的高度概括，它是"教育革命"的引申和发展，被看作是"教育革命"中的"新生事物"，是实现教育与生产劳动相结合的重要途径。

具体到文科，就是"文科要把整个社会作为自己的工厂"。而且"以社会为工厂是文科的一场大革命"，"以社会为工厂，才能坚持坚定正确的政治方向，才能做到理论和实际的统一"，"以社会为工厂，才能改造与建设教师队伍"。[86]

由此可见，开门办学、以社会为工厂是对文科和理科的共同要求，但比较起来，它们对文科的影响似乎更大更多。这不仅因为文科所涉及的内容往往具有阶级的性质，因为它被认为是"三脱离"最严重的学科，而且还因为当时有一种相当流行的看法，文科的大部分内容都可以通过直接的社会实践学到，所以它对大学的依赖性最小。[87]于是，开门办学就成了文科的"必修课"。

---

[86] 北京大学工人、解放军毛泽东思想宣传队："文科要把整个社会作为自己的工厂"，载于《人民日报》，1971年6月19日。

[87] 郑谦著，《被"革命"的教育——"文化大革命"中的"教育革命"》，北京：中国青年出版社，1999年1月版，第139页。

据北京市委教育革命调查组的调查,"一九七四年北京各大学共有六万五千多人次到工厂、农村、部队,学工、学农、学军,开门办学取得了很大成绩。"[88]

就全国来看,各个高校都组织工农兵学员进行了开门办学。如同济大学各系师生"大约有 1/3 的时间在工厂、工地直接参加实践。"[89]中山医学院 1971 年初入学的 268 名学员,下乡开门办学时间占 40%[90];清华大学工业自动化系赴天津开门办学小分队,从事的是与专业实践不相干的生产劳动。[91]

笔者在二外学习期间,两年中经历了 4 次"开门办学",共计 22 周。平均每学期有三分之一的时间是在学工、学农或学军。"开门办学"的内容除了政治学习外,就是劳动和军事训练。学工就是和工人一起下车间劳动,学农就是在农村干农活儿,学军就是在部队军训,包括队列训练、练习射击瞄准。工厂、农村和军营无法为学生提供一个安定的、适当的学习环境,更谈不上教学质量了。

由于是英语专业,每次开门办学与专业搭上关系的方法就是,在农村学习一些与农业有关的词汇;学工则学一些与工厂有关的内容;学军就学一些军事用语。这种貌似与实践有关的内容真正与英语专业的关系就很难说了。

除了开门办学外,校内劳动也是必不可少的。我们入学后,在某种程度上也是学校不花钱的劳动力。在校期间,我们为食堂挖过白菜窖,修过学校的马路,平整过操场,搭过地震棚。这些劳动有的是在课余时间进行的,但也有个别情况占用的是教学时间。

在这种情况下,专业知识的学习成为可有可无的事情。频繁的

---

88 中国共产党北京市委员会教育革命调查组:"继续改革大学教育——北京市的调查报告",载于《红旗》,1975 年第 5 期,第 81 页。
89 "同济大学工农兵学员在批林批孔运动中发挥主力军作用",载于《文汇报》,1974 年 3 月 28 日。
90 "中山医学院 1973 级工农兵大学生毕业质量调查",载于《光明日报》,1974 年 3 月 12 日。
91 "开门办学必须全心全意依靠工人阶级",载于《光明日报》,1974 年 1 月 27 日。

"开门办学"的结果是严重冲击了正常的教学秩序,本来应该进行的课堂教学大打折扣。学习时间无法得到保障,学习质量也无法保证。

综上所述,政治化、劳动化的学习内容、教材和教法,频繁的"开门办学",使得当时高校的教学工作基本陷于无计划状态。在此,笔者根据自己保存的原始资料,做了个简单的统计,从中可以计算出我们在三年半的学习中专业知识的学习时间。

开门办学占去了1/3的学习时间(33%),政治课大约占去了学习时间的1/9(11%),两项相加占去了在校正常教学的44%的时间。如果再加上平时的劳动和结合政治运动的学习,正常的教学时间能剩下一半就已经不错了。

正常的教学时间都保证不了,教学质量更是无从谈起。说出来可能读者都不会相信,我们在二外学习的三年半时间里,学习的所有课程竟然从未进行过考试——一次都没有。考试制度几乎取消,教学质量无法得到检验。

不按照教育规律进行教学,没有注意学科理论的内在联系和系统性。基础课、专业基础课、专业课没有区分,毕业没有论文,这种违反教育基本规律的做法造成的危害是可想而知的。

总体上看,"开门办学"是"左倾"思想的产物,它是毛泽东关于理论与实践关系思想的真实而极端化的表现,它把实践的决定作用等同于人们必须事事直接经验,从而否认书本知识和学校课堂教学的重要性。[92]所起到的作用只能是对教育的破坏。

四、高等学校职能的异化

讨论高等学校职能的异化问题之前先看看什么是高校的职能。

从百度上查到的资料如下:

"高等学校职能是指高等学校为适应社会分工与社会发展需要所承担的社会任务。一般认为现代高等学校具有三种职能:培养专门

---

[92] 王智敏:"失落的十年——中国高等教育可吸取的基本教训",湖南师范大学硕士学位论文,2008年5月,第45页。

人才，发展科学知识，为社会服务。与之相对应的工作是教学与教育、科学研究、多种形式的社会工作。培养专门人才是由高等学校的本质所决定的，是与高等学校共生的本体职能，并随着社会的发展而不断变化、提高。"[93]

根据这一概述，高校的职能可以简单概况为：培养人才，发展科学、为社会服务这三大职能。当然这是现在的解释。那么在1949年之后到"文革"是如何定位高校的职能的呢？

一所大学的职能一般会在其《大学章程》中规定。但笔者尚未查到国内高校1949年之后的《大学章程》，只查到在20世纪50年代，北京大学曾参考《苏联喀山大学章程》制订过《北京大学章程》，但仅为草案，并未实施。不过政府主管教育的部门对此还是有过讨论的。

1950年6月，教育部召开了第一次全国高等教育会议。会议讨论了改造高等教育的方针和新中国高等教育的建设方向。会议指出，新中国高等教育必须以理论与实际相一致的方法，培养具有高度文化水平的、掌握现代科学和技术成就的，全心全意为人民服务的、高级的国家建设人才。其制度、内容、方法各方面，都必须密切适应国家政治、经济、文化、国防建设，首先是经济建设的需要。高等教育必须进行系统的基本的科学理论知识的教育，必须进行科学研究工作，不断提高教师和学生的水平，以便掌握现代科学和技术的最新成就。[94]

从以上表述来看，这次会议确定了以下内容：高等教育是要培养高级人才的；这些人才要有高度文化水平、掌握现代科学技术，密切适应经济建设的需要；而且强调高等教育必须进行科研工作。这几项内容与现在的高等教育的职能是吻合的。

紧接着在接管了旧的高等学校后，新生的政府立即废除了原来

93　见网络资料 https://baike.baidu.com/item/高等学校职能/22559165?fr=ge_ala，访问时间2024年4月22日。

94　余立主编：《中国高等教育史》（下册），上海：华东师范大学出版社，1994年4月第一版，第10页。

所开设的国民党党义、公民等课程及训导制度，开始开设马克思主义列宁主义的政治理论课程。1951 年确定开设新民主主义论、政治经济学、辩证唯物论和历史唯物论等课程，为全国高等学校共同必修课程。[95]与此同时进行的是知识分子的思想改造。

从 1951 年开始，政府对高校的学制、课程改革和领导体制等进行了一系列的改革工作。1952 年开始进行了全国范围内高校的院系调整。1956 年我国社会主义改造基本完成以后，开始转入全面的大规模的社会主义建设阶段。

但是在"左"的思想影响下，我国高等教育出现了很大的失误。

1957 年反右斗争扩大化，将大批师生错划为右派分子。

1958 年是大跃进的第一年，也是"教育大革命"的第一年。9 月 19 日中共中央、国务院发布了《关于教育工作的指示》，提出了党的教育工作方针"是教育为无产阶级政治服务，教育与生产劳动相结合"。

该《指示》还提出：大鸣、大放、大字报、大辩论应当成为中等以上学校"普遍和经常的方法"，提出"必须把生产劳动列为正式课程，每个学生必须依照规定参加一定时间的劳动"。甚至提出要在 15 年左右时间内普及高等教育。[96]

由于国民经济的严重困难和"教育大革命"中"左"的错误所产生的严重后果，从 1961 年开始，我国高等教育事业根据"调整、巩固、充实、提高"的方针进行了全面的调整。1961 年 3 月教育部经过调查研究，草拟了《教育部直属高等学校暂行工作条例（草案）》（简称"高教六十条"）。

同年 9 月，中共中央原则上批准了该文件。《高教六十条》规定了高等学校的方针、任务和政策：高等学校的基本任务是，贯彻党的教育方针，培养为社会主义建设所需要的各种专门人才；高等学校必

---

[95] 余立主编：《中国高等教育史》（下册），上海：华东师范大学出版社，1994 年 4 月第 1 版，第 20 页。

[96] 资料来源：https://upimg.baike.so.com/doc/7878113-8152208.html，访问时间 2024 年 5 月 5 日。

须以教学为主,努力提高教学质量,对参加社会活动和生产劳动应作适当的安排,但不宜过多;在教学中,必须发挥教师的主导作用;科学研究工作,必须坚持"双百"方针;高等学校实行党委领导下的以校长为首的校务委员会负责制等。[97]

该条例在某种程度上修正了 1958 年"教育大革命"的失误,缓解了党和知识分子的紧张关系,高校的工作秩序得到恢复,对逐步形成中国特点的社会主义教育事业的方针政策和具体制度,起了重要作用。

但就是这样一个明显带有"左倾"思想的文件,在"文革"期间却遭到了严厉批判。不是批它"左",而是批它不够"左"。1966 年 8 月 1 日,《人民日报》刊发社论:"全国都应该成为毛泽东思想的大学校——纪念中国人民解放军建军三十九周年"。该社论引述了毛泽东"五·七指示"的主要内容,并指出:"毛泽东同志提出的各行各业都要办成亦工亦农、亦文亦武的革命化大学校的思想,就是我们的纲领"。此时,《高教六十条》已无容身之地,不得不接受早早夭折的命运。

"文革"开始后,"十七年教育"被否定,工农兵学员走进高校,开始担负起"上大学、管大学、用毛泽东思想改造大学"的历史使命。

在 1974 年"批林批孔"的运动之后,所谓的"朝农经验"[98]迅速升级,在全国大规模宣传推广。1974 年 12 月 21 日,国务院科教组、农林部和辽宁省委联合召开学习朝阳农学院教育革命经验现场会。会后,在 1975 年第 1 期的《教育革命通讯》上刊登了一篇评论,

---

[97] 资料来源于网络:https://mp.weixin.qq.com/s?__biz=MzAwMTM5NzkwOQ==&mid=2247513799&idx=1&sn=fc6fef39d9cfd01906368610fbc2466c&chksm=9ad8b33dadaf3a2ba9621b690b99405abcd7453da38b0745650bdc3f052855fe467c9eaead1c&scene=27,访问时间:2024 年 5 月 14 日。

[98] "朝农经验"指在 1973 年 11 月 28 日,《光明日报》以"一所深受贫下中农欢迎的大学"为题,发表了辽宁省朝阳农学院的经验,简称"朝农经验"。1974 年 12 月 21 日,国务院科教组、农林部和辽宁省委联合召开学习朝阳农学院教育革命经验现场会,宣扬朝阳农学院坚持在农村办学、分散办学,学生"社来社去",毕业当农民,挣工分等经验。见编辑部编:《中国教育年鉴 1949-1981》,北京:中国大百科全书出版社,1984 年版,第 951 页。

题为："为使学校成为无产阶级专政的工具而奋斗"。[99]文中说："学校究竟是什么呢？……千百年来剥削阶级总是说，学校只是传授知识的场所。这是骗人的鬼话！……我们无产阶级则公开声明：'学校应当成为无产阶级专政的工具'。"

同时，此种提法在其他高校也得到了响应。《北京大学学报》（哲学社会科学版）在1975年第1期上也刊登了一篇文章，题为："大学教育要为加强无产阶级专政服务——认真学习朝阳农学院的新鲜经验"[100]。文中热烈支持了朝农的提法，提道：

"上层建筑领域出现的每一个社会主义新生事物，都进一步加强了无产阶级对资产阶级的全面专政，更有利于巩固和发展社会主义的经济基础。朝阳农学院的新鲜经验是无产阶级文化大革命和批林批孔斗争的产物。她一出现，就以极其鲜明的无产阶级革命性震动了整个教育战线。"

1975年《教育革命通讯》第3期又刊登了一篇评论文章，题为："再论为使学校成为无产阶级专政的工具而奋斗"。[101]文章中解释了为什么要把学校建成无产阶级专政的工具，因为，"教育战线是无产阶级同资产阶级争夺接班人的一条战线，因而也是关系到国家未来命运的一条战线。""在无产阶级夺取政权之后，如果不在教育战线加强对资产阶级的专政，不铲除滋生修正主义的土壤，是十分危险的。"紧接着在《北京大学学报》第6期上再次刊登了一篇题为："为把学校改造成为无产阶级专政的工具而斗争"的文章。文章再次提道：

"全校师生员工认真学习马列和毛主席著作，批判资产阶级，批

---

99 "为使学校成为无产阶级专政的工具而奋斗"（1975年1月10日），载于《教育革命通讯》，1975年第1期。转载于杨学为编：《高考文献》（上），北京：高等教育出版社，2003年版，第683-685页。

100 秦怀文等："大学教育要为加强无产阶级专政服务——认真学习朝阳农学院的新鲜经验"，载于《北京大学学报》（哲学社会科学版），1975年第1期，第69-77页。

101 "再论为使学校成为无产阶级专政的工具而奋斗"（1975年3月17日），载于（教育革命通讯），1975年第3期。转载于杨学为编：《高考文献》（上），北京：高等教育出版社，2003年版，第687-690页。

判修正主义，努力贯彻毛主席的教育方针，广泛进行教育革命实践，大力改革旧的教育制度、旧的教学方针和方法，为把学校改造成为无产阶级专政的工具而斗争。

无产阶级和资产阶级的矛盾是教育战线的主要矛盾，修正主义是当前的主要危险，把学校改造成为无产阶级专政的工具是教育革命的根本任务。"[102]

从上述内容可以看到，在短短的半年多的时间里，如此密集地喊出要把学校办成"无产阶级专政的工具"的口号，实在令人惊讶。这表明：教育从起初的"为无产阶级政治服务"，到60年代初"以阶级斗争为主课"，办成"毛泽东思想的大学校"，最后在"文革"中沦为"无产阶级专政的工具"，完全背离了教育教化陶冶、树人育人，传承和发展人类文明的功能和使命，彻底地被异化，与教育的本质背道而驰。[103]

这种荒谬的主张，在教育方面把政治与业务对立起来，把学习文化科学知识同阶级斗争挂上钩。最后会培养出什么样的人才呢？

1975年11月8日，张春桥在一次讲话中，针对这一争论说，"一个是培养有资产阶级觉悟的有文化的剥削者、精神贵族，一个是培养有觉悟的没有文化的劳动者。你说要什么人？我宁要一个没有文化的劳动者，而不要一个有文化的剥削者、精神贵族。"[104]

按照上述"宁要……不要"的逻辑，学校只能培养"没有文化的劳动者"。这显然不应该是学校的职能。

小 结

工农兵学员制度的主要内容最早出现在1970年5月27日"北

---

102 北京大学教育革命组："为把学校改造成为无产阶级专政的工具而斗争"，载于《北京大学学报（哲学社会科学版）》，1975年第6期，第42页。
103 王智敏："失落的十年——中国高等教育可吸取的基本教训"，硕士学位论文，第19页。
104 中央教育科学研究所：《中华人民共和国教育大事记（1949-1982）》，北京：教育科学出版社，1983年版，第480页。

京大学、清华大学招生（试点）具体意见（修改稿）"中。该意见共八条，涵盖了高校招生中从"培养目标"到"分配原则"过程中的所有内容。后来的文件改变并不大，只有1973年的文件强调了文化考查。

该意见规定的"学生条件"依次是：政治条件、实践经验（3年，后改为2年）、文化程度（相当于初中以上）。其中"政治条件"毫无疑问地排在第一位，而文化程度排在第三。在招生办法中实行："废除招生考试制度，实行群众推荐、领导批准和学校复审相结合的办法。"即"推荐制"。这一制度的核心是废除考试制度，以政治标准作为选拔大学生的首要标准。缺少客观的招生标准，是招生中出现"走后门"现象的主要原因。

在学生培养方面，高校缩短了学制，由原来的4-6年改为2-3年，在学习内容方面普遍呈现出政治化和劳动化的特征。由于学生入学时达不到要求，不得不在入学后补习中学课程。

该制度中不仅提出工农兵学员要"上大学、管大学、用毛泽东思想改造大学"，还提出：高校的"文科一定要搞革命大批判"和"文科要把整个社会作为自己的工厂"。于是各种政治运动和"开门办学"严重冲击了学校正常的教学秩序，使得学习质量无法得到保障。后来又提出"要把大学改造成无产阶级专政的工具。"这种荒谬的提法与教育的本质背道而驰。

另外，笔者还注意到，"工农兵学员"曾经被认为是"文化大革命"中的"新生事物"。但这个新生事物同其他的所谓新生事物，如：造反派、红卫兵、革命委员会、知识青年上山下乡、五七干校，等等，都统统消失了。如此缺乏生命力，说明它们并未获得历史的承认，因为它们从诞生开始就是违反马克思主义关于新生事物的科学定义的，就不是真正的新生事物。[105]

---

[105] 恩格斯对新生事物的本质做过这样的分析："在发展进程中，以前一切现实的东西都会成为不现实的，都会丧失自己的必然性、自己存在的权利、自己的合理性；一种新的、富有生命力的现实的东西就会代替正在衰亡的现实的东西。"见《马克思恩格斯选集》第4卷，北京：人民出版社，1995年

笔者认为,工农兵学员制度虽然曾经被吹捧过,但它所造成的危害是显而易见的。其后果是几年的时间大大降低了我国教育发展的起点和教育水准,很难培养出合格的人才,使得我国的科技水平与世界先进水平的距离越拉越大。但是看得见、算得清的破坏并不是最可怕的,最可怕的是它带给人们观念上的深层影响,强烈的意识形态影响了几代人的价值观和世界观。

这种影响至今仍然存在,并且在现实中发挥着作用。这或许是今天我们研究工农兵学员制度的现实意义。

版,第 216 页。转引自金春明著:《大变动年代的探索》,北京:中国社会科学出版社,2009 年 10 月第 1 版,第 370 页。

第十章　我的评论

如何看待曾经被称为"新生事物"的工农兵学员，是本章要讨论的主要命题。这里要说的"工农兵学员"指的是包括二外英语系 73 级工农兵学员在内的工农兵学员群体。

第一节　关于工农兵学员

一、对工农兵学员的评价

工农兵学员的产生已如前述。从 1970 年招收第一批工农兵学员，到 1993 年"大普学历"的确定。工农兵学员们经历了人生的跌宕起伏，一切仿佛都尘埃落定。但留下的问题是，对这一群体如何评价。

有人认为"文革"10 年没有培养一个合格的大学生，这种说法可能有些片面，但造成人才断层的事实是显而易见的。这种有关"文革"10 年是"人才断层"十年的流行说法，却显然是忽视了工农兵学员的存在和价值。[1]

根据笔者收集到的资料，社会上对工农兵学员的评价基本如下：

1. 工农兵学员文化基础薄弱，没有经过考试选拔入学，良莠不齐。入学后又没有进行系统的高等教育学术训练，正常的学习秩序被打乱，学习时间得不到保证，考试制度几乎完全取消。所以工农兵学员的专业知识水平堪忧。

---

[1] 刘慧："中国高等教育的怪胎——工农兵学员探析"，山东大学硕士论文，2010 年 4 月，第 59 页。

尽管他们可以找出千条理由为自己的专业知识水平进行辩解，但未经考试选拔入学是他们的"硬伤"。

2. 他们在政治上的极"左"也是留给社会的普遍印象，甚至有人将他们与"四人帮"联系在一起。如清华大学教授金国藩院士写道："我们教的工农兵学员，水平比较低。但他们政治上优越感很强，担负着'上管改'的任务，觉得你们臭老九是改造对象，彼此关系有些紧张。"[2]

当时工农兵学员中确有些热衷于"上、管、改"的积极分子，也有些不努力学习专业知识整天混日子的人。但就笔者了解的情况和观察，这些人毕竟是少数，是否可以认为是工农兵学员的主流还有待商榷。

3. 不排除工农兵学员中有少数佼佼者，他们能抓住这难得的机会，接受文化科学知识启蒙，在文化断裂时代成为文化承上启下的人。根据国家科委的调查，工农兵学员中业务水平较高和工作能力较强的占10%到15%。[3]

据笔者的不完全统计，我们年级168名同学中有27名同学取得了硕士或博士学位，约占全年级总人数的16%。如果再加上那些虽然没有读研究生，但在实际工作中做出突出成绩的同学，所占比例可能要高于16%。如果将取得研究生学位认定为"业务水平较高"的话，笔者的统计与国家科委的调查数字基本吻合[4]。

据统计，1978年恢复研究生招生后，最初的三届硕士研究生中

2　金国藩："九十自述"，载于《清华校友通讯》，2022年（春），第102页。
3　见赵荣：《一个特殊问题：知识分子问题》，贵阳：贵州人民出版社，1986年12月版，第309页。另可见周全华著：《"文化大革命"中的"教育革命"》，广州：广东教育出版社，1999年7月版，第193页。
4　还有一种说法是，1984年劳动人事部政策研究室有一位1978级的大学生受命写过一篇关于工农兵学员的调查报告，可能是发表在《中国青年报》上。遗憾的是笔者并未找到原文。报告中认为，94万工农兵学员中，有15%为精英分子；45%经过回炉培训后，成为基层领导或骨干；25%可以胜任一般日常工作；还有15%是什么正经事也干不了的。笔者认为，后来几十年的历史证明，其四种分类还是比较准确的。至于数字的准确及后来的演变发展情况有待进一步的调查核实。

75%出自工农兵学员。[5]

4. 无论如何，94万工农兵学员个人是幸运的。成为工农兵学员的人是1966年被历史裹挟着的那群青少年。他们在应当接受教育的年纪被卷入"文革"，中断学业，成为工农兵。当国家的科学、文化教育遭受巨大灾难时，他们能够较早得到接受高等教育的机会。不得不说的是，他们在众多同代人中是荒废时光较少，接受科学文化知识教育较多的群体。

因此，他们是幸运的。

也许，他们个人一般并非有什么特殊才能，实为他们入学后，遇到的是一个人才青黄不接的特别时代。尤其是毕业之后，又赶上了改革开放，急需人才的好时机。这使得他们整体上基本即能获得合适的发展岗位，有些人还能抓住机遇，在自己的岗位上迅速脱颖而出。

有人认为工农兵学员在政治上有着一些特点，如狂热、激进、盲从，等等。笔者认为，从总体上讲，他们的同代人或多或少都具有这些特点，狂热、激进、盲从并非工农兵学员的专利。工农兵学员仍然是属于与共和国一同成长的那代人，只不过是那代人中比较幸运的一个群体。

5. "大普学历"。工农兵学员社会地位变化的转折点发生在1981年，那年恢复高考后入学的第一批大学生毕业。正可谓"小弟出生，大哥失宠"。此后，随着经高考入学的大学毕业生逐渐走上工作岗位，工农兵学员的社会认可度逐渐降低。他们头顶的光环逐渐消失，慢慢沦为社会的"弃儿"。

1980年4月12日，老资格的教育部长蒋南翔在最后一届工农兵大学生毕业大会上总结说，工农兵大学生主流是好的，学习上的问题责任在"四人帮"不在他们身上。但应看到自己的弱点，政治上、业务上今后都要补课。"工农兵学员"这项帽子是"四人帮"安上的，要求摘除是当然的。他宣布以后不再用"工农兵学员"这个称呼。自

---

[5] 见赵荣：《一个特殊问题：知识分子问题》，贵阳：贵州人民出版社，1986年12月版，第309页。

后参照国民教育体系大学专科层次,给他们定为大专学历。[6]但蒋部长的说法笔者并未查到正式文件。

另据周全华的书中提道:"1979年国务院发出279号文件,让工农兵大学生参加评职称业务考核,此后大多数人都脱产1-2年回炉补习或进修,统一考试中大都达到中等成绩。"[7]笔者没有经历过类似的进修和考试,也没有查到上面提到的国务院279号文件。但有同学告诉我,他们毕业后很多单位都组织过进修学习,并对工农兵学员进行过统一的"资格考试"。至于"资格考试"与学历认定之间的关系,他们也不清楚。但资格考试与岗位是有关系的,因为考试是对一个人业务能力和水平的认定,这是安排岗位的时候必须考虑的条件。

据笔者的了解,工农兵学员的工资福利等待遇主要是根据政府颁发的有关文件精神(具体文件不详),由所在单位确定的,有的定为"大专",大部分定的是"大学毕业"。笔者77年毕业回到原单位,定的就是"大学毕业"。

工农兵学员的学历问题最终明确是在1993年。1993年,国家教育委员会和人事部联合下发教学厅字【93】4号文件,明确规定1970年到1976年选拔入学的高等院校毕业生,毕业时学校颁发了毕业证书的工农兵学员,国家承认学历为"大学普通班",简称"大普"。[8]

笔者并未查到"大普"学历认定的背景材料,以及认定的依据。不得不说的是,该学历的认定到来的确实太晚了,认定时最后一届工农兵学员也已毕业14年。14年间,他们的学历不可能是空白的。

笔者认为,工农兵学员的学历单独定为"大普",其意义还是要体现其"特殊"性及与其他大学毕业生的区别。

直到1993年"大普"学历的认定,"工农兵学员"作为一个群体

---

6 《中华人民共和国教育大事记》,北京:教育科学出版社,1984年版,1980年4月条目。转引自周全华著:《"文化大革命"中的"教育革命"》,广州:广东教育出版社,1999年7月版,第183页。

7 周全华著:《"文化大革命"中的"教育革命"》,广州:广东教育出版社,1999年7月版,第195页。

8 转引自刘慧:"中国高等教育的怪胎——工农兵学员探析",山东大学硕士论文,2010年4月,第11、52页。

的存在已逐渐被人们遗忘。

而此时的这些人已是人到中年，多数人已开启"上有老，下有小"的生活模式，正承受着来自工作和生活的双重压力。此时的他们在提职、晋升方面已经没有了多少竞争的能力。戴在他们头上带有贬义的"工农兵学员"的帽子使他们的处境多少有些尴尬。

不得不承认的是，从 66 年"文革"开始后，全国统一高考取消长达 11 年之久，高校停止招生长达 4 年。莘莘学子的韶华岁月和高校为国家培养人才的光辉使命，不幸成为"文革"运动悲凉而又昂贵的"祭品"。

而这些通过"推荐"上了大学的工农兵学员们呢？他们有幸进了大学，但并未得到应有的高等教育，社会也未给予他们应有的承认。由此带来的后果却要由他们自己承担。其中的苦涩只有他们自己知道。也有人认为，绝大多数工农兵学员都成了时代的牺牲品。[9]

总之，"文革"期间实行推荐上大学的方式进行高校招生，使我国的高等教育事业付出了惨重的代价，其严酷的教训，时至今日依然是一些从那个年代走过来的人的噩梦。

二、关于工农兵学员中的 73 级

为什么要专门提到 73 级？主要是因为笔者就是 73 级的，对该年级的情况比较熟悉。此外，与其他年级的工农兵学员比较，73 级的不同之处在于，他们是工农兵学员中唯一一届经过了文化考查入学的年级。

"文革"中教育领域的两次整顿，即：周恩来 1972 年的整顿和邓小平 1975 年的全面整顿，及随之而来的"四人帮"主导的"反整顿"，即："反复辟""反回潮"与"反击右倾翻案风"，73 级都赶上了。那时，教育领域成为主要的，甚至是中心的战场，成为"四人帮"反扑首先选择的突破口。我们在大学的那几年就是在"整顿"与"反

---

[9] 老久："工农兵学员现象"，载于老久、锋子主编：《难言"太学生"——"工农兵学员"酸甜苦辣实录》，北京：红旗出版社，1994 年 1 月版，第 12 页。

整顿"中度过的。

73级从入学到77年初毕业,经历了共和国历史上最跌宕起伏的几年。这些事件仿佛就注定了73级的大学求学之路必定坎坷。实际上,这种坎坷从我们入学前就开始了。

由于"文革"造成的混乱,1972年周恩来主持对教育进行了整顿。与前几年招收工农兵学员相比,72年在周恩来主导的"整顿"中,已经发现了工农兵学员制度中存在的问题,如:招收的学生水平达不到要求,入学"走后门"现象严重,等等。于是,决策者尝试做出了一些改变。

这些改变主要表现在1973年4月3日国务院批转国务院科教组《关于高等学校1973年招生工作的意见》[10]中。(以下简称"73年文件")

与1970年6月中共中央《关于北京大学、清华大学关于招生(试点)的请示报告的批示》[11](以下简称"70年文件")中的一些条文相比,73年文件规定的招生条件比较完备,稍有些严格。具体来看,与70年的文件相比较,73年文件有如下几点变化:

1)73年文件规定:"坚持选拔具有<u>二年</u>(下划线为笔者所加,下同)以上实践经验的优秀工农兵入学"。该文件沿用了72年文件的规定。

70年文件对实践经验的要求是"3年以上"。

2)73年文件规定:"目前,应保证学生具有相当于初中毕业以上的实际文化程度。"

70年文件的规定是:"有相当于初中以上文化程度的……"

很明显,73年文件注重了文化程度。

---

10 国务院批转国务院科教组《关于高等学校一九七三年招生工作的意见》(1973年4月3日),载于杨学为编:《高考文献》(上),北京:高等教育出版社,2003年版,第651-633页。

11 中共中央《关于北京大学、清华大学招生(试点)的请示报告的批示》(1970年6月27日),该批示的附件一为:"北大、清华的请示报告",载于杨学为编:《高考文献》(上),北京:高等教育出版社,2003年版,第631-655页。

3）在"学生条件"上，70年文件的规定是："政治思想好。在三大革命运动中，特别是在近四年无产阶级文化大革命中，能活学活用毛泽东思想，……。要贯彻党的阶级路线，既反对忽视成分，又要反对唯成分论，要重在表现。"[12]

在73年文件中的"全面掌握入学条件"中专门加上了这样一段话：

"全面贯彻执行党的阶级路线，要注意成分，但不唯成分论，重在政治表现。<u>在保证'工农及其子女有享受教育的优先权'的前提下，注意适当招收确实表现好的剥削阶级家庭出身的子女和'可以教育好的子女'。</u>"[13]（着重号为笔者所加）

这里特别提出了"剥削阶级家庭出身的子女"和"可以教育好的子女"的入学问题。给这两类人上大学稍微开了一个小口子。

4）73年文件中最突出的变化是强调了文化考查。文件中说："各地应遵照毛主席关于'又红又专'的指示，在群众推荐、政审合格的基础上，重视文化程度，进行文化考查，了解推荐对象掌握基础知识的状况和分析、解决问题的能力，保证入学学生具有相当于初中毕业以上的实际文化程度。"

5）另外，在73年文件中增加了"坚决杜绝'走后门'不正之风"的规定。这主要是依据中发[1972]19号文件《中共中央关于杜绝高等学校招生工作中"走后门"想象的通知》而做出的规定。

通过以上5点变化可以看到，经过了最初的招生尝试以及出现的问题之后，教育领域的"整顿"与"反整顿"的两种力量一直在进行着博弈，结果是开始尝试做出调整，对"四人帮"一伙的倒行逆施进行纠正。其中最主要的调整就是"文化考查"。

根据73年文件的精神，1972年至1973年上半年间，许多省、

12　北京大学、清华大学招生（试点）具体意见（修改稿）"（1970年5月27日），杨学为编：《高考文献》（上），北京：高等教育出版社，2003年7月版，第632页。

13　国务院批转国务院科教组《关于高等学校一九七三年招生工作的意见》（1973年4月3日），载于杨学为编：《高考文献》（上），北京：高等教育出版社，2003年版，第652页。

市在高校招生中增加了文化考查的内容。笔者就是这次文化考查的亲历者。后来发生的事情笔者在本书中几次提到，知识青年考生张铁生的"一张白卷"被当作反对高校招生制度调整的"抓手"，将刚刚开始的高校招生制度的"调整"又打回到了"左"的道路上。

虽然1973年的招收中的"文化考查"因一张白卷而"流产"，但它带来的社会影响却是很明显的。正如高田钦的书中所评价的：

"对招生体制的这些调整，对提高学生学习自觉性、改变校园风气很快产生了明显的作用。对大学招生来说，这种做法不仅提高了入校学生的文化素质，也从体制上对当时屡禁不止的'走后门'风产生了一定的遏制作用。当希望升学的青年把注意力部分地从'走后门'转到对学业的关注上时，社会风气也在一定程度上得到了净化。这些举措可以看作是对新招生制度的补充、发展和完善，也可以看作是对'旧'招生制度的部分恢复和肯定，实际上也就是对新招生制度的部分否定。"[14]

遗憾的是，在极"左"的思想指导下，1974年高校招生基本上又恢复为1970年的模式，新学员水平低下，走后门成风。

笔者作为73级的工农兵学员在经历了"白卷风波"后于1973年9月入学，二外英语系共招收了168人。1973年全国共招收工农兵学员149,960人（号称15万），比上年有所增加，其中文科招收11,132人，比上年减少872人。[15]

现在回忆起来，我们经过了73年那场"高考"，更感受到知识的重要。大家已经不再相信"知识越多越反对"这类极端贬低知识的说教，反而认识到：掌握了知识，这才是重要的本领。

入学后很多同学心里都明白自己的学习机会来之不易，憋着一股劲儿要好好学习英语和文化知识。当时同学中学习风气还是很浓

14　高田钦：《"文革"时期我国高校组织及制度变迁》，南京：南京大学出版社，2015年10月，第142页。

15　孟明义等主编：《中国高考大全》，长春：吉林人民出版社，1988年第1版，第969页。转引自高田钦著：《"文革"时期我国高校组织及制度变迁》，南京：南京大学出版社，2015年10月版，第142页。

的，尽管有种种学习的阻力，但很少有人表现出懈怠。尤其是75年邓小平提出的"整顿"期间，同学们刻苦学习已成风气，而且在"整顿"与"反整顿"中，大家慢慢开始对一些问题进行思考。随着知识的增加，思考的问题也越来越深入，独立思考的能力在一点点加强，我们不再盲从。

需要指出的是，在那个特殊的年代，我们在二外能接触到比较新的教学方法，能使用老师们根据国外的教材编写的比较适合的教材，还有外籍教师教学，可以听着外教的录音学习标准的英语，在当时是很难得的。

三、对三年半大学学习的基本评价

离开二外多少年后的同学聚会，大家总会谈到的一个话题就是：我们在二外三年半的时间里到底学到了什么。

这里需要说明的是，73级的"三年半"学制，其中的半年为文化补习，其产生的过程可参见本书第二章。在1974年批林批孔运动中，这一措施也被当成"修正主义教育路线的复辟"，1975年入学的学员，不再进行集中的文化补习。[16]73级也由此比他们多获得了半年的学习时间。

这三年半的学习时间对我们来说是非常宝贵的。

首先，在这里我们学了英语。

很多人认为英语只是一种语言，刚进二外学习的时候我的看法也停留于此。但随着知识的增加和阅历的增长，对英语的理解就有了变化。她不仅是一种语言，而是一种文化。通过英语我们可以了解世界，了解不同的文化知识。就像我的同学们，靠着英语学习了法律、经济、金融等许多不同的专业。而且，通过这些不同的文化，锻炼了我们的思维，提高了我们的能力，了解了英语国家的人如何思考问题、分析问题和解决问题。

---

16 郑谦著：《被"革命"的教育——"文化大革命"中的"教育革命"》，北京：中国青年出版社，1999年1月版，第280页。

国内著名的《新东方》创始人之一的王强先生本科也学的是英语专业，他在一次讲座中提到，他在新东方开过的一门课讲单词的起源，课程的题目是"From Word to the World"。意思是"从单词走向世界"。他说，word 和 world 只差一个字母"L"，从单词变成世界，只有一个差别，就是"L"，这个 L 恰恰在英文单词里代表了非常重要的东西。如：Language（语言），Life（生命），Living（活着），Love（爱），Learn（学习），等等。换句话说，要把文字真正变成完整的世界，你向往的世界，你驾驭的世界，没有一个东西不通过这个"L"来实现。你必须迸发出你的生命，通过语言、学习等等，把它转化成你内在生命的风景，这样你人生的风景也会成为更加壮观的人类风景的一幕。[17]

他用形象的比喻讲明了语言与各种世界上重要东西的关系。而我理解，要把单词变成世界，最重要的是语言。自从人类发现新大陆以后不久，英语就成为世界通用的语言。所以英语是我们了解世界，走向世界的桥梁。

还有人认为，英语是一门法治的语言。我学习国际法后对英语有了更深刻的理解和体会。学习国际法，不阅读英文的资料是不行的。如国际法院的判决、国际仲裁裁决、国际条约和协议、国际组织的文件，等等，这些均为英文。虽然有的有中文文本，但要真正弄清含义，或遇到有争议的问题时必须要查阅英文文本，因为英文文本基本都是作准文本。

由于国际法是一种完全从西方传过来的一种文化，许多用语都是汉语中没有的。有些用语虽然译成了汉语，但其真正的含义只有原著的意思最准确，最恰当。这方面的例子不胜枚举。如果英语没有达到一定的水平，国际法是学不好的。

从我的亲身体会来讲，看世界要多一种语言，你的世界就会宽广一些，多一种语言，就多了一种了解世界的钥匙。因为，语言是一流

---

[17] 王强在北大的演讲："读书毁了我"，网络资料，来源：http://www.360doc.com/content/23/1217/22/83893177_1107915945.shtm，访问时间 2024 年 5 月 28 日

的思想和一流文字的交融。

很多同学毕业后改行学了不同的专业,并且取得了一些成绩,但现在回过头来看,在二外打下的英语基础发挥了重要作用。

其次,二外毕竟是大学,学校给我们提供了一个读书的机会和条件。我们在三年半的时间里读了很多的书,尤其是在英语达到一定程度后,我们读了一些英文原版的书。这些书带给了我们丰富的知识,开阔的视野,世界先进的文明和文化,最重要的还是看问题的方法。关于读书的话题在本书第八章第二节做了详细的介绍,这里不再赘述。

那些当年在二外时读过的书,尤其是那些经典,甚至很多人追求时髦不屑一读的东西,对我们后来事业的发展,价值观的形成,对我们对真理的理解和渴望,都产生了潜移默化的影响。那时年轻,记忆力好,思想活跃,那些书的影响使得我们对语言和世界的关系,以及形塑生命的力量有了直接的感觉。好的书就是这样一步一步推着我们走到今天。

纯真年代毫无功利心的读书,是最容易融化在年轻的血液、铭刻于人之一生的。我们后来取得的成绩,离不开我们在二外那段难忘的读书时光。

再次,我们在校期间幸运地赶上了一批优秀教师传授知识。

学校里的主角除了学生就是老师。工农兵学员的"上、管、改",主要是针对教师及其在教育活动中的主导作用。但在那个知识分子要接受改造的时代,我们仍然整体上与教师保持了一种良好的师生关系,也得到了一些优秀教师的指导。他们中有刚从国外留学归来的年轻教师,也有在国内外受过高等教育、教学经验丰富的中年教师,也有被错划的"右派分子"的翻译大家,还有外籍教师。尽管他们的经历不同,但他们在传授知识方面表现出的职业素养、专业水平、良好的学风使得我们受益终生。优秀的师资水平不仅使我们的学习质量有了保障,而且一些教师的亲身经历使我们对共和国的历史及其党内斗争的复杂性和残酷性有了进一步的了解。

入学后,我们就赶上了"教育革命"运动。随着学习的深入以及与老师的接触增加，我们逐渐开始对"教育革命"的种种作法进行了初步的思考。一些老师的言传身教让我们认识到他们不仅是知识的传播者，而且是道德行为的榜样。有的老师克服自己家庭的困难，晚上到教室辅导同学；还有的老师住的地方离学校很远，为了辅导同学的学习，晚上不回家住在办公室。他们不仅是学生的老师，还是做人的榜样。

当时，无休止的政治运动，已经使得我们产生了厌烦情绪，但思想上又处于各种禁锢和困扰中，苦于没有出路。在这种条件下，老师们的教诲就会起到重要作用，几句话或一本书就会帮助我们走出困境。这里毕竟是大学，是知识精英的荟萃之地，即使是在"四人帮"最为猖獗的时候，在政治风浪起伏翻涌之下，也有一股严谨治学的潜流，在暗暗地沉稳地流动着。现在想起来，真庆幸我们遇到了二外的这些老师们。

在这里，我们获得了一些信息和知识，老师和我们一起努力，尽量弥补了一些极"左"思潮带来的对学习的干扰。

二外老师在那短短三年半时间里的传授给我的英语听说读写译的能力，为后来几十年的工作打下坚实的基础。正如有同学所说，多少年折腾来折腾去，"看家本事"还是二外老师帮助打下的英语功底。

本书写作过程中，我曾专门联系了曾经教过我们的老师专门了解对工农兵学员的看法。他们的评价基本是正面的。

直到现在我仍与一些教过我的老师们保持着很好的关系。

最后，我想说说那时我们的校园生活。

在二外期间，在有限的条件下，我们的校园生活和课外活动还是丰富多彩的。这可能与一般人的理解有些不同。

我们听了一些优秀的学者和社会活动家的讲座或报告。如：我国著名的妇产科专家林巧稚医生[18]、被称为"新中国英语教学园地拓荒

---

18 林巧稚（1901年12月23日—1983年4月22日），福建厦门人，医学家，医学教育家，中国科学院学部委员（院士）。生前是北京协和医院妇产科主任，中国医学科学院副院长。与新中国第一代西医金学曙等一同被誉为"中国近现代史上的20位杰出女性"。资料来源百度百科，网址 https:// baike.

人"的戴维·柯鲁克（David Crook，1910-2000）[19]先生。他们二位的讲座都是用英文讲的。

还记得林巧稚医生的讲座是我们年级的一位男生主持的。他上来介绍的时候一口一个："Comrade Lin Qiaozhi"（林巧稚同志）。林医生讲了她做妇产科医生的经历，她为什么要做医生，等等。她的英语发音准确，语调也很纯正，我感觉她的英语远比她的闽南话好懂。讲座的最后环节还有同学提问，现场很活跃。

有同学记得柯鲁克讲座的时间是1975年的冬季，讲的是"妇女能顶半边天"之类的话题，还有中国农村的土改。那时我们大三了，这样的英语讲座基本都能听懂。其中的"合理负担"（Reasonable Burden）一词，很多同学都有印象。

蝉联三届的乒乓球世界冠军庄则栋也来二外做过报告，那次是在学校的大礼堂。记得他讲了当教练员严格要求队员的事。我后来在北大任教期间还见过庄指导，跟他提起了听他报告的事，他很惊讶地说，想不到在这还能遇到听过他报告的人。

印象深刻的是新华社记者谢文清[20]做的讲座。当时他是新华社派驻柬埔寨的记者，讲座内容是有关红色高棉的。只记得他讲的红色高棉的生存环境恶劣，汽车走的路是颠簸不平的"搓板路"，或是尘土飞扬的"面粉路"。

这些讲座还是对补充课本外的知识，了解校园外的世界有作用。

---

baidu.com/item/林巧稚/474216?fr=ge_ala，访问时间2024年5月31日。

19　戴维·柯鲁克（David Crook，1910～2000），又译大卫·柯鲁克，出生于英国伦敦，新中国英语教学园地的拓荒人，参加过国际纵队，投身反法西斯斗争。详见百度百科，网址 https://baike.baidu.com/item/戴维·柯鲁克?fromModule=lemma_search-box，访问时间2024年5月31日。

20　谢文清，河南武陟人，1938年参加八路军，次年加入中国共产党。后任八路军第二纵队连指导员、营教导员。1941年入延安军事学院、俄文学校学习。曾任新华通讯社、热河《群众日报》、《天津日报》记者。1949年后，历任新华社湖南分社社长，新华社华沙分社、莫斯科分社首席记者，新华社国际版主任、香港分社副社长，高级记者，广播电视部副部长。第五、六届全国政协委员。著有《时事评论选》新华出版社，1984年、《战地通讯集》等。资料来源于网络：http://www.4yjd.cn/personsshow.asp?id=1881，访问时间2020年5月3日。

另外，校园内的文体活动也是很多同学毕业后难忘的记忆。

很多同学都记得曾经在 404 教室演出过自编自导的英语短剧。6 班演过短剧"半夜鸡叫"，1 班演过一个老大娘到内蒙古探亲走错了城市，遇到了一家人帮助她回家的短剧。这些活动即活跃了大家的学习生活，也提高了语言能力。

还记得在 404 教室，外教教大家唱英文的《国际歌》，大家也是唱得热血沸腾。至今我还保存着当时唱歌发的歌片。

学校的运动场当然是展示年轻人青春与活力的地方。

在二外，运动项目中最普及的运动当属排球，也是我的强项，因为我从初中开始就在北京什刹海青少年业余体校练习排球。让我很骄傲的一件事就是我曾经是二外校排球队的一员，代表二外参加过北京市高校的比赛。大家不仅在体育课上打，课余时间还有班级比赛。方法是男女生混合组队，以班为单位组队，两名女生加 4 名男生，我们班的成绩相当不错，我是班队铁打的二传。

1975 年 9 月，第三届全运会的女排比赛有一场安排在二外进行，那时二外根本没室内球馆，比赛就在露天场地进行。我们热情地站在场边为队员加油，那场比赛有四川队，队员中有后来的著名运动员张蓉芳。

在二外，夏天在露天的游泳池里游泳，冬天在自己泼的冰场上滑冰，虽然条件简陋，但这些运动不仅使我们锻炼了身体，也给大家带来了欢乐。记得当时我滑冰技术还不好，于是一连几天早上 5 点起床到冰场练习，很快就熟练掌握了简单的技术。

总之，在那个物质匮乏、信息闭塞、政治风云不断变换的时代，我们在校园里还是能找到生活的乐趣。和所有的大学生一样，大学校园里有我们的青春时期的欢声笑语。想起那时节，歌吹时起，笑语隐约，充盈着青春期的活力与单纯。每每想起这些就会涌起一阵重归二外校园的冲动。

四、他们为什么不写自己

工农兵学员制度的存在仅有短短的 7 年时间，最后一届工农兵学员毕业也已经过去了四十多年，官方对他们的学历也有了统一的认定，但关于工农兵学员的讨论和研究，甚至是争论并没有停止过。

然而，人们在对这些问题进行探讨的时候，会发现一个很有趣的现象，就是鲜有当年的工农兵学员站出来写出自己的经历，对当年的事情提出自己的看法。

这种现象起初笔者并没有注意，经别人提醒我才注意到确实如此。几种研究比较深入的有关"文革"期间"教育革命"的著作，作者均不是工农兵学员。工农兵学员自己写的回忆文章是少之又少。

究其原因，我认为有如下几个。

其一，工农兵学员属"文革"产物，尽管当年的工农兵学员之中也不乏知识领域的人才，但总体来说属于被否定的一个群体，所以他们不愿涉猎，甚至当过工农兵学员的都不愿提及自己的这段经历，好像脸上不很光彩。尤其是那些曾经做过些错事的人。

笔者在本书的写作过程中，尝试找一些当年的同学了解情况，也遭到过拒绝。能感受到有些同学对重提往事的排斥，这些事可能触碰到了他们内心保存了多年的秘密，或许这些事并没有因为岁月的流逝而减轻他们内心的负担。因此，他们选择了遗忘。

对此，我很理解。谁都愿意将自己辉煌的一面让别人知道，以此满足自己内心的虚荣；而将那些不太光鲜的，甚至是灰暗的过去，总是隐藏在自己的内心深处，不会拿出来示人。

所以工农兵学员的经历成为让他们不愿意回首的一段历史。

其二，认知水平的问题。就大多数工农兵学员来说，其所受的正规教育有限，特别是基础知识方面更显薄弱。如果后来没有再学习提高，多数人在专业知识和认知水平都显得薄弱。特别是与1977年以后正规大学教育毕业的学生相比，从业后的能力均有较明显的差距。有的人一提起"大普"就一肚子的火气，满腹的牢骚。他们感觉委屈，心中满是不甘。

其三，笔者认为的客观原因，还是工农兵学员的水平问题。很多人多年从事的工作和经历已经使得他们不具备思考和写作的能力。当年本来基础就不好，又没有好好提高，现在年纪大了，身体在走下坡路。再加上跟不上互联网时代技术的发展，使用电子设备不熟练，让他们写文章，哪怕是"小作文"都很困难。

最后，还有一个原因：你让他们写什么呢？写当年的辉煌？还是失落的沮丧？写辉煌吧，如今辉煌早已不在；写沮丧吧，又怕别人笑话。需要指出的是，一个人如果发现自己过去的认知是错的，要承认自己的错误很难，因为人性的弱点之一就是在潜意识里害怕否定自己。不愿否定过去的错误产生的后果是，不断强化错误的认知，于是对工农兵学员的任何否定或批评都采取抵触的态度。

我所接触的许多工农兵学员就是如此。从他们身上能清楚地看到当年教育的影子。那种"非黑即白"的思维方式，"非敌即友"的世界观，早已在他们的头脑中打下了深深的烙印。

对于工农兵学员，面对社会公众的质疑，使得他们对于自身经历和时代记忆不愿提及或有意回避，这或许是造成工农兵学员文章少的主观原因。

其实，还有一个不得不说的是客观原因。由于众所周知的原因，国家记忆对这段历史有意无意地淡化，是造成了工农兵学员形象的消逝，并逐渐淡出人们的视野的主要原因。

不过，我还是认为亲历者们应该把自己的经历以不同的形式留下来。林贤治先生下面的这段话说得很好：

"历史首先意味着还原真实。但是，清除了个人记忆，惟以制度文物和公共事件构成的历史肯定是残缺不全的，不真实的。……在我们的历史读物当中，应当由更多的传记、自传、回忆录，更多的个人关系史、迁流史、生活史、心态史，等等。必须有私人性、精神性的内容对历史的补充。惟有把我们每一个人的创伤记忆尽可能地发掘出来，并且形成对于人道主义、社会公正的普遍的诉求，包括文革在内的民族苦难的历史，才能转化成为有意义的历史。"[21]

这段话讲出了个人的回忆对于还原真实历史的作用。具体说到

---

21 林贤治主编：《烙印 "可以教育好的子女"的集体记忆》，广州：花城出版社，2010年4月，序第3页。

工农兵学员，笔者认为个人的记忆还有如下意义。

1. 工农兵学员是"文革"的产物，是中国教育史上特殊的一代。是在特殊的时代培养的一个特殊的群体；

2. 工农兵学员制度虽然存在的时间很短，但它却承载了中国历史发展的一个特殊阶段的许多内容，不仅仅是教育，而包含了政治、经济、社会、文化发展的诸多方面；

3. 工农兵学员制度中的许多内容至今仍以各种形式发挥着它的影响和作用。例如，高等教育中的政治化、意识形态教育等等。

4. 对工农兵学员制度的探讨对高等教育的发展、科学的进步、人才培养的方式等诸多方面的研究会对今后教育的发展带来启迪。

总之，工农兵学员制度的研究面临着历史当事人的解读。在他们逐渐老去的时候，对自己做经历的世事变迁有何评价？有哪些经验需要与后人分享？有什么教训后人应该汲取？为了让后人少犯类似的错误，这或许是最大的意义，也是笔者留下这些文字的初衷。

研究"文革"的专家王年一先生讲过这样一段话：

"'文化大革命'有一个很重要的特色，就是把我们的失误、弊端、缺点、弱点发展到极端，暴露得淋漓尽致，许多假、恶、丑的现象以赤裸裸的形态表现出来。它正是以它的千错万错教育了人们，科学地研究'文化大革命'，正确地总结'文化大革命'的历史教训，是很有意义的事。"[22]

94万工农兵学员，是中国那段特殊历史的亲历者和参与者。现在是我们整理，回顾历史的最后时刻了，如果还不进行资料的收集、整理，恐怕再过几年，几十年，中国的年轻人会彻底忘记他们的祖辈曾经经历过的那段混乱、荒诞和暗无天日的"红色"岁月。

这显然不是我们所期望的。

22　王年一著：《大动乱的年代》，北京：人民出版社，2009年5月版，前言第1页。

第二节　应该汲取的教训

厘清工农兵学员制度的产生过程，分析其产生的具体渊源，认清其造成的危害及应该从中汲取的教训是本书的主要目的。

通过以上的阐述与分析，读者对当年的工农兵学员制度有了一定的了解。在本书接近尾声的时候，笔者想尝试回到最初的问题：从这段特殊的历史中，我们应当汲取哪些教训。

一、要尊重教育发展的规律，让教育回归教育

1. 教育不应成为政治的附属品，教育的根本目标是促进人的发展

关于教育与政治的关系，在很长的时间里，教育在我国完全成了政治的工具和附属品。

我们的教育从 50 年代初期，对欧美等西方国家在教育方面的先进经验，采取了全面排斥和全面否定的立场，开始了一段时间的全盘苏化。伴随着对苏联教育理论的全面否定，我国开始步入尝试和探索阶段。由于当时我国与外部世界的接触很少，因此我国社会发展的道路具有相当大的历史局限性，它限制了中国了解和借鉴发达国家经验的渠道。整个教育指导方针方面出现了"左"倾的错误。

这方面的突出表现是 1958 年的教育工作方针中，"教育必须为无产阶级政治服务，必须与生产劳动相结合"。

1962 年党确立了"以阶级斗争为纲"的基本路线，毛泽东认为教育领域是两大阶级争夺青年的主要阵地，"培养无产阶级革命事业接班人"又成为教育的目标。该目标在高校招生被上升到路线斗争的层面，要求严格在"招生中贯彻的阶级路线"；使得教育只强调为政治服务的方向，并把教育作为阶级斗争的工具。

其结果是使教育政治化，学校围着政治运动转，影响了教育功能的正常发挥。在'文革'期间更是走向极端，学校的红卫兵运动搞乱

了全国，学校成为政治学校，教育成了对资产阶级专政的工具。"[23] 工农兵学员制度就是其中的集中体现。

在工农兵学员学习期间，教学体制强调"政治化""劳动化"。招生强调政治条件第一，取消了考试制度；政治学习和政治运动占去大量的正常教学时间。"开门办学"要求"文科一定要搞革命大批判"，"文科要把整个社会作为自己的工厂"。这些活动都严重冲击了学校的正常教学秩序，使得学习质量无法得到保障。

更可怕的是，1974年推出"朝阳农学院""教育革命"经验，"朝农经验"的推广标志着"文革"教育彻底堕落为"四人帮"帮派政治的工具。

在1948年联合国通过的《世界人权宣言》中指出："教育的目的在于充分发展人的个性并加强对人权和基本自由的尊重。教育应促进各国、各种族或各宗教集团间的了解、容忍和友谊，并应促进联合国维护和平的各项活动。"[24]

而我们的教育从起初的"为无产阶级政治服务"，到60年代初"以阶级斗争为主课"，办成"毛泽东思想的大学校"，最后在"文革"中沦为"无产阶级专政的工具"，完全背离了教育教化陶冶、树人育人，传承和发展人类文明的功能和使命，彻底地被异化，与教育的本质背道而驰。[25]

2. 要尊重常识，教育改革要建立在科学的研究与实验的基础上

1949年新中国成立以后，很快确立了高校统一招生考试的制度。它不仅促进了我国高等教育的改革和发展，也保障了社会各个领域人才的供给。然而，"文革"开始后不久便首先拿高考开刀，废除了

---

23 金一鸣主编：《中国社会主义教育的轨迹》，上海：华东师范大学出版社，2000年6月，前言第9页。
24 《世界人权宣言》（联合国大会1948年12月10日第217A(III)号决议通过并宣布），载于《人权国际文件汇编》ST/HR/1/Rev.3，联合国出版物，纽约：联合国1988年，第7页。
25 王智敏："失落的十年——中国高等教育可吸取的基本教训"，湖南师范大学硕士学位论文，2008年5月，第19页。

高考制度。

在工农兵学员的招生中,废弃了考试选拔制度,改为"推荐制"。"推荐制"招生的后果是,学生文化程度参差不齐,达不到大学要求,降低了大学的入学门槛。入学标准的降低使得未达到高等学校入学条件的人入学,如果入学后再不好好学习,最后的结果一定是无法培养出合格的人才。

此外,由于没有考试成绩的要求,"走后门"成风。该问题出现后,尽管中央下达文件三令五申,但直到最后也没有完全制止住。在1977年恢复高考后,有人说,十年"文革"换来的一个教训就是:大学不考试不行。如此简单的常识用如此昂贵的代价来换取,真的让人唏嘘。

在工农兵学员存在的七年时间里,考试制度也基本取消或形同虚设。后果是造成了教育质量的下降,无法培养出合格的人才。

工农兵学员制度的产生很大程度上源于毛泽东对理想社会的宏伟蓝图。具体的表现就是他在1966年提出的"五·七指示"和1968年的"七·二一指示"。关于这两个文件以上都有详细的论述,不再重复。当然高考制度并非十全十美,改革也不是坏事,问题是任何构想和改革都要建立在科学论证和研究的基础上,而不是一有想法就盲目实施。如"学制要缩短",其依据是什么?是否经过了科学的考察和论证,这些都是确定任何改革的必要条件。

我们恰恰在这一点上犯了错误。

3. 让懂教育的人管理教育,管理学校

在毛泽东晚年提出的教育主张中,最能体现毛泽东基本教育理想并对教育实践产生重大影响的指示有三条:一是"五·七指示",二是"七·二一指示",三是"关于工农管理学校的指示"。它们对教育理论中的一些最基本的问题,如:办学的方向和任务、教育的形式和制度、学校的领导权和管理权等,做出了挑战性的回答。[26] 关于

---

26 程晋宽著:《"教育革命"的历史考察:1966-1976》福州:福建教育出版社,2001年8月,第149页。

前两条，笔者已有较多的论述，这里主要谈谈第三条，"关于工农管理学校的指示"。

毛泽东这方面的指示披露于姚文元在《人民日报》上发表的文章"工人阶级必须领导一切"中，文章中这样写道：

"实现无产阶级教育革命，必须有工人阶级领导，必须有工人群众参加，配合解放军战士，同学校的学生、教员、工人中决心把无产阶级教育革命进行到底的知识分子实行革命的三结合。工人宣传队要在学校中长期留下去，参加学校中全部斗、批、改任务，并且永远领导学校。在农村，则应由工人阶级的最可靠的同盟者——贫下中农管理学校。"27

毛泽东的指示实际是以两个判断为前提，一是"资产阶级知识分子统治了我们的学校"；二是单靠学校的教师和学生无法完成"教育革命"的任务，因此必须由工人阶级来领导。在毛泽东的指示下，1968年工宣队开始进驻学校。而工宣队就是由工人组成，28可以想象一批既不懂现代教育规律，又不懂现代教育管理的人如何管理教育。在前面笔者举过的例子中就有驻二外的工宣队成员因不懂英文闹的笑话。

学校里离不开知识分子，他们在教育领域扮演着重要的角色，是能否搞好教育和科研技术的关键。成功的教育总是调动他们的积极性，寻求他们的支持与参与。但在那场现代教育管理实践的革命中，知识分子成为革命的对象、改造的对象。在那个"知识越多越反动"的时代，知识分子无法发挥他们的才干，这种情况造成的结果只能是教育受到冲击，科学技术方面与世界先进水平的差距越拉越大。

我国从1949年之后将知识分子的阶级属性归为资产阶级或小资产阶级，1957年又将许多知识分子错划为右派。在1964年前后，毛泽东就做出了资产阶级知识分子统治着我们学校的估计。"文革"开

27　姚文元："工人阶级必须领导一切"，载于《人民日报》，1968年8月26日。
28　笔者所在的工厂也曾向北京大学派出了工宣队，队员中就有跟我一起进厂的年轻工人。他们的文化程度基本都是初中或高中（没有毕业）。

始后,毛泽东认为"这种情况再也不能继续下去了。于是,在"工人阶级必须领导一切"的口号下,工人宣传队进驻高校,成为领导者。工农兵学员进校,"上大学、管大学、用毛泽东思想改造大学"。

这种管理教育的设想是与世界教育管理实践的潮流背道而驰的,当其他国家的教育管理正日益走向专业化,由内行或专业人员来领导和管理教育工作时,而毛泽东则设想由工农兵来领导和管理现代中国教育[29]。这种做法有悖常识,只能是对教育造成伤害。

要把教育搞好,就需要尊重知识分子,尊重科学文化。正如《关于建国以来党的若干历史问题的决议》中指出的:

"要坚决扫除长时间存在而在'文化大革命'期间登峰造极的那种轻视教育科学文化和歧视知识分子的完全错误的观念,努力提高教育科学文化在现代化建设中的作用,明确肯定知识分子同工人、农民一样是社会主义事业的依靠力量,没有文化和知识分子是不可能建设社会主义的。"[30]

这段话终于扫清了多年来压在广大知识分子头上的阴霾,还给了他们一个公道。这一刻让很多人等了太久太久。

二、要尊重个人的受教育权,国家应承担保障的义务

以上笔者用了很大篇幅分析了工农兵学员及我国1949年后高校的招生制度,以及其中贯彻始终的阶级路线。其实,招生中的阶级路线涉及的是一项很重要的权利——受教育权。受教育权是一项基本人权,也是享有和实现其他人权不可或缺的手段。二战后,受教育权就已经成为当代各国宪法和法律所保障的公民基本权利之一。

但为什么很少有人从人权的角度谈论该问题,主要原因还是由于对人权概念的认识。1949年中华人民共和国建立之后,由于受苏

---

[29] 程晋宽著:《"教育革命"的历史考察:1966-1976》福州:福建教育出版社,2001年8月,第171页。
[30] 《中国共产党中央委员会关于建国以来党的若干历史问题的决议》(一九八一年六月二十七日中国共产党第十一届中央委员会第六次全体会议一致通过),北京:人民出版社,1981年7月版,第57页。

联模式的影响和强调阶级斗争的政策，在中国人权概念长期被视为"资产阶级口号"，是"理论禁区"。1966年6月4日《人民日报》的社论"撕掉资产阶级'自由、平等、博爱'的遮羞布"还将人权妖魔化。

因此，在笔者这代人从小受的教育中，从来没有有关人权的教育，甚至连人权一词都没听说过。但在二战以后，受教育权已开始进入国际法领域，受教育权的价值在此时得到了进一步的承认。《世界人权宣言》《联合国宪章》和《经济、社会、文化权利国际公约》都有确认和保护公民受教育权的内容，保障受教育权的国际标准开始确立。

1. 1948年《世界人权宣言》

1948年12月10日，联合国大会通过了《世界人权宣言》。作为第一个有关人权问题的国际文件，《世界人权宣言》（以下简称"《宣言》"）为国际人权领域的实践奠定了基础，对后来世界人民争取、维护、改善和发展自己的人权产生了深远的影响。《宣言》中提到的人权中有19项涉及公民和政治权利，6项涉及经济、社会和文化权利。其中第26条是有关受教育权的主要规定，该条款如下：

"（一）人人都有受教育的权利，教育应当免费，至少在初级和基本阶段应如此。初级教育应属义务性质。技术和职业教育应普遍设立。高等教育应根据成绩而对一切人平等开放。（二）教育的目的在于充分发展人的个性并加强对人权和基本自由的尊重。教育应促进各国、各种族或各宗教集团间的了解、容忍和友谊，并应促进联合国维护和平的各项活动。"[31]

该条第（二）款规定的是教育的目的，已如前述。第（一）款肯定了"人人都有受教育的权利"，表明了该项权利的普遍性。《宣言》第一条就明确了"人人生而自由，在尊严和权利上一律平等"。在受

---

31 《世界人权宣言》（联合国大会1948年12月10日第217A(III)号决议通过并宣布），载于《人权国际文件汇编》ST/HR/1/Rev.3，联合国出版物，纽约：联合国1988年，第7页。

教育权上，《宣言》将教育分为"初级教育""技术和职业教育"及"高等教育"三个阶段。在各个阶段政府的义务应有不同。初级教育应属于义务性质，技术和职业教育"应普遍设立"，而高等教育"应根据成绩对一切人平等开放"。

用该条款衡量一下工农兵学员招生中采取的"推荐制"，明显与《宣言》的要求是不符的。"推荐制"依据的首先是政治条件，并没有考试，也就没有成绩，这种政治条件包含的诸多内容，实际剥夺了许多人的受教育权。

此外，按照《宣言》的第二条："人人有资格享受本宣言所载的一切权利和自由，不分种族、肤色、性别、语言、宗教，政治或其他见解、国籍或社会出身、财产、出生或其他身份等任何区别。"这里强调的是：任何人，不分"社会出身、财产、出生或其他身份"以及"政治或其他见解"都有资格享有一切权利和自由。

而我们实际上在1949年之后高校招生就执行了一条明确的阶级路线，从1953年开始就对报考高校的考生施行政治审查。政治审查制度将所谓"黑五类"，即"地（主）、富（农）、反（革命）、坏（分子）、右（派）"家庭出身的考生排除在高等学校的大门之外，虽然有过一些纠正，但在"阶级路线"的要求下，并没有根本的改变。

从1970年开始招收工农兵学员时，依然明确规定："要贯彻党的阶级路线。"虽然提出过："既要反对忽视成分，又要反对唯成分论"，还提出了一个"可以教育好的子女"的补充方案，但仍然未能从根本上解决问题。相反，工人、贫下中农和革命干部的子女却得到了更多的进入高校的机会。

这些做法都明显不符合《宣言》中有关权利平等和不歧视的原则。

2. 1960年联合国教科文组织的《取缔教育歧视公约》

联合国教科文组织1960年通过的《取缔教育歧视公约》[32]对各

---

[32] 《取缔教育歧视公约》，联合国教育、科学及文化组织大会第十一届会议于一九六〇年十二月十四日通过，按照第十四条的规定，于一九六二年五

国应该予以禁止的各种教育歧视行为做出了非常详细的规定。该公约序言中写道:

"回顾世界人权宣言确认不歧视原则并宣告人人都有受教育的权利,

考虑到教育上的歧视是侵害该宣言里所宣布的各项权利的,

联合国教科文组织的规定,为促进各国间的合作,以促进人人的人权都受到普遍尊重,并且教育机会平等"。

该公约重申了《宣言》中的受教育权和不歧视原则,并指出"歧视侵害该宣言里所宣布的各项权利"。我们在高校招生中贯彻的阶级路线,包括工农兵学员招生方面的做法实际就是某种程度的歧视,属于该公约取缔的行为。

3. 1966年《经济、社会和文化权利国际公约》第13条

1966年《经济、社会和文化权利国际公约》的第13条是对受教育权规定最详细也是最为权威的规定。

第13条第一款重申了《宣言》中关于教育目的的规定,第二款是缔约国承诺"为了充分实现这一权利"应该履行的义务。其中关于高等教育的规定是:"高等教育应根据成绩,以一切适当方法,对一切人平等开放,特别要逐渐做到免费"。这款的规定仍然重申了《宣言》中的规定,"应根据成绩",对"一切人平等开放",但内容上更加具体。

招收工农兵学员的条件中,以家庭出身为由剥夺公民进入高校的权利显然属于歧视,与该公约的规定不符。

通过对以上三个国际文件中有关条款的分析,可以很容易得出的结论是,我们在高校招生中有关阶级路线的做法与上述国际文件是不符的。

普遍人权的概念得到包括西方国家在内的世界各国的广泛认

月二十二日生效。载于《人权国际文件汇编》ST/HR/1/Rev.3,联合国出版物,纽约:联合国1988年,第101-108页。

可，是第二次世界大战以后的事情。其起因是战前和战争期间德意日法西斯主义和军国主义对内践踏人权、对外侵略的历史教训，种族灭绝行为震撼了人类良知，促使战后将尊重人权成为建立联合国的一个重要目的。因此，人权是人类文明高度发展的产物，并非西方国家的专利品。

但在我国由于很长时间里强调以阶级斗争为纲，一个人有无权利完全取决于其阶级归属或政治态度，那时的中国当然不可能接受现代人权概念。因为按照1948年《世界人权宣言》第二条："人人有资格享受本宣言所载的一切权利和自由，不分种族、肤色、性别、语言、宗教，政治或其他见解、国籍或社会出身、财产、出生或其他身份等任何区别。"任何人，不分"社会出身、财产、出生或其他身份"以及"政治或其他见解"都有资格享有一切权利和自由。

当然，从国际法的角度讲，条约只对其缔约国有拘束力，对非缔约国没有拘束力。《宣言》是联合国大会的决议，本身属于建议的性质，没有拘束力。但这并不意味着它们所包含的习惯法规则就没有法律上的效力。《宣言》就包含了许多习惯国际法的规则。

1971年至1973年，中国政府先后恢复了在联合国、联合国教科文组织等联合国组织中的合法席位，中国应该受这些国际组织文件中有关人权规定的约束，应当与其他会员国一道，促进人权的发展，这是《联合国宪章》的宗旨，也是会员国的义务。

值得注意的是，这一具有历史意义的《宣言》颁布后，大会要求所有会员国广为宣传，并且"不分国家或领土的政治地位，主要在各级学校和其他教育机构加以传播、展示、阅读和阐述。"[33]我们有过这样的宣传吗？

直到《世界人权宣言》通过40年后的1988年，中国政府才首次高度评价了《世界人权宣言》。1991年11月1日，中国国务院新闻办公室公布的第一个人权白皮书指出："中国政府对《世界人权宣

33　资料来源于网络：https://baike.baidu.com/item/世界人权宣言/438255?fr=ge_ala，访问时间2024年9月2日。

言》也给予了高度的评价，认为它'作为第一个人权问题的国际文件，为国际人权领域的实践奠定了基础'"。中国政府于1997年10月27日签署《经济社会文化权利国际公约》，并于2001年2月28日批准该公约，并完成了条约缔结程序，成为该公约的缔约国。[34]这意味着我国要承担起遵守该条约的义务。

2004年3月14日，第十届全国人大二次会议通过宪法修正案规定：在《宪法》第3条增加第3款"国家尊重和保障人权"。这是在中国宪法中首次明确表明：尊重和保障人权是国家的义务。

三、健全法治对于教育十分重要

1. 关于《宪法》

作为新中国的第一部宪法，1954年《中华人民共和国宪法》第94条规定：

"中华人民共和国公民有受教育的权利。国家设立并且逐步扩大各种学校和其他文化教育机构，以保证公民享受这种权利。国家特别关怀青年的体力和智力的发展。"

第95条规定：

"中华人民共和国保障公民进行科学研究、文学艺术创作和其他文化活动的自由。国家对于从事科学、教育、文学、艺术和其他文化事业的公民的创造性工作，给以鼓励和帮助。"[35]

上述条款非常明确地规定了受教育权是中国公民的权利，国家有义务保证公民享受这种权利，还专门提到了对青年的体力和智力发展的关怀。并以宪法的形式作出了国家的承诺：保障公民进行这些活动的自由，"给以鼓励和帮助"。

法学界对1954年《宪法》的评价都非常高。然而，现实与《宪

---

[34] 详见 https://www.gov.cn/gongbao/content/2001/content_60701.htm，访问时间2024年5月1日。

[35] 1954年《中华人民共和国宪法》第94、95条转引自余立主编：《中国高等教育史》（下册），上海：华东师范大学出版社，1994年4月第一版，第9页。

法》的规定却相去甚远。1954年《宪法》公布之后，连续发生了公然背离宪法的一系列政治运动和重大事件。如1955年"胡风反革命集团案"、1957年的"反右运动"、1966-1976年的"文化大革命"，这些运动或事件都对人权造成了重大侵害。

据统计，公安部门、检察院、法院在1978年至1984年3月平反案件一百零九万零七百四十八件，其中大部分是"文革"期间的案件。又据统计，北京市在"文革"中共有九千八百三十名干部、职工、学生、农村社员、城市居民由于受到残酷迫害而非正常死亡。十年内乱中全国上下受打击迫害和株连的干部、群众达一亿人。[36]

尽管《宪法》规定了"公民有受教育的权利"（第94条），"公民在法律上一律平等"（第85条），但长期以来，在我国存在着被称为"黑五类"的"地、富、反、坏、右"，他们被视为"人民的敌人"，成为专政的对象，因而失去了公民权利和人格尊严。他们的子女也因其出身失去了上大学受教育的权利。

尽管《宪法》规定"保障公民进行科学研究、文学艺术创作和其他文化活动的自由"（第95条），《宪法》还规定了"保障公民的言论自由"（第87条），但在1957-1958年的"反右运动"中，至少有55万人因言获罪被定为"右派分子"。[37] "反右运动"大大打击了知识分子，对教育界造成了很大的破坏。

值得思考的问题是，为什么1953年开始的对高考考生进行的政治审查，在1954年《宪法》公布后这种做法并没有改变，反而越发严苛？为什么作为国家最高法的宪法，效力还不如政策性文件或领导人的指示？这些问题是我们今天对工农兵学员制度进行反思时应该考虑的问题。

尤其在"文革"期间，宪法、法律、党章成了一纸空文；上至国

---

36 1978年12月13日，叶剑英在中央工作会议闭幕会上说："包括受牵连在内受害的又上亿人，占全国人口的九分之一，这个教训是极其惨痛的。"转引自王年一著：《大动乱的年代》，北京：人民出版社，2009年5月第1版，第466页。

37 龚刃韧："建立法治国家必须尊重宪法权威——基于对'苏联模式'的反思"，载于《法学》2015年第5期，第130页。

家主席，下至基层干部、劳动模范、各界群众，可以任意被批、被斗、被抓、被整；党纪、政纪、军纪被废弛，规章制度被抛到一边，武斗不止，派仗不停，打砸抢成风；正常的生产秩序，工作秩序，学习秩序遭到了很大破坏，国家政治生活和社会生活陷于极不正常的状态[38]。为什么会发生这些事情，确实值得认真思考。

北大法学院龚刃韧教授认为，一系列背离 1954 年《宪法》的重大事件和政治运动，几乎都有"苏联模式"的影响。"苏联模式"的三大弊端：一是缺乏法治；二是缺乏民主；三是缺乏人权保障。[39]笔者赞同他的观点。此外，在我国，"否定人的平等、尊严和权利的制度、规则和习俗长期占有统治地位。"[40]这与"苏联模式"的种子在中国的土地上为什么能够生长有着密切的关系。我们在对工农兵学员制度进行反思时，应该汲取的教训中很重要的一点是加强法治、民主和保障人权。

2. 关于"法治"（rule of law）

这里还需厘清"法治"和"法制"的不同。这是两个音同但字不同、含义也不同的两个用语，长时间以来它们的意思经常被混淆。

现代"法治"（rule of law）的概念说得简单点就是不管权力怎么来的，只管怎么限制权力。它包括法律的至高权威，法律的公正性、稳定性、普遍性、公开性和平等性，以及对公正权力的制约与对人权的保障等一系列原理和基本要求。"法制"（legal system）的意思是法律制度，含法律、法规、规章。一般不必具有这些内涵，只要有法律和制度存在就有法制存在。

"法治"与"法制"的不同点在于，法治是理念，法制是制度。理念和制度是不一样的。法治作为理念很重要的内容是保障人权，给

38　中共中央文献研究室：《关于建国以来党的若干历史问题的决议注释本》，北京：人民出版社，1983 年 6 月第一版，第 386 页。

39　龚刃韧："建立法治国家必须尊重宪法权威——基于对'苏联模式'的反思"，载于《法学》2015 年第 5 期，第 132-134 页。

40　徐显明主编：《国际人权法》，北京：法律出版社，2004 年 11 月版，第 202-203 页。

予人更多的自由，建立民主政治。长期以来，作为人类文明发展成果和国际社会共识的法治理念在我国并没有得到承认。

直到2008年2月2日中国政府首次发表《中国的法治建设》（白皮书）明确承认：

"法治是政治文明发展到一定历史阶段的标志，凝结着人类智慧，为各国人民所向往和追求。"

"20世纪50年代后期以后，特别是'文化大革命'十年（1966年-1976年）动乱，中国社会主义法制遭到严重破坏。"

"20世纪70年代末，中国共产党总结历史经验，特别是汲取'文化大革命'的惨痛教训，作出把国家工作中心转移到社会主义现代化建设上来的重大决策，并明确了一定要靠法制治理国家的原则，为了保障民主"。[41]

这里明确指出了"法治"是政治文明的标志，在"文革"十年中国的法制遭到了严重破坏。还明确了要靠法制治理国家的原则。目的是保障民主。

人权的保障离不开法治。《世界人权宣言》序言中宣布："鉴于为使人类不致迫不得已铤而走险对暴政和压迫进行反叛，有必要使人权受法治的保护。"

《宣言》所指的法治（rule of law）概念，与依法而治（rule by law）概念有本质上的不同。"依法而治"虽重视法律但视其为统治手段，无恶法与良法之分，因而古今中外任何国家甚至集权国家均可利用。

法治追求：法律至上、保障人权、社会民主、促进权利、维护自由平等、程序正义。

而法治概念的主要特征是以良法和独立的司法限制国家权力，保障个人自由。人权与法治、民主的紧密联系已得到广泛承认。2006年以来，联合国大会每年都通过关于法治的决议，反复强调"人权、

---

[41] 资料来源于中国政府网： https://www.gov.cn/zhengce/ 2008-02/28/content_2615764.htm，访问时间2024年9月3日。

法治和民主相互关联、相互加强，是普遍、不可分割的联合国核心价值和原则的一部分。"

2018年现行宪法第五次修改将原序言中的"健全社会主义法制"修改为"健全社会主义法治"，反映出我国社会主义法治建设历史性的跨越和进步。

3. 关于"法制"（legal system）

在我国1949年之后，不仅没有法治意识，法制也不健全。在教育工作中法制建设的意识非常淡薄。

主要表现在：在教育立法方面，没有制定教育法律，最高层次的教育法是国务院制定的行政法规，且数量不多；在立法主体上不规范。一些重要的规范性文件，不是由国家立法机关制定或参与制定，而是直接以党的文件形式下发；教育工作没有纳入法制化的轨道，一切以政府文件行事。如：《教育部直属高等学校暂行工作条例（草案）》（1961年）、《教育部关于高等学校招生试题和考务工作的保密规定》（1963年5月31日）、《中共中央、国务院关于改革高等学校招生工作的通知》（1966年7月24日）、《全国教育工作会议纪要》（1971年7月27日）等，基本上是由中共中央、国务院分别或共同发出的，其立法名称极不规范，多冠以"条例""决定""办法""指示""意见""规定""通知"等，难以判断其效力权威。[42]

这一点在有关工农兵学员制度的文件中表现得极为突出。

从1966年6月1日开始，先是高教部关于改进高校招生工作的请示得到中共中央的批准，高考即将如期进行。然后中学生的两封信，于是高考推迟半年。接着人大7位同学的信，高校招生工作进行改革。并宣布撤销先前高教部的文件，从次年的1月份进行高校录取新生的工作。然后，就没有了然后。于是，大学停止招收长达四年之久，直到1970年开始招收工农兵学员。

这一过程中看不到任何法律的影子，连中共中央、国务院自己发

---

[42] 李庆刚："'大跃进'时期'教育革命'研究"，中共中央党校博士论文，2002年5月，第216页。

的通知都没有执行。

工农兵学员从招生开始到毕业的所有环节，找不到任何法律的规定或依据。往往是最高领袖的一个讲话，下面就立即行动照办。这其中取消招生考试，采用"推荐制"，依据是什么？学制缩短、教学体制改革的依据是什么？从目前的资料来看，看不到有法律上的依据。这种情况一直持续到"文革"的结束，造成的结果是整个教育陷于停顿、混乱的状态，损失难以弥补。

现代社会是法治社会，教育的发展和改革都离不开法治的保驾护航。这方面我们已经付出了过于沉重的历史代价——教育事业的大破坏、大倒退和耽误了整整一代人的青春年华。

小 结

从 1970 年招收第一批工农兵学员，到 1993 年"大普学历"的确定。工农兵学员们经历了人生的大起大落，一切仿佛都尘埃落定。但对他们的评价和争论一直没有停止。

工农兵学员社会地位变化的转折点发生在 1981 年，那年恢复高考后入学的第一批大学生毕业。此后，随着经高考入学的大学毕业生逐渐走上工作岗位，工农兵学员的社会认可度逐渐降低。他们头顶的光环早已不再，慢慢沦为社会的"弃儿"。

对工农兵学员的诟病主要集中在他们的业务能力和水平上，由于没有经过考试的选拔就进了大学，在校期间又没有经过很好的学术训练，他们的社会认可度极低，甚至有人将他们与"四人帮"相提并论。这种评论对广大工农兵学员并不公平，但他们必须承担由此带来的后果。面对这种局面，很多人通过进修、考研等各种方式，努力弥补知识上的不足，成为工作中的佼佼者和生活上的强者。

工农兵学员制度从本质上讲，是"左"倾错误的产物。从这段特殊的历史中，应汲取哪些教训是笔者最后要回答的问题。笔者认为：

首先要尊重教育发展的规律，让教育回归教育。关于教育与政治的关系，在很长的时间里，教育在我国完全成了政治的工具和附属品。这与教育的本质是不符合的，教育的根本目标是促进人的发展。

办好教育要尊重常识。其实常识是最稀缺的认知，违背常识会付出代价。所谓常识提出也是由这些代价反证出来的。例如，教育改革要建立在科学的研究与实验的基础上。让懂教育的人管理教育，等等。"文革"中提出的"工人阶级领导一切"，工宣队进驻高校，工农兵学员的"上、管、改"，这种管理教育的设想是与世界教育管理实践的潮流背道而驰的。

其次，要尊重个人的受教育权，国家应承担保障的义务。

受教育权是一项基本人权，也是享有和实现其他人权不可或缺的手段。二战后，受教育权就已经成为当代各国宪法和法律所保障的公民基本权利之一。但在我国，人权概念长期以来被认为是资产阶级的口号，是理论的禁区。这导致了在高校招生，包括工农兵学员的招生等问题上，公民的受教育权没有得到尊重，这种做法与二战以后的《世界人权宣言》《联合国宪章》和《经济、社会、文化权利国际公约》中确认和保护公民受教育权的内容不符。

直到 2004 年 3 月 14 日，第十届全国人大二次会议通过宪法修正案规定：在《宪法》第 3 条增加第 3 款"国家尊重和保障人权"。这是在中国宪法中首次明确表明：尊重和保障人权是国家的义务。

最后，健全的法治对于教育的重要性，是我们付出了惨痛代价后换来的教训。在我国，长期以来，《宪法》没有得到很好地执行。1954 年《宪法》公布之后，连续发生了公然背离宪法的一系列政治运动和重大事件。

长期以来，作为人类文明发展成果和国际社会共识的法治理念在我国并没有得到承认。直到 2008 年 2 月 2 日中国政府首次发表的《中国的法治建设》（白皮书）才承认，"法治"是政治文明的标志，在"文革"十年中国的法制遭到了严重破坏。"白皮书"还明确了要靠法制治理国家的原则。

当然，有法律并不等于有法治，只有实行法治，中国才有希望。现代社会是法治社会，教育的发展和改革都离不开法治的保驾护航。这方面我们已经付出了过于沉重的代价，与代价相比更值得我们深思的是：在付出沉重的代价之后，我们从中汲取了什么教训？

结　语

　　工农兵学员制度诞生于 1966 年开始的"文化大革命"中。说它是"文革"的产物，其实并不尽然，其产生与 1949 年之后的"左"倾错误的影响是分不开的。正如中共中央文献研究室在《关于建国以来党的若干历史问题的决议注释本》所指出的：

　　"建国以来，由于"左"倾错误的影响，教育工作也有许多错误。主要是：轻视教育的错误观点，造成了经济建设和文教建设比例严重失调；在教育事业的发展上，急于求成，不量力而行，形成几次大起大落，造成教育质量严重下降；忽视科学文化和知识分子在社会主义建设中的重要作用；学校不断搞政治运动，冲击了正常的教学秩序和工作秩序，挫伤了广大干部、教师的积极性。尤其是"文化大革命"的十年，教育事业遭受了严重的摧残和破坏。这就使我们没有取得本来应该取得的更大成就。"[1]

　　这段话总结了 1949 年之后在教育工作中出现的错误，并把造成的错误归因于"左"倾错误的影响。造成的后果是：教育质量严重下降；忽视科学文化和知识分子在社会主义建设中的重要作用；冲击了正常的教学秩序和工作秩序，等等。尤其是在"文革"十年，"教育事业遭受了严重的摧残和破坏"。这种情况一直持续到粉碎"四人帮"特别是十一届三中全会，教育战线进行了全面的拨乱反正，我国教育事业的发展才进入了新的历史时期。

　　本书中，笔者对本人在北京第二外国语学院三年半的工农兵学员的学习经历做了详细的描述，并对工农兵学员制度产生的背景、过程、渊源、教训等问题做了理论上的分析、评论与研究。

---

[1] 中共中央文献研究室：《关于建国以来党的若干历史问题的决议注释本》，北京：人民出版社，1983 年 6 月第一版，第 181 页。

笔者对以上问题的研究总结如下：

一、工农兵学员制度是"左"倾错误的产物，是"左"倾错误的集中体现

1966年5月16日，中央政治局扩大会议通过了毛泽东主持制定的《中国共产党中央委员会通知》（即《五·一六通知》）。《五·一六通知》要求全党"高举无产阶级文化革命的大旗，彻底揭露那批反党反社会主义的所谓'学术权威'的资产阶级反动立场，彻底批判学术界、教育界、新闻界、文化界、出版界的资产阶级反动思想，夺取在这些文化领域中的领导权。"《五·一六通知》是集中代表"左"倾方针的文件。这次会议标志着"左"倾方针在党中央占据了统治地位。[2]

1966年8月8日，党的八届十一中全会通过了《中国共产党中央委员会关于无产阶级文化大革命的决定》（即"十六条"），从而正式确认了"文化大革命"的"左"倾指导方针。[3]

正式宣告了工农兵学员制度诞生的文件是1971年8月13日中共中央批转的，经姚文元修改、张春桥定稿的《全国教育工作纪要》。《纪要》集"左"倾的"教育革命"之大成[4]。这份以"会议纪要"为名称下发的文件，是工农兵学员制度的主要指导文件。

在上述一系列"左"倾错误文件的指导和影响下，未经文化考试选拔，只经过"推荐制"进入大学的工农兵学员们，入学后也没有得到系统的专业知识的学习与学术训练，他们在阶级斗争、政治运动、开门办学中，贻误了学习的大好年华。在当时的大背景下，在"工人阶级领导一切"的口号下，工人宣传队进驻大学，成为大学的管理

2　中共中央文献研究室：《关于建国以来党的若干历史问题的决议注释本》，北京：人民出版社，1983年6月第一版，第390页。

3　中共中央文献研究室：《关于建国以来党的若干历史问题的决议注释本》，北京：人民出版社，1983年6月第一版，第393页。

4　王年一著：《大动乱的年代》，北京：人民出版社，2009年5月第1版，第258页。

者。大学里的教师们被作为资产阶级知识分子,成为改造的对象。这种做法在实践中造成了十分恶劣的后果,不仅违背了教育工作的客观规律,也使得教师不能正常地开展教学工作。从客观事实来看,这些都使得中国教育偏离了现代教育发展的轨道。工农兵学员制度存在的七年时间,不仅没有给中国教育带来新的生机,实际上给中国教育造成了无法弥补的损失。

当然,对工农兵学员制度产生影响的"左"倾错误不限于上述笔者提到的几个文件。该制度的产生并非一朝一夕,还有着比较深厚的历史和政治上的渊源。

1949年之后在教育领域的一系列操作:从教育中的"苏联模式";"招生中贯彻的阶级路线政策";"教育必须为无产阶级政治服务";"教育必须与生产劳动相结合",到"培养无产阶级革命事业接班人",使得教育只强调为政治服务的方向。五六十年代教育领域的"左"倾错误为"文化大革命"播下了火种。尤其是1958年"大跃进"运动以来,"教育革命"中"左"倾思想不断滋长和发展,最终导致的结果就是"左"的错误冲击了教育本身,而这种结果在"文革"期间发展到了极致。

工农兵学员制度正是这些"左"倾错误的集中体现。

二、工农兵学员制度——培养革命接班人的实验田

从年龄上看,绝大多数工农兵学员出生于二十世纪50年代。根据生物学意义"代"的划分,大致20-30年为一代人。而社会学意义的划分与此并不相同,它是因共同的社会和历史经验而形成的。专门研究"共和国同龄人"的米鹤都先生将经历了十年"文革"的特殊一代称为"第三代",他们的共同经历主要是红卫兵运动、上山下乡和改革开放等方面。[5]

按照米鹤都的划分,工农兵学员应属于"第三代"。不过他们是

---

[5] 米鹤都著:《心路:透视共和国同龄人》,北京:中央文献出版社,2011年8月第1版,第389-390页。

"第三代"中一个比较特殊的群体。其特殊之处在于,他们在年轻的时候幸运地获得了接受高等教育的机会。

工农兵学员是与中华人民共和国共同成长起来的那一代人。"生在红旗下,长在新社会"。他们是在共产党夺取政权之后,以全新的思想意识刻意培养的一代人。从小接受革命教育,立志要做革命接班人,准备要"埋葬帝(国主义)、修(正主义)、反(动派)","解放全人类"。

如果把第三代这个群体放到中国的现代化进程中观察,则明显感受到他们的整体命运始终伴随着中国现代政治而跌宕起伏。几乎每次社会大动荡,他们都成了主要载体,或者说是主要的牺牲品,凸显出他们作为共和国历史中的实验班角色。[6]

笔者认为,第三代中扮演了"实验班"中典型角色的是工农兵学员群体。

工农兵学员这一代人从他们幼年开始,就接受长期的思想政治教育。从50年代起,中国各级学校的思想教育都给学生灌输了强烈的阶级斗争意识,并且不断渲染阶级斗争严重化的形势。

进入60年代,由于"左"的指导方针的影响,在"千万不要忘记阶级斗争""阶级斗争一抓就灵"的思想指引下,给这代人正在形成的世界观造成了极其深刻的影响。1964年提出的"要造就千百万无产阶级革命事业接班人",使得他们的政治热情空前高涨。而偏激、封闭的教育中,法治、人权等现代文明观念的严重缺失,使他们没有任何法律意识。

等他们进入中学或即将进入中学时,当最高指示要他们向旧世界宣战的时候,他们毫不犹豫地投入到那场"史无前例"的"文化大革命"运动中,成为"横扫一切牛鬼蛇神"的革命小将。恰恰在他们应该接受教育的时候,大学停止招生,他们去了工厂、农村、部队,接受工农兵的"再教育"。

---

[6] 米鹤都著:《心路:透视共和国同龄人》,北京:中央文献出版社,2011年8月第1版,前言第5页。

当他们被"再教育"了两年或更长时间之后,被按照严格的政治标准挑选出来送进大学,于是他们成为工农兵学员。

他们上的大学是按照毛泽东的理想社会的标准建立的、经过改革的大学。毛泽东的理想社会集中体现的就是"五·七指示"和"七·二一指示"。这两个指示在精神实质上是没有区别的,都是要使现代中国教育"革命化",服务于毛泽东的理想社会的实现。[7]

当时的大学是由工人阶级领导的,资产阶级知识分子已经成了批判和改造的对象。工农兵学员来到大学是"上大学、管大学、用毛泽东思想改造大学"。学制已经缩短,开门办学成为主要的教学体制。他们在这里不仅学工、学农,还要批判资产阶级。

学校的目的是培养出毛泽东理想的革命接班人。工农兵学员制度就是毛泽东的理想设计并付诸实施的实验田,承载着他伟大理想的宏伟蓝图。工农兵学员就是按照毛泽东的规划设计培养出的一批理想社会的人,即:革命接班人。由于他们在封闭的环境和片面的教育下成长,很难了解现代文明和人类优秀的文化成果的全貌。因此他们在思维方式上容易以偏概全,往往以为接触的东西是最好的。

实践已经证明,这张以"五·七指示"为基础的宏伟蓝图,在思想上,从属小生产者空想社会主义体系,貌似公平而实为倒退,与现代教育格格不入;在实践上,为时十年多的全国性的大试验,虽取得探索性的成果和大量的经验教训,但是付出了过于沉重的历史代价——教育事业的大破坏大倒退和整整一代人的耽误。[8]一个无可回避和无可补救的后果是:数以千万计的青少年丧失了继续学习、继续获得科学文化知识、从而也就丧失了发挥自己的才华和创造潜力的机会。

在这个意义上来说,"实验田"失败的大局已定。况且 1977 年高考制度的恢复和 1979 年中央撤销《全国教育工作纪要》,已经明

7　程晋宽著:《"教育革命"的历史考察:1966-1976》,福州:福建教育出版社,2001 年 8 月版,第 148 页。

8　周全华著:《"文化大革命"中的"教育革命"》,广州:广东教育出版社,1999 年 7 月版,第 52 页。

确了该文件的错误。工农兵学员制度已经寿终正寝。

但同时我们应该看到,这种"实验田"虽然不存在了,但它带给人们观念上的深层影响,强烈的意识形态依然在影响着很多人的价值观和世界观。笔者接触的一些工农兵学员就是如此。他们依然怀念着"文革"时代,因为那里有他们一生中的高光时刻;他们现在还会抱怨,认为对工农兵学员的学历待遇不公;他们仍坚持认为,招收工农兵学员是"史无前例的教育变革",因为没有这个制度他们也许上不了大学。

所以,看得见、算得清的破坏并不是最可怕的,长期的、强烈的意识形态的灌输实际是很可怕的。我不得不说的是,工农兵学员这代人是接班人教育的第一代。过去的教育所导致的认知畸形或残缺到了老年才发现时,已经是木已成舟无可挽回了。从这个意义上看,"实验田"并非完全失败。

这就是现实吧。

三、应该对工农兵学员制度进行反思

笔者在本书的第九章对所涉的"渊源"问题和工农兵学员制度进行了一些反思,但这仅仅是个开始。以上笔者虽然提到了"左"倾错误,工农兵学员制度是这种"左"倾错误的产物,但如果笔者的研究仅仅停留在指出错误上是远远不够的,还应进行深入的思考和反省。

需要反思的问题很多,比如:这些错误的根源是什么?围绕这些错误当时有过怎么的争论?为什么这些错误当时没有得到纠正?到目前为止这些错误是否得到了纠正?教育的实质到底是什么?教育的目的是什么?中国传统文化对教育的影响有哪些?为什么世界文明中的"人权""法治"概念在中国接受遇到了困难?等等。

还有,"文革"已经结束四十多年了,党的十一届六中全会通过《关于建国以来党的若干历史问题的决议》也已过去了多年,中国各方面都发生了巨大的变化,社会也有了很大的发展,但对这场"给党、国家和各族人民带来严重灾难的内乱"的反思进行的如何呢?

季羡林先生在其1992年完成的《牛棚杂忆》中,就"文化大革

命"提出了一些"余思或反思"[9]。他提出的问题与回答是:

1. 吸取了教训没有？吸取了一点，但很不够。

2. "文化大革命"过去了没有？"文化大革命"整知识分子，是完全没有道理的，是怎样花言巧语也掩盖不了的。对广大的受过迫害的知识分子来说，"文化大革命"并没有过去。

3. 受害者舒愤懑了没有？"回答只有两个字：没有！"

4. "无产阶级文化大革命"为什么能发生？季先生对该问题的回答是：

"兹事体大，我没有能力回答。有没有能回答的人呢？我认为，有的。可他们又偏偏不回答，好像也不喜欢别人回答。窃以为，这不是一个唯物主义者应抱的态度。如果把这个至关紧要的问题坦诚地、实事求是地回答出来，全国人民，其中当然包括知识分子，会衷心地感谢，他们会放下心中的包袱，轻装前进，表现出真正的安定团结，同心一志，共同戮力建设我们的社会主义社会，岂不猗欤休哉！"

由此可见，季先生对该问题的回答是"非常清楚的"。

值得一提的是，季先生的著作完成于1992年，但直到六年之后的1998年该书才得以出版。其中"必有个说法"。

从季先生的《牛棚杂忆》出版到今年（2024年），又过去了26年，季先生也已作古。但他留下的问题仍然值得我们思考。面对季先生的在天之灵，我们能对他提出的四个问题给出他所期望的答案吗？

虽然知道自己能力有限，但我仍然在努力，尽自己最大的努力。反思那段历史。

近日，在网上看到一段话说得很好：

"把知道的真相告诉大家，是一种正义；把明白的常识告诉大家，是一种责任；把目睹的罪恶告诉大家，是一种良知；把了解的事实告诉大家，是一种道德；把听到的谎言告诉大家，是一种博爱；把

---

[9] 季羡林著:《牛棚杂忆》，中共中央党校出版社，1998年4月第1版，第209-219页。

亲历的苦难告诉大家,是一种告诫;把面临的风险和不幸告诉大家,是一种善念"。

这段话说的正是我心中所想。我想把真实留给历史。

希望对历史的反思对后人有所启迪,希望历史的教训能对他们有所帮助。希望后人们不再犯我们这代人犯过的错误,少走些弯路;希望他们不再经历我们的苦难、荒诞和愚昧,希望他们生活在一个民主、自由、人权得到保障的法治社会。

附 件

附件一：
北京第二外国语学院英语系 73 级工农兵学员相关大事记[1]

1966 年

6 月 1 日
《人民日报》社论："横扫一切牛鬼蛇神"

6 月 2 日
"北京大学七同志一张大字报揭穿一个大阴谋"，《人民日报》
《人民日报》社论："触及人们灵魂的大革命"

6 月 6 日
北京女一中高三（四）班学生敢想、敢说、敢做、敢闯、敢革命写信给党中央和毛主席强烈要求废除旧升学制度[2]

6 月 10 日
北京四中全体革命师生响应女一中同学的革命倡议向毛主席表示赞成废除旧的升学制度[3]

6 月 13 日

---

[1] 该"大事记"中包含了工农兵学员制度产生的有关文件及二外英语系 73 级的基本活动情况。将一些重要的背景材料编入，是为了便于读者了解当时的背景。有关在二外的学生活动部分，根据本人保存的原始文件整理，含：笔记、会议记录、日记。

[2] "北京女一中高三（四）班学生敢想、敢说、敢做、敢闯、敢革命 写信给党中央和毛主席强烈要求废除旧升学制度"，载于《人民日报》，1966 年 6 月 18 日。

[3] "北京四中全体革命师生响应女一中同学的革命倡议 向毛主席表示赞成废除旧的升学制度"，载于《人民日报》，1966 年 6 月 18 日。

中共中央、国务院发出通知，为了彻底搞好文化革命、彻底改革教育制度，决定改革高等学校招生考试办法，并且决定将一九六六年高等学校招生工作推迟半年进行。[4]

6月22日

人民大学七位同学写信要求坚决彻底迅速地砸烂旧的教育制度 向党中央和毛主席建议实行崭新的文科大学学制[5]

7月24日

《中共中央、国务院关于改革高等学校招生工作的通知》[6]发出，该文件中宣布，"从今年起，高等学校招生，取消考试，采取推荐和选拔相结合的办法。"

8月8日

中国共产党八届十一中全会通过了《关于无产阶级文化大革命的决定》，即《十六条》。

1970年

6月27日

中共中央关于北京大学、清华大学招生（试点）的请示报告的批示[7]

1971年

4月15日至7月31日

---

4 "中共中央和国务院决定 改革高等学校招考办法"，载于《人民日报》，1966年6月18日。

5 "人民大学七位学生写信要求坚决彻底迅速地砸烂旧的教育制度 向党中央和毛主席建议实行崭新的文科大学学制"，载于《人民日报》，1966年7月12日。

6 "中共中央、国务院关于改革高等学校招生工作的通知"（1966年7月24日），载于杨学为编：《高考文献》（上），高等教育出版社，2003年7月版，第626-628页。

7 "中共中央关于北京大学、清华大学招生（试点）的请示报告的批示"（1970年6月27日），载于杨学为编：《高考文献》（上），高等教育出版社，2003年7月版，第631-633页。

全国教育工作会议召开。参加会议的有各省、市、自治区,国务院有关部、委,军委各总部,各军、兵种主管教育的同志和198所高等院校(包括军队系统院校)的代表,共631人。

这次会议的结果是通过了《全国教育工作会议纪要》(1971年7月27日)[8]。

8月13日

中共中央批转了《全国教育工作会议纪要》。《纪要》首次对新招收的大学生使用了"工农兵学员"这一称呼,并指出:"工农兵学员是教育革命的主力军。要充分发挥他们上大学、管大学、用毛泽东思想改造大学的作用。"并提出:"选拔工农兵学员要严格坚持自愿报名,群众推荐,领导批准,学校复审,坚决反对草率从事和'走后门'"。

从此,选拔工农兵学员的条件、招生办法、学制、待遇等确定。

1973年

4月3日

国务院批转国务院科教组《关于高等学校1973年招生工作的意见》指出:

"各地应遵照毛主席关于'又红又专'的指示,在群众推荐、政审合格的基础上,重视文化程度,进行文化考查,了解推荐对象掌握基础知识的状况和分析、解决问题的能力,保证学生具有相当于初中毕业以上的实际文化程度。同时也要防止'分数挂帅'。考查的内容与方法,各省、市、自治区可根据本地具体情况和各地专业的不同要求进行试验。"[9]

---

8 《全国教育工作会议纪要》(1971年27日),载于杨学为编:《高考文献》(上),高等教育出版社,2003年版,第636-645页。1971年8月31日,中共中央曾批转此文。1979年3月19日,中共中央决定撤销这个错误文件。

9 "上海两个工厂是怎样进行文化考查的",载于杨学为编:《高考文献》(上),高等教育出版社,2003年版,第664页。转引自董美英:"教育机会均等视阈下重点高校大学生来源的历史研究",华东师范大学博士论文,2009年,这是自 1970 年高校招生实行"推荐制"以来，第一次提到了"重视文化程度"，而且提出了要进行"文化考查"。

为落实具体的招生办法，国务院科教组《关于高等学校 1973 年招生办法中若干问题的通知》中指出，"至于考查内容和方法，全国不做统一规定，由各省、市、自治区掌握。"[10]

据此，各地根据情况开始了"文革"以来唯一的一次高校招生的文化考查。

7月19日

《辽宁日报》刊载了辽宁考生张铁生由于答不出物理和化学的试题，在试卷背后写的一封信，这封信被称为是的"一份发人深省的答卷"。并被上纲上线，直至否定这次文化考查，认为是"复辟""反攻倒算"。[11]

8月10日

《人民日报》转发《辽宁日报》的上述文章。

9月14日

北京第二外国语学院英语系录取的168名工农兵学员到校报到。

9月17日

第一学期开始。入学教育后，业务学习开始。

这学期开设的课程除英语外，还有三门课：汉语、世界历史和政治。按照规定，第一学期为文化补习。应该补的是"文化基础课"，实际是中学的课程，该学期不计入学制。

第一学期参加的政治运动主要是"教育革命"。

10月—11月

英语学习进入"听说领先"阶段

11月中下旬

第 88 页。另可参见程晋宽著：《"教育革命"的历史考察：1966-1976》，福州：福建教育出版社，2001 年 8 月，第 430-431 页。

[10] "上海两个工厂是怎样进行文化考查的"，载于杨学为编：《高考文献》（上），高等教育出版社，2003 年版，第 664 页。

[11] "一份发人深省的答卷"，载于《辽宁日报》，1973 年 7 月 19 日；《人民日报》，1973 年 8 月 10 日。

英语学习进入"读写跟上"阶段

12月21日

学院党委副书记张书田[12]做教育革命的动员报告。

12月25日

英语系教师编校组（即教材编写组）召开讨论会，讨论"教育革命"。学生派代表参加。

1974年

1月4日

英语系召开73级下乡动员报告会。

会后，全年级分别赴北京市朝阳区金盏公社北马坊村（7班）、楼梓庄公社马各庄村（1班）、驹子房村（6班）等，进行毛泽东思想宣传（实为催账要账）。时间约为两周。

1月17日（农历腊月二十五）

离开农村返回学校。

1月18日

中共中央以1974年第一号文件转发了由北京大学、清华大学编写的《林彪与孔孟之道》（材料之一）。

中共中央在转发一号文件的通知中指出，"这个材料对于继续深入批林，批判林彪路线的极右性质，对于继续开展对尊孔反法思想的批判，对于加强思想和政治路线方面的教育，会有很大帮助"。[13]此后，全国展开"批林批孔"运动。

2月1日（农历正月初十）

听英语系主任传达的市委某领导同志的讲话："要立即掀起一个批林批孔的高潮"。

2月2日

听院党委副书记张书田同志做"批林批孔"动员报告。

---

12 张书田，时任二外党委副书记，二外建立时由重庆邮电学院调入。
13 中共中央文献研究室编：《周恩来年谱 一九四九——一九七六》（下卷），北京：中央文献出版社，1997年5月第1版，第643页。

报告后，开始了各种形式的学习。

2月5日至8日

国务院科教组在北京召开教育战线第二次批林批孔座谈会。

会议传达了中央关于批林批孔的指示精神，请北京大学、清华大学批林批孔小组的同志就有关批林批孔材料进行了辅导，以便于培养宣讲员，同时交流了批林批孔的经验。[14]

3月1日

全年级在教学楼404教室召开批判会。

批判会的主题是："批判劳心者治人，劳力者治于人的反动谬论"。各班派代表发言。

3月—4月

汉语课上要求写"批林批孔"的作文。

4月10日、5月18日

中共中央接连发出通知，对"批林批孔"运动的政策做了具体的规定：强调运动要在党委领导下进行；不要搞扩大化，等等。[15]

6月1日

周恩来总理因病住进中国人民解放军305医院。做第一次大手术。[16]

6月14日—7月1日

到北京市密云县古北口54军参加军训

7—8月 暑假

9月秋季学期开学

9月下旬—11月初

开学后到北京东郊双桥马场"开门办学"5周

9月30日晚

---

14 "国务院科教组召开教育战线第二次批林批孔座谈会"，载于《教育革命通讯》，1974年第3期，第32页

15 见王海光："'批林批孔'运动"，载于张 化、苏采青主编：《回首"文革"》（第四卷），北京：中共党史出版社，2004年4月第3版，第1331页

16 中共中央文献研究室编：《周恩来年谱》（1949-1976 下卷），北京：中央文献出版社，1997年5月，第671页。

周恩来抱病出席了在人民大会堂举行的国庆招待会。当他步入大厅时,全场沸腾,掌声雷动。

10月4日

毛泽东提议由邓小平任国务院第一副总理。[17]

12月6日

英语系73级五个班的同学一起邀请老师用英语做"批林批孔"讲座。[18]

12月

开始了另一场学习运动——学习无产阶级专政的理论

1975年

1月5日

中共中央发出一号文件,任命邓小平为中央军委副主席兼任解放军总参谋长。[19]

1月上旬

邓小平被选为党中央副主席和政治局常委。

1月13日—17日

第四届全国人民代表大会第一次会议在北京召开。

13日,周恩来代表国务院在四届人大一次会议上做《政府工作报告》。报告中重提三届人大一次会议提出的我国到20世纪末实现四个现代化的奋斗目标。

17日,大会根据党中央的提议,任命周恩来为国务院总理,邓小平为国务院第一副总理。[20]

---

17 中共中央文献研究室编:《周恩来年谱》(1949-1976 下卷),北京:中央文献出版社,1997年5月,第677页。

18 见 By Class 9, Combining English Studies With the Present Struggle(9班:"将英语学习与当前的斗争结合起来"),载于《开门办学》第6期,1974年12月9日,第3页。

19 中共中央文献研究室编:《周恩来年谱》(1949-1976 下卷),北京:中央文献出版社,1997年5月,第689页。

20 中共中央文献研究室编:《周恩来年谱》(1949-1976 下卷),北京:中央文献出版社,1997年5月,第691页。

邓小平上任伊始，便雷厉风行、大刀阔斧地展开了著名的1975年全面整顿。[21] 对教育的整顿是其中的一项重要内容。

5月中旬—6月30日（六周）

到山西省祁县解放军1562部队二连学军。

6月14日，到文水县刘胡兰村参观。参观了刘胡兰纪念馆、瞻仰了"毛主席题词塔"、刘胡兰烈士塑像、刘胡兰被捕处、就义处、烈士墓、纪念亭等。

6月24日，听一等功臣、二级战斗英雄、钢铁战士蔡金同的报告。

6月29日，实弹射击。

6月30日，离开部队经太原回京

9月 秋季学期开学

9月—10月

开学后全年级到北京国棉二厂学工。约两个月。

11月

"批邓、反击右倾翻案风"运动酝酿开始，邓小平的全面整顿至此中断。[22]

12月

《红旗》杂志第12期发表了北大、清华大批判组的长篇文章："教育革命的方向不容篡改"。这是报刊公开发表的第一篇"反击"的文章，是动员全国人民"反击右倾翻案风"的信号。"反击右倾翻案风"的运动开始。

12月14日

中央转发了《清华大学关于教育革命大辩论的情况报告》，说7、8、9三个月谣言四起，"在教育界，尤其突出"。[23]这里所说的"谣

---

21 郑谦著：《被"革命"的教育——"文化大革命"中的"教育革命"》，北京：中国青年出版社，1999年1月版，第353页。

22 郑谦著：《被"革命"的教育——"文化大革命"中的"教育革命"》，北京：中国青年出版社，1999年1月版，第386页。

23 周全华："'文化大革命'中的'教育革命'"，中共中央党校博士论文，1997年，第156页。

言",指的就是在民众中流传的邓小平关于"全面整顿"的一些讲话。

1976 年

1月8日

周恩来总理逝世

1月12日下午

全年级同学在二外教学楼404教室举行了悼念周总理大会

1月15日下午

周总理的追悼大会在人民大会堂举行,邓小平致悼词

追悼会后,为了表达怀念周总理的心情,英语系73级的几位同学自发编写了一组悼念周总理的英文文章,并自己打印并装订成册,定名为"*Our Hearts Dedicated to our Most Beloved and Respected Premier*"(《我们的心,献给敬爱的周总理》)

清明前后

在北京爆发以天安门事件为代表的悼念周总理、反对"四人帮"的强大抗议活动

4月7日晚8时

中央人民广播电台、北京电视台播发了中共中央的两个决议,天安门事件被定为"反革命事件",撤销邓小平党内外一切职务的消息。

5月—8月

4班、6班、8班去辽阳化肥厂实习,其他班去沧州化肥厂实习。每人实习时间约为三个月。

在辽阳化肥厂实习期间,有同学去拜访了"白卷英雄"张铁生。

7月28日

河北唐山发生大地震。沧州有强烈震感。

9月9日

毛泽东主席去世。

10月6日

"四人帮"倒台

1977年

2月3日

73级同学毕业离校

5月24日

还未正式复出的邓小平同志在同中央两位同志的谈话中，提出了"尊重知识，尊重人才"。

7月16日

中共十届三中全会在北京召开，会议恢复了邓小平中共中央副主席、中共中央军委副主席等职务。第三次复出的邓小平自告奋勇去主管科技和教育工作。

10月12日

国务院批转了教育部《关于1977年高等学校招生工作的意见》及《关于高等学校招收研究生的意见》[24]。文件规定的招生办法是自愿报名，统一考试。这一文件宣告了工农兵学员招生制度的终结。

10月21日

人民日报头版头条《高等学校招生进行重大改革》，宣布中断了十余年的高考将恢复考试。

10月23日

《人民日报》头版刊登署名卞古的一篇评论文章——"文化考试很有必要"。

12月10日

高考第一日，中国历史上唯一在冬季进行的考试。

1978年

春季

新录取的27.3万77级大学生入学

5月15日—16日

---

[24] 海天 肖炜：《我的大学 1970-1976——工农兵大学生》，北京：中国友谊出版公司，2009年5月，第233页。

"文革"后的第一次研究生入学考试
秋季
78 级大学生入学
78 级研究生入学

1979 年

3 月 19 日,中共中央决定撤销《全国教育工作会议纪要》这一错误文件[25]。这意味着工农兵学员制度的彻底终结。

1980 年

教育部长蒋南翔正式将所有的工农兵学员的学历定性为大专学历[26]。

1993 年

1993 年国家教育委员会和人事部联合下发教学厅字【93】4 号文件,明确规定 1970 年到 1976 年选拔入学的高等院校毕业生,毕业时学校颁发了毕业证书的工农兵学员,国家承认学历为"大学普通班",简称"大普"。[27]

---

25 杨学为编:《高考文献》(上),北京:高等教育出版社,2003 年 7 月版,第 636 页注释 1。关于《全国教育工作会议纪要》邓小平讲到:"《纪要》引用了毛泽东同志的一些话,有许多是断章取义的。《纪要》里还塞进了不少'四人帮'的东西。对这个《纪要》要进行批判,划清是非界限。"见邓小平:"教育战线的拨乱反正问题"(一九七七年九月十九日),载于《邓小平文选》(第二卷),北京:人民出版社,1994 年 10 月第 2 版,第 67 页。

26 海天 肖炜:《我的大学 1970-1976——工农兵大学生》,北京:中国友谊出版公司,2009 年 5 月,第 166 页。

27 转引自刘 慧:"中国高等教育的怪胎——工农兵学员探析",山东大学硕士论文,2010 年 4 月,第 11、52 页

附件二：
金盏公社北马坊大队第四生产队"超支借支"的调查报告[28]

北京第二外国语学院驻金盏公社北马坊大队
青年毛泽东思想宣传队
（1974年1月17日）

从1970年北方工作会议以来，在批林整风运动的推动下，北京郊区农村掀起了农业学大寨的高潮，产量逐年增加，形势一派大好。但是刘少奇、林彪的反革命修正主义路线的流毒尚未肃清，还存在着两个阶级、两条路线的斗争。我们二外院青年毛泽东思想宣传队英一•七班小分队到北马坊大队宣传党的基本路线，对第四生产队超借支情况进行了初步调查。这个队超支现象十分严重，蚕食了集体经济，腐蚀了社员群众，资本主义自发势力有所抬头。这是当前农村两条路线斗争的一种表现，是阶级斗争的反映。

毛主席教导我们："艰苦奋斗""自力更生""勤俭办社""勤俭持家""巩固集体经济"。但是超支借支却违背了毛主席的革命路线，它挖空了集体，腐蚀了干部、社员的思想，挫伤了群众的劳动积极性，助长了资本主义自发势力，使我们从政治上、经济上、思想上脱离了社会主义轨道。

北马坊大队第四生产队共45户，170口人。有土地416亩，总产137660斤，总收入25000元。68年时全队有7户超支800元，近年来由于刘少奇、林彪经济主义妖风的影响，打着社会主义优越性的旗号，以照顾生活为名，扩大超支。五年的时间增加到8户，金额达9000多元，占全年总收入的36%以上。公共积累一万元已成为赤字。集体没有钱打机井、购买机械，严重影响了集体经济的发展。72年

28　该调查报告为笔者执笔并保存。报告写作背景可参见本书第三章第二节四、下乡"催账"。

遇到旱灾没钱打井,没钱搞水利配套加重了灾情。年终社员分红无法兑现,动用储备粮基金1000多元进行跨空分配。73年无力交国家农业税由大队垫支,该年社员分配也无法兑现。65年打一眼机井,向国家贷款12000元,至今没有偿还。集体经济已被严重破坏,影响扩大再生产,产量上升缓慢,分值不断下降。

超支也严重地腐蚀了干部、社员的思想。我们社会主义的分配原则是"按劳分配",可超值借支呢?造成了多劳不多得,少劳不少借,不劳动者也得食。削弱了积极劳动、热爱集体的一部分社员的积极性,腐蚀了干部、社员自力更生的精神。在四队流传着"不借白不借","吃粮靠集体,花钱靠自己"等论调。穷了集体,富了个人。73年盖新房的7户有6户是超支户,有的户超支7、8百元还买自行车。有的欠着队里的钱,自己在信用社有存款。这样使一些社员不顾集体生产,忘记了社会主义的大目标,热衷于抄肥自搂搞副业。如打草、挑花,光这两项社员个人收入达5000多元,超过当年社员分配中现金部分的四倍。有的社员挑花到深夜,参加集体劳动出工不出力。有一个资本主义思想严重的人钻了这个空子,长期不参加集体生产,经常外出搞投机倒把。今年夏季农忙时,跑外三个多月,偷卖集体粪道,获利许多。而他却欠集体500多元。

北马坊大队第四生产队造成严重超支的原因很多。根据我们的调查,有以下三个主要原因。

毛主席指出:"路线是个纲,纲举目张。"四队没有抓住阶级斗争、路线斗争这个纲来带动一切工作。坚持社会主义方向、走大寨的道路,也就是要坚持"艰苦奋斗""自力更生""勤俭办社",巩固发展集体经济的方针。他们也年年喊"学大寨",但是年年变化不大。有的社员说:"咱队不是学大寨,是评大寨"。没有学了大寨的根本,只是学了大寨一年评一次工分的评工制度。没有学习大寨"艰苦奋斗""勤俭办社"的革命精神,不注意搞农田基本建设,却是摆阔气,耍排场。如72年6月,正当三夏大忙的季节,用大批人力借债盖六间大库房,花了3000多元,严重影响了秋季作物的产量。这个队位于北京近郊,条件很好,产量却总在400斤左右打圈圈,分值逐渐下降。71年分值2分8厘7；72年分值是2分8厘2；73年预计比前两年还要低些。因此超支也逐年扩大，造成产量低、收入低，社员情绪低。

社会主义社会的分配原则是"各尽所能，按劳分配"。但是四队的干部受刘少奇、林彪反革命经济主义的影响，违背了这个分配原则，有包生活的倾向。往年不仅粮食、冬菜，就连夏菜、柴火、花生也是按人头分配。社员个人挑花、打草、卖猪所得的钱不交还借款。这样使一些劳动力不足户和有外资收入户扩大了超支量。

"政治路线确定之后，干部就是决定的因素。"这个生产队领导班子由五人组成，全部超支，共1957.66元。第一把手超支344元，还在73年盖了新房。所以他们执行党的经济政策不够坚决。村看村，户看户，社员看干部，他们这样大量的超支对社员有一定的影响。

最近在市、区、公社、大队党支部和宣传队的领导下，以"十大"[29]精神为纲，深入批林整风，宣传党的基本路线，使干部、贫下中农的阶级斗争、路线斗争和继续革命的觉悟有所提高，认识到要发展生产，提高社员生活，就必须依靠集体经济，而超借支把集体经济大量的吃掉了。从表面上看，好像是解决了部分社员的困难，但从长远来看，却是影响了扩大再生产，影响了社员的收入，破坏了集体经济，直接违背了贫下中农的根本利益，从思想上、经济上瓦解了社会主义。超借支不仅是几个钱的问题，而是坚持什么方向，走什么道路的大问题。老共产党员崔广利同志说："如果再这样发展下去，集体经济不能巩固，社会主义道路还怎么走？"贫农社员耿玉成说："我欠的钱倒是不多，但是大家欠的钱凑到一块可不是个小数字，如果都不还，集体不就挖空了，还怎么建设社会主义呀！"经过批流毒论危害，社员们纷纷提出了自己的归还计划，运动收到了一定的效果。

根据我们的调查，认为四队今后应抓以下几方面的工作，才能坚持社会主义方向，从根本上解决超借支的问题。

首先应当抓紧对干部、群众进行党的基本路线的教育，提高干部

---

29 "十大"指中国共产党第十次全国代表大会。笔者注。

阶级斗争、路线斗争和继续革命的觉悟，分清什么是社会主义道路，什么是资本主义道路，方向明，眼睛亮，做出长远打算，带领本队社员沿着社会主义道路不断前进。

学习大寨人"艰苦奋斗""自力更生"战天斗地的革命精神，摆正农副业关系，抓好农田基本建设，苦干几年改变面貌，增加集体收入，提高社员生活水平。

继续批判刘少奇、林彪宣扬的反革命经济主义，使广大干部和社员进一步认识到超借支的危害，认识到要提高社员生活，必须依靠集体经济树立人人热爱集体，维护集体经济的新风尚。

附件三：《开门办学》[30]文章摘录

1. RUNNING SCHOOL WITH DOORS OPEN IS VERY GOOD[31]

Our activities of running the schools with the doors open which lasted 5 weeks was over. But it is only the beginning for the tasks of attending, running and transforming school.

We went out into the society and take the whole society as our classroom. In this large classroom, we have learnt the knowledge of class struggle, two-line struggle and continuous revolution which we would have never learnt in the classrooms in our school.

In those 5 weeks, we lived and worked with the workers, studied the works by Marx, Lenin and Chairman Mao and criticized Lin Piao and Confucius together with the workers. All these made us change a lot in our thinking.

Before coming back, Comrade Hung, the Party secretary of our grade, put forward such a question to us: "Compare today's happy life with the suffering of the working people in the old days, link with the criticism to Lin Piao and Confucius, to examine your fighting spirit and the consciousness of continuous revolution."

Many comrades spoke during the discussion, they said, although we are from among workers, peasants and soldiers, one-year life in school

---

30 《开门办学》（*Running School With Doors Open*）为二外英语系73级工农兵学员于1974年10月自己创办的一份英语刊物。该刊为打字、油印。创办者署名为：First Year, English Department（英语系一年级）。实际这时我们已是入学的第二年，由于我们入学后的第一学期为文化补习，不计入学制，故为"一年级"。从目前笔者保存的情况来看，该刊共办了7期。此附件录入的资料为笔者保存的第3、4、6、7期。第1期的时间不详。第3期时间为1974年10月26日，第7期时间为1974年12月28日。每期刊登3-4篇文章，以班为单位写稿。每期3-4页纸。在此笔者选择了该刊中的部分文章，供读者参考。除原文中明显的打印错误外，摘录时未做任何修改。文章原文为英文，为方便读者阅读，由笔者翻译成中文。

31 Class 2, "RUNNING SCHOOL WITH DOORS OPEN IS VERY GOOD"，载于《开门办学》第3期, October 26, 1974, 第1-2页。

made us enlarge the gap between us and the working people. Such as: towards the workers aren't as warm as we used to be one year ago, and also some of us don't work so hard as we used to do before. To take part in the political struggle, some of us aren't as active as we were before. All these show us that bourgeois thinking is poisoning us every now and then.

Practice has proved that it is a good way for us to never isolate ourselves from the working people and it's very important to be red and expert. In order to break down the fighting from bourgeois and be true successors to the proletarian revolutionary cause, we must always march forward on the great road of running the schools with the doors open under the guidance of May 7th instruction.

(By Class 2)

二班：开门办学就是好

为期5周的开门办学活动结束了，但这只是上、管、改大学任务的开始。

我们走进社会，将整个社会作为我们的课堂。在这个大课堂里，我们学到了我们在学校里从未学到过的阶级斗争、两条路线斗争和继续革命的知识。

在这5周的时间里，我们和工人们同生活同劳动，和工人们一起学习马克思、列宁和毛主席的著作，批林批孔。所有这些都使得我们在思想上有了变化。

在回来之前，我们年级的党支部书记Hung同志向我们提出了一个问题："将今天的幸福生活与旧社会劳动人民受的苦做个对比，结合批林批孔，检查你们的斗争精神和继续革命的觉悟。"

许多同志在讨论中说，虽然我们来自工农兵，但一年在学校的学习拉大了我们和劳动人民的差距。比如：对工人不像我们一年前那么热情，而且有些人不像以前那么努力劳动了。参加政治斗争，我们中有些人也不像以前那么积极了。所有这些都表明，资产阶级思想无时无刻地在毒害着我们。

实践证明，对我们来说，这是个不脱离劳动人民，又红又专的好方式。为了赢得与资产阶级的斗争，做无产阶级革命事业真正的接班人，我们必须在"五·七指示"的指引下，在开门办学的伟大道路上前进。

2. OUR DETERMIEND[32]

Not long ago we went and worked on the stud-farm in the Double Bridged People's Commune for five weeks. During our stay there we learned a lot from the farm workers. The workers often talked about their hard life in the old days and their happy life today. Comrade Liu, Party Secretary of the stud farm gave us a lesson in the Party knowledge.

Their talks taught us a lot. Now we've come back to school. We shall never forget what we learnt from them. We know we are workers, peasant, soldier students. We are determined to take an active part in the movement to criticize Lin Piao and Confucius and carry the revolution in education through to the end.

Chairman Mao teaches us: "An army without culture is a dull-witted army, and dull-witted army can't defeat the enemy." We must also work hard at English, because a foreign language is a weapon in the struggle of life. So we must unite under the flag of Mao Tse-tung Thought and try our best to become red and expert.

(By Class 10)

十班：我们的决心

不久前，我们到双桥人民公社的马场劳动了五周。期间，我们向农场工人学到了许多。工人们经常给我们讲他们在旧社会的苦难和今天的幸福。

他们的讲述教给我们许多。现在，我们回到了学校，我们绝不会忘记我们从他们那里学到的东西。我们知道，我们是工农兵学员，我们决心积极地投身到批林批孔运动中，将教育革命进行到底。

毛主席教导我们："没有文化的军队是愚蠢的军队，而愚蠢的军队是不能打败敌人的。"我们必须努力学习英语，因为外国语是人生斗争的一种武器。我们一定要团结在毛泽东思想的旗帜下，努力做到又红又专。

32　Class 10, "OUR DETERMIEND",载于《开门办学》第 3 期, October 26,1974, 第 2-3 页。

3. A DISCUSSTION MEETING[33]

We had a meeting yesterday after we had listened to the plan worked out by the Party Branch.

At the meeting we retraced what we had done in the country and discussed about what was to be done next.

We made a close study of the National Day editorial. The editorial points out , the aim of the movement to criticize Lin Piao and Confucius initiated and led by Chairman Mao is precisely to occupy all spheres of the superstructure with Marxism, to consolidate the dictatorship of the proletariat to prevent the restoration of capitalism and this to make certain that our socialist state will never change the political color. We must continue to broaden and deepen the movement to criticize Lin Piao and Confucius for a long time.

We now understand better that the movement to criticize Lin Piao and Confucius is an essential part of all the work. It is not right to be wrapped up in English studies. We consider that the great progress we have made so far is only the first stay in a Long March of ten thousand *Li* while the road ahead will be longer and the work great and more arduous.

We're determined to unite as one and to carry on the movement in a deep-going, popularized and sustained way.

We're also determined to turn negative factors in to positive ones so as to made greater contribution to the revolution in education.

(By Class 5)

五班：一次讨论会

昨天听了党支部的工作计划后，我们开了个会。

会上，我们回顾了在农村的事情，讨论了我们下一步的计划。

我们认真学习了"十一"社论。社论中指出，毛主席发动和领导的批林批孔运动的目的就是要用马克思主义彻底占领所有的上层建筑，巩固无产阶级专政，防止资本主义复辟，以确保我们的社会主义国家永不变色。我们必须长期深入开展批林批孔运动。

我们现在更好地认识到，批林批孔运动是所有工作的基础。只专

---

[33] Class 5, "A DISCUSSTION MEETING", 载于《开门办学》第 3 期, October 26,1974, 第 3-4 页。

注于英语学习是不对的。我们认识到,我们目前取得的进步只是万里长征走完了第一步,前面的道路更长,工作更伟大、更艰苦。

我们决心团结得像一个人一样,将这场运动深入、广泛、持久地开展下去。

我们还决心,将消极因素转化为积极因素,为教育革命做出更大的贡献。

4. HOW WE STUDY MARXISM[34]

In answer to Chairman Mao's call "Study conscientiously and have a real grasp of Marxism", we five students have formed a study group. In this group, we study Marxism, Leninism and Mao Tse Tung Thought. We also read articles about the two-line struggle between the Confucian and Legalist schools in ancient Chinese history.

Chairman Mao teaches us to "make the past serve the present". We must use the Marxism stand, view-point and method to sum up the historical experiences, so as to serve the current class struggle.

We began to study at the end of last term. We often write articles and big character posters. Now the mass movement to criticize Lin Piao and Confucius initiated and led by our great leader Chairman Mao is prevailing in our country. The situation is excellent.

We want to keep in close touch with the developments of this movement. So we must take an active part in this movement and make a serious study of Marxism.

We find the work in the field of theory an important part of the revolutionary cause. We are eager to learn more about Marxism theories. At the present, we must study Chairman Mao's military line and criticize Lin Piao's bourgeois military line.

We have made up our minds to follow Chairman Mao closely and carry the movement to criticize Lin Piao and Confucius through to the end.

(By Class 1)

一班:我们如何学习马克思主义

---

34 Class 1, "HOW WE STUDY MARXISM",载于《开门办学》第4期,Nov.6, 1974,第1-2页。

响应毛主席"认真看书学习,弄通马克思主义"的号召,我们五个同学组织了一个学习小组。在这个小组里,我们学习马克思主义、列宁主义、毛泽东思想。我们还学习了有关中国古代历史上儒家和法家的两条路线斗争的文章。

毛主席教导我们要"古为今用"。我们必须要用马克思主义的立场、观点和方法总结历史的经验,为今天的阶级斗争服务。

我们自上学期期末开始学习。我们经常写文章和大字报。当前毛主席发动和领导的批林批孔群众运动正在全面开展。形势一派大好。

我们要密切联系运动的发展。因此,我们要积极参加到运动中去,认真学习马克思主义。

我们找到了革命事业重要的理论部分的著作。我们迫切需要学习更多的马克思主义。当前,我们要学习毛主席的革命军事路线。

我们决心紧跟毛主席,将批判林彪资产阶级军事路线的运动进行到底。

5. SOME REFLECTIONS [35]

Our great leader Chairman Mao says: " Liberal arts should take the whole society as their factories." In answer to this call we've been in the Double Bridge People's Commune for five weeks, to run the school with the doors open. This is one of the fresh socialist things. The five weeks there did us a lot of good indeed. Although we came from factories, communes and PLA units, if we were shut up at school all the year through, we could not keep up the qualities of the working people. Since we came here, some students have failed to pay enough attention to their political studies and ideological remolding. They have been wrapped up in English studies. Because we are not only students but fighters to defend Chairman Mao's revolutionary line and to build up a new educational system. We must temper ourselves in the three great revolutionary movements. Learning from the workers and peasants outside is also an important course.

---

35 Class 6:"SOME REFLECTIONS",载于《开门办学》第 4 期,Nov.6, 1974, 第 2-3 页。

Now a week has passed since we came back, but I am still thinking of the workers there. They had a lot for us to learn. What impressed me most was their very good spirit of self-reliance. A proof of this was the duck farm:

When we got to the duck farm, we saw that the farm was a beautiful place with some rows of new houses and a lot of ducks swimming in the river happily. But soon we were told it wasn't like this before. A few years ago it was only a piece of waste land with many stones, wild grass and also some snakes.

When the workers first got there, they met with a lot of difficulties. No houses for them to live in. No fund for them to use. In fact they had got nothing but 200 ducks or so. We can imagine how bad the conditions were. Things even looked too far gone……But following Chairman Mao's teaching they feared neither hardship nor death. They had the good spirit of self-reliance to overcome these difficulties. They said,"Relying on our hands, we can set up anything we want." They dug a pond, levelled the land and burnet the grass. By their own efforts, things are not what they used to be.

When I saw all that was done by the workers, I thought, "What valuable spirit the workers have. What big changes there have been." To tell you the truth, I get most excited over these.

For my own part, I used to be a worker. I have never been in the country before. After these five weeks, I feel it's really essential for us to go to the country. The farm workers are good examples both in work and study. We must integrate ourselves with the workers and peasants. We must never forget that by them we have been sent here to study. We should learn from them their good experience and good spirits and put them into practice.

In short, life on the farm was short, but we learned a lot there. "Running school with doors open" is a fresh thing in the educational revolution. We must sum up the experiences well.

(By Class 6)

六班：一些思考

我们的伟大领袖毛主席说："文科要以整个社会为课堂"。为响应这一号召，我们来到双桥人民公社进行了 5 周的开门办学。这是一个新生事物。这 5 周对我们大有益处。虽然我们来自工厂、农村和部队，如果我们整年待在学校里，我们就会脱离劳动人民的本质。自从我们到那之后，一些同学已经放松了政治学习和思想改造，他们沉溺于英语学习。因为我们不仅是学生，我们还是保卫毛主席革命路线、建立新的教育制度的战士。我们必须把自己投入到三大革命运动中去。向工人、农民和解放军战士学习也是重要的课程。

现在，我们回到学校已经一周了，但是我还想着那里的工人们。他们有许多值得我们学习的地方。给我印象最深的是他们自力更生的精神。鸭场就是一个例证。

当我们来到鸭场，我们发现这是个美丽的地方，有一排排崭新的房屋，许多鸭子在河里快乐地游泳。但是很快，他们告诉我们，过去可不是这样。几年前，这还是一块有许多石头的废弃的土地，长满了杂草，还有蛇。

当工人们刚到这的时候，他们遇到了许多困难。他们没有房子住，也没有资金。实际上，除了 200 只鸭子，他们什么也没有。我们可以想象条件是多么差。事情好像就发生在不远的过去。……但是遵照毛主席的教导"一不怕苦，二不怕死"，他们发扬了自力更生的精神克服了困难。他们说，"依靠我们的双手，我们可以建设我们想建设的。"他们挖了一个池塘，平整了地面，烧掉了杂草。经过他们自己的努力，这个地方大变样了。

当我看到工人们所做的一切时，我想："工人们的精神多宝贵啊！他们取得了多大的变化啊！"说实话，我非常兴奋。

对我个人而言，我过去是个工人。我以前从来没有到过农村。这 5 周之后，我觉得我们到农村真的很有必要。农场的工人在工作和学习方面都是我们的好榜样。我们必须投身到工人农民中去。他们一定不能忘记我们到这是向他们学习的。我们应该学习他们的好经验和好精神，并且付诸实践。

简言之，在农场的生活是短暂的，但是我们学到了很多。"开门办学"是教育革命中的新生事物，我们必须好好总结经验。

6. Criticizing Lin Piao's Bourgeoisie Military Line Thoroughly[36]

The movement to criticize Lin Piao and Confucius is in full wing in every part of our country. Criticizing Lin Piao's bourgeoisie military line is an important part of the movement.

A handful of class enemy scrapped Lin Piao as a "gift militarist". But facts speak louder than words. During the battle of Liao-Hsen, the situation in the northeast was excellent. We had a large liberated area. The grain given by the revolution masses was enough for the army. The PLA led by Chairman Mao are united as one. Chairman Mao ordered the PLA in the northeast down south to attack Chinchow. Lin Piao refused to carry it out. He found lots of limp excuses. The result was that he missed a good chance to defeat the enemy. The PLA commanders and fighters were angry with this. What was Lin Piao afraid of attacking Chinchow? It was due to his right opportunism in his thoughts. Under the leadership or Chairman Mao we won the battle of Liao-Hsen. This was a victory of Chairman Mao's proletarian military line.

A handful of class enemy may scrape Lin Piao as highly as they could.

Their purpose is to try to usurp the Party leadership, seize state power and restore capitalism. They wanted to make the working people live in deep water and hot fire.

We must carry out Chairman Mao's revolutionary line closely. Criticize Lin Piao's bourgeoisie military line thoroughly, and carry the movement of criticizing Lin Piao and Confucius through to the end.

(By Class 3)

三班：彻底批判林彪的资产阶级军事路线

批林批孔运动正在全国各地全面展开。批判林彪的资产阶级军事路线是运动中的重要部分。

一小撮阶级敌人将林彪吹捧为"军事天才"。但是事实胜于雄辩。在辽沈战役中，东北的战局非常好，我们有大片的解放区。革命群众提供给军队的粮食足够充足。毛主席领导的人民解放军团结得如同

---

36 Class 3: "Criticizing Lin Piao's Bourgeoisie Military Line Thoroughly"，载于《开门办学》第 4 期，Nov.6, 1974，第 3-4 页。

一个人。毛主席命令东北的解放军向南攻打锦州。林彪找了很多借口,拒绝执行。结果是他贻误了多次战胜敌人的机会。解放军指战员对此十分气愤。林彪为什么害怕攻打锦州?是他思想中的右倾机会主义。在毛主席的领导下,我们取得了辽沈战役的胜利。这是毛泽东无产阶级军事路线的胜利。

一小撮阶级敌人极力为林彪开脱。

他们的目的就是要篡党夺权,复辟资本主义。他们企图让劳动人民重新生活到过去的水深火热中。

我们一定要紧跟毛主席的革命路线,彻底批判林彪的资产阶级军事路线,将批林批孔运动进行到底。

7. Teachers and Students are Comrade-in-Arms in the Same Trench[37]

Since teachers came to study and work together with us, the relative between the teachers and students is much closer and the class feeling between us is more profound.

Our teacher Hung Chien-tung is one of the youngest teachers in the department. He began to teach us since the beginning of this term. He has been playing a very active part in our class, especially in the movement to criticize Lin Piao and Confucius. When the First League Branch asked him to give the league members a talk to criticized Lin Piao and Confucius in English, he was quite willing to accept this task. He said, "I take this job as a kind of political task."

In order to improve our English studies, our teacher thought of many ways. Every evening, you could find him in our class coaching the students. On Sundays, he asked some of the students to go to his home, there he helped them with their studies. He gave them faith in their ability to overcome the difficulties and urged them to study hard for the revolution.

To improve our speaking ability, we once decided to go to Chungshan

---

37 Class 1,"Teachers and Students are Comrade-in-Arms in the Same Trench",载于《开门办学》第 6 期,Dec.9, 1974,第 1-2 页。

Park to practice oral English. Although he had a film ticket that afternoon, he went there with us. He often says, " I'm a young teacher and have no experience ." He offered his suggestions, that we should go to attend the other classes and learn from their experience. In a word, he's not only a good teacher, but also our close comrade-in-arms.

Comrades, "Teachers and students are comrade-in-arms in the same trench.""Let's help each other and learn from each others. Unite to win still greater victories."

(By Class 1)

一班：师生是同一战壕的战友

由于老师和我们同学习同劳动，所以师生关系更密切，阶级感情也更深。

我们的老师 Hung Chien-tung 是系里最年轻的教师之一。他从这学期才开始教学。他在我们的课堂上扮演了非常积极的角色，特别是在批林批孔的运动中。当第一团支部邀请他用英语给团员做讲座时，他非常乐意地接受了这个任务。他说，"他把它当作一项政治任务。"

为了改进我们的英语学习，我们的老师用了很多方法。每天晚上你可以看到他在教室里辅导同学。在星期天，他让一些同学到他家里，他在家里帮助同学。他给了同学们克服困难的信心，鼓励他们为了革命努力学习。

为了提高我们的口语能力，我们有一次决定去中山公园练习口语。虽然 Hung 老师那天下午有一张电影票，他还是跟他们一起去了。他经常说，"我是个年轻教师，没有经验。"他建议我们应该到其他班去，学习他们的经验。一句话，他不仅是个好老师，也是我们同一战壕的战友。

同志们，"教师和学生是同一战壕的战友"，"让我们互相帮助，互相学习。团结起来争取更大的胜利。"

8. Let's Learn From These Comrades[38]

38　Class 2, "Let's Learn From These Comrades"，载于《开门办学》第 6 期，Dec.9, 1974, 第 2 页。

Comrades, if you come to attend our English class, you will find the atmosphere of our class is quite active. But before it was not like that. Now with the efforts of everybody in our class, things have changed a lot. Especially Comrade Wu Chang-min, Chiang The-chan and Wang Li-li work very hard.

Take Comrade Wu for example. He seizes every opportunity to speak English. He can use the patterns that we've learned. He's never afraid of making mistakes, because he knows that if he makes some mistakes, the teacher will correct him. Then he can make sentences correctly next time. Although he had never learned English before he came to our institute, now he's a fine command of English.

His progress makes us think: we must take great pains in English studies. The more we speak, the better our English will be. The harder we work, the more progress we'll make.

Let's learn from these comrades. We must be active and be brave in class. We must study well to live up to the expectations of the Party and the people.

(By Class 2)

二班：向这些同志学习

同志们，如果你们有机会来到我们的英语课上，你会发现我们的课堂气氛非常活跃。但以前可不是这样。在全班每个人的努力下，情况发生了很大变化。特别是 Wu Chang-min, Chiang The-chan 和 Wang Li-li 同志。

以 Wu 同志为例。他寻找每一个机会说英语。他可以运用我们所学的句型。他不怕出错，因为他知道老师会纠正他。这样，下次他就可以说出正确的句子。虽然他在来我们学院之前从来没有学过英语，现在他很好地掌握了英语。

他的进步使我们认识到：我们必须在英语学习上下功夫。我们说得越多，我们的英语就会越好。我们越努力，就会取得更大的进步。

让我们向这些同志学习。课堂上我们必须积极和勇敢。我们必须好好学习，不辜负党和人民对我们的期望。

9. United Closely to Win Still Greater Victory[39]

A few days ago we had a meeting to sum up our daily life. Everybody said, great changes had taken place in our class since the beginning of the movement to criticize Lin Piao and Confucius. What's the secret of this success?

Now I'm going to give you one of the examples. When you come up to the fourth floor of the classroom building, you can see a bright slogan on the wall. How wonderful it is!

After we took on the task that was given by the leader of our grade, Comrade Mu, who is a Party group leader in our class, paid special attention to this. She got the comrades organized and told them that how important and glorious the work was. Enthusiastic, all of the comrades took an active part in it. With their knowledge of carpentry, Comrade Tsui and Comrade Kao made the framework for the slogan. Comrade Guao, one of our class committee members is good at handwriting and she wrote the slogan. Thanks to the collective efforts of us all, we were through with it at last.

This is only one of the examples, there are many others. The leaders in our class often take the lead and all of the comrades try their best to do everything.

When we put up the slogan on the wall, everybody was delighted, we must bear what the slogan says in our mind and implement it consciously. We are determined to unite more closely and win still greater victory.

三班：紧密团结起来赢得更大的胜利

几天前，我们开了一个会，总结我们的日常生活。每个人都说，自从批林批孔运动以来，我们班发生了很大的变化。这一胜利的秘密是什么？

现在我来给你举其中的一个例子。当你来到教学楼的四层，你会看到墙上有一条醒目的标语。真棒！

在我们接受了我们年级领导 Mu 同志——她是我们班的党小组

---

39 Class 3, "United Closely to Win Still Greater Victory"，载于《开门办学》第 6 期，Dec.9, 1974, 第 2-3 页。

长，交给我们的任务后，我们对此给予了特别的关注。她把同志们组织起来，告诉他们这项工作是多么重要和光荣。全体同志都积极参加。Tsui 同志和 Kao 同志用他们的木工知识，制作了标语的框架。Guao 同志，我们班的班委之一，擅长书法——写了这条标语。感谢大家的集体努力，我们最后终于做好了。

这仅仅是一个例子，还有许多其他的例子。我们班的领导经常带头，所有的同志们都尽自己最大的努力做所有的事情。

当我们把标语放在墙上时，每个人都很高兴，我们要把这条标语记在心里，投入到行动中。我们决心紧密团结起来赢得更大的胜利。

10. A Good Party Member[40]

During the movement of criticizing Lin Piao and Confucius and the revolution in education, more and more good deeds have emerged. For our class it also has got an entirely new look. Our class work has been swinging forward and the unity has been strengthened. How did we make this progress? It's because the Party members played a leading part, and they set us a good example.

Such a Party member is Chao Yong-fa. He has brought his role as a Party member into full play in his work ever since he came to our class two months ago. He's in poor health, and so poor that the has to give up the course of Chinese and physical education. But he has been keeping up the study of Marxism, Leninism and Mao Tse Tung Thought. Every afternoon he studies works by Marx, Lenin and Chairman Mao for a long time, and draws inexhaustible strength and inspiration from them. He often says, "We must put politics in command, in order to see through the disguise of those who have sneaked into our revolutionary ranks with ulterior motives."

（By Class 7）

七班：一位好党员

在批林批孔和教育革命的运动中，越来越多的好人好事涌现出

---

40 Class 7，"A Good Party Member"，载于《开门办学》第 6 期，Dec.9, 1974, 第 3 页。

来。我们班也有一个全新的面貌。我们班的工作在向前发展，团结更加紧密了。我们这些进步是怎么来的？这是由于党员发挥了带头作用，他们树立了好榜样。

这个党员就是 Chao Yong-fa。两个月前，他来到我们班，他将自己的党员身份在自己的工作中完全体现出来。他身体不好，只能放弃汉语课和体育课。但他仍然坚持学习马列主义和毛泽东思想。每天下午他都学习很长时间马列和毛主席著作。他经常说，"为了认清那些通过伪装钻进我们革命队伍里的人，我们必须政治挂帅。"

11. Combining English Studies With the Present Struggle[41]

On Friday evening, we the students of 5 classes held a meeting at which we were given a talk by Comrade Liu. He told us about the struggle between Legalist School and Confucian School. He made himself understood by using simple words and terms which we have learned. All the students of Class Nine were very interested in it, because before that we had been looking forward to knowing something about it. Of course we have known something through the movement which has been going on for nearly two years. But how to combine English studies with the present struggle still remain a problem. After his talk we could see the struggle which began 2500 years ago, and has never stopped. With changes of the society, the struggle became sharper and sharper. As everybody knows, China was a semi-feudal and a semi-colonial society before Liberation. The working people were suffering a great deal under the rule of Three Big Mountains. They wanted to revolt. This kind of struggle began in China from the Spring and Autumn Period and the Warring Period. They besieged the palaces and fought for freedom. Their struggle dealt a heavy, blow to the slave society. With the development of the struggle, the Feudal Society replaced the Slave Society. The newly rising class was landlords though at that time they were revolutionary.

Liu Sha-chi was one of them. He led 9000 people in over-throwing the feudal dynasty and taking many places.

---

41 Class 9："Combining English Studies With the Present Struggle"，载于《开门办学》第 6 期，Dec.9, 1974, 第 3-4 页。

This was only the background knowledge. Yet the focus struggle was that the Legalist School wanted to bring the society forward and the Confucian School managed to take back the society to the Slave Society. In history the reactionaries of each period following Confucius and would never come to good end. Lin Piao had tried again and had been thrown into the rubbish bin of history. The struggle is important, we must take an active part in it and follow Chairman Mao's revolutionary line forever.

We hope next time we can hear such a kind of report again so we can get more knowledge. We are sure Comrade Teacher Liu is able to do it because his knowledge is rich enough to be the good speaker. And all the students of Class Nine are having the same feeling that we must carry on the struggle to criticize Lin Piao and Confucius through to the end.

(By Class 9)

九班：将英语学习与当前的斗争结合起来

周五晚上，我们五个班的同学在一起开了一个会，会上刘老师给我们做了讲座。他给我们讲了法家和儒家的斗争。他用简洁的语言让我们学到了一些知识。九班的全体同学都对此非常感兴趣，因为，此前，我们都盼望着多学习这方面的知识。当然，通过这场已经开展了两年的运动我们已经了解了一些。但是，如何将英语学习与当前的斗争结合起来仍然是个问题。在他的讲座之后，我们看到了2500年前就开始的斗争从来没有停止过。随着社会的变革，斗争越来越尖锐。正如大家知道的，中国在解放前是一个半封建半殖民地国家。劳动人民在三座大山的压迫下过着悲惨的生活。他们要反抗。这种斗争在中国从春秋战国时期就开始了。他们包围了皇宫为自由而斗争。他们的斗争沉重打击了奴隶社会。随着斗争的发展，封建社会取代了奴隶社会。新兴的阶级是地主阶级，但在当时他们是革命的。

柳下跖是其中之一。他带领9000人推翻了封建王朝，占领了许多地方。

这仅仅是知识的背景。主要斗争是法家想把社会推动向前进，而儒家试图将社会退回到奴隶社会。历史上，儒家每一阶段的倒行逆施都没有好结果。林彪再次尝试也被扔进了历史的垃圾箱。斗争是重要的，我们必须积极参加，永远沿着毛主席的革命路线前进。

我们希望,下次还能听到这么好的、能让我们收获知识的报告。我们肯定,刘老师同志能做到这点,因为以他丰富的知识足以成为一名好的演讲者。九班所有的同学都有同感,我们一定要把批林批孔运动进行到底。

12. A Happy New Year to You All[42]

The year of 1974 will be over. We are ushering in the new year, 1975. Comrades, a happy new year to you.

During 1974, the people all over the country achieved great successes in all fields. The campaign to criticize Lin Piao and Confucius has been developing in a deep going, popularized and sustained way. The bourgeois reactionary military line of Lin Piao was thoroughly criticized by the broad masses of the people. Through study and criticism, the masses of the people raised their political consciousness.

In 1974, Chairman Mao issued his newest call in which he calls on us to unite more closely. Following Chairman Mao's teaching, the workers and the commune members are making further efforts to grasp revolution and promote education. The production of industry and agriculture are going up. The situation at home is excellent.

Implementing Chairman Mao's teaching, the situation in our institute is very good, too. Since the organization was changed according to the needs of the present situation, the face of our grade has changed. In the past year, teachers worked and studied along with the students. They studied together and helped each other. In and outside classrooms, you can see teachers and students having heart-to-heart talks and exchanging experiences in learning the new Party's Constitution. The relation between them is not only one between the teachers and the students, but that between comrades. All this greatly improved our work and English studies. We hope the new year will see greater progress to be made by the students as well as the teachers.

Happy and gay, we all welcome the new year coming!

Let's unite to win still greater victories!

---

42 "A Happy New year to you all!",载于《开门办学》第7期,Dec.28, 1974,第1-2页.原文未标明作者。

大家新年快乐！

1974年即将结束。我们迎接新的一年——1975年。同志们，新年快乐！

在1974年，全国人民在各条战线取得了伟大的胜利。批林批孔运动在深入、广泛、持续地发展。林彪的资产阶级反动军事路线受到了广大人民群众的彻底批判。通过学习和批判，广大人民群众提高了他们的政治觉悟。

在1974年，毛主席发表了最新指示，他号召我们更加紧密地团结。遵照毛主席的指示，工人们和公社社员们更加努力地抓革命促生产。工农业生产正在提高。国内形势一片大好。

遵照毛主席的教导，我们学院的形势也非常好。根据需要组织形式调整之后，实际上我们年级有了变化。过去的一年里，老师们与同学们同劳动同学习。他们一起学习互相帮助。在课外，你可以看到老师和学生促膝谈心，交流学习新党章的体会。他们的关系不仅仅是老师与学生，而且是同志。这些都极大促进了我们的英语学习。我们希望新的一年看到学生和老师都有更大的进步。

我们快乐与喜悦地迎接新的一年的到来！

让我们团结起来争取更大的胜利！

13. Learning From Comrade Liu Chian-hua[43]

On Dec. 17, we had a impressed meeting at which the Party Branch admitted a new comrade to the Party, who was Liu Chian-hua. It gave us such s thrill. Comrade Liu had set up a shining example for all of us. At the meeting, the Party Secretary gave us an introduction to Comrade Liu Chian-hua's experiences since she came to our institute. After listening to him, we couldn't help thinking something about her.

Comrade Liu is a soldier student. She has kept the good style and tradition of the PLA. She often did someone a good turn when she was in our class. We remembered she often swept the lavatory and corridor, help

---

43 Class 9, "Learning From Comrade Liu Chian-hua"，载于《开门办学》第7期，Dec.28, 1974, 第3页。

us when we had some difficulties. She took an active part in the movement to criticize Lin Piao and Confucius, too.

When she had time, she would study works of Marxism, Leninism and Chairman Mao. She also studied hard at her English studies. Her action told us: Comrade Liu really used her own action wrote the application to our Party and will become a Party member. We should say: "Comrade Liu is really a good daughter of the working-class. She will become a Party member now and we are sure that she will continue to work hard and serve the people heart and soul."

(By Class 9)

九班：向Liu Chian-hua同志学习

12月17日，我们开了一个印象深刻的会。会上，Liu Chian-hua同志被接受为党员。这给了我们很大的震动，Liu同志给我们树立了光辉的榜样。会上，党支部书记对Liu Chian-hua入学后的经历做了介绍。之后，我们不禁想起了很多她的事迹。

Liu同志是一名部队学员。她保持着解放军的优良传统。她在我们班时就经常做好事。我们记得她经常打扫厕所和楼道，当有人有困难时她经常帮助。她还积极参加批林批孔运动。

她一有时间就学习马列和毛主席著作。她在英语学习上也非常努力。她的行动告诉我们，Liu同志用自己的行动写了入党申请书，而且即将成为一名党员。我们要说，"Liu同志是劳动阶级的好女儿。她现在将成为一名党员，我们肯定她一定会继续努力工作全心全意为人民服务。"

14. A Letter of Thanks[44]

Since we reformed the organizational system, we have been great changes in our grade. All the students and teachers have been taking an active part in the movement to criticize Lin Piao and Confucius.

The teacher of Class 10 Liu Ming-chen not only works hard at his teaching, but also pays attention to political studies. He has been paying a

---

44　The Second League Branch, "A Letter of Thanks"，载于《开门办学》第7期，Dec.28, 1974, 第3-4页。

very active part in the movement to criticize Lin Piao and Confucius. When the Second League Branch asked him to give the League members a talk about the struggle between the Legalist School and the Confucius School in English, he accepted it readily, and he was very happy to do something to help the students to understand the struggle between the Legalist School and the Confucius School.

Although he was very busy, he was quite keen on doing it well. He took it as a kind of political task. He spent a lot of his spare time in preparing it. Of course it was not very easy, but no matter what difficulties he met with, he never gave in. He made himself understood by using simple English.

His talks were praising highly by all the League members who attended the meeting. We learnt a lot from his talks both politically and vocabulary.

Comrades, Teachers, let us learn from each other and help each other. And carry the revolution through to the end.

(By the Second League Branch)

第二团支部：一封感谢信

自从我们的组织系统调整之后，我们已经看到了我们年级的变化。所有的同学和老师都积极参加到批林批孔运动中。

10班的Liu Ming-chen老师不仅努力教学，还注意政治学习。他积极参加批林批孔运动。当第二团支部邀请他用英语给团员讲儒法斗争时，他高兴地接受了，他非常高兴能帮助同学们了解儒法斗争。

虽然他很忙，他非常高兴做这件事。他将此事作为政治任务。他花了很多时间准备。但这并不容易，但不管遇到什么困难，他也没有放弃。他尽量用简单的英语表达清楚。

他的讲座受到了与会团员们的高度赞扬。从他的报告中我们学到了很多，政治上的和词汇方面的。

同志们，老师们，让我们互相学习，互相帮助。将教育革命进行到底。

15. Sandstone Hollow[45]

I saw a film that gave me such a thrill the other day. It's called Sandstone Hollow. From the film, we can see how the people in Sandstone Hollow changed the face of their land, and show us the spirits of self-reliance and hard struggle in their work.

Sandstone Hollow is an ordinary village in Hobei Province. Before liberation, it was a poor village as elsewhere in China. The poor peasants had no land so that they are forced to work for the landlord all the year round. They worked like a donkey of burden and food they ate was not better the food of animals. To make things worse, when came a flood or a drought many of the poor could become homeless. It just was in this living hell thousands of people dead of starvation or illness.

With 1949 came liberation. The Sandstone Hollow people struck down the landlord and took their land back. From then on, they were determined to change their native village. In the twenty years from the time of liberation, they met sorts of difficulties, but they didn't let these get them down. They worked day and night, opening up waste land on the mountain and building reservoirs. Under the leadership of the Party, they'd overcome one difficulty after another. The grain output was going up year by year. But just then a serious flood came. Almost terraced fields and crops had been wiped away. Some people said, "Now the one thing we can do is to receive the state help."

This was a new challenge before the Sandstone Hollow people. What would they do? Did they accept the state help? They studied Chairman Mao's works and had taken the great inspiration from Chairman Mao's works. Under the guidance of the Party Branch, they began to work again, rebuilding terraced fields, replanting the crops. At least they got a bumper harvest in 1964. In the meantime, Chairman Mao issued the call "To learn for Tachai." The people in Sandstone Hollow determined to follow the example of Tachai. By the time of 1968 the grain output had reached 1000 jin per mu. This is the thing that they could never have dreamed of before.

Though they have made progress, but they never sit back and take

---

45 Class 3, "Sandstone Hollow", 载于《开门办学》第 7 期，Dec.28, 1974, 第 4 页。

things easy. They're making more contribution for our country.

By Class 3

三班：《沙石峪》

这是一部让我们振奋的影片。片名是——《沙石峪》。这部影片中，我们看到了那里的人民是如何改变了土地的面貌，表现了自力更生、艰苦奋斗的精神。

沙石峪是河北省的一个普通村庄。解放前，它像中国的其他地方一样，是个贫穷的村庄。贫苦的农民没有土地，他们不得不一年到头给地主干活。他们干的是牛马活，但吃得还没有牛马好。更糟糕的是，一遇到洪水或干旱，穷人中的许多人就无家可归了。就在这样的地狱中，成千上万的人会饿死或病死。

1949年，解放了。沙石峪人打倒了地主，收回了他们的土地。从那时起，他们决心改变他们的村庄。解放后二十年的时间里，他们遇到了各种各样的困难，但都没有被吓倒。他们日夜劳动，在荒山上修建了水库。在党的领导下，他们克服了一个又一个的困难。粮食产量一年比一年高。但在这时发生了一场严重的洪灾。梯田和庄稼都被冲垮了。一些人说，"我们能做的只有接受国家救济了。"

这时沙石峪人面临的一场新的考验。他们怎么办？他们要接受国家救济吗？不！他们学习了毛主席著作，从毛主席的著作中获得了巨大的鼓舞。在党支部的领导下，他们又开始建梯田，重新种上庄稼。终于在1964年他们取得了大丰收。同时，毛主席发出了号召，"学习大寨。"沙石峪人民决心学习大寨好榜样。到了1968年，他们的粮食产量已经达到了亩产1000斤。这是他们以前做梦都不敢想的。

虽然他们在进步，但是丝毫没有停下来放松。他们正在为我们的国家做出新的贡献。

16. New Year Massage[46]

The earth revolves around the sun at its regular speed, and now, has made one more round. Let history, in it steady movement forward, has

---

46 "New Year Message"，载于《开门办学》第7期，Dec.28, 1974, 第5页。

been gaining speed, and swiftly so, in the epoch of the proletarian revolution, in which , as Marx put it ,are day equals twenty years. It is in this great epoch that we are now seeking out the year 1974.

The major characteristic of the world situation today is great turmoil, which is just what 1974 has witnessed. A clear proof of this may be found in the UN and implement manipulated by the US in the past which nowadays has become a platform for the third world to voice their solidarity in the struggle against the two superpowers. The capitalist world are the revisionist clique have been thrown into great panic by a worsening economic and political crisis, while the struggles for national liberation and independence have been surging forward with ever increasing momentum. Recent developments fully show how wise Chairman Mao is when he says that the main trend in the world today is revolution.

"The enemy rots with each passing day, while for us things are getting better daily.For socialist China, 1974 has meant tremendous victories on all fronts, both at home and abroad. The world is shocked by the massive movement to criticize Lin Piao and Confucius and amazed by China's ever increasing production, flourishing markets and stable prices. "Excellent" is the word we use to describe the situation, and for good reason which no one can deny.

And what about the coming year? As we have more thrilling challenges. So too do we have much more to expect. At the end of the old year and on the eve of the new, we cannot help feeling proud, we are proud of our great country, our great people and CPC. We, worker, peasant, soldier students and revolutionary teachers hail the splendid achievements, we have made and pledged to make further efforts in our work and study to meet the needs of the people and the challenges of this era.

With full confidence and open arms, we great the new year!

新年献词

地球以她正常的速度围着太阳转了一圈又一圈。历史的车轮滚滚向前，在无产阶级革命的年代，正如马克思所说，一天等于 20 年。在这一伟大的时代，我们现在回顾 1974 年。

当今世界形势的特点是大动荡,这是刚过去的 1974 年所见证的。一个明显的证据就是,联合国过去被美国操纵,而现在已经成为第三世界团结起来反对两个超级大国斗争的舞台。由于经济和政治危机,资本主义世界已经陷入极度的恐慌。国家要自由和独立以不可阻挡之势向前发展。最近的发展完全证明毛主席所说的,现在世界的主要潮流是革命。

"敌人一天天烂下去,我们一天天好起来。"对于社会主义的中国,1974 年在国内外所有战线都取得了伟大的胜利。全世界受到了批林批孔运动和日益提高的产量、百花齐放市场和稳定货币的震撼。"好"是我们形容形势的词,没有理由拒绝。

即将到来的一年是什么样?我们会面临更多的令人振奋的挑战。同样,我们怀着更多的期待。在新的一年到来之前,我们禁不住感到骄傲,为我们伟大的国家骄傲,为伟大的人民和伟大的共产党骄傲。我们:工农兵学员和革命教师为伟大的成就欢呼,在我们的工作和学习中更加努力来满足人民和时代的挑战。

张开双臂,我们问候新的一年!

主要参考文献

（按发表时间顺序排列）：

一、著作

1. 《毛泽东同志论教育工作》，北京：人民教育出版社，1958年9月第1版
2. 《毛泽东选集》（第五卷），北京：人民出版社，1977年4月第1版
3. 童怀周编：《天安门诗抄》，北京：人民文学出版社，1978年12月版
4. 童怀周主编：《伟大的四五运动》，北京：北京出版社，1979年10月版
5. 《丙辰清明纪事》，北京：人民日报出版社，1980年1月版
6. 赵荣：《一个特殊问题 知识分子问题》（上、下），贵阳：贵州人民出版社，1986年12月版
7. [美]R.麦克法考尔 费正清/编：《剑桥中华人民共和国史》（下卷 中国革命内部的革命 1966-1982年），北京：中国社会科学出版社，1992年8月版
8. 薄一波著：《若干重大决策与事件的回顾》（下卷），北京：中共中央党校出版社，1993年6月第1版
9. 中国农学会、华恕主编：《邹秉文纪念集》，北京：农业出版社，1993年9月版
10. 余立主编：《中国高等教育史》（下册），上海：华东师范大学出版社，1994年4月第一版
11. 老九、锋子主编：《难言"大学生"——"工农兵学员"酸甜苦辣实录》，北京：红旗出版社，1994年1月版

12. 《邓小平文选》（第二卷），北京：人民出版社，1994年10月第2版
13. 中共中央文献研究室编：《周恩来年谱一九四九——一九七六》（下卷），北京：中央文献出版社，1997年5月版
14. 郑谦著：《被"革命"的教育——"文化大革命"中的"教育革命"》，北京：中国青年出版社，1999年1月版
15. 周全华著：《"文化大革命"中的"教育革命"》，广州：广东教育出版社，1999年7月版
16. 金一鸣主编：《中国社会主义教育的轨迹》，上海：华东师范大学出版社，2000年6月第一版
17. 程晋宽著：《"教育革命"的历史考察：1966-1976》，福州：福建教育出版社，2001年8月版
18. 《二外四十年》编辑委员会编：《二外四十年》，北京：中国青年出版社，2004年10月版
19. 李江源著：《我是一个工农兵学员——泛政治化教育中的受教育者》（上）（下），福州：福建人民出版社，2006年12月版
20. 卜伟华著：《"砸烂旧世界"——文化大革命的动乱与浩劫（1966-1968）》，香港中文大学当代中国文化研究中心，中文大学出版社，2008年
21. 李文胜著：《中国高等教育入学机会的公平性研究》，北京：北京大学出版社，2008年2月
22. 海天、肖炜：《我的大学1970-1976——工农兵大学生》，北京：中国友谊出版公司，2009年5月版
23. 王年一著：《大动乱的年代》，北京：人民出版社，2009年5月版
24. 金春明著：《大变动年代的探索》，北京：中国社会科学出版社，2009年10月版
25. 米鹤都著：《心路：透视共和国同龄人》，北京：中央文献出版社，2011年8月第1版
26. Mary Jingyu Wu, *Indelible Red: Memories of life in the Mao Era*,

Singapore [Lingwei Guan], ISBN 978-981-07-5292-7, March 2013

27. 曲茹、孙庆章、舒虹主编：《50年50人的二外记忆》，北京：旅游教育出版社，2014年10月版

28. 董乐山著：《翻译的甘苦》，北京：外语教学与研究出版社，2014年11月版

29. 孔丹口述 米鹤都编撰：《难得本色任天然》，北京：生活•读书•新知三联书店，2015年4月第1版

30. 周尔鎏著：《我的七爸周恩来》，北京：中央文献出版社，2015年6月版

31. 李秉奎著：《狂澜与潜流——中国青年的性恋与婚姻（1966-1976）》，北京：社会科学文献出版社，2015年7月版

32. 高田钦著：《"文革"时期我国高校组织及制度变迁》，南京：南京大学出版社，2015年10月版

33. 敬一丹等著：《我 末代工农兵学员》，武汉：长江文艺出版社，2017年5月版

34. 董乐山著：《沉默的竖琴》，成都：四川文艺出版社，2018年6月版

二、文章

1. 陆定一："教育必须与生产劳动相结合"，《红旗》杂志，1958年第7期，第1-12页

2. 蒋南翔："党的教育方针促进了高等学校的革命"，《红旗》杂志，1958年第8期

3. 方迅："要有反潮流的革命精神——学习十大文件的一点体会"，《教育革命通讯》，1973年第11期

4. 驻清华大学工人、解放军毛泽东思想宣传队十大文件学习班："贯彻党的十大精神，把教育阵地的无产阶级革命进行到底"，《教育革命通讯》，1973年第11期

5. "再论巩固和发展无产阶级文化大革命的成果"，《北京大学学报（自然科学版）》，1974年第1期

6. 北京大学六五三分校 331 教研室设备组："怎样继续搞好教育革命(三)——无产阶级文化大革命不容否定"，《教育革命通讯》，1974 年第 1 期

7. 朱虹："赞革命小将钟志民"，《教育革命通讯》，1974 年第 2 期

8. 方迅："考教授有感"，《教育革命通讯》，1974 年第 2 期

9. 本刊记者："国务院科教组召开教育战线第二次批林批孔座谈会"，《教育革命通讯》，1974 年第 3 期

10. 本刊通讯员："中共辽宁省委召开教育战线工宣队工作会议"，《教育革命通讯》，1974 年第 5 期

11. "高等学校在理论战线上的战斗任务"，《教育革命通讯》，1974 年第 5 期

12. "人民送我上大学 我上大学为人民 刻苦学习为革命——记林果系工农兵学员首届毕业生冯治山"，《甘肃农业大学学报》1974 年 6 月

13. "谁说开门办学是'实用主义'"，《教育革命通讯》，1974 年第 11 期

14. 秦怀文等："大学教育要为加强无产阶级专政服务——认真学习朝阳农学院的新鲜经验"，《北京大学学报》（哲学社会科学版），1975 年第 1 期

15. "再论为使学校成为无产阶级专政的工具而奋斗"（1975 年 3 月 17 日），（教育革命通讯），1975 年第 3 期

16. 驻清华大学、北京大学工解放军毛泽东思想宣传队："深入批林批孔，用马克思主义占领教育阵地"，《北京大学学报（哲学社会科学版）》，1975 年第 4 期

17. 清华大学工人理论小组等："批判教育领域里的反动谚语和格言（四则）"，《北京大学学报（哲学社会科学版）》，1975 年第 4 期

18. 中共农学系总支委员会："学习无产阶级专政理论 认真落实朝农经验"，《铁岭农学院学报》，1975 年第 4 期

19. 北京大学、清华大学大批判组："教育革命的方向不容篡改"，《北京大学学报（哲学社会科学版）》，1975 年第 6 期

20. 秦华:"文化大革命的胜利成果不容否定",《北京大学学报(哲学社会科学版)》,1975 年第 6 期
21. 北京大学教育革命组:"为把学校改造成为无产阶级专政的工具而斗争",《北京大学学报(哲学社会科学版)》,1975 年第 6 期
22. 清华大学革命委员会:"在三大革命运动中培养有社会主义觉悟的有文化的劳动者",《北京大学学报(哲学社会科学版)》,1975 年第 6 期
23. 中文系学员张 军:"工农兵学员(儿歌)",《山西师范学院学报》,1975 年第 7 期
24. 中共天津师范学院委员会:"做工农兵学员思想工作的一些体会",《教育革命通讯》,1975 年第 10 期
25. 张铁生同志的一份新"答卷",《教育革命通讯》,1975 年第 12 期(原载于 1975 年 12 月 26 日《辽宁日报》)
26. 西安冶金建筑学院采矿系大批判组:"沿着毛主席无产阶级教育路线胜利前进——驳教育界污蔑工农兵学员的奇谈怪论",《西安建筑科技大学学报(自然科学版)》,1976 年第 1 期
27. "热烈拥护毛主席、党中央的英明决策 十省市自治区军民举行盛大集会游行",《人民日报》,1976 年 4 月 10 日,第 1 版
28. 董乐山:"关键在于理解——翻译随笔",《外语教学与研究》,1978 年第 2 期
29. 董乐山:"翻译与知识",《中国翻译》,1980 年第 5 期
30. 董乐山:"翻译的要求",《中国翻译》,1985 年第 11 期
31. 丁元甲:"不问春夏秋冬 但知辛勤耕耘——访翻译家董乐山",《中国翻译》,1992 年第 3 期
32. 周锡卿:"正义斗争和辉煌胜利——忆中国留美学生的抗日活动与远东国际军事法庭",《北京第二外国语学院学报》,1995 年第 4 期
33. 周锡卿:"在纽约参加救亡运动",《北京政协》,1995 年第 6 期
34. 李玉琦:"'十七年'学校教育与共和国'第三代人'",《中国青年研究》,1998 年第 1 期

35. 林贤治："只有董乐山一人而已"，《随笔》，2000 年第 6 期
36. 杨东平："新中国'十七年教育'的基本特征"，《清华大学教育研究》，第 24 卷第 1 期，2003 年 2 月
37. 吴敬瑜口述、记者李菁："我的父亲母亲"，《三联生活周刊》2006 年第 27 期，第 60-63 页
38. 陈力丹："淡忘的北大工农兵学员流水账"，《教育》，2007 年第 1 期
39. 鲁利玲："我亲历的'四五'运动，《炎黄春秋》，2008 年第 4 期
40. 高军峰："1966 年我国统一高考制度的取消"，《文史精华》，2010 年第 8 期（总第 243 期）
41. 彭厚文："邓小平与 1975 年文化工作的拨乱反正"，《党史博览》，2011 年第 5 期
42. 梁晨、李中清等："无声的革命：北京大学与苏州大学学生社会来源研究（1952—2002）"，《中国社会科学》，2012 年第 1 期
43. 谢建平："工农兵学员"，《文史天地》，2013 年第 5 期
44. 周英杰：从"白卷英雄"到"财富英雄"，《中国经济报告》，2014 年第 9 期
45. 应 星、刘云杉："'无声的革命'：被夸大的修辞 与梁晨、李中清等的商榷"，《社会》2015 年第 2 期
46. 龚刃韧："建立法治国家必须尊重宪法权威——基于对'苏联模式'的反思"，《法学》，2015 年第 5 期
47. 屠筱武："'文革'期间的流产高考"，《江淮文史》，2016 年第 3 期
48. 紫卉："杰出报人邓季惺的传奇人生"，《档案记忆》，2017 年 12 期
49. 石中英："'培养什么人'问题的 70 年探索"，《中国教育学刊》，2019 年 01 期
50. 阳鲲："论董乐山先生的翻译成就与译学贡献"，《译苑新谭》（*New Perspectives in Translation Studies*），2019 年第 12 辑
51. 张艳茜："1973：作家路遥的高考"，《南方文坛》2021 年第 1 期

三、学位论文

1. 周全华:"'文化大革命'中的'教育革命'",中共中央党校博士论文,1997年
2. 李庆刚:"'大跃进'时期'教育革命'研究",中共中央党校博士论文,2002年5月
3. 易春秋:"建国十七年中学思想政治教育研究",中共中央党校博士论文,2005年
4. 陈的非:"'文革'期间中、小学课程与教学改革研究",湖南师范大学硕士学位论文,2005年5月
5. 王海燕:"'大跃进'运动以来的'教育革命'与'文化大革命'的发动",广西师范大学,2006博士论文
6. 陈有春:"新中国高校学生资助制度变迁研究",湖南农业大学硕士论文,2006年
7. 刘福会:"毛泽东'培养无产阶级革命事业接班人'思想研究",河北师范大学硕士论文,2007年12月
8. 王智敏:"失落的十年——中国高等教育可吸取的基本教训",湖南师范大学硕士论文,2008年5月
9. 刘华:"我国高校助学金制度的产生与变迁研究",四川师范大学硕士论文,2009年
10. 董美英:"教育机会均等视阈下重点高校大学生来源的历史研究",华东师范大学博士论文,2009年
11. 刘 慧:"中国高等教育的怪胎——工农兵学员探析",山东大学硕士论文,2010年4月
12. 何光全:"1949-1981年中国教育批判研究",西南大学博士论文,2010年4月
13. 杨天平:"中国教育方针发展研究",武汉大学博士学位论文,2011年4月
14. 杨茂宇:"毛泽东防止'和平演变'思想研究",西南大学硕士论文,2010年5月

15. 吴云助："建国以来党的教育方针的演变及其启示",安庆师范学院硕士学位论文,2011年6月
16. 伍屏芝："中苏论战与中国共产党的思想政治教育",湖南师范大学博士论文,2012年5月
17. 隋子辉："'无产阶级政治'指导下的北京市中小学教育(1949—1966)",首都师范大学博士论文,2012年5月
18. 毕向明："文化大革命时期的山东大学",山东大学硕士论文,2013年
19. 孙　康："'阶级斗争扩大化'的根源研究(1956—1976)",武汉大学博士论文,2013年11月
20. 李建楠："新中国成立以来中国共产党劳动教育思想演变与发展研究",吉林大学博士学位论文,2021年6月
21. 杨秀果："毛泽东社会主义劳动教育思想研究",湖南科技大学博士学位论文,2021年12月

四、文件汇编

1. 《中国共产党中央委员会关于建国以来党的若干历史问题的决议》(一九八一年六月二十七日中国共产党第十一届中央委员会第六次全体会议一致通过),北京:人民出版社,1981年7月第1版
2. 《人权国际文件汇编》ST/HR/1/Rev.3,联合国,1988年,纽约,(联合国出版物,出售品编号:C.88.XIV.1)
3. 中共中央文献研究室编:《周恩来年谱一九四九——一九七六》(下卷),北京:中央文献出版社,1997年5月版
4. 杨学为编:《高考文献》(上)(1949-1976),北京:高等教育出版社,2003年7月版

后 记

2019年10月19日,是我的母校——北京第二外国语学院55周年校庆的日子,和几个同学约好回校看看。说来有些惭愧,这是我自1977年毕业后第一次回二外,算起来已经42年了。

真有42年了吗?我有些恍惚和疑惑:真有这么长时间了吗?"曾以为,朝辞暮还见。谁知晓,沧海横流,一别经年。"想起来有些懊悔,这么多年了,与二外同在一座城市里,我怎么就没想起来回去看看。不记得是哪年了,曾收到过二外寄来的校庆邀请信。也许是当时忙吧,这封邀请信也不知被我放在哪了。

现在退休了,终于有时间回母校看看了。

去之前,我上网查了查,才知道了去二外的路线。变化真大。

变化确实大。出了地铁站,二外的南校门倒是很容易找到了——校名仍然没有变。但进了门我就有些懵,不知以前熟悉的操场该往哪走。

那是个阳光灿烂的下午,校园里荡漾着过节般的喜庆气氛。身边有三五成群的年轻学生从身边走过,他们的脸上写满了开朗的、阳光般的、朝气蓬勃的表情。青春的美、青春的骄傲、青春的活力洋溢在他们的脸上。我有些嫉妒了。真想对他们说,当年我们跟你们一样,这样的神情也曾经写在我们的脸上。

校园的布局、建筑已经面目全非,只有这阳光般的青春依旧没有改变。这就是我们的校园,那个充满了青春给予的校园。

愣了一会儿,我向一位志愿者模样的同学打听操场在哪。我猜操场的位置是不会变的。果然,沿着操场,我顺利找到了英语系校友接待处。接着,见到了几位自毕业后就没见过的同学和老师。大家见面少不了的热情握手寒暄,共叙友情,合影留念。临别时,大家约好,下次校庆再见。

自从那次回了趟二外，眼前时常会浮现出当年在二外的一些场景。教室、图书馆、阅览室、宿舍、操场、食堂、游泳池、滑冰场，……当然还有那条两边都是梧桐树的小路。

2020年年初新冠来袭，使得我有了更多的待在家里的时间。我把家里保存的多年没动过的文件资料好好整理了一番。我惊喜地发现了许多保存完好的二外的资料：几乎所有的教材、笔记、作业、会议记录、日记、同学自己办的刊物……。还有一份完整的英语系73级同学的名单和分配工作的名单。很多东西其实我早就忘记了，看到这些资料，当年的很多记忆越来越清晰起来。

我是做学术研究的，当然知道这些原始资料的价值和意义，也开始思考如何使用这些资料，也许该写点什么。我很快有了基本的思路，接着又通过知网查到了很多资料。于是，开始在电脑键盘上敲起字来。

疫情期间大家都困在家中，网上交流更多了，同学和老师经常在"英语系73级"的群里畅聊。聊得最多的还是过去在二外的学习生活，戴宗显老师还把他写的一些文章发到群里大家分享。我也把自己保存的一些二外的资料放在群里。

2020年10月4日，我和张晓原同学到二外戴老师的家中拜访了他。戴老师提议在二外建校60周年的时候，我们可以出一本回忆二外的书。戴老师的想法与我不谋而合。

此时我没敢告诉戴老师的是，我已经开始动手写了，但只是想写着玩儿，并没有出书的奢望。反正资料放在那里总要利用，而且因为疫情哪儿也去不了，频繁的核酸检测做得心烦，写点东西缓解一下。戴老师的提议鼓励了我，这件事应该做下去。没想到，这一写就没有停下来，一口气竟然写了15篇——好几万字了。

看了电脑里保存的这些文字，我想还是拿出来让大家分享吧。

于是，我把想法告诉了好友启之先生。我知道他曾办了一份电子刊物——《记忆》，专门刊登对往事的回忆。将文章发给他以后，他的回复只有两个字："甚好。"于是，从2021年4月开始，我写的"我的二外记忆"就在《记忆》上连载。刊出后就有了一些反响，如某著名公众号希望刊登，征求我的意见。还有在海外的学者注意的我的文章，希望联系，等等。这些我都婉拒了。因为觉得文章并不成熟，还没到大力推广的时候。另外，我做人做事一贯低调，不喜欢张扬。踏踏实实做点事就好。

几篇文章刊出后，启之先生建议我：出本书吧！他告诉我，这个题材的书和文章都太少了，还没看到过专门写工农兵学员的书，更没有工农兵学员自己写自己的书。我本来就是写着玩的，一来可以支持戴老师的提议，二来别浪费了我的那些资料。出书我还真没想过。跟启之沟通后，我经过认真的考虑，接受了他的建议。

写成一本书，用学术界的话来说，这种书应属"学术专著"。它是针对某一知识领域进行深入的探索和研究。专著的主要特点是内容具有独创性，即作者提出了新的学术研究成果或独到见解。单纯写回忆录一是我并不擅长，二是回忆录的学术价值有限。于是我采用了我擅长的学术研究的方式。应该说多年在学术圈里摸爬滚打，指导研究生写论文，还有个"博导"的头衔，做研究的路还是驾轻就熟。

决心一下，马上动手。

第一步，收集资料。现在有网络，收集资料变得比以前容易了许多。我在知网上查到了许多参考文章。需要的书，去不了图书馆就在孔网上买二手的。既方便又便宜。

第二步，看资料，分析。边看边做笔记。

第三步，确定框架和提纲。

原来想没多少事可写，写不了多少字，为此我还专门跟启之先生说了我的担忧。但启之先生说，12万字就可以出。我只好硬着头皮——写。写着写着我发现可写的内容越来越多。不仅仅是对当年的学习、政治运动和生活，还有很多理论上的问题应该进行思考和研究。于是，竟然越写越多，从原计划的六章，增加到八章，后来又增加到十章。字数从15万、20万，最后竟突破了30万。

当然，写书的过程就是研究和提高的过程。在写作中促使我对工农兵学员制度开始进行越来越深入的思考。从其产生的过程、内容及产生的渊源，到对工农兵学员制度的分析和对这段特殊历史的评价，越写对该问题的思考也就越多。本书的写作过程，是对过去的回忆，也是反思，对未来的期望。从内容上，我并未局限在二外这个狭小的校园内，而是以此为个案，从历史、法律、社会、教育等诸多方面进行分析和评论。

整个写作过程中，困难肯定是有的。有些事情我不清楚，找老师同学了解；有些地方拿不准如何处理，找老师同学问。总之，遇到困难的时候，很多老师同学都给予了我无私的帮助。我也曾把写好的内容发给几个同学征求意见，他们的意见和建议也是支持我写下去的动力。

对教育理论问题不熟悉，我动手查到了很多其他学者的著作作为参考和学习的资料。经过了写写停停的过程，终于完成了这本《我的工农兵学员档案》。

在此，我要特别感谢戴宗显老师，他一直对我提供了热情的帮助，他发表的文章是我主要的参考资料，他的意见和建议也对我有很大的启发。还要感谢威文琴老师。她并没有教过我，可能也不记得我，但当我要加她的微信向她了解情况的时候，她爽快地答应了，并对我的问题做出了认真的解答。

我要感谢在本书写作的过程中帮助过我的同学们。他们是：赵玉玲、张少勇、张克宁、王玉贵、黄晓林、段遂、王国兴、郑训铭、李孚声。遗憾的是，孚声同学已于2024年4月20日去世，他没能等到这本书的出版，对他的离世我表示沉痛的哀悼。还要感谢那些在"英语系73级"微信群里的同学们，他们不经意的一条信息可能给我提供了信息的来源，可能打开了我的思路。

感谢北师大的范世涛教授向我提供了吴敬瑜老师的英文自传。

感谢启之先生，没有他的鼓励和督促就没有这本书的完成。对于这本书，他提出了许多建设性的意见和建议，还亲自为本书作序，并做编辑，对文字进行逐字逐句的修改。

另外，我还要特别感谢吴敬瑜老师之子关令苇先生。一个偶然的机会我联系上了关先生，并将我写好的有关吴老师的一节初稿交他审阅。他认真阅读后，提出了自己的看法，并指出了其中的错误。关先生还将吴老师的著作专门赠予了我。

所以，本书的完成离不开大家的帮助。

我还想借此机会感谢曾经教过我的二外英语系的老师们：邹德慈老师、陈文芷老师、马登阁老师、陈维雅老师。

在此我要缅怀几位已经离开我们的老师们：郭美华（Mavis Guo）老师、周锡卿老师、吴敬瑜老师、董乐山老师，还有把我从工厂招进二外的郭吉强老师。

另外，我还要在此感谢为本书写下推荐语的何蜀主编、刘北成教授和印红标教授，他们能为本书写推荐语是我的荣幸。感谢为本书出版付出辛勤劳动的华忆出版社的乔曦华先生和他的团队。

从1973年走进二外到本书完成的2024年，整整过去了51年。

51年后的今天，终于有时间和机会好好地审视工农兵学员这一特殊的群体，回顾这段历史，结合自己的亲身经历，告诉那些想了解这段历史的人们，什么是我们的"青春大概"。这或许是我们留给后人最好的礼物。

这本书完成之时恰逢二外建校60周年，我想这也是我送给母校的生日礼物。

本书写作过程中，我常常有一种穿越的感觉，仿佛又回到了在二外上学的时候。当我在电脑上敲完了这本书的最后一个句号时，心中竟涌起一种对二外深深的眷恋。为什么？

因为二外是我们的母校。在那个特殊年代，我们在这里度过了一段特殊的、难忘的时光。这里有我们的青春飞扬，青春的梦想，这里也是我们事业开启的地方。

我想借用美国作家塞缪尔·厄尔曼（1840-1924）那篇著名的散文——"青春"[1]中的一段文字，作为本书的结束语。

Whether sixty or sixteen, there is in every human being's heart the lure of wonder, the unfailing child-like appetite of what's next, and the joy

---

[1] 来源于网络：https://baike.baidu.com/item/青春/5336491?anchor=1#1，访问时间2024年3月8日。

of the game of living. In the center of your heart and my heart there is a wireless station; so long as it receives messages of beauty, hope, cheer, courage and power from men and from the infinite, so long are you young.

（译文：无论年届古稀，抑或二八芳龄，心中皆有生命之欢乐，好奇之精神，孩童般天真，久盛不衰。每个人心中皆有一台天线，只要你从天上人间接受美好希望、勇气和力量的信号，就会青春永驻，风华长存！）

www.ingramcontent.com/pod-product-compliance
Lightning Source LLC
Chambersburg PA
CBHW052129070526
44585CB00017B/1756